高职高专"十一五"规划教材

★ 农林牧渔系列

农业经济管理

NONGYE
JINGJI GUANLI

许开录 孙志洁 主编　　高强 主审

·北京·

本书介绍了现代农业经济管理的基本原理和基本方法，主要包括农业的经济形式与经营方式，农业产业化，农业资源、资金的利用与管理，农业科技推广，农产品市场与流通管理、营销管理，订单农业与合同管理，农业经济核算与效益评价等内容。为加强学生的学习效果，每章都有明确的学习目标，并且章后配有针对重点学习内容和强化学生管理技能的复习思考题与实训练习。教师可根据实际情况，灵活安排课堂讨论或实训，从而了解学生掌握情况，以便开展有针对性的教学工作，也有利于激发学生的学习乐趣，活跃课堂气氛。

本书既可作为高职高专院校农林牧渔类专业的教材，也可作为农业经济管理干部的培训用书，还可供相关专业的人员作为参考用书。

图书在版编目（CIP）数据

农业经济管理/许开录，孙志洁主编. —北京：化学工业出版社，2008.9（2023.8重印）
高职高专"十一五"规划教材★农林牧渔系列
ISBN 978-7-122-03528-8

Ⅰ. 农… Ⅱ. ①许…②孙… Ⅲ. 农业经济-经济管理-高等学校：技术学校-教材 Ⅳ. F302

中国版本图书馆 CIP 数据核字（2008）第 122915 号

责任编辑：李植峰　郭庆睿　梁静丽　　　　装帧设计：史利平
责任校对：凌亚男

出版发行：化学工业出版社（北京市东城区青年湖南街 13 号　邮政编码 100011）
印　　装：北京科印技术咨询服务有限公司数码印刷分部
787mm×1092mm　1/16　印张 16¼　字数 430 千字　2023 年 8 月北京第 1 版第 8 次印刷

购书咨询：010-64518888　　　　　　　　　　　售后服务：010-64518899
网　　址：http://www.cip.com.cn
凡购买本书，如有缺损质量问题，本社销售中心负责调换。

定　价：48.00 元　　　　　　　　　　　　　　　　　　　版权所有　违者必究

《农业经济管理》编写人员

主　　编　许开录（甘肃农业职业技术学院）
　　　　　孙志洁（商丘职业技术学院）
副 主 编　沈清文（黑龙江农业职业技术学院）
　　　　　刘云海（济宁职业技术学院）
　　　　　雷福成（信阳农业高等专科学校）
参编人员　（按姓名汉语拼音排列）
　　　　　陈乐群（福建农业职业技术学院）
　　　　　雷福成（信阳农业高等专科学校）
　　　　　刘云海（济宁职业技术学院）
　　　　　米海峰（甘肃农业职业技术学院）
　　　　　任建辉（濮阳职业技术学院）
　　　　　沈清文（黑龙江农业职业技术学院）
　　　　　孙布克（黑龙江农业经济职业学院）
　　　　　孙志洁（商丘职业技术学院）
　　　　　徐方杰（济宁职业技术学院）
　　　　　许开录（甘肃农业职业技术学院）
主　　审　高强（中国海洋大学）

前 言

随着社会主义市场经济体制的建立和农业产业化、工业化、市场化进程的加快,中国农业正在发生着质的变化,自给自足的以粗放经营为主的传统农业正在被高科技的以集约经营为主的现代商品农业所替代,农业产业化经营推动了现代农业产业体系的构建,农业产业结构的调整促进了农业特色优势产业的发展,农业科技进步带动了农业增长方式的转变,农业经营管理体制的变革创新加快了农业经济管理的现代化进程,进而极大地提高了农业的劳动生产率和整体竞争力。在此背景下,中国农业经济管理正在由经验走向科学,由传统走向现代。在计划经济体制和传统农业生产方式下形成的管理思想、经营理念及相应的管理模式已不能适应现代高科技商品农业和农村经济发展的需要,客观上要求建立以社会主义市场经济理论为指导、与经济全球化背景相适应的全新的农业经济管理体系。为此,编者秉承有关专家学者关于现代农业经济管理的研究成果,立足现代商品农业的特点,对农业经济活动从宏观和微观两个层面进行了深入思考与研究,并在此基础上,以农业产、加、销过程中农业经济主体必须面对的经营决策、生产配置、资源利用、制度安排、组织结构、管理模式、投资行为、农业物流、产品营销以及利益分配等为研究内容,结合农业经济管理的实际需要,组织全国具有多年农经管理教学经验的资深教师,编写了这本《农业经济管理》,供农业高职高专院校非农经管理专业学生学习现代农业经济管理知识之用。

本教材是编者在对现代农业经济管理理论体系与方法技术进行深入思考的基础上,针对特定教育对象的特定需求加工提炼、集合而成的实用教材,是农业经济管理基本原理和方法技术的汇集,也是从事农业经济管理实际工作的农经管理干部学习现代农业经济管理知识的良好读本。本书紧紧围绕高职教育的特点、特色,立足培养高素质技能型、应用型人才的目标定位,在对已出版的同类教材精髓、优点进行学习借鉴的基础上,充分考虑高职院校学生的需要和实际情况,突出农业经济管理理论要点的提炼和基本原理的诠释,并强调与农业生产实践的紧密结合,倡导情景教学、案例教学、参与式教学,注重学生专业综合素质与实际农业经济管理能力的培养,力求做到实用、有用,简明通俗。本教材重点突出,详略适中,体系结构可分可合,章节内容可增可减,总体上农业微观经济管理的内容所占篇幅较大,农业宏观经济管理的内容所占篇幅较小,各学校可根据自己的教学时数和专业培养目标灵活取舍。

　　本教材由许开录拟定编写提纲，并与孙志洁共同主编，撰稿的具体分工是：许开录编写第一章、第四章、第六章；孙志洁编写第二章、第十章；沈清文编写第十一章、第十六章；刘云海、徐方杰编写第八章、第九章；雷福成编写第七章、第十二章；任建辉编写第三章、第十三章；陈乐群编写第十七章；米海峰编写第五章；孙布克编写第十四章、第十五章。中国海洋大学管理学院的高强教授审阅了全稿，并给予了很多有益的指导，书稿最后由许开录统改、定稿。

　　本书在编写过程中，参阅采撷了大量国内外同类教材和专家学者的研究成果，在此谨向各位作者致谢！甘肃农业大学经贸学院的叶得明副院长对本书的写作及顺利出版给予了大力支持，提出了许多宝贵意见，在此表示感谢！

　　农业经济管理是一门实践性、应用性很强的边缘学科，内容多，涉及面广，灵活性强。如何将其基本原理与方法技术转换为适合高职学生特点的管理才能和专业技艺正处在实践探索之中，加之编者水平有限，书中不足和疏漏之处在所难免，恳请同行及广大读者批评指正。

编　者

2008 年 5 月

目 录

第一章 导 论

第一节 农业的概念、特点与地位 ………… 1
　一、农业的概念 ………………………… 1
　二、农业的特点 ………………………… 2
　三、农业的地位与作用 ………………… 3
第二节 农业经济管理概述 ………………… 6
　一、农业经济 …………………………… 6
　二、管理 ………………………………… 6
　三、农业经济管理 ……………………… 7
　四、农业经济管理的性质和内容 ……… 8
第三节 农业经济管理的目标、职能与方法 …… 8
　一、农业经济管理的目标 ……………… 9
　二、农业经济管理的基本职能 ………… 9
　三、农业经济管理的方法 ……………… 11
本章小结 ……………………………………… 12
复习思考题 …………………………………… 12
实训练习 ……………………………………… 13

第二章 农业经济管理体制

第一节 农业经济管理体制概述 …………… 14
　一、农业经济管理体制的概念 ………… 14
　二、农业经济管理体制的内容 ………… 14
　三、农业微观经济组织管理体系与制度
　　　建设 ………………………………… 16
第二节 我国农业经济管理体制的改革与
　　　创新 ………………………………… 16
　一、我国原有农业经济管理体制的特点
　　　与弊端 ……………………………… 16
　二、我国农业经济管理体制的改革实践 …… 19
　三、农业经济管理体制的创新 ………… 20
本章小结 ……………………………………… 21
复习思考题 …………………………………… 22
实训练习 ……………………………………… 22

第三章 农业的经济形式与经营方式

第一节 农业的经济形式 …………………… 23
　一、农业经济形式的概念 ……………… 23
　二、我国农业中多种经济形式共同发展的
　　　客观必然性 ………………………… 23
　三、我国农业经济形式的基本构成 …… 24
第二节 农业的经营方式 …………………… 26
　一、农业经营方式的概念 ……………… 26
　二、农业经营方式确立的依据 ………… 26
　三、我国农业经营方式的基本类型 …… 26
第三节 农业的产权形式 …………………… 28
　一、产权的概念与基本内容 …………… 28
　二、产权的属性 ………………………… 31
　三、农业中产权的组织形式 …………… 31
本章小结 ……………………………………… 34
复习思考题 …………………………………… 34
实训练习 ……………………………………… 35

第四章 农业生产经营决策

第一节 农业生产经营决策概述 …………… 36
　一、农业生产经营决策的概念与意义 … 36
　二、农业生产经营决策的基本原则 …… 38
　三、影响农业生产经营决策的因素 …… 39
第二节 农业生产经营决策的类型及基本
　　　程序 ………………………………… 39
　一、农业生产经营决策的类型 ………… 39
　二、农业生产经营决策的程序 ………… 39
第三节 农业生产经营决策的方法技术 …… 40
　一、确定性决策的方法技术 …………… 40
　二、非确定性决策的方法技术 ………… 43
　三、风险性决策的方法技术 …………… 45

本章小结 ·················· 47　　实训练习 ·················· 47
复习思考题 ················ 47

第五章　农业产业结构与区域布局

第一节　农业产业结构 ············ 49
　一、农业产业结构的概念 ·········· 49
　二、农业产业结构的形成和演变 ······ 49
　三、农业产业结构的评价标准及调整原则 ··· 52
　四、农业产业结构的层级分析 ······· 53
　五、农业产业结构调整的总体思路 ····· 54
第二节　农业区域布局 ············ 56
　一、农业区域布局的概念和特点 ······ 56
　二、农业区域布局的基本原则 ······· 57
　三、农业区域布局的调整与优化 ······ 58
本章小结 ·················· 59
复习思考题 ················ 59
实训练习 ·················· 59

第六章　农业产业化经营与标准化生产

第一节　农业产业化经营 ·········· 61
　一、农业产业化经营的概念与特点 ····· 61
　二、农业产业化经营的产生与发展 ····· 63
　三、农业产业化经营的功能作用 ······ 64
第二节　农业产业化经营的组织形式与运行
　　　　机制 ················ 66
　一、农业产业化经营的组织形式 ······ 66
　二、农业产业化经营的运行机制 ······ 67
　三、促进农业产业化发展的措施 ······ 69
第三节　农业标准化生产 ·········· 70
　一、农业标准化生产的概念 ········ 70
　二、农业标准化生产的意义 ········ 71
　三、农业标准化生产的总体目标及主要
　　　任务 ················ 72
　四、实现农业标准化生产的措施 ······ 73
本章小结 ·················· 74
复习思考题 ················ 75
实训练习 ·················· 75

第七章　农业自然资源的利用与管理

第一节　农业自然资源的概念与分类 ····· 76
　一、农业自然资源的概念与特征 ······ 76
　二、农业自然资源的分类 ········· 77
第二节　农业自然资源的开发利用 ······ 77
　一、农业自然资源开发利用概述 ······ 77
　二、我国农业自然资源的特点及开发利用中
　　　存在的问题 ············· 78
　三、农业自然资源管理 ·········· 83
第三节　农业生态环境及保护 ········ 85
　一、农业生态环境的概念 ········· 85
　二、农业生态环境的主要特征 ······· 85
　三、加强农业生态环境保护的基本对策 ··· 85
本章小结 ·················· 87
复习思考题 ················ 87
实训练习 ·················· 87

第八章　农业经济的增长方式与农业的可持续发展

第一节　农业经济的增长方式 ········ 88
　一、农业经济增长方式概述 ········ 88
　二、实现粗放型农业增长向集约型农业增长
　　　转变的必然性 ············ 89
　三、促进农业经济增长方式转变的途径 ··· 90
第二节　生态农业建设 ············ 92
　一、生态农业的概念与特点 ········ 92
　二、生态农业建设的目标、原则及基本
　　　模式 ················ 94
　三、生态农业是我国农业可持续发展的
　　　最佳模式 ·············· 95
第三节　农业的可持续发展 ········· 96
　一、可持续农业的内涵 ·········· 96
　二、可持续农业的特征 ·········· 98
　三、促进农业可持续发展的措施 ······ 98
本章小结 ·················· 99
复习思考题 ················ 100
实训练习 ·················· 100

第九章　农业土地资源的利用与管理

第一节　土地资源的概念、特点及作用 ···· 101
　一、土地资源的概念 ··········· 101
　二、土地的自然经济特点 ········· 101
　三、土地在农业生产中的作用 ······· 102

第二节　我国农业土地资源的开发利用……… 103
　一、我国农业土地资源的概况与特点……… 103
　二、我国农业土地资源开发利用中存在的
　　　问题……… 104
　三、合理开发利用农业土地资源的基本
　　　原则……… 105
　四、提高农业土地利用率的基本途径……… 107

第三节　农业土地资源的管理…………… 108
　一、农业土地的合理流转…………… 108
　二、农业土地资源管理的主要内容…………… 111
　三、农业土地资源管理的基本措施…………… 113
本章小结…………… 114
复习思考题…………… 115
实训练习…………… 115

第十章　农业劳动力资源的利用与管理

第一节　农业劳动力资源……… 117
　一、农业劳动力资源的概念与特点……… 117
　二、农业劳动力资源的基本作用……… 118
　三、农业劳动力资源的合理利用……… 118
第二节　农民的充分就业与农业剩余劳动力
　　　转移……… 121
　一、就业、失业与剩余劳动力……… 121
　二、农业剩余劳动力测算……… 122
　三、农民的充分就业与农业剩余劳动力
　　　转移……… 123

第三节　农业智力投资与农村人力资源
　　　开发…………… 124
　一、农业智力投资…………… 124
　二、农村人力资源开发…………… 126
　三、农村人力资源管理…………… 129
附：2003—2010年全国新型农民科技培训
　　规划（农科发［1998］11号）…………… 130
本章小结…………… 133
复习思考题…………… 134
实训练习…………… 134

第十一章　农业资金的利用与管理

第一节　农业资金的概念与特点……… 136
　一、农业资金的概念……… 136
　二、农业资金运动的特点……… 136
第二节　农业资金的利用与管理……… 137
　一、农业资金的来源……… 137
　二、我国农业资金利用中存在的主要
　　　问题……… 138
　三、农业资金管理……… 138

第三节　农业投资项目管理…………… 142
　一、农业投资项目的概念与特点…………… 142
　二、农业投资项目的可行性论证…………… 143
　三、农业投资项目的评价…………… 145
本章小结…………… 154
复习思考题…………… 155
实训练习…………… 155

第十二章　农业科技推广与管理

第一节　农业科技推广……… 156
　一、农业科技推广的概念……… 156
　二、农业科技推广的原则……… 156
　三、农业科技推广的形式……… 157
　四、农业科技推广组织……… 158
　五、农业科技推广方法……… 159
第二节　农业科技推广体系……… 159
　一、现行农业科技推广中存在的问题……… 159
　二、农业科技推广体系的建立与完善

　　　措施…………… 161
第三节　农业科技管理…………… 162
　一、农业科技管理的内容与任务…………… 162
　二、加强农业科技管理的措施…………… 164
　三、农业科技进步的经济效益评价…………… 166
本章小结…………… 171
复习思考题…………… 172
实训练习…………… 172

第十三章　农产品市场与流通管理

第一节　农产品市场与市场体系……… 174
　一、农产品市场……… 174
　二、农产品市场体系……… 175
　三、农产品市场体系建设……… 178
第二节　农产品流通体制及其改革……… 180

　一、农产品流通…………… 180
　二、我国农产品流通体制改革…………… 181
第三节　农业物流…………… 183
　一、农业物流的概念与特征…………… 183
　二、我国农业物流的现状与问题…………… 184

| 三、推动现代农业物流发展的措施 …… 186 | 复习思考题 …… 187 |
| 本章小结 …… 187 | 实训练习 …… 188 |

第十四章　农产品营销管理

第一节　农产品营销的概念与特点
　一、农产品营销的概念 …… 189
　二、农产品营销的特点 …… 190
第二节　农产品市场调查与预测
　一、农产品市场调查的概念 …… 190
　二、农产品市场调查的内容 …… 191
　三、农产品市场调查的步骤与方法 …… 191
　四、农产品市场预测及方法 …… 193
第三节　农产品市场细分与目标市场的
　　　　确定 …… 195
　一、农产品市场细分 …… 195
　二、农产品目标市场的确定 …… 197
第四节　农产品市场营销策略 …… 199
　一、农产品市场营销组合 …… 199
　二、农产品市场营销组合策略的制定 …… 200
　三、农产品国际市场营销 …… 201
本章小结 …… 204
复习思考题 …… 205
实训练习 …… 205

第十五章　订单农业与合同管理

第一节　订单农业 …… 206
　一、订单农业的概念及意义 …… 206
　二、订单农业的特点 …… 206
　三、订单农业的组织形式 …… 206
　四、促进订单农业发展的措施 …… 207
第二节　农业合同管理 …… 208
　一、合同的概念与法律特征 …… 208
　二、农业合同的订立与履行 …… 208
　三、农业合同管理与纠纷处理 …… 209
本章小结 …… 212
复习思考题 …… 213
实训练习 …… 213

第十六章　农业经济核算与效益评价

第一节　农业中的成本与效益
　一、农业成本效益的基本范畴 …… 214
　二、农业生产成本分析 …… 215
　三、农业经济效益 …… 217
第二节　农业经济核算 …… 218
　一、概述 …… 218
　二、农业成本核算 …… 219
　三、农业资金核算 …… 225
　四、农业盈利核算 …… 227
第三节　农业经济效益评价 …… 228
　一、农业经济效益评价的概念与基本
　　　原则 …… 228
　二、农业经济效益评价的指标体系 …… 228
　三、农业经济效益评价的方法 …… 230
本章小结 …… 233
复习思考题 …… 233
实训练习 …… 234

第十七章　农业现代化

第一节　农业发展与农业现代化 …… 235
　一、农业发展的三个不同阶段 …… 235
　二、农业现代化的意义 …… 237
　三、农业现代化的基本内容 …… 238
　四、衡量农业现代化的标准 …… 239
第二节　世界农业现代化的特点和发展
　　　　趋势 …… 239
　一、世界农业现代化的特点 …… 239
　二、世界农业现代化的发展趋势 …… 242
第三节　我国农业现代化的目标、道路与战略
　　　　措施 …… 244
　一、我国的国情特点 …… 244
　二、我国农业现代化的目标 …… 245
　三、我国农业现代化的道路 …… 245
　四、我国农业现代化的战略措施 …… 246
本章小结 …… 248
复习思考题 …… 249
实训练习 …… 249

参考文献

第一章 导　　论

学习目标
1. 理解农业的概念与特点；
2. 理解农业在国民经济中的地位与作用；
3. 理解农业经济的本质内涵，理解什么是农业经济管理；
4. 了解农业经济管理的目标与研究对象；
5. 理解农业经济管理的基本职能；
6. 了解农业经济管理的常用方法技术。

关键词
农业　农业经济　第一产业　国民经济系统　农业经济管理

第一节　农业的概念、特点与地位

一、农业的概念

农业作为国民经济的第一产业，是人类社会最古老、最基本的物质生产部门。农业生产是人类利用生物（动物、植物和微生物）的生理机能，在自然力的作用下，通过人类劳动去强化和控制生物的生命过程，进而把外界环境中的物质和能量转换为生物产品，以满足社会需要的物质生产部门。农业这个概念所包括的内容和范围在不同国家、不同时期，因划分国民经济部门的角度和标准有别而不完全相同。

在我国现阶段，按照农业的外延范围可将农业划分为狭义农业和广义农业。狭义农业仅指种植业或是农作物栽培业；广义农业包括种植业、林业、畜牧业和渔业，也称大农业。

在国外，农业一般包括植物栽培和动物饲养。但随着现代农业的发展，农业已远远超出了上述界限，扩展到包括为农业提供生产资料的农业前部门和农产品加工、贮藏、运输、销售等农业后部门，即在农业内部实现了产供销（农工商）一体化或称为农业产业一体化。

另外，按区位不同，可把现在的露地农业称为"绿色农业"，把工厂农业称为"白色农业"，把海洋农业称为"蓝色农业"，简称"三色农业"；按农业生产力的性质和发展阶段来分，可将农业划分为原始农业、古代农业、传统农业、近代农业和现代农业；按耕作方式的不同，可将农业分为轮垦农业、烧垦农业、灌溉农业、干旱农业；按物质循环和能量交换划分，可将农业分为有机农业（生态农业）和无机农业（石油农业）；按经营方式来分，可将农业分为粗放农业和集约农业；按产品的质量来分，可分为粗品农业与精品农业；按经营规模大小来分，可分为大农业与小农业等。所有这些表明，随着社会生产力的发展和人们对农业认识的不断深化，为了更好地促进农业生产向深度与广度进军，人们对农业概念的内涵与外延的认识也在不断深化，并不断地注入新的内容和新的活力。

二、农业的特点

农业生产最根本的特点是经济再生产过程与自然再生产过程相互交织,具有生物性和社会性双重特点。马克思指出:"经济的再生产过程,不管它的特殊的社会性质如何,在这个部门(农业)内,总是同一个自然的再生产过程交织在一起。"❶ 所谓农业的自然再生产过程,就是生物按照自身的生长、发育、繁衍规律周而复始,不断进行的过程,是一个生物物理、生物化学的过程,表现出很强的生物性生产的特点。农业的生产对象——各种生物有机体在土壤、气候、雨量、光照等自然环境条件的作用下,与它所处的自然生态环境进行物质、能量转化,从而得到不断地生长、繁殖。在这个过程中,农业再生产要受到自然规律的制约。所谓经济再生产,就是人们以动植物为对象,借助一定的生产手段和劳动对象,通过自身劳动反复进行农产品生产的过程,是一个社会学和经济学的过程,表现出社会性生产的特点。在这个过程中,农业再生产要受经济规律的制约。换句话说,农业的再生产过程,既是人们投入活劳动和物化劳动,生产出满足社会需要的农产品的经济再生产过程,又是生物有机体本身生长、发育、繁殖的自然过程,这两种过程是紧密结合在一起的,是农业生物本身的生命过程和人类有目的劳动过程的交错和统一。自然再生产是农业再生产的基础和出发点,对整个农业生产过程起着决定性作用。经济再生产过程不可能超越自然再生产过程而独立进行。但这并不意味着人类劳动完全是一个被动的过程。单纯的自然再生产过程,并不是农业生产,而只不过构成自然界的生态循环。作为农业的再生产,还要有人类生产劳动对自然的干预。这种干预,必须既符合生物生长发育的自然规律,又要符合社会经济发展的规律。自然再生产决定经济再生产,经济再生产又反作用于自然再生产。既然农业生产是一个以动植物为对象、以人类劳动为主体的物质产品的生产过程,经济再生产活动对自然再生产就有一个调节、干预的作用。人们可以在认识和尊重自然规律的基础上对生物的再生产施加影响和控制,强化生物的生长机能,创造与生物再生产相适应的生态环境,提高生物产品的质量,诱导改变生物的生活习性,加速生物的成熟过程,使其更有利于满足人类的需要。并且,人们对农业自然再生产过程的干预能力是随着科学技术的进步发展而不断提高的。农业生产正是在经济发展和科技进步的共同作用下,不断由低水平向高水平、由低层次向高层次发展的过程。由"经济再生产与自然再生产相交织"这一根本特点所决定,派生出农业的一系列特点。

1. 农业的生产对象是有生命的动植物

农业生产对象是有生命活动的动植物,受自然条件的影响很大。在科技水平比较低且很不普及的情况下,自然因素对农业的影响甚至可以起决定性作用,这就要求农业生产活动必须按照动植物的生长发育规律去精心组织,农业的经营模式、生产方式、农业企业的组织结构、职能划分都必须适应这一特点的要求,农业劳动者必须有高度的责任心,并且有较大的自主权,以根据自然条件的变化及时做出灵活应变的科学决策,避免违背自然法则给农业生产造成巨大的经济损失。

2. 土地是农业中最基本的不可代替的生产资料

在农业生产中,土地不但是人们劳动的空间场所,更重要的是植物生长发育的基地,是农业中最基本的不可替代的生产资料。种植业的生物再生产过程,是通过土地来吸收水分、养分和无机盐,利用太阳光能进行光合作用,将无机物转化为有机物;畜牧业的生产过程则是利用种植的饲料作物或天然草场来消耗人类不能直接利用的植物产品并将其转化为畜产品的过程。人类对农业生产的各种干预,也往往通过土地来强化。因而,土地资源对农业来

---

❶ 马克思恩格斯全集(第24卷). 人民出版社. 1995:398~399。

说，表现出其不可替代性，土地的自然地理位置、土壤性质及肥力状况直接影响着农业的投入产出率。况且，土地面积又是有限的，人们进行农业生产，必须十分珍惜土地资源，充分合理地开发利用每一寸土地。

3. 农业生产具有很强的季节性

农业的生产时间与劳动时间不一致。生产时间是指动植物生长、发育、成熟和繁殖的全过程。各种生物生长期虽不同，但在生长期内其生产过程却是持续不断的。劳动时间是指人们作用于劳动对象的时间，具有间歇性。即在整个生产时间内，较长时间是动植物的自然生长。这一特点，要求人们既要按生物本身的需要，不误农时地进行农事活动，为动植物的生长发育提供所需的资源要素，又要合理地利用这些资源要素，避免过量投入、无效投入和违背农时的投入，立足经济生产，高效利用，做到人尽其才，物尽其用，地尽其力。

4. 农业生产具有明显的地域性

一般来说，各种农作物对外界条件都有其特殊要求，由于土地不能移动，而自然条件又具有地区的分布规律和特点，致使农业生产具有明显的地域性。其突出表现是不同地区种植的农作物和饲养的畜禽，在种类和品种上各有不同。另外，又由于各地的社会经济条件不同，致使在消耗同等资源和劳动的情况下，产生的农业劳动生产率不同。因此，发展农业生产必须因地制宜，扬长避短，发挥优势。

5. 农业生产分布的广阔性及劳动地点的分散性

农业生产，尤其是大田生产，是在广阔的土地上进行的，劳动地点分散，因此决定了农业中的劳动协作不能像工业、商业那样采用集中规模，而是需要建立多层次的生产经营方式，从而决定了农业生产的专业化程度也表现出层次性。

6. 农产品具有消费资料和生产资料的双重属性

农产品除作为消费资料进入消费领域，供人们消费外，还有一部分作为生产资料被重新投入到农业生产和其它加工产品的生产中去。农业生产中所需要的种子、种畜、种苗、种禽等，除引进良种外，大部分由自身繁殖，进行再生产和扩大再生产。因此，农产品质量的优劣直接影响到下一再生产过程农产品的数量和质量，关系到农业生产者的经济收益，同时，也关系到人类自身的健康和生活质量。因此，应重视农产品品质的提高和品种的改良。

三、农业的地位与作用

1. 农业的地位

在人类社会的发展史上，农业是出现最早的一个物质生产部门，是人类社会再生产的起点。农业作为国民经济的一个有机组成部分，在国民经济发展中始终占有重要的地位。

（1）农业是人类赖以生存和发展的基础　人类社会的生存和发展，首先要获得基本的生活资料，在人类赖以生存的基本生活资料中，最重要的是动植物产品。人类通过作物的栽培和动物的饲养，获取自己所需的营养物质，这是农业本身所特有的功能，是其它任何生产部门所不能代替的。现代食品工业只能改变动植物产品的某些物理、化学性质，加工出营养丰富、适口性强的食品，但却不能用人工合成的办法生产出动植物产品。没有农业部门生产这些产品，人类就不能生存，社会就不能发展，社会再生产就不能进行。可见，农业是人类赖以生存和发展的基础，是人类的衣食之源、生存之本。

（2）农业是社会分工和国民经济其它部门赖以独立生存的基础　农业是一个最古老的生产部门，在人类社会的初期它也是唯一的一个生产部门。随着农业生产力水平的提高，出现了剩余农产品，才出现了社会大分工，经过三次社会大分工后，才使工业、商业等部门从农业中分离出来。人类社会分工的形成和发展，是以农业生产的不断发展和农业劳动生产率的不断提高为前提的，只有农业生产力水平达到一定的高度，能够为其它物质生产部门提供必要的生活资料时，这些部门才能从农业中分离出来，成为独立的物质生产部门。正因为如此，马克思明确指出："农业劳动不仅对于农业领域本身的剩余劳动来说是自然基础，而且对于其它一切劳动部门之变为独立的劳动部门，从而对于这些部门中创造的剩余价值来说，也是自然基础。"❶可以说，农业生产力的高低，农业所能提供的剩余产品的多少，在很大程度上决定着国民经济其它部门的存在。

（3）农业是工业和国民经济其它部门得以进一步发展的基础 工业和国民经济其它部门与农业分离而成为独立的物质生产部门后，要进一步发展，仍然要以农业为基础。这是因为只有农业劳动生产率进一步提高，使农业所生产的产品在满足农业自身消费后，还有大量剩余产品用于满足国民经济其它各部门的需要，并从农业中腾出大量的劳动力，从事其它各项事业时，工业和商业等部门才能得到相应的发展。这说明，农业的发展既是工业和国民经济其它部门进一步发展的出发点，又决定着这些部门发展的界限。也就是说，工业和国民经济其它各部门能够以怎样的规模和速度发展，归根到底受农业生产力发展水平的制约。正如陈云同志所言，农村能有多少剩余农产品拿到城市，工业建设以及城市的规模才能搞多大。

（4）农业还是文化、教育、科学、卫生、体育等社会事业发展的基础 文化、教育等各项社会事业是社会主义精神文明的重要组成部分，是建设具有中国特色的社会主义强国所必须发展的。文化、教育等社会事业的发展，也必须以农业的发展、农业劳动生产率的提高为前提。正如马克思所言："社会用来生产小麦和牲畜等所需的时间越少，用来进行其它生产——物质和精神生产的时间就越多。"❷

总之，农业是国民经济与社会发展的基础，这是不以人们的主观意志为转移的客观经济规律。党的十五届三中全会，全面总结了建国以来我国农业发展的成功经验和深刻教训，指出农业是经济发展、社会安定、国家自立的基础，农民和农村问题始终是中国革命和建设的根本问题。党的十六大进一步明确强调："统筹城乡经济社会发展，建设现代农业，发展农村经济，增加农民收入，是全面建设小康社会的重大任务。"我国是一个农业大国，全国13亿人口中的67％在农村，"三农"问题的解决程度直接关系到我国经济现代化第三步战略目标的实现，正如十六大报告所言："没有农业的现代化就没有整个经济的现代化，没有农村的小康就没有全国人民的小康。"农业兴，则百业兴；农民富，则国家富；农村稳定，则天下稳定。"读不懂农民，就读不懂中国"。正因为如此，胡锦涛总书记在2003年的全国农村工作会议上再次强调："农业是安天下的战略产业，无论经济发展到什么水平，无论农业在国民经济中的比重下降到什么程度，农业的基础地位都不会变。加大对农业的支持和保护力度，是统筹城乡经济社会发展的必然要求。"由此看来，对农业的重视和扶持是国家的长远之计。只有把农业搞上去，只有把我国9亿多农民的问题解决好，才能真正谈得上国富民强、国泰民安。这是市场经济条件下，人们对农业是国民经济和社会发展基础的重新认识和深刻理解。

2. 农业对国民经济发展的作用

农业对国民经济发展的作用是多方面的。根据经济学界的长期探索，普遍认为，农业对国民经济发展的作用主要有三个大的方面，即产品贡献、市场贡献、要素贡献及外汇贡献。

（1）农业对国民经济的产品贡献

① 食品贡献。"民以食为天"。食品是人类生存和发展的基础。在我国这个拥有13亿人口的大国，食品的有效供给不仅是经济持续稳定发展的基础，而且也是社会稳定的基础。在各类食品中最重要的是粮食。农业是国民经济的基础，粮食是基础的基础。目前我国的粮食

---

❶ 马克思恩格斯全集（第26卷）.人民出版社，1995：22。
❷ 马克思恩格斯全集（第46卷）.人民出版社，1995：12。

总产量 4.9 亿吨，人均 400 千克左右；预计到 2030 年人口将达到 16 亿，按人均粮食保持 400 千克计算，粮食总产量必须达到 6.4 亿吨。根据我国的国情，必须立足于国内，以自力更生为主解决粮食安全问题。主要原因有以下几点。一是我国外汇有限。二是国际市场粮源有限，供给不足。三是依靠进口粮食则在政治上容易受制于人。因此，我国农业对国民经济的食品贡献，其重大的经济和政治意义是世界上任何一个国家都无法比拟的。

② 原料贡献。我国工业原料的 40%，其中轻工业原料的 70%，纺织工业原料的 90%来自农业。农业原料的供给状况直接决定着工业特别是轻工业的发展速度，农业发展状况良好，农产品原料供应充足，工业发展就快；农产品供应不足，就会以各种方式影响经济发展，不仅直接影响轻工业的发展，而且会波及到重工业、能源工业、交通运输业以及其它各行业的发展。而且这种影响的负面效应有很大的滞后性，不是一、二年就能缓解过来的。因此，农业的产品贡献是国民经济增长不可缺少的物质基础。

(2) 农业对国民经济的市场贡献　在市场经济条件下，工业和整个国民经济的发展主要依赖市场需求的扩张。国际经验表明，一些人口较少的国家和地区，如"亚洲四小龙"，由于国内市场狭小，其工业和国民经济发展只能以国际市场为主导才能取得成功。而大国经济的发展主要依靠国内市场的扩张。其中最具有潜力的市场——农村市场的扩张规模和速度将决定国民经济的发展进程。

我国改革开放以来的经济发展实践证明，农村市场需求状况对工业和国民经济增长具有决定性的影响。我国的工业问题在很大程度上是农民的购买力问题。扩大内需，刺激国民经济发展的潜力在农村，开拓农村市场的关键在于提高农民的现实购买力。可见，农业和农村对国民经济的市场贡献是巨大的。

(3) 农业对国民经济的要素贡献　农业对国民经济的要素贡献主要是指在土地、劳动力就业和资本等方面的贡献。

① 土地贡献。工业和国民经济其它各部门的发展必然需要更多的土地作为活动场所，如城区的扩大、道路的修筑、工矿企业的建设等。一般来说，非农业部门对土地的需求是一种必然现象，需求的土地多在农业较发达地区。农民不断地把这些优良的土地转送给非农业部门使用，而自己去开垦新的土地予以补充。在对农业征税和工农产品不等价交换的体制下，很大部分农业土地的物质形态、生产力和肥力被城市以很低的价格或无偿获得。伴随着社会生产力的发展，农业社会必然向工业社会转变。因此，土地转移是一种必然的现象，但如果土地流转制度不合理，就会出现一系列问题。在市场经济条件下，非农业部门征用、占用土地，要逐步向市场化、制度化、法制化的轨道过渡。

② 劳动力就业贡献。作为国民经济的基础产业，农业一直是容纳我国劳动力就业的主渠道。尽管近年来随着我国工业化进程的加快、农村非农产业的发展，农业中就业的劳动力比例在下降，但随着人口的增长，农业仍就是劳动力就业的主要部门。在未来相当长的时期内，农业仍将是我国劳动力最大的就业产业，这对于我国这样一个工业化水平低，第二、三产业不发达的人口大国，无疑是具有政治和经济双重意义的贡献。

③ 资本贡献。资本贡献主要包括为国民经济发展提供积累和外汇贡献。过去几十年中，政府通过农业的直接税和间接税（即工农产品价格剪刀差）为国家的工业化和国民经济的发展提供储蓄和资金积累。同时，农业也为乡镇企业提供了启动和发展资本。乡镇企业对国家的价值贡献、税收贡献、就业贡献都与农业有关。

同时，农业也是我国出口创汇的主要产业，农产品及其加工品是我国对外贸易中的重要产品，出口值占我国出口商品总值的 40%以上。创汇农业的发展，对于促进我国的国际贸易，引进发达国家的先进科学技术和装备，加速高科技产业发展和传统产业技术改造，提高现代化水平发挥了重要作用。

④ 劳动贡献。农业是我国劳动力的储水池，农业中的剩余劳动力转移到非农产业或城市部门，为工业和国民经济的发展提供了大量的劳动力，从而满足了国民经济发展对劳动力的需求。第一，从农业中转移出去的劳动力，大多受过一定的教育，科学文化素质相对较高，工业及其它非农产业部门由此节省了大量的教育、培训费用；第二，大量农村劳动力的存在，使劳动力就业市场充满了竞争性，既降低了农业的生产经营成本，也对外商形成了较强的吸引力，促进了对外开放和引进外资的步伐；第三，减轻了资本供给不足的制约，促进了经济发展。我国是典型的、资本稀缺型的、以劳动力密集为特征的剩余经济，劳动力几乎无限供给。我国乡镇企业的发展便是依靠劳动力替代资本取得成功的典范。

第二节　农业经济管理概述

一、农业经济

所谓农业经济就是指农业中经济关系和经济活动的总称，即农业中的生产、交换、分配与消费等经济关系和经济活动的总称。农业中的经济活动和经济关系的内容是多方面的、多样性的，但同时又受客观规律的支配。人们要认识农业经济，发展农业经济，就必须认识和利用农业经济的运动规律。农业经济活动的最基本规律是农业生产方式的运动规律。农业生产方式是指在农业中谋取生活资料和生产资料的方式，由农业中生产力和生产关系组成。

农业生产力作为农业生产方式中最活跃的因素，始终处于不断的变化之中。从古到今，农业生产力的发展大致经历了原始农业、传统农业、近代农业和现代农业等不同的发展阶段。了解农业生产力的发展阶段及其特征，对于促进农业生产力发展和实现农业现代化目标具有重要意义。

随着农业生产力的不断发展，农业生产关系也相应地发生变化。迄今为止，农业生产关系的发展依次经历了原始社会农业生产关系、奴隶制农业生产关系、封建制农业生产关系、资本主义制度农业生产关系和社会主义制度农业生产关系。

二、管理

所谓管理，原意是管辖治理。是指为了达到一定的经营目标，对经营要素的组合与经营过程的协调与运转（供应—生产—销售—分配）进行决策、计划、组织、指挥、协调、控制的过程。对于管理，专家学者们有不同的理解和解释。从字面上看，管理可以简单地理解为"管辖"和"处理"。即对一定范围和一定条件下的人和事进行安排和处理；有人认为管理就是决策；也有人认为，管理就是和别人打交道，把事办好；还有人认为管理就是组织、协调、控制、优化等活动的总称。所有这些说法都有一定道理，但都未能对管理做出科学、完整的概括。一种普遍接受的观点认为，管理是一个过程，是让别人和自己一道去实现既定的目标，是一切有组织的集体活动所不可缺少的要素。

管理一般由四个基本要素组成：①管理者，即管理主体，回答的是由谁来管理。②管理的对象，即管理客体，回答的是管理什么。③管理目标，回答的是管理要实现什么预定目标。④管理的措施与办法，即管理行为，回答的是怎样进行管理。

由此，可以认为，管理就是将先进的管理思想、管理理论和方法应用到人们的社会生产实践中，对人们的生产经营活动进行科学的计划、组织、协调、控制，以期在既定的生产技术条件下，以尽可能少的劳动消耗取得尽可能多的经济效益，从而保证生产经营的高效运行和企业目标顺利实现的社会活动。管理既是一门科学，又是一门艺术。管理是社会生产力发展到一定阶段的产物，是人类最基本的活动之一。

三、农业经济管理

农业经济管理则是国家为了实现一定的目标，对农业经济活动进行计划、组织、领导、调控、监督等而采取的一系列方式、方法和手段的总称，是管理在农业经济领域中的具体应用。农业经济管理的主体是国家，具体管理职能由代表国家的有关政府部门即中央政府中的农业部和地方政府中的农业厅局来履行；农业经济管理的客体是农业经济的整体运行，重点是农业经济总量的增长和农业结构调整；农业经济管理的目标是在保证粮食安全、农产品有效供给、维持供求平衡的基础上，通过推动农业经济增长方式的转变和农业产业结构的优化升级，来实现农业增效、农民增收；农业经济管理的方法手段主要是经济手段、法律手段和必要的行政手段，并通过市场机制作用于农户和农业企业而进行的间接调控和合理引导。

国家之所以要对农业经济的运行进行管理，主要是由两个基本前提决定的：一是市场经济的局限性；二是农业生产的特殊性。

1. 市场经济体制下农业经济的运行与发展客观上需要政府的宏观调控

农业经济要实现高效运行和健康发展，必须充分发挥市场机制在资源配置中的基础性作用。但市场并不是万能的，市场机制对农业经济活动的调节是有局限性的。其主要表现在以下几点。①市场机制对农业经济活动的调节属于事后调节，具有滞后性。市场机制是在以价格表示的农产品供求关系已经发生变化后才对农业生产者的经营行为发生调节作用的，即农业生产者总是被价格牵着鼻子跟在农产品供求关系变化的后面不停地奔跑。②市场机制对农业经济活动的调节具有盲目性。市场通过农产品价格的波动为农业生产者提供一个农产品供求关系变化趋势的信号，农业生产者依据农产品价格信号决定生产什么、生产多少、怎样生产的问题。但是，从农产品价格形成、价格反馈到农业生产者做出决策有一定的时间差，加之农业生产者有时掌握的信息不充分，使得微观经济主体的生产经营决策不可避免地带有一定的盲目性，这种盲目性在生产周期较长的农业生产部门表现得尤为明显。③市场机制对农业经济活动的调节具有外部性。单靠市场机制对微观经济主体的生产经营行为进行调节，由于微观经济主体追求自身利益最大化的动机的驱使，常常会造成很大的外部不经济。再者，对一些牵涉面比较大的问题，如城乡居民收入差距扩大，农民就业不充分，两极分化现象等，依靠市场机制是根本无法解决的。因此，为了弥补市场机制的失灵、失效，就需要有外在的力量来调节农业经济活动，这种外在的力量就是政府。政府对农业的宏观调控正是为了克服市场机制的局限性。

2. 农业的基础产业地位和弱质产业特性客观上也需要政府对其进行管理，尤其需要政府的保护

一方面，农业是国民经济的基础产业部门，是人类赖以生存发展的基础，是社会分工和国民经济其它部门独立和发展的基础。农业的这种特殊重要性，客观上决定了农业是安天下的战略产业。无论经济发展到什么水平，无论农业在国民经济中的比重下降到什么程度，农业的基础地位都不会变。另一方面，农业又是一个弱质产业。在市场经济条件下，农业生产既因对经常变化的自然条件的强烈依赖性而面临较大的自然风险，又因生产周期长和对市场信号反应的相对滞后而承担较大的市场风险，自然风险和市场风险的相互交织使得农业生产成为一个很难与其它产业相抗衡的弱质产业。同时，农业生产者因收入水平、科技文化素质和组织化程度低，在社会上处于不利的竞争地位，农民又是社会利益群体中的弱势群体。因此，国家和政府必须加强对农业经济的管理与调控，借鉴世界农业发达国家的经验，利用

WTO 的"绿箱政策"，有效地支持农业，保护农业，使农民至少能获得正常的平均利润，这是政府加强农业经济管理与指导的现实根据。

四、农业经济管理的性质和内容

1. 农业经济管理的性质

农业经济的管理过程就是对农业生产中的各要素进行合理配置与协调的过程，在这个过程中，既包括人与物的关系、物与物的关系，也包括人与人的关系。因此，对农业经济的管理，必然表现为对农业生产力的合理组织和对农业生产关系的调整完善。

管理过程中对农业生产力的合理组织体现着管理活动的自然属性，也称管理的生产力属性，是指管理要处理人与自然的关系，要按照社会化大生产的要求和农业的自然经济规律合理组织农业生产力，最大限度地发挥人力、物力、财力的作用，力争做到人尽其才、物尽其用、地尽其力，保证农业生产又好又快发展，实现农业经济的良性循环和可持续发展。

管理过程中对农业生产关系的调整完善体现着管理活动的社会属性，它是指正确处理农业经济活动中人与人之间的关系。即从客观实际出发，适时调整、不断完善农业生产关系，通过合理的激励、约束机制，充分调动农业劳动者的生产积极性，使他们能在追逐自身利益的提高的同时关心农业生产，关心经营成果，关心农业经济的发展，并能创造性地开展工作，以此形成有利于促进社会和谐，有利于推动农业生产力发展的先进的农业生产关系。

2. 农业经济管理的内容

农业经济管理的内容是由其涉及的范围和属性决定的。就其涉及的范围而言，农业经济管理的内容包括农业宏观管理和微观管理两部分；就其属性而言，农业经济管理的内容涵盖农业生产力和农业生产关系两个方面。具体来讲，农业经济管理的内容包括以下几个部分。

① 科学阐述社会主义农业制度建立和发展的规律性，探讨并确定与农业生产力发展水平相适应的农业经济管理体制和经营方式，研究探索符合中国国情的农业现代化道路。

② 依据农业的自然经济规律，在深入分析农业自然生态环境和经济技术条件的基础上，科学决策宏观农业经济的发展战略和微观农业企业的经营战略。

③ 以市场为导向，以效益为中心，因地制宜，扬长避短，合理调整农业生产结构，搞好农业区域布局，推动农业可持续发展。

④ 合理配置和高效利用农业生产资源，深入分析农业的投入产出关系，对农业技术经济效果进行综合评价分析，以确定最佳方案，寻求最佳途径，谋求最佳效果。

⑤ 按照现代商品农业的经营理念和工业化的生产模式，延长农业产业链条，重构农业产业体系，提升农业产业层次，完善农业经营体制，不断提高农业的专业化、规模化、社会化水平，提高农民的组织化程度，以推动传统农业向现代农业转变。

⑥ 按照效率优先、兼顾公平的原则，搞好农业的收益分配，正确处理生产与生活、积累与消费、国家与企业、组织与个人的关系。

第三节 农业经济管理的目标、职能与方法

国家对农业经济进行管理，首先要确立明确的目标，同时，要科学行使管理职能，并借助于一系列的手段和政策来实现既定的目标。

一、农业经济管理的目标

农业经济管理的目标是指国家在农业经济管理方面所要达到的农业经济运行状态的预定目标。农业经济管理的目标决定着管理的重点、内容和着力方向;同时,它也是评价农业经济管理工作的重要依据。现实中,农业经济管理的目标包括以下几点。

1. 实现农业增效、农民增收

实现农业增效、农民增收是市场经济条件下政府管理农业经济的首要目标,也是提升农业竞争力,调动农民积极性的核心问题。党的十五届三中全会明确提出,必须把调动广大农民的生产积极性作为制定农村政策的首要出发点,并指出:"这是政治上正确对待农民和巩固工农联盟的重大问题,是农村经济社会发展的根本保证"。尤其是在近年来农民收入增长缓慢、城乡居民收入差距不断扩大的新形势下,更要把农业增效、农民增收作为农业经济管理的首要目标,这是保证农业和农村经济长足发展的动力源泉。

2. 保障粮食安全和其它农产品的有效供给

尽管农业的功能在不断拓展,但为生产提供质优价廉、数量充足的农产品仍旧是农业的基本功能。农业经济管理的目标之一就是根据不同历史时期农产品供求关系的变化,制定合理的农业经济政策,并利用财政、信贷、价格、利息杠杆对农产品的生产与供应进行宏观调控,引导农产品的生产与供应。在保证粮食生产安全的前提下,根据人们消费向营养、安全、健康、多样化方向发展的趋势,大力推进农业绿色食品产业的发展,增加绿色食品的市场供给。

3. 优化农业结构,提升产业层次

农业产业结构的合理与否,对于农业经济的良性循环和长足发展,对于农业整体效能的提升,意义重大。因此,调整优化农业产业结构,提升农业产业层次始终是农业经济管理的重要目标之一。尤其是在目前我国农产品供给总量平衡,结构性矛盾突出的情况下,进行农业结构的战略性调整,推动农业产业结构的不断优化和升级,是我国农业步入新阶段的必然趋势,也是当前农业工作的中心任务。

4. 转变农业增长方式,提高农业生产效率

促进农业经济增长方式由粗放经营向集约经营,由资源依赖型向技术驱动型转变,是改造传统农业,建设现代农业的必然要求,也是大幅度提高农业劳动生产率、土地生产率的根本途径。农业经济管理必须将其作为自己的重要目标。

5. 实现农民充分就业,有效转移农村富余劳动力

有国外学者预言,在21世纪,中国要解决占世界人口1/6之众的农民的就业问题,其难度要大大超过20世纪解决他们吃饭问题的难度。农民就业不充分是农民收入增长缓慢、农村市场购买力不足、农业规模效益低的深层次根源。因此,研究探索实现农民充分就业的途径,有效转移农村富余劳动力,理应成为农业经济管理的具体目标。

二、农业经济管理的基本职能

1. 农业宏观经济管理职能

① 制定农业发展战略和中长期发展规划,制定符合国情、省情的农业产业政策、农业投资政策、农业技术政策、农业资源开发政策等。

② 综合运用财政、信贷、价格、利率等经济杠杆和必要的行政手段从宏观上对农业生产和流通进行间接的宏观调控。

③ 加大资金投入,建立健全农业风险防范机制和预警制度,强化政府对农业产业的保护与支持,改善农业经济发展的外部环境。

④ 培育完善农产品市场体系，制定公平、统一、有序的市场交易规则，规范交易行为，保证农产品市场的良好运行，公平竞争，促进大市场、大流通的形成。

⑤ 实施农产品生产的环境监测、产品质量检验与监督管理，使农业生产向环境友好、健康营养、规范化、标准化生产的方向发展。

⑥ 统筹协调与农业发展有关的各领域、各地区、各部门、各行业、各经济主体之间的经济利益关系，营造全社会关注农业、支持农业、服务农业的良好氛围。

2. 农业微观经济管理职能

农业微观经济的管理职能可用图 1-1 表示。

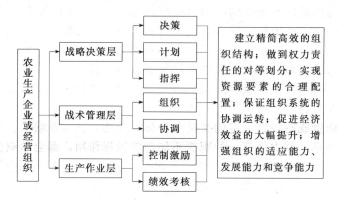

图 1-1　农业微观经济的管理职能示意图

（1）决策　就是对农业生产经营活动中的一些重大问题，如农业的发展方向、发展战略、经营目标以及为实现这些目标而采取的重大措施等作出选择和决定。在市场经济条件下，农业生产企业和经营组织应按照国内外市场的需求状况，在国家政策、法规、计划的指导下，根据本企业的自然资源、资金、技术、劳动力等条件，作出关于自己的生产发展方向、经营目标、产业结构、产品结构、营销策略等方面的决策，以提高企业对市场的适应能力、应变能力和竞争能力。决策是行使其它管理职能的先决条件，贯穿于管理的全过程。因此，决策是农业经济主体从事经营管理的首要职能。

（2）计划　就是根据决策目标，进行资源分配，安排和协调未来活动的具体部署。计划是人们要达到某一既定目标的行动方案。农业经营组织生产经营活动的各环节、各部门纵横交错，业务繁多，需要制定周密的、科学的计划，对决策目标和方案在时间和空间上进行合理安排，使各部门、各环节的工作协调配合，相互促进，以保证企业各项生产经营活动的有序进行。如果没有合理的、科学的计划，企业的生产经营过程就会出现紊乱，就会造成资源的浪费和效率的下降。

（3）组织　就是把企业生产经营活动中各个要素及各个环节在时间和空间上组织起来，形成一个精简高效、权责对等、分工明确的有机整体，使人、财、物得到合理配置和高效利用。因此，组织是企业经营目标和计划的保证。农业企业的组织结构有着十分广泛的内容。它包括：研究确定企业的经营管理体制，如机构设置、人员配置、业务分工、权责划分等；确定企业的管理模式，如权限集中与分散的程度和方式等；确定生产经营活动的领导方式，如是以行政管理为主，还是以指导服务为主等；落实任务，建立责任制如考评、奖惩制度，规定各级、各部门及其主管人员的工作制度；以及进行人员培训等。

（4）指挥　就是企业的领导者运用组织权利，发挥领导艺术，以下达命令、指示的方式，对下属从事的生产经营活动进行布置、调度、监督、指导的行为，目的是保证所有下属工作人员和生产人员步调一致，共同为实现企业的经营目标出力献策，避免个人行为与组织行为相冲突，以使企业的生产经营活动得以正常运行。

（5）控制　它是为了保证企业的实际工作与原订的目标、计划一致而对生产经营活动所进行的检查、监督和核算。包括以下几点。

① 定额控制。既制定人员编制定额，物资储备和消耗定额，流动资金定额，费用定额等，用以控制人力，物力和财力的消耗。

② 指挥控制。即运用各种计划来控制生产消耗、生产进度和经营目标。

③ 规章制度控制。通过制定与贯彻执行生产责任、技术操作规程、财务制度来控制各项生产经营活动。

④ 经营数学方法控制。如运用边际分析方法确定资源的最适投入量，以提高资源配置的利用效果；运用盈亏平衡分析法，进行产量、成本、利润的分析，以确定企业的最佳生产规模等。

农业生产企业要很好地运用以上控制手段实行目标控制、生产控制、产品质量控制、库存控制、成本控制和财务控制，及时发现与纠正生产经营过程中出现的各种偏差，使其与目标保持一致。

上述各项管理职能既有各自特定的涵义和特殊的作用，又相互联系、密切配合，形成一个完整的管理职能体系。其中任何一种职能不能正常发挥作用，都会影响企业生产经营活动的正常进行，进而影响企业的最终经济效益。因此，只有深刻理解和综合运用各种管理职能，才能使农业企业的经营管理卓有成效地进行。

三、农业经济管理的方法

农业经济管理的实施需要借助于一系列的方法来实现既定的目标、任务。农业经济管理是由多种方法组成的系统，其中包括行政方法、经济方法、法律方法、教育方法、经济数学方法等。各种管理方法只有互相配合，灵活利用，才能达到预期的效果。

1. 行政方法

行政方法是指使用行政权力，借助于行政法规、法令，下达指令性计划、指示来组织和指挥企业的生产经营活动。其主要特点是上级领导对自己管理的下属组织具有强制力和约束力。可见，行政方法作为实现各种管理职能的基本手段，简单、明确、直接，应用范围广，适应性强，对于动员和组织人们进行有秩序的劳动，建立强有力的农业生产经营组织指挥系统，实现科学的领导、指挥具有不可低估的作用。

2. 经济方法

经济方法是指按照客观经济规律的要求，运用与价值形式有关的各种经济杠杆和手段，如价格、成本、工资、利润、利息、奖金、罚款等价值杠杆，以及经济合同、经济责任制等经济手段，来执行管理职能，实现管理活动的方法。从农业经营组织的角度来讲，经济方法的实质就是利用物质利益原则来影响农业组织成员的行为，使之与组织的目标相一致，运用物质动力推动组织的健康运行和快速发展，使组织的每一个成员从关心自己利益的角度出发去关心组织的发展，以达到既定的经营目标。

3. 法律方法

法律方法是指运用法律、法规及类似法律、法规的各种行为准则来管理农业经营组织的生产经营活动，运用法律手段来巩固与调整经营关系，妥善处理各种经济纠纷，维护企业正常的生产经营活动，把农业经营组织的各项经营活动纳入法制化的轨道。由于法律方法有着规范、稳定、强制性的特点，所以在农业经济管理的方法中有着十分重要的位置。通过法律方法，不仅可以使国家、企业、个人的合法权益得到保护，而且还可以使企业内外的各种关系得到很好的调整。

4. 经济数学方法

经济数学方法是指在研究经济活动的数量表现、经济变量之间的因果关系及数量变化规律的基础上，运用数学方法模拟分析、研究社会经济现象和变量间的内在关系及数量变化规律，以揭示稀缺资源的配置、利用效果及其合理的经济界限，为农业生产企业进行经营决策和管理变革提供科学依据的一种管理方法。在农业经济管理中，目前运用较多的经济数学方法有：生产函数、边际分析、线性规划、决策树、网络法、价值工程、图上作业法等。

5. 行为科学方法

行为科学是研究人的动机和行为规律的科学，其目的是为了了解人的需要，激发人的正确动机，产生正确的行为，防止不正确的动机，消灭不正确的行为，从而调动人的积极性、创造性，激发人的潜力，以此来提高经济效率。

6. 教育方法

教育方法是指通过一定的教育途径和教育方式对教育对象进行有计划、有目的的思想道德教育、科学文化教育和业务知识与技能教育，通过提高人的素质，降低管理成本，提高生产效率。教育员工顾全大局、齐心协力、积极奉献，为实现共同的目标而努力工作。管理的人本原理认为，管理活动中人的因素是第一位的，管理最重要的任务是提高人的素质，挖掘人的潜力，调动人的积极性和创造性。因此，通过教育，不断提高人的政治思想素质、科学文化素质、业务能力素质是管理工作的主要任务。

本 章 小 结

农业生产是人类利用生物的生理机能，在自然力的作用下，通过人类劳动去强化和控制生物的生命过程，进而把外界环境中的物质和能量转换为生物产品，以满足社会需要的物质生产部门。农业生产最根本的特点是经济再生产过程与自然再生产过程相互交织，由此派生出许多区别于国民经济其它部门的显著特点。

农业作为人类社会发展史上最早出现的一个部门，不仅是人类赖以生存和发展的基础，而且也是社会分工和国民经济其它部门赖以独立和发展的基础。农业对国民经济发展的作用主要体现在产品贡献、要素贡献、市场贡献、外汇贡献等方面。

农业经济管理是国家为了实现一定的目标，对农业经济活动进行计划、组织、领导、调控、监督等而采取的一系列方式、方法和手段的总称，是管理在农业经济领域中的具体应用。农业经济管理就其范围而言，包括农业宏观经济管理和微观经济管理两部分；就其属性而言，包括农业生产力和农业生产关系两个大的方面。管理的终极目标是实现农业现代化，具体目标是实现农业增效、农民增收；保障粮食安全和其它农产品的有效供给；优化农业结构，提升产业层次；转变农业增长方式，提高农业生产效率；实现农民充分就业，有效转移农村富余劳动力。管理的职能包括农业经济宏观管理职能和微观管理职能；管理的方法包括行政方法、经济方法、法律方法、教育方法、经济数学方法和行为科学方法等。

复习思考题

1. 基本概念

农业　农业经济　农业经济管理　农业生产方式　价格机制　市场失灵

2. 简述农业的特点。
3. 简述农业对国民经济的主要贡献。
4. 简述农业经济管理的主要内容及目标。
5. 如何理解农业是国民经济的基础产业？

实训练习

利用寒暑假或其它可能的机会调查某县、某乡（镇）或某村的农业发展状况，了解其发展规划与措施。

第二章　农业经济管理体制

🔍 学习目标

1. 理解农业经济管理体制的概念，明确其基本内容；
2. 了解我国传统农业经济管理体制的特点与弊端；
3. 了解我国农业经济管理体制的改革与实践；
4. 理解市场经济条件下农业经济管理体制创新的主要内容。

🔍 关键词

管理体制　组织结构体系　制度变革　管理创新

第一节　农业经济管理体制概述

一、农业经济管理体制的概念

进行农业经济管理，必须在宏观上建立精简高效的组织体系和健全完善的规章制度，在微观上形成协调有序的经营方式。农业经济管理体制是国民经济管理体制的重要组成部分。它是指一个国家或地区农业经济管理的组织体系及相应规章制度的总和。这里的组织体系，是指从中央到地方、到企业、甚至到企业内部各管理层次的职能部门等所构成的组织管理系统。这一管理系统既包含上下级之间的纵向关系，又包含同一层次不同地区、不同单位的横向关系。而相应规章制度则是指导规范整个经济管理系统各层次、各单位之间相互关系的处理方式，是一系列被制定出来的规则、守法程序和行为的道德伦理规范，旨在约束追求主体福利或效用最大化的个人行为，构成农业经济增长中合作与竞争的基本秩序。其实质和核心是经济管理系统中上下级之间，各部门、各单位之间以及各管理人员之间权利、责任、利益的划分，是确保既定经济管理目标实现的行为规范。

二、农业经济管理体制的内容

农业经济管理体制作为农业生产关系的具体体现，其内容反映着农业中的各种经济关系，如国家和企业的关系、中央和地方的关系，企业内部各职能部门、各经济主体的关系等。具体内容包括以下几个部分。①农业组织机构设置。主要指从中央到地方到基层的各级农业行政管理机构的设置与职能划分。②管理权限的划分。主要指中央和地方、农业行政管理部门和涉农企事业单位以及农户之间对商品、资金、人员、企业隶属关系等方面权力、责任、利益的划分。③管理形式、方法手段与制度规范。主要指农业行政管理机关上下级之间，行政机构与企业、农户之间有关经营管理方面所采取的具体管理方式、规定和相应的制度框架。

农业经济管理体制的以上三个方面相互依赖、相互影响，构成一个完整的体系。其中，管理权限的划分是管理体制的核心内容，机构设置、管理模式、管理方法和相应的规章制度则是实现这一划分的组织保证和行为规范。农业经济管理体制通常指农业的宏观经济管理体制，但农业微观经济主体从事农业生产经营活动也需要相应的组织结构体系和管理制度，从这个意义上来讲，农业微观经济的组织管理制度也可看作是农业经济管理体制的重要内容。

1. 农业宏观经济管理体制

农业宏观经济管理体制是指国家领导、管理农业的组织体系及相应的规章制度。主要内容包括以下几点。

（1）国家农业经济管理的等级层次和权责范围　为保证既定农业经济管理目标的顺利实现，国家管理农业经济必须根据管理活动的规律合理划分管理的等级层次，并明确各管理主体的权责范围，以避免权责不分、权责不等的管理混乱和无序现象。一般而言，国家农业经济管理的等级层次和权责范围与国家行政区划和等级是一致的，但有时也有不一致的情况。比如对一些重大农业政策的决策权，就可以集中在中央，地方只负责政策的执行；而对一些农产品生产经营的宏观管理，也可以不按行政区划层层设置管理机构和职能部门。

（2）国家农业经济管理的组织体系和决策系统　国家为有效组织农业生产和指导管理农业微观经济主体的生产经营活动，一般按行政区划设置农业经济管理的组织机构及相应的职能部门，以确保国家农业发展方针、政策和法律法规的贯彻实施。同时，还要根据农业经济发展的规模水平建立上下贯通、灵敏高效的农业经济决策系统，以确保关系全局的重大农业经济决策及时、准确、科学、高效。国家农业经济决策系统由处于不同等级层次上的各级农业决策机构组成，不同层次的农业决策机构负责自身权限管辖范围内与农业发展有关的重大问题决策。随着社会主义市场经济体制的建立和现代商品农业的发展，设置科学、高效的农业经济管理组织体系和决策系统显得十分重要。

（3）国家农业经济管理的制度框架与行为准则　国家农业经济管理的制度框架与行为准则包括一切正式的和非正式的规则、规范。正式规则有农业产业政策、价格政策、财政税收政策、投资政策、信贷政策以及相关的法律法规等，非正式规则有人们的道德伦理、价值观念、生产生活习惯等。其中，农业经济政策和法律法规是国家管理农业经济的两种重要制度。农业经济政策是国家为实现一定时期内农业经济的发展目标而制定的具体行为导向和具有激励、约束作用的原则规定。农业法律法规则是由国家权力机关、行政机关以及地方农业行政管理机构制定颁布的、适应于农业经济领域的一切法律法规。其中《中华人民共和国农业法》是保障农业经济正常运转和健康发展的基本法。其它农业法规如《中华人民共和国土地管理法》、《中华人民共和国森林法》、《中华人民共和国草原法》、《中华人民共和国渔业法》、《中华人民共和国农业技术推广法》等则是为实施和实现《中华人民共和国农业法》而制定的专门法规。

市场经济体制下的农业经济也是法制经济，只有通过制定统一的经济政策和经济法规，才能促进和规范农业经济主体的生产经营行为，在保证农业经济活动健康、有序、高效进行的前提下，实现农业经济又好又快发展。

2. 农业微观经济的组织管理制度

农业微观经济的组织管理制度主要体现农业经营组织内部不同管理层次和职能部门之间、农业经营组织与农户和劳动者个人之间复杂的经济关系。在社会主义市经济条件下，尽管农业微观经济主体能够自主决定自己的组织结构体系和内部规章制度，并在处理各种经济利益关系方面具有较大的自主权，但微观农业经济的组织管理制度最终要在国家农业宏观经济政策和法律法规的框架下构建，且要体现国家宏观农业经济管理体制的具体要求。因此，只有建立起符合国家法律规定的、有利于市场配置资源的、产权明晰、权责明确、管理科学的现代农业组织机构和管理制度，才能实现真正意义上的农业体制创新、制度创新，才能将农业宏观经济管理的目标任务落到实处。

三、农业微观经济组织管理体系与制度建设

1. 管理层次的划分

在一个组织中,管理层次的多少,应根据组织的任务量与组织规模的大小来进行确定。规模较大而任务较多的组织,其管理层次应多些,否则宜采用少层次的组织结构。农业微观经济组织的管理层次是组织内部不同层次的管理职能部门在整个组织的管理体系中所处的地位及其等级关系。划分管理层次的目的是为了实行有效的管理分工,建立科学合理、协调运转、权利制衡的内部分工负责制与相应的约束机制。一切规模较大的农业经济组织都应该设置不同等级的管理层次。一般来讲,农业经济组织的管理层次可分为上层、中层和下层。各个层次都应该有明确的分工,以便对组织的生产经营活动进行高效管理。对于上层来讲,其主要职能是从整体利益出发,对组织实行统一指挥和综合管理,并制定组织目标和大政方针,故称战略决策层。中层的主要职能是为了达到组织的总目标,为各职能部门制定具体的管理目标,拟定和选择计划的实施方案、步骤和程序,并按部门分配资源、调整各部门之间的关系,评价生产经营成果和制订纠正偏离目标的措施等,故称为经营管理层,也叫战术计划层。下层的主要职能是按照规定的计划和程序,协调基层组织的各项工作和实施计划,故称为执行管理层,也叫操作层。当然这种划分只是相对管理的重要程度与涉及范围而言的。

2. 各管理层次职能部门的设置及人员的配备

由于管理对象的内容、性质和管理方法的不同,规模较大的农业经济组织还应根据合理分工、各负其责、协作配合、注重绩效的原则,设置承担不同管理任务的职能部门,如计划、统计、生产、财务、技术、销售、基建、人事等。并要按照管理任务和职责的大小以及管理职能分工的要求,给各管理职位配备合适的管理人员。管理人员的选拔和配备应遵循因事设人、任人唯贤的原则,避免人浮于事、外行领导、效率低下的现象发生,以保证组织各项管理活动的正常开展和管理目标的顺利实现。

3. 职能部门和管理人员职责范围的确定和管理权限的划分

责任明确、权责对等是管理的基本原则。明确各职能部门及其管理人员的职责范围,使管理者清晰地认识到自身在组织中所处的地位和工作任务的重要性,可以激发其工作的责任性和成就感,从而使每一个主管人员能尽职尽责地完成好自己的工作。同时,一定的管理权限是管理人员履行岗位职责、正常开展工作的必要条件。权力能够从制度上保证管理人员命令、指挥的有效性和约束力,但权力和责任必须匹配对等,否则就很难保证目标任务的完成。

4. 农业微观经济组织的制度建设与创新

制度是任何社会得以存在和持续发展的重要保障,在同样的资源禀赋、地理环境和生态条件下,农业经济能否较快增长,很大程度上取决于制度的效力。因此,农业微观经济组织的制度建设既是实现层级节制、权力制衡、行为规范、有效管理的必要前提,同时又是提升管理现代化水平和组织凝聚力、竞争力的重要保障。农业微观经济组织务必把制度规范与制度创新放在突出位置。现阶段,农业微观经济组织的制度建设应主要围绕产权制度、经营制度和管理制度的建立完善来进行。

第二节 我国农业经济管理体制的改革与创新

一、我国原有农业经济管理体制的特点与弊端

1. 我国原有农业经济管理体制的特点

我国原有的农业经济管理体制是传统计划经济体制的重要组成部分，具体包括两项主要内容：一是粮、棉、油等主要农产品实行以指令性计划为特征的统派购制度；二是农业和农村经济的组织结构体系实行"三级所有、队为基础"的人民公社体制。

　　按照重工业优先发展战略，为保证工业投入品低价格和低工资率，必须实行农产品低价政策。但是，这种低价政策既压抑农民发展生产的积极性，又降低他们向国家出售农产品的积极性。国营商业部门作为农副产品市场上的一个竞争者，以这种低价便不能完成收购任务。为了获得足够的粮食、棉花、油料等产品，保证城市居民的生活消费和加工企业的原料供应，就要对主要农副产品实行贸易垄断，即实行统派购制度。为了确保在低价统派购的条件下农民仍然能把资源投入到国家工业化所需的农产品生产中，就要求做出一种强制性的制度安排，使国家能以行政力量直接控制农业生产活动。因此，在主要农产品实行统购统销政策后，农业生产的合作化运动便随之开始且不断加速，直至1958年，建立了人民公社、生产大队、生产队三级所有、队为基础的人民公社管理体制。公社的领导由政府任命，对政府负责，由此形成了我国传统的农业经济管理体制。

　　（1）农产品统购统销制度的建立　　建国以后的很长一段时间，国营商业部门曾在市场上与私有制的商业机构一道收购农副产品。随着我国工业化进程的加快，国营商业向城市居民提供农副产品的任务不断加重。而一旦采取农产品低价收购政策，国营商业则丧失了与私商竞争的优势，难以胜任调节供求关系，稳定市场物价，保障人民生活和支援国家建设的任务。1953年秋收后，国家粮食收购计划在很多地区不能按期完成，粮食销售量却远远超过计划，形成购销不平衡的局面。在这种情况下，1953年11月，中共中央和国务院分别发布命令，决定对油料和粮食实行计划收购和计划供应。1954年9月国务院又发布了关于实行棉花计划收购的命令。1955年8月，国务院颁布《农村粮食统购统销暂行办法》，规定了具体的定产、定购、定销办法。继粮食、棉花、油料实行统购统销政策之后，国家又先后将烤烟、麻类、生猪、茶叶、蚕茧、羊毛、牛皮等重要副食品和工业原料指定为派购产品。1958年国务院颁布农产品及其它商品分级管理办法，把农副产品的统购统销和派购等政策进一步制度化、法规化。对关系国计民生及生产集中、消费分散的重要商品及外销的某些重要商品，作为第一类商品，由中央集中管理；对于一部分生产集中、供应面广，或者生产分散，需要保证重点地区供应，或者必须保证特殊需要的商品，作为第二类商品，中央实行差额调拨；上述两类商品以外的各种农副产品和食品等商品，作为第三类商品，由地方自行管理，必要时由商业部组织交流。

　　（2）人民公社管理体制的建立　　新中国成立后，在政府的统一领导下，通过改革封建土地制度，建立了农民的个体所有制，实行了"耕者有其田"的农业制度，农业经济的基本形式便是建立在土地私有制基础上的小农经济。但随着以重工业优先发展为特征的经济发展战略的推行和农产品统购统销制度的形成，以土地私有制为基础的小农经济的制度安排便不适应国家优先发展重工业的战略需要，于是，为解决小农经济同国家社会主义经济建设的矛盾，就必须对小农经济实行社会主义改造，使农业由小农经济逐步转移到大规模的集体经济上来。由此，农业的合作化运动便在全国相继展开。这一管理体制的变革过程大致经历了以下三个阶段。

　　第一阶段：建立农业生产互助组。互助组是由几户或十几户农民在个体经济的基础上，按照自愿互利的原则组织起来的集体劳动组织。其基本特点是：农业生产资料私有，个体经营，生产成果私有，但在生产资料上实行互助，在生产劳动上进行协作。它能在一定程度上提高农业劳动生产率和培养农民集体劳动的习惯。但互助组并没有触动农业生产资料的私有制，不能从根本上打破个体经济的局限性，它仍然束缚农业和农村经济的发展。

　　第二阶段：建立初级农业生产合作社。从1953年开始，在互助组的基础上引导个体农户发展以土地入股，牲畜、大型农具作价入社，统一使用，社员在分工和协作的基础上进行集体劳动，收益按入股土地和所投劳动的多少进行分配，建立公共积累（公积金、公益金）。社员在不妨碍参加集体生产劳动的条件下，还可以经营少量自留地和家庭副业。初级社与互助组相比，已经有了很大的不同，但它仍然是一种半社会主义性质的经济组织。

第三阶段：建立高级农业生产合作社。高级社是在初级社的基础上，为克服初级社存在的局限性而发展起来的完全社会主义性质的集体经济组织。其基本特点是：土地和其它主要农业生产资料为社员集体所有；统一经营；个人消费品实行完全按劳分配。到1956年底，我国参加高级社的农户已达到87.8%。高级社的建立，完成了农村个体经济向社会主义集体经济的根本转变，标志着我国农村生产资料所有制的社会主义改造已基本完成。

农业合作化实现以后，本应及时解决由于农业合作化实现过急、过快和集体经济在管理办法上过分集中、过度统一所产生的种种矛盾，以巩固和发展新的农业制度，但由于缺乏经验和"左"的思想的干扰，不仅未能正确地解决这些矛盾，反而于1958年又推行经济建设上的"大跃进"，提出要在短期内赶上并超过英国和美国的经济发展水平，并进一步强调重工业特别是钢铁工业的重要性，提出了一些不切实际的工业发展高指标。由于基本建设规模急剧扩张，全民所有制单位职工人数在一年里增加了85%。在积累与消费比例失调，消费基金不足的情况下，农业的增产速度又不能满足需要，这就要求用加大征购比重的办法扩大粮食征购数量。这一年粮食产量比上年只提高2.5%，而征购量却增加了22.3%。为了更方便实现这一任务，又于1958年8月掀起了人民公社化运动，在不到半年的时间里，就又完成了由高级社向人民公社的过渡，建立起了一种比高级社的组织规模更大，公有化程度更高，经营管理方式更加集中统一的"政社合一"的农村人民公社制度。在人民公社建立的初期大搞全公社的统一核算，一度出现了席卷全国的"一平（平均主义）二调（无偿平调农民的财产）"的"共产风"，工作上的"浮夸风"和生产上的"瞎指挥"等。这一管理体制严重挫伤了农民的生产积极性，破坏了农业生产力的发展。加上1959年后三年严重的自然灾害，使农业经济陷入崩溃的边缘。1962年，党中央为纠正人民公社制度建立过程中出现的错误，发出了《关于改变农村人民公社基本核算单位问题的指示》，接着把公社一级所有、一级核算的经济管理体制变为三级（公社、生产大队、生产队）所有，队为基础（生产队为基本核算单位）的管理体制，从而在一定程度上解决了规模过大的弊端，对调动农民的生产积极性起到了一定的作用，但这一变化并没有从根本上解决人民公社管理体制高度集中统一、劳动组织上的"大呼隆"和分配上的平均主义等问题。

2. 我国原有农业经济管理体制的弊端

从1953年到1978年，我国农业经济管理体制，经历了"大跃进"时期、六十年代调整时期和十年动乱时期，虽几经变革，但始终没有突破集权管理、高度统一、平均分配的固定模式。其弊端概括起来，主要表现在：所有制结构单一；管理权力过分集中，政社不分；生产组织上的"大呼隆"和分配上的平均主义、吃大锅饭等。

（1）在生产资料所有制和微观经济的组织制度方面，脱离农村实际和农业生产力的发展水平，盲目追求"一大二公"，导致缺乏效力和激励力的单一所有制结构 在原有的农业经济管理体制下，只有集体所有制和全民所有制的农业经济才被认为是社会主义的经济成分，除少量的自留地和家庭副业外，不允许任何形式的私人经营和家庭经营，个体生产被当作"资本主义的尾巴"割掉。在微观组织制度方面，无视我国农业生产力的发展水平和农村实际，搞集中统一管理和"穷过渡"，农民的生产积极性受到极大挫伤，创造力受到严重压制，导致单一的农业所有制结构和缺乏效力的农业经营管理。

（2）在管理权限、管理模式和政企关系上，实行集权型管理，以行政命令和指令性计划替代微观经济主体的自主决策，政府所属的行政管理部门搞包办替代 在原有的农业经济管理体制下，农业微观经济组织成了政府的附属物，只能被动地执行政府的指令性计划和行政命令，而不能按照自己的意愿根据当地的资源条件和市场需求进行自主决策、自主经营，人为地割断了生产与社会需求的关系，基层生产单位画地为牢，各自为政，缺乏横向经济联系和必要的经济合作，集权型的农业经营管理导致农业微观经济主体难以按照区位优势和地域特色，因地制宜地进行农业经营决策和生产安排。

（3）在分配制度方面，违背按劳分配原则，搞平均主义的"大锅饭"，以牺牲效率为代价来换取低水平的所谓"公平" 在原有的农业经济管理体制下，全民所有制的国营农场实行工资制，集体所有制的人民公社则实行工分制，名义上是"按劳分配"，实际上是个人劳动所得与其劳动成果严重脱节，农民只关心所挣工分的多少而很少考虑自己的劳动付出是否有效，是否能带来一定的劳动成果，这种"出工不出力、出力不出活、出活不出效益"的现象在农村极其普遍。平均主义的"大锅饭"使农业的劳动组织管理缺乏效率，农民的劳动所得及生活福利水平很低。

（4）在农业生产要素的管理上，否定要素市场，以行政机制和政策壁垒人为地阻断了要素市场的发育和农业生产要素的自由流动 传统的计划经济体制在本质上否定市场配置资源的基础性作用，因而也就不可能允许生产要素市场的存在，农业生产要素的流转只能依靠行政调拨而非等价交换，加上城乡分割的户籍管理制度、劳动就业制度和区域封锁的地方保护主义政策，导致公平和效率的双重损失。

这些弊端的存在，造成我国农业经济长期发展缓慢，现代农业建设严重受阻。因此，对原有农业经济管理体制进行改革是农业生产力快速发展的客观要求。

二、我国农业经济管理体制的改革实践

我国农业经济管理体制的改革，大体经历了三个阶段。

第一阶段的改革是从1978年到1988年。这10年中国农村经济体制的改革重点如下。①实行家庭联产承包责任制，形成了以家庭承包经营为基础、统分结合的双层经营体制。同时，伴随着农业生产经营体制的改革，国家、集体和农民三者之间的分配关系也发生了根本变化，原来的"工分制"变成了"交够国家的、留足集体的、剩下都是自己的"。②实行政社分开，建立乡政府。从1982年起，各地按照中央的指示精神，相继废除了"政社合一"的人民公社体制，建立了乡党委、乡政府和乡经济合作组织。到1984年年底，全国共建立起79306个乡，3144个民族乡，9140个镇和948628个村民委员会、588多万个村民小组。③鼓励、引导农民面向市场，发展商品经济，确立农户独立的市场主体地位，在取消农产品统、派购制度的同时，加快推进农产品流通体制改革，采取国家计划合同收购的新政策，初步把国家和农民的关系建立在商品等价交换的基础上。总体来讲，这一时期农业经济管理体制改革的核心内容是实行以家庭承包经营为基础、统分结合的双层经营体制。

第二阶段的改革是从1988年到1998年。总体来讲，这一时期党中央、国务院就如何搞活农村经济、实施科教兴农战略、加强农业社会化服务体系建设，发展农业产业化，增加农民收入、减轻农民负担等问题制定出台了一系列政策措施，但这些举措都未能使农业经济体制的改革取得实质性进展，而以"三农问题"为表征的中国农村社会经济矛盾日益突出。比如农民负担加重，收入增长缓慢；国内粮价持续低迷；城乡居民收入差距扩大；农业基础设施建设投入不足；农村剩余劳动力转移受阻等，这些问题因农业经济体制的改革力度不够而未能得到有效的遏制和解决。

第三阶段的改革是从1998年到现在。1998年10月，党的十五届三中全会通过了《中共中央关于农业和农村工作若干重大问题的决定》，深刻总结了我国农村改革20年的基本经验，首次提出了"农业、农村和农民问题是关系我国改革开放和现代化建设全局的重大问

题"，制定了"从现在起到 2010 年建设有中国特色社会主义新农村的奋斗目标"，标志着我国农村改革已进入到一个新的历史时期。自 2002 年党的十六大到 2007 年党的十七大，这五年是中央对解决"三农"问题最重视、改革力度最大、投入资金最多、效果最明显的一个时期。特别是从 2003 年起，开始了在全国范围内的农村税费制度改革试点，至 2005 年 12 月十届全国人大常委会第十九次会议作出决定：从 2006 年 1 月 1 日起废止《中华人民共和国农业税条例》。这意味着从 2006 年起我国将全面取消农业税。至此，中国农民将依法告别"皇粮国税"，征收了 2600 多年的农业税将彻底退出中国的历史舞台，这是我国农业经济体制改革具有划时代意义的一次重大变革，它标志着国家与农民之间的分配关系发生了根本性的变化。与此同时，为从根本上解决"三农"问题和改变城乡二元社会经济结构，从 2004 年起，中央又提出"少取多予放活"的支农惠农方针，做出了"工业反哺农业、城市支持农村"、"建设社会主义新农村"的重大战略部署，连续下发的 3 个"中央一号文件"，分别就增加农民收入（共 22 条）、提高农业综合生产能力（共 27 条）、建设社会主义新农村（共 32 条）等出台了一系列更直接、更有力、更有效的支农政策，这 81 条配套政策措施共同构成了我国新一轮农村综合改革的基本政策框架。总体来讲，目前我国农村的体制改革已进入到以乡镇机构改革、农村义务教育体制改革、农村社会保障制度改革和县乡财政管理体制改革为主要内容的综合改革阶段。

三、农业经济管理体制的创新

众所周知，20 世纪 70 年代末和 80 年代初，我国农村经济管理体制的改革是以农村家庭联产承包责任制的推行开始的，作为农村经济体制改革的重头戏，它的出台把旧的集体所有制束缚的农业生产力解放了出来，农民的生产积极性和创造力得到了空前的、前所未有的释放。从根本上说，家庭承包制适合我国农业生产力的性质和发展水平，具有很强的可操作性。一方面，它适应了农业耕地可分割性的特点，另一方面它也是一种农业组织制度的创新，这种创新克服了合作化时期和人民公社时期集体土地产权制度的低效率，降低了集体生产的监督成本，使农民在相当程度上获得了生产经营的自主权，引入了较明显的制度内生的利益激励机制，具有明显的正效应。但家庭承包制的产生有它特定的时代背景。从制度的安排方式来看，它表现出明显的自发演进和自上而下的需求诱致性制度变迁的特征。家庭承包制虽然重塑了农村经济组织的微观基础，确立了农户家庭经营的主体地位，但是它并未完全解决农业经济发展中存在的深层次的体制障碍问题，如土地产权制度、规模经营和利润平均化机制的确立等诸多问题。家庭承包制作为农业的一种新的经营管理方式，存在的主要问题是缺乏有效的组织和专业化分工与合作，缺乏规模效益，加上在传统计划经济体制下，农业产业被分割，使得相关产业不配套，产前、产中、产后各环节相脱节，农业利益流失，农户进入市场的交易成本过高，风险增大。因此，随着农村经济体制改革的不断深入和所依赖的制度环境的变化，商品流通的日益繁荣和工农业生产社会化程度的迅速提高，特别是社会主义市场经济体制的建立和农村商品经济的发展，家庭承包制的局限性逐渐暴露，集中表现在承包制与市场经济条件下农业要成为社会化、商品化的现代产业要求的矛盾。

现行农业经济管理体制从微观上来讲，存在的根本问题是农户经营的非企业化、不明晰的产权关系、土地资源配置的行政化和管理的非科学化。因此，农业经济管理体制创新的基本取向是：建立适应市场经济发展要求的、国家宏观调控与农民自主决策相结合的、产权明晰的、有利于提高农民组织化程度和农业规模效益的农业企业化组织和现代经营体制，以现代工业的组织结构体系和管理模式改造传统农业，使农业微观经济主体成为从事专业化生产、规模化经营、企业化管理、市场化运作的具有独立法人资格的商品经济主体。

1. 建立完善在国家宏观指导下，主要依靠市场配置资源的农业管理机制我国经济体制改革的目标模式是建立具有中国特色的市场经济体制。因此，农业经济管理体制的改革与创新必须坚持社会主义的市场化方向，尽可能地减少政府及农业行政主管部门对农业生产和经济主体的行政干预，政府应学会按照市场经济规律，利用经济杠杆手段对农业经济活动进行间接调控，以便充分发挥市场在农业资源配置中的基础作用，在确保农业宏观管理目标实现的前提下，促进农业微观经济主体根据市场信号科学决策、按需生产、高效管理、有序竞争，最大限度地提高农业的经济效益。

2. 坚持财权与事权相统一，合理划分，界定中央和地方的管理权限及职责

农业经济管理体制的改革与创新必然会涉及管理权利的重新划分和职责的重新界定。实践证明，权力过度集中的经济管理体制弊多利少，不仅不利于调动地方和基础管理部门的积极性，而且容易助长官僚主义和瞎指挥。因此，社会主义市场经济条件下的农业经济管理体制必须做到既要保障中央的权威，又要适当分权，注意调动和发挥地方和基层在农业经济管理中的积极性、主动性和创造性，按照财权和事权相统一的原则，合理划分中央和地方的管理权限与职责。

3. 着眼农民组织化水平的提高，大力发展现代农业企业和农民专业合作经济组织

以家庭承包经营为基础、统分结合的双层经营是我国农业的基本经营制度，必须长期坚持并不断完善，但同时还应该看到家庭承包经营的制度缺陷，看到小生产与大市场的矛盾。在农业市场化程度不断提高的情况下，农业微观经济主体的组织结构体系必须创新，一是要大力发展具有现代农业组织特征和完善利益增进机制的家庭农场。家庭农场与农户家庭承包经营的显著区别是家庭农场依赖市场而存在，本身是一种商品生产的组织形式，具有显著的区别于个体农户的市场化特征。二是要通过农业产业化经营，大力推进现代农业企业集团建设。三是要借鉴国外经验，大力发展提升农民组织化水平的专业合作经济组织。四是要深化农产品流通体制改革，大力发展现代农业物流企业和农产品营销组织。

4. 立足农业经营管理水平的提高，推动农业管理方法和管理制度的变革创新

现代农业管理方法和管理制度的创新应围绕传统农业向现代农业的转变，立足农业经营管理水平和农业综合竞争实力的提高来进行。市场经济条件下，农业管理制度的变革是一种诱致性变革，它不再依靠通过政府制定政策来强制性地执行，而是一个自上而下、由少数人开始并由多数人模仿的过程，是农业发展内在动力推动和引致的自发性的制度创新。这种创新应具有克服原制度安排缺陷的制度绩效，应把效率的提高作为制度变革的内在动力。因此，农业管理制度的创新应立足现代农业建设和市场化农业经营主体的塑造，重点从产权制度、土地流转制度、经营管理制度和利益分配制度上突破；农业管理方法的创新应体现以人为本的原则，将行政方法、经济方法、法律方法和教育方法很好地结合起来，以推动农业经济管理向科学化、法制化、规范化、人性化的方向发展。

本 章 小 结

农业经济管理体制是国民经济管理体制的重要组成部分。它是指一个国家或地区农业经济管理的组织体系及相应规章制度的总和。农业经济管理体制作为农业生产关系的具体体现，其内容反映着农业中的各种经济关系，主要包括：农业组织机构设置；管理权限划分；管理形式、方法手段与制度规范等。其中管理权限的划分是农业经济管理体制的核心内容。农业经济管理体制通常指农业的宏观经济管理体制，但农业微观经济主体从事农业生产经营活动也需要相应的组织结构体系和管理制度，从这个意义上来讲，农业微观经济的组织管理制度也可看作是农业经济管理体制的重要内容。

从1953年到1978年，我国农业经济管理体制经历了"大跃进"时期、六十年代调整时期和十年动乱时期，虽几经变革，但始终没有突破集权管理、高度统一、平均分配的固定模式。其弊端概括起来主要表现在：所有制结构单一；管理权力过分集中，政社不分；生产组织上的"大呼隆"和分配上的平均主义、吃大锅饭等。这些弊端的存在，造成我国农业经济长期发展缓慢，现代农业建设严重受阻。因此，对原有农业经济管理体制进行改革是农业生产力进一步发展的客观要求。

始于20世纪80年代初的农村经济体制改革，最为成功的是实行了农村家庭联产承包责任制。承包制的出台把旧的集体所有制束缚的农业生产力解放了出来，农民的生产积极性和创造性得到了空前的、前所未有的释放。从根本上说，承包制适合我国农业生产力的性质和发展水平，具有很强的可操作性。一方面，它适应了农业耕地可分割性的特点；另一方面它也是一种农业组织制度的创新，这种创新克服了合作化时期和人民公社时期集体土地产权制度的低效率，降低了集体生产的监督成本，使农民在相当程度上获得了生产经营的自主权，引入了较明显的制度内生的利益激励机制，具有明显的正效应。但家庭承包责任制也有很大的局限性。一是承包制使农业土地的经营规模过于狭小和分散，束缚了农业生产力的进一步发展；二是承包制使农民的组织化程度降低，不能解决千家万户小生产与千变万化大市场之间的矛盾；三是承包制维系了传统农业分散经营和手工劳动的特点，影响了土地的规模经营；四是承包制导致了土地产权的非明晰化，影响了农户对土地的投入和长期关心维护。正因为如此，就需要对农业经济管理体制进行不断创新与完善。农业经济管理体制创新的基本对策是：①建立完善在国家宏观指导下，主要依靠市场配置资源的农业管理机制；②坚持财权与事权相统一，合理划分，界定中央和地方的管理权限及职责；③着眼农民组织化水平的提高，大力发展现代农业企业和农民专业合作经济组织；④立足农业经营管理水平的提高，推动农业管理方法和管理制度的变革创新。

复习思考题

1. 基本概念

   农业经济管理体制　组织结构体系
2. 简述农业经济管理体制的内容。
3. 简述我国传统农业经济管理体制的弊端。
4. 分析说明农村家庭联产承包责任制的优缺点。
5. 论述我国农业经济管理体制创新的基本对策。

实训练习

结合当地农业经济管理体制中存在的问题，分组讨论如何加快发展现代农业企业和农民专业合作经济组织。

第三章 农业的经济形式与经营方式

学习目标
1. 理解农业经济形式与经营方式的概念；
2. 理解掌握我国农业经济形式的基本构成；
3. 理解掌握我国农业经营方式的基本类型；
4. 深刻理解产权的定义、属性及我国农业的产权形式。

关键词
农业经济形式　农业经营方式　双层经营　产权　产权组织形式

第一节 农业的经济形式

一、农业经济形式的概念

农业经济形式是指农业生产资料的所有制形式，即农业生产资料归谁占有、由谁支配关系的具体体现，是在一定农业生产资料所有制关系条件下，农业经济活动过程的组织形式和运作方式的总和。农业的经济形式并不是一成不变的，生产资料所有制形式取决于社会生产力的发展水平。

二、我国农业中多种经济形式共同发展的客观必然性

党的十一届三中全会以来，随着农村经济体制改革的不断深入，我国农业经济形式形成了以国有经济为主导，以集体农业经济为主体的多种所有制经济形式共同发展的结构，对农业生产力发展，起到了巨大的推动作用。我国现阶段之所以存在多种经济形式，主要是由以下原因决定的。

1. 多种经济形式共同发展是由农业生产力的特点和发展水平所决定的

我国农业中多种经济形式同时存在，共同发展，从根本上说，是由我国农业生产力总体水平低、发展不平衡，且具有多层次性的特点所决定的。水平低是指我国农业正处在由传统农业向现代农业，由粗放经营向集约经营转化的阶段，农业劳动生产率、土地生产率、农产品商品率及现代化程度都很低。不平衡是指我国幅员辽阔，情况复杂，不同地区之间甚至同一地区的不同农业经营组织之间生产力的发展差异较大，中、西部地区和东部地区存在较大的差距，边远地区的经济还相当落后。多层次性是指就整个农业而言，农业生产力的发展水平有高、中、低三个不同层次。根据生产关系一定要适合生产力发展性质的规律，农业的经济形式必须与农业生产力状况相匹配，具体体现就是农业中允许多种所有制，即多种经济形式共同存在。

2. 多种经济形式并存有利于农业生产要素的合理利用与优化配置

在农业中发展多种经济形式，在实行按劳分配为主的同时，承认其它生产要素对农业生产力的推动作用，满足了农民作为劳动者和经营者双重身份的利益和意愿，有利于最大限度地发挥他们的能动作用，从而带动农业土地、资金、生产工具等因素的优化组合，提高农业的综合生产效率，在创新农业生产方式和经营模式的同时，生产出尽可能多的农产品。

3. 多种经济形式并存，可以做到优势互补，相互促进，协调发展

集体农业经济是现阶段我国农村的主体经济形式，是农村土地发包的主体，是维系亿万农民利益的中间环节，是国家、集体、农民三者之间联系的桥梁与纽带。全民所有制的农业经济建立在人口稀少、土地资源辽阔的地区，是进行开荒建设，以先进生产技术和工具以及经营管理方法向农民进行示范教育的重要阵地。农民家庭是农村生产的最基本的经营单位，是农村商品经济发展的主力军。各种不同的经济形式共同发展，有利于取长补短，形成弹性大、适应性强、形式多样、运转灵活的农村经济发展的总体框架。

三、我国农业经济形式的基本构成

当前，我国农业经济中实行的是以公有制经济为主体、非公有制经济和混合所有制经济多种农业经济形式并存的结构。

公有制经济是指资产归国家或公民集体所有的经济成分，其范围不仅包括国有经济和集体经济，还包括混合所有制经济中的国有成分和集体成分；非公有制经济是指资产归我国内地公民私人所有或归外商、港澳台商所有的经济成分，包括个体经济、私营经济、港澳台经济和外商经济；混合所有制经济是指不同所有制经济单位的联合或相互参股形成的资产混合所有的经济形式，投资主体多元、兼容多种经济成分，是一种新的财产组织结构；包括国有资产和私有资产之间，集体资产与私有资产之间，国有资产、集体资产与私有资产之间以及国有资产与集体资产之间等组成的混合所有的经济形式。

1. 农业国有经济

农业国有经济是指生产资料归全体社会成员共同所有的经济形式，是社会主义公有制经济的主要组成部分。我国现阶段国有经济的生产资料由国家代表全体人民所有，采取国家所有制形式，所以称为国有经济。它是由全民所有制的农业企业与全民所有制的事业单位或半事业单位构成的。主要包括：全民所有制的农业生产单位，如国有农场、林场、牧场、渔场（统称为国有农场）等；全民所有制的农业生产服务组织，如全民所有制的农机站、排灌站、农业技术推广站以及农业科研单位等；全民所有制的生产资料供应单位，如国有农业生产资料公司、农业机械公司等。

在以上国有经济的构成中，国有农场是主体。国有农场采用比较先进的生产技术和装备，在"一业为主，多种经营"的方针指导下，因地制宜地实行农、林、牧、副、渔全面发展，农工商综合经营。国有农场的主要任务是：扩大耕地面积，为国家提供商品粮食和其它商品农产品，建成内外贸商品农产品生产基地；积累经验，培养人才，在农业实现专业化、商品化、现代化过程中起示范作用；支持和帮助农民发展商品生产，成为农村先进技术和良种推广、农产品加工、运输、销售的服务中心。边疆省区的国有农场还负有屯垦戍边和帮助少数民族发展经济、繁荣文化的任务。

2. 农业集体经济

农业集体经济是指生产资料归公民集体共同所有的一种经济形式，它是我国农业中最普遍、最主要的农业经济形式。当前我国集体农业经济主要形式是由原人民公社、生产大队、生产队建制，经过改革、改造、改组形成的农业合作经济组织。农业合作经济形式按组建的特点可分为地区性合作经济、企业型的合作经济和服务型的合作经济。

① 地域性合作经济　是以原生产队或自然村为单位，以地域为特征，以集体耕地、草场、水面、山林等为基础，以联产承包合同为纽带，实行家庭分散经营与集体统一经营相结合，有统有分、统分结合的双层经营结构的一种社区性合作经济，是我国农业集体经济的主要形式。

② 企业型的合作经济　主要指乡、村及村民小组兴办的集体所有制乡镇企业，它已成为农村经济的支柱。

③ 服务型的合作经济　包括的供销合作社、信用合作社和新兴的乡村办的服务合作组织，如农商购销联营、农商联办生产基地、农商技术联育承包、多种经营服务公司以及农机服务队和按行业成立的各种服务性专业协会等。随着商品经济的发展和农业生产专业化、社会化程度的提高，这类合作经济将会有更快的发展。

3. 农业个体经济

农业个体经济是指生产资料归劳动者个人所有，主要依靠个人或家庭成员从事生产和经营，劳动成果归劳动者个人占有和支配的一种经济形式。这种经济形式是同手工劳动和机械化程度较低的生产力相适应的。我国的农业个体经济主要是指农村及城镇中的个体农民和其它个体劳动者以及集体经济中游离出来的成员经营的家庭副业、自留地、自留畜等，主要从事种植业、养殖业、工副业、农产品运输业和服务业等。农业个体经济作为社会主义公有制经济的必要补充，对于活跃农村市场，繁荣农村经济，满足社会多方面需要起着积极作用。

4. 农业私营经济

农业私营经济是指生产资料归公民私人所有、以雇佣劳动为基础的一种经济形式。农业私营经济是个体经济发展的必然趋势，在本质上与个体农业经济一样，是一种私有制的经济形式。目前我国的私营经济主要有独资经营、合伙经营和入股经营三种经营形式。私营经济的发展对于促进社会主义市场经济发展，扩大社会就业，解决农村剩余劳动力，活跃城乡市场，满足人民多方面的需求发挥着不可忽视的作用。

5. 农业联营经济

农业联营经济是指不同所有制性质的企业之间或者企业、事业单位之间共同投资组成的新经济实体。它不是一种独立的经济成分，而是一种混合农业经济，是不同所有制农业企业之间的联合。其具体组织形式为经济联合体，或称新经济联合体。农业联营经济的产生与发展对我国农业经济结构改革与经济发展具有重要意义，它冲破了生产资料单一所有制的封闭性，使不同所有制成分在微观上互相渗透、互相融合，从而可以集中发挥各种所有制形式的特长，形成"嫁接"和"杂交"优势，促使各种所有制的存在形式更加适应农业生产力的发展，并为实现农业资源的合理运营提供了条件。

6. 农业股份制经济

农业股份制经济是指全部注册资本由全体股东共同出资，并以股份形式投资举办农业企业而形成的一种经济形式。农业股份制经济主要有农业股份有限公司和农业有限责任公司两种组织形式。全民、集体、联营、私营农业企业等经济组织虽以股份制形式经营，但不以股份有限公司或有限责任公司登记注册的，仍按原所有制性质划归经济形式。

7. 农业外资经济

农业外资经济是指国外投资者根据我国有关涉外经济的法律、法规，以合资、合作或独资的形式在大陆境内开办农业企业而形成的一种经济形式。是资产归外商所有的经济成分，其本质是属于社会主义条件下的国家资本主义所有制经济。外商投资经济包括中外合资经营企业、中外合作经营企业和外资企业三种形式，简称"三资企业"。

8. 港澳台投资农业经济

港澳台投资农业经济是指港、澳、台地区投资者依照中华人民共和国有关的法律、法规,以合资、合作或独资的形式在大陆举办农业企业而形成的一种经济形式,是资产归港澳台商所有的经济成分。港、澳、台投资经济参照外商投资经济,可分为合资经营企业、合作经营企业和独资企业三种形式。

第二节 农业的经营方式

一、农业经营方式的概念

农业经营方式是指在一定的经济形式下,微观农业经济主体为组织农业生产经营活动而采取的农业生产要素组合、经济运行和经营管理的具体形式,是与一定农业技术发展水平、经营管理水平相适应的农业生产经营的具体组织形式。它涉及的问题包括:劳动的组织方式,劳动者与生产资料结合的方式,农业生产要素的协调方式,以及农业生产经营过程中的经济权力、经济责任和经济利益三者之间的结合状况等。经济形式是经营方式的基础,一定的经济形式必然要求有一定的农业经营方式与此相适应,以保证特定经营目标的实现。但农业经济形式对农业经营方式的要求并不是固定不变的,农业生产力的发展水平不同,农业经营方式也会有所不同。现阶段,我国农业中存在多种经济形式,自然就存在多种经营方式。

二、农业经营方式确立的依据

1. 农业生产的特点

农业生产是自然再生产和经济再生产结合在一起的,以活的生物有机体为生产对象的特殊生产部门。农业生产对象都有自身的生长发育规律,都需要有一定的外界环境条件,而人们的生产劳动过程,又是在动植物循环往复、周而复始的滋生繁衍过程中进行的。在科学技术还不能完全按人的意志支配生产环境条件之前,在影响生物生长发育的不确定因素又很多的情况下,要求劳动者在生产劳动以及经营管理上具有高度的责任性和随机灵活性。同时由于农业生产最终成果的大小除受自然环境因素的影响外,与农业劳动者在其每一个生长发育阶段是否精心管理和照料关系极大,单一的、较大规模的农业经营方式加大了农业经营决策者与直接劳动者之间的直线管理距离,失去了解决农业中不确定性决策问题的时效性,必然导致农业劳动生产率和土地生产率的降低。因此,客观上需要农业生产采用多种经营方式。

2. 农业生产力发展水平

从人类历史发展的进程看,农业生产力不同的发展阶段及其性质,对于农业经营方式的确立有着直接的作用,农业经营方式必须与农业生产力的发展水平相适应,由于现阶段我国农业生产力的发展不仅总体水平低而且各地不平衡,因此,客观上决定了多种经营方式并存的现实条件。

3. 农业生产资料产权的组合方式

在农业生产中,农民采用什么样的经营方式,不仅取决于农业生产的特点、社会生产力的发展状况,而且还取决于农业生产资料所有权和使用权的组合方式。人民公社化时期的集体统一经营是建立在农村土地所有权和使用权高度统一前提下的,而农村家庭承包经营则是建立在农村地域性合作经济组织内部的土地所有权和使用权相分离的条件下的。所以,一定的经济形式决定着与此相适应的经营方式。

三、我国农业经营方式的基本类型

十一届三中全会以前,我国农业的经济形式和经营方式单一,管理效率低下,平均主义盛行，农业和农村经济缺乏活力。随着农业经济体制改革的不断深入，我国农业已逐渐形成了以公有制经济为主体、多种经济成分、多种组织形式和经营方式并存的格局，从而基本上适应了我国农村生产力发展不平衡、各地区自然条件和专业化、社会化程度不同的实际情况。现阶段我国农业经营方式的主要类型有以下几种。

1. 集体统一经营

集体统一经营是指集体所有制农业企业对本单位的生产经营活动进行直接经营管理的方式。这种经营方式的所有权和经营权相统一，所有者就是经营者，所有者直接运用他所拥有的生产资料，进行农业生产经营活动。

2. 承包经营

承包经营是在坚持生产资料所有制不变的基础上，按照所有权和经营权相分离的原则，通过签订合同，明确双方的责权利关系，发包方把自己所占有的一部分的资产经营权按约定的条件转让给承包方，承包方对所承包经营的资产安全负责，进行自主经营、自负盈亏的经营方式。实行承包经营责任制，必须由承包方同发包方根据平等、自愿、协调的原则，签订承包合同。在签订承包合同时明确规定承包形式、承包期限、各项承包指标、利润分配形式、债权债务的处理、合同双方的权利和义务、违约责任等。实行承包经营，将所有权和经营权分离开来，有利于强化竞争机制、风险机制和自我约束机制，调动生产经营者的积极性，挖掘潜力，提高经济效益。

3. 统分结合的双层经营

统分结合的双层经营是指在坚持土地等生产资料集体所有的前提下，把土地承包给农民，确立家庭经营的主体地位，赋予农民充分的生产经营自主权，充分调动农民的生产积极性，在此基础上，结合发挥集体统一经营的生产服务、协调管理、资产积累作用的经营方式。农村双层经营体制将农村经济组织分为两个层次：一层为集体经济组织的统一经营，另一层为家庭分散经营，两层之间通过承包的方式联系起来。它在保留集体经济的某些统一经营职能的同时，以分散的农户家庭经营为主，即将集体的土地和各项生产任务承包给农户经营，使承包农户成为拥有一定的生产经营自主权的基层经营单位。"统"和"分"是相互依存、相互促进、共同发展的关系。其中，集体统一经营是双层经营的主体，家庭承包经营是双层经营的基础。家庭联产承包责任制如果离开了集体经济的组织，离开了"统"的功能的发挥，家庭承包就失去了主体，家庭经营实质上就成为个体小农经济，偏离了农业的社会主义方向。集体统一经营的主要内容包括：管理集体资产，协调利益关系，组织生产服务和集体资源开发，壮大经济实力，解决一家一户难以解决的困难；实行家庭承包经营的农户，享有土地承包权、生产自主权和经营收益权，在承包期内，享有相对独立的土地使用权，能够自主经营，依照合同规定享受相应的权利和履行法律规定的义务。稳定统分结合的双层经营，是符合现阶段我国农村生产力水平和发展要求的必然选择，具有巨大的优越性和旺盛的生命力。

4. 租赁经营

租赁经营是指在坚持生产资料所有制不变的前提下，按照所有权和经营权分离的原则，出租方将企业资产租赁给承租方经营，承租方向出租方交付租金并对企业实行自主经营的一种经营方式。租赁经营是所有权和经营权分离的又一种经营方式。租赁经营的内容不单是企业中的固定资产，而且包括企业生产资料的占有、使用和收益权以及对职工的管理指挥权。承租者作为企业的经营者，享有对企业的经营管理权，并对企业的经营管理承担全部责任。承租者不仅要向出租者交纳租金，而且要承担上缴税收的任务。租赁经营使出租方与承租方的关系更加明确，权利与义务更加清楚，有利于实现劳动要素的优化组合，能充分调动承租方的生产积极性。

5. 股份制经营

股份制经营是以资产入股的方式把分散的、分别属于多个所有者或占有者的经营要素集中起来，实行统一经营、统一管理，并对经营成果在货币形式上按入股比例分红的一种经营方式。股份制经营两权分离程度高，能促进企业经营机制的全面完善，有利于发展横向经济联合，获得规模经济效益。

6. 个体经营

个体经营是在生产资料归个人所有的基础上，以劳动者个人（包括家庭成员）为主体，进行自主经营、自负盈亏的一种经营形式。

7. 雇工经营

雇工经营是指农户、个体户、独资企业、合伙企业以及其它私营或合作企业以合同形式招雇工人以从事生产活动的一种经营方式。雇工经营是经济体制改革的产物。

8. 联合经营

联合经营是指不同所有制性质的企业之间或企业、事业单位之间共同投资组成新的经济实体，从事生产经营活动的经营方式。其特点是参加联合经营的单位基本上都保持独立经营者的地位，不改变各自的所有制性质，按自愿互利、平等协商的原则联合经营。联合经营的对象有劳力、资金、设备、技术、土地等；联营的方式有法人型联合经营、合伙型联合经营和合同型联合经营等。

9. 集团化经营

集团化经营是在社会化大生产和商品经济发展到一定水平时，为实现多角化和国际化发展而形成的一种跨地域、跨所有制的大规模联合经营或经济联合。集团化经营的典型组织形式是企业集团。企业集团一般是以实力雄厚的企业为核心，以资产或契约为纽带，把众多企业联结在一起的法人联合体。

10. 国际化经营

国际化经营亦称跨国经营，是指农业企业为参与国际分工和交换而进行的经营活动，主要是指我国企业到国外投资办企业或到国外"租地种粮"。国际化经营是我国农村发展外向型经济的重要方式，也是我国农业企业参与国际市场竞争、克服国内需求约束的重要途径。近年来，我国发达地区的一些乡镇企业和农民开始走出国门，向海外投资搞资源开发，创办种植、养殖企业，取得了良好的经济效益。随着改革开放的深入和农村商品经济的发展，将会有更多的农民和乡镇企业加入到农业国际化经营的行列。

第三节 农业的产权形式

一、产权的概念与基本内容

1. 产权的概念

产权是财产权利的简称，指的是设立于财产之上的一组权利，是人们围绕财产的归属、占有、支配和使用而形成的行为规范及相应的经济关系。产权不是关于人与物之间的关系，而是指由于物的存在和使用而引起的人们之间一些被认可的行为关系。产权安排确立了每个人相应于物时的行为规范，每个人都必须遵守他与其它人之间的相互关系，或承担不遵守这种关系的成本。对于产权的内涵，应从以下三方面把握。

（1）产权是一组权利或一个权利体系 这一权利体系包括：①决定财产归属的权利，即财产所有权（出资者所有权）；②在事实上或法律上占领、控制某物或某财产的权利，即财产占有权；③在权利允许范围内以各种方式使用、利用财产的权利，即财产使用权；④从财产营运中获益的权利，即财产收益权；⑤决定财产在事实上或法律上命运的权利，包括资产的转让、消费、出售、封存处理等方面的权利，即财产处分权。

（2）产权是一种价值形态的财产收益　这就意味着产权的客体不再局限于生产资源，它可以泛指人们排他性地拥有的一切使自己或他们受到损益的权利，不管这种权利是对有形物的占有，还是对无形资产的拥有等。

（3）产权是可以分割的　产权的可分割性表现在两个方面：①各种权利之间可以分离，即所有权与它所派生的各种权利是可以分离的；②同一财产权可以分割为若干份额，这一点在股份制企业中股权分割上表现最为明显。

2. 产权的构成要素

（1）产权主体　产权主体是指享有或拥有财产所有权或具体享有所有权某一项权能以及享有与所有权有关的财产权利的人（自然人、法人）、单位、组织和国家。

（2）产权客体　产权客体是指产权权能所指向的标的，是产权主体可以控制和支配或享有的具有文化、科学和经济价值的物质资料以及各类无形资产。任何产权都是以特定客体为前提的，产权中的"产"即为客体，没有特定客体的存在，产权便不复存在；同样任何产权都是依赖于特定客体的产权，也只能是某一特定客体的产权。在现实生活中这样的客体有多种表现形式，如财产、资产、资本、商品等。

（3）产权权利　产权权利指产权主体依法对产权客体行使的一组权利和享有的相应利益，是主体对客体的权益关系。产权的基本权利有所有权、占有权、使用权、处分权和收益权。

3. 产权的经济功能

（1）硬化财产约束，以利于资产增值　在产权关系明确界定的条件下，资产归属权主体可以通过产权约束经营者，保障资产增值，实现所有者利益。资产运营权主体可以通过产权激励利益动机，硬化预算约束，保障企业利益的实现。

（2）保障产权主体的合法权益，有利于维护正当经营权利，抑制外部侵权行为　由于产权具有排他性，产权一经确立，其对财产的归属或运营权利就要得到法律的认可和保护，他人不得侵权，使财产关系纳入法律轨道。

（3）促进资源优化配置　由于产权具有交易性，通过以产权转让为基础的企业间的资产联合、兼并等重组形式，可以促进资产合理流动，优化配置，高效运营。

（4）规范市场交易行为，保障市场机制作用的正常发挥　产权规定了各产权主体的行为权利边界，促使各产权主体依法交易。倘若出现产权利益受损，产权自身的索赔功能会发生效力，以抑制不正当交易行为。

4. 产权的基本内容

从权利本身的内容来讲，产权的基本内容包括权能和利益两个相互联系的方面。所谓产权的权能是特定主体对特定客体和其它主体的权力和职能，即特定主体对特定客体或主体能做什么，不能做什么或采取什么行为的权力，如对于一项财产的完整所有权及相应的行为权利，包括归属、占有、支配、使用和获取收益等，回答的是"产权主体必须干什么、能够干什么"。而产权的利益则是指该主体通过对该特定客体和主体采取这种行为能够获得什么样的收益或能带来什么好处，回答的是"产权主体必须和能够得到什么"。人们对财产的占有、支配、使用，目的是为了获取某种利益或好处，如满足生活需要、获取经济收入、显示自己的某种身份或社会地位等。正是由于利益的驱动，人们才会设法成为财产权利的主体。因此，利益是财产权能的目的，财产权能则是获取经济利益的手段。

（1）财产所有权　财产所有权是指受法律确认和保护的经济利益主体对财产的排他性的

归属关系。包括所有者依法对自己的财产享有占有、使用、收益、处分的权利。财产所有权是决定财产归属的权利,它是产权的核心和主要形式,其它形式的产权都是由财产所有权派生的。所有权的主体是财产所有人,所有权的客体是财产,所有权的内容是财产所有人对其财产所享有的权利和非财产所有人负有不得侵犯的义务。所有权的权能有四项:占有权、使用权、收益权和处分权。

(2) 财产占有权　财产占有权就是在事实上或法律上控制某物或某财产的权利。占有权是所有权最重要的权能之一,是行使所有权的基础,也是实现资产使用权和处分权的前提。只有真正确实的拥有了占有权,收益权、使用权和处分权才会更好地行使。在通常情况下,资产一般为所有人占有,即占有权与所有权合一,但在特定条件下,占有权也可与所有权分离,形成为非所有人享有的独立权利。

(3) 财产使用权　财产使用权是指在权利允许范围内以各种方式使用、利用财产的权利,从法律上说就是按照物的性能和用途加以利用,以满足生产和生活的需要。这里讲的使用,都是指经济学中所讲的使用价值的发挥,而不是利用交换价值。通常由所有人行使,但也可依法律、政策或所有人之意愿而转移给他人使用。

(4) 财产收益权　财产收益权是所有人通过财产的占有、使用、经营、转让而取得经济效益的权利,即从财产营运中获益的权利。所有人之所以拥有资产或财产,是因为该资产或财产通过合理使用能为其带来更大的资产增值或为其带来物质上的享受。因此,只有当这种经济利益得到实现以后,所有权才能实现,从这个意义上说,收益权就成了产权的最本质的权利。

(5) 财产处分权　财产处分权是指财产所有人对其财产在法律规定的范围内最终处理的权利,即决定财产在事实上或法律上命运的权利,包括资产的转让、消费、出售、封存处理等方面的权利。处分权在多数情况下由所有人享有,但在某些情况下,也可以使所有权与处分权分离,形成非所有权依法享有的处分权。从法律角度看,处分权可分为事实上的处分权和法律上的处分权。事实上的处分权是指所有人把财产直接消耗在生产或生活活动中,如把原料投入生产,把粮食吃掉等;法律上的处分权是指按照所有人的意愿,通过某种法律行为对财产进行处置的权利,如转让、捐赠、出售等。两者都会导致所有权的绝对或相对消灭。所以,处分权决定了财产的归属,它是所有权区别于他物权的一个重要特征。

由此可见,产权不是单一的所有权利,而是以所有权为核心和基础的一组权力,包括所有权、占有权、使用权、收益权和处分权等。占有权、使用权、收益权和处分权,构成了完整的财产所有权的四项权能,财产所有人可以将这四项权能集于一身统一行使,也有权将这四项权能中的若干权能交由他人行使,即财产所有权的四项权能与财产所有人相分离。财产所有人将其财产所有权中的四项权能暂时与己相分离,并不产生丧失其财产所有权的后果,而是财产所有人行使权力的有效形式。在社会生活中,财产所有人正是通过这四项权能与自己的不断分离和回复的方式,来实现其生活和生产的特定目的。例如,国家将国有土地使用权出让给公民或者企业,并不丧失国有土地所有权,而是借助于出让关系,最大限度地发挥国有土地的价值,并获得良好的效益。

在农业中,产权的一个重要特点是:产权实际上主要是围绕着土地所发生的权利体系,这是由于土地是农业生产中最基本的、不可缺少的生产资料所决定的。在市场经济条件下,土地的产权也分化为以下几个部分。①土地的所有权,即土地归谁所有。我国农村的土地所有权属乡村集体经济组织。②土地的占有权,即从所有权分离出来的对土地的实际占有权。这种权利在我国也就是农户的土地承包权。③土地的使用权,即土地的占有者对占有土地的使用和经营的权利。④土地的处分权,既包括土地所有者把土地的所有权或使用权进行转让、出卖、赠予、继承等处置形式的权利,也包括土地使用权的再转让等。⑤土地的收益权，即土地的所有者在转让土地使用权时获得的地租，以及土地使用者通过自己的经营活动获得的相应利益。土地的产权，对于土地资源的利用和农业生产力的发展，以及农业经营单位的巩固和活力，都有着十分重要的意义。

二、产权的属性

产权的属性是指产权主体在财产权利界区内有权做什么，不做什么，有权阻止别人做什么，不做什么的性质。一般而言，一项有效率的产权应具备以下主要属性。

1. 产权的明确性和排他性

产权的明确性和排他性是指产权主体明晰，资产归属明确，一项特定财产的权利在不同主体之间应是相互排斥的，各种产权主体具有独立行使该项产权的职能，不允许他人侵权。界定和维护产权，就是要保证产权主体行使这种权利的独立性。

2. 产权的独立性

产权关系一经确立，产权主体就可以在合法的范围内自主地行使对产权的各项权利，谋求资产收益最大化，而不受同一产权上其它产权主体的随意干扰。

3. 产权的可转让性或可交易性

产权的可交易性是指产权能够在不同主体之间作为商品进行有偿转让。产权的可交易性是资源合理利用和优化配置的前提，有利于优化资源配置和提高资产运营效率。例如，某人拥有一块土地，自己经营这块土地，每年可获得净收入500元，现在有人愿意以每年500元的租金租用这块土地，那么，土地租用者每年必须能够从租用的土地上获取大于500元的效用价值，否则他就不会租用这块土地，这意味着土地权利经过易手，土地资源得到了更加合理的利用和优化配置。

4. 产权的可分解性

产权的可分解性是指对特定财产的各项产权可以分属于不同主体的性质。例如：土地的狭义所有权、占有权、支配权和使用权可分开来，分属于不同的主体。由于产权由权能和利益组成，所以产权的可分解性包含两方面的含义，即权能的分解和利益的分割。产权的不同权能由同一主体行使转变为由不同主体分别行使，就是权能的分解；相应的利益分属于不同的权能行使者，就是利益的分割。产权的可分解性意味着，在同一产权结构内并存着多种权利，每一种权力都只能在规定的范围内行使，超出这个范围，就要受到其它权力的约束和限制。

5. 产权的收益性

产权的收益性是指产权所有者凭自己对财产的所有、使用而获取利益的权利，是产权所有者谋取自身利益，实现资产增值的主要手段。失去了收益性，所有权就没有了任何经济意义。因此，马克思主义经济学通常把产权的收益性称为所有权在经济上得以实现的形式。

6. 产权的法律性

产权关系是法律确认各种经济利益主体之间对财产的占有、使用、收益和处分而发生的权利、义务关系。产权强调财产交易过程中必须遵循法则和规范，因此，产权的确定必须以国家法律为前提，同样，产权主体行使其职能，产权客体发挥作用，都必须在国家有关法律的监督和保护下进行。

三、农业中产权的组织形式

所谓产权的组织形式，指的是在某种企业组织中财产权利的构成及权利主体之间的经济关系。财产权利是一组权利（所有权、占有权、使用权、收益权和处分权），而每一项权利又可以由不同的权利主体独立拥有，由此可见，产权组织形式的多样性和复杂性。衡量某种产权组织形式是否合理，关键要看这种产权组织形式能否促进企业组织运行效率的提高和社会生产力的持续稳定发展。

产权组织形式属于生产关系的范畴，根据马克思主义生产关系一定要适应生产力性质的原理，现实中生产力性质的多样性和多层次性，决定了产权组织形式的多样性。不存在唯一绝对有效的产权组织形式，每一种产权组织形式都有其存在的空间。离开了生产力标准和特定生产力状况，一味地讨论产权组织形式的有效与否，是毫无意义的。不同类型的企业有不同的产权组织形式，如股份有限公司和有限责任公司两者的产权组织形式是不同的，即便同是股份有限公司，严格地将，其产权组织形式也存在着或多或少的区别。

在理论上，可以根据不同的划分标准对农业经济组织（企业）的产权组织形式进行分类。我国传统的分类方法是根据企业中所有权的性质，将企业产权组织形式划分为国家所有制产权组织形式、集体所有制产权组织形式、私有产权组织形式和混合所有制产权组织形式等；国际上常用的分类方法是根据企业组织中所有权和经营权的分离状况，将产权组织形式划分为业主制产权组织形式、合伙制产权组织形式和股份制产权组织形式。这是一种最为重要的企业产权组织形式分类方法，它是从法律角度对企业资本组织形式进行的界定，以企业资产所有者形式作为划分企业制度的基本标准，反映了企业产权组织形式的本质特征，所以这种分类方法划分而成的企业产权组织形式也称法律形式。

1. 业主制产权组织形式

业主制产权组织形式是指企业的财产所有权完全归一个人所有的产权组织形式。它可由投资者一个人经营，也可由投资者家庭经营，其财产归一人或一个家庭所有。在农业中表现为以家庭为单位的自然人，将各种形式的个人资本投入到农业产业结构调整和农业综合开发中，促进农业生产和经营专业化、规模化和市场化。

业主制产权组织形式的投资者（业主）对企业债务负无限责任，即投资者应以企业的全部财产和投资者的其它私人财产来承担清偿债务的责任，从法律上看，业主制产权组织形式的企业不是法人，而是一个自然人。

业主制产权组织形式的优点包括以下几点。①企业资产的所有权、控制权、经营权、收益权高度统一。这有利于保守与企业经营和发展有关的秘密，有利于业主个人创业精神的发扬。②企业业主自负盈亏和对企业的债务负无限责任成为强硬的预算约束。企业经营好坏同业主个人的经济利益乃至身家性命紧密相连，因而，业主会尽心竭力地把企业经营好。③企业的外部法律法规等对企业的经营管理、决策、进入与退出、设立与破产的制约较小。

业主制产权组织形式的缺点包括以下几点。①难以筹集大量资金。一个人的资金终归有限，以个人名义贷款诚信度低，难度较大。因此，一定程度上限制了企业的扩展和规模化经营。②投资者风险巨大。企业主对企业负无限责任，在硬化了企业预算约束的同时，也带来了业主承担风险过大的问题，从而限制了业主向风险较大的部门或领域进行投资的活动，这对新兴产业的形成和发展极为不利。③企业连续性差。企业所有权和经营权高度统一的产权结构，虽然使企业拥有充分的自主权，但这也意味着企业是自然人的企业，业主的病、死，他个人及家属知识和能力的缺乏，都可能导致企业破产。④企业内部的基本关系是劳动雇佣关系，劳资双方利益目标的差异，构成企业内部组织效率的潜在危机。

2. 合伙制产权组织形式

合伙制产权组织形式，也称合作制产权组织形式，是指企业的财产所有权主体（投资者）有两个或两个以上的产权组织形式。这种产权组织形式的企业是由两个或两个以上的出资者共同投资兴办和联合经营的企业，其财产为合伙人的共有财产，由合伙人统一管理和使用。在农业中表现为围绕优势资源、特色骨干项目，通过专业合作社、综合服务社等形式，把千家万户的农民按照自愿互利、平等民主的合作原则联合起来，结成联利、联心、联力的经济利益共同体，走合作化的道路，有利于促进农业生产的专业化和服务社会化。

合伙制企业的投资者对企业债务负连带无限清偿责任，债权人有权对合伙人中的一名或数名直至全体同时或先后行使债权，要求其偿还全部的债务。这种产权组织形式一般通过合同来规定投资者的收益分配方式和亏损责任。

合伙制产权组织形式的优点包括以下几点。①出资者人数的增加，从一定程度上突破了企业资金受单个人所拥有的量的限制，并使得企业从外部获得贷款的信用能力增强，扩大了企业的资金来源，有利于扩大经营规模。②由于风险分散在众多的所有者身上，使企业的抗风险能力大大提高，可以向风险较大的事业领域拓展，拓宽了企业的发展空间。③经营者即出资者人数的增加，突破了单个人在知识、阅历、经验等方面的限制。众多的经营者在共同利益驱动下，集思广益，各显其长，从不同的方面进行企业经营管理，有助于企业经营管理水平的提高。

合伙制产权组织形式的缺点包括以下几点。①合伙制对资本集中的有限性。合伙人数比股份公司的股东人数少得多，且不能向社会集资，故资金有限。②合伙制产权组织形式的风险较大。强调合伙人的无限连带责任，使得任何一个合伙人在经营中犯下的错误都由所有合伙人以其全部资产承担责任，合伙人越多，企业规模越大，每个合伙人承担的风险也越大，合伙人也就不愿意进行风险投资，进而妨碍企业规模的进一步扩大。③合伙经营方式仍然没有简化自然人之间的关系。由于经营者数量的增加，在显示出一定优势的同时，也使企业的经营管理变得较为复杂。合伙人相互间较容易出现分歧和矛盾，使得企业内部管理效率下降，不利于企业的有效经营。因此，产权组织形式仍然是一种比较低级的企业资本组织形式。

3. 股份制产权组织形式

股份制产权组织形式是指由多个财产所有权主体（股东）共同出资，以法人制度为前提，以有限责任的财产组织制度为核心，以科学的治理结构以及专家经营为表征的一种经济组织和生产经营形式。在农业中表现为以农业公司为主导，以广大农户为主体，以市场需求为导向，以经济效益为中心，以结构调整为手段，以资本营运为纽带，实行区域化布局、专业化生产、规模化经营、系列化加工、社会化服务、企业化管理，形成种养加、产供销、贸工农、农工商、农科教一体化的经营体系。

股份制产权组织形式是现代产权组织形式的基本形式，其企业的组织形式包括有限责任公司和股份有限公司两种，公司是独立于出资人的法人实体，公司归股东所有，股东只以出资额或持股额为限对公司承担有限责任。股份制农业的基本特征是：在生产组织方面，把分散的千家万户从事农产品简单再生产、小区域流通、小规模初级加工的农民组织起来，形成新的组织模式，在稳定农村家庭承包经营责任制的基础上实现农业生产组织的制度创新；在生产经营方面，以国内外市场为导向，充分发挥市场机制的作用，引导土地有序流转，实现由分散经营到适度规模经营的变革；在公司形成方面，主要是以资本（包括有形资本和无形资本、物质资本和人力资本）为纽带，促进农业产业化，延伸产业链，实现农副产品的精深加工、开发和多次转化增值，有效地提高了农业的比较效益；在运行方式上，通过农业公司这个龙头，提高了农业生产要素的组织化水平，使农产品的生产、流通与市场紧密衔接，引导农民、资本、技术以及土地等生产要素优化配置，实现了农业生产的高度社会化。

股份制产权组织形式的优点是：①能有效节约交易费用，降低成本，独享规模经济带来的成本最低和收益最高的好处；②资本集中程度较高，易取得垄断利润和提高农产品的附加值；③完善的信息网络和先进的营销手段便于灵活进出市场，抵御市场风险能力强。

股份制产权组织形式的缺点是：①内部管理成本高，经营绩效很大程度上取决于管理效率；②投资规模取决于农业投资利润率和农业生产内部资本积累和生产的集中化程度；③在市场价格出现较大波动的情况下，合同契约联结形式的公司制可能会出现公司或农民单方违约的情况。

农业股份制产权组织形式，代表了现代农业产权组织形式的发展方向，是实现农业企业化、规模化、集约化、高效化的一种先进的生产力组织形式，是变革农业生产关系、推进农业现代化的必然选择，是应对WTO挑战、提高农业竞争力的重要途径。随着商品经济的发展和农业生产专业化、社会化程度的提高，这类产权组织形式将会有更快的发展。

企业产权组织形式不同，资源的配置方式也就不同。产权组织形式的多样性，决定了资源配置方式多样性，或者说资源优化配置问题在本质上是产权组织形式的合理化问题。因此，在社会主义市场农业的发展过程中，坚持以公有制为主体、多种经济成分共同发展的方针，积极探索公有制的实现形式和有效的企业产权组织形式，是农业经济管理的一项重要任务。

本 章 小 结

农业经济形式是指农业生产资料的所有制形式，即农业生产资料归谁占有、由谁支配关系的具体体现。目前我国农业经济实行以公有制经济为主体、非公有制经济和混合所有制经济多种农业经济形式并存的结构。农业合作经济和国有农业经济是我国农业经济的基本经济形式，个体农业经济、私营农业经济、联营农业经济、股份制农业经济、外商投资农业经济、港澳台投资农业经济等是公有制经济的必要而有益的补充。

农业经营方式是指在一定的经济形式下，微观农业经济主体为组织农业生产经营活动而采取的生产要素组合、经济运行和经营管理的具体形式。当前，我国农业的经营方式主要有：集体统一经营、承包经营、统分结合的双层经营、租赁经营、股份制经营、个体经营、雇工经营、联合经营、集团化经营等。其中，统分结合的双层经营是我国农业的主要经营方式，它符合现阶段我国农业生产力的发展水平和发展要求，具有显著的优越性和旺盛的生命力。

产权是财产权利的简称，是设立于财产之上的一组权利，是人们围绕财产的归属、占有、支配和使用而形成的行为规范及相应的经济关系。产权不是单一的所有权利，而是以所有权为核心和基础的一组权利，包括财产的所有权、占有权、使用权、收益权和处分权等财产权能。产权的组织形式是指在某种企业组织中财产权利的构成及权利主体之间的经济关系。根据农业企业组织中所有权和经营权相分离的状况，产权的组织形式可划分为业主制产权组织形式、合伙制产权组织形式和股份制产权组织形式。三者之间在本质上有着必然联系，共存于社会主义市场经济体制之下。其中，合作制产权组织是基础，业主制产权组织是补充，公司制（股份制）产权组织是最高组织形式。

复习思考题

1. 基本概念
   农业经济形式　农业经营方式　统分结合的双层经营　产权　产权组织形式
2. 简述我国农业经济形式的基本构成。
3. 简述统分结合的双层经营方式。
4. 简述产权的基本内容。

5. 论述业主制产权组织形式、合伙制产权组织形式和股份制产权组织形式的优缺点。

实训练习

1. 家庭联产承包责任制改变了束缚农业生产力的旧体制，使农业生产摆脱了长期停滞的困境，农村社会经济面貌发生了深刻变化。但是随着我国入世后国外农产品对我国农业冲击力的不断加大，农业分散的小规模经营方式严重影响我国农产品的竞争力，于是有人就建议对我国的农村土地进行股份合作制改造，即把农户的承包地以村组为单位集中起来，并按其数量和质量折股量化到户，承包权化为股权，可以转让出卖或入股，以推动农村土地的规模化经营。请简述对于这一观点的理解。

2. 甲户1994年取得二轮承包地3亩[1]，1998年甲外出打工，该承包地由乙耕种，2002年人民政府核发承包经营权证书时，将该地记于乙的名下，即乙拥有该3亩地的承包经营权证书，2006年，甲回乡要求乙返还该3亩承包地，乙认为自己拥有人民政府核发的承包经营权证书、享有合法的承包经营权，不同意返还。甲向人民法院提起诉讼，要求返还。乙是否应当返还该土地的承包经营权？为什么？

---

[1] 1亩＝0.0667hm^2。

第四章 农业生产经营决策

学习目标
1. 理解什么是农业的经营决策；
2. 理解农业经营决策是农业经济管理的重要职能；
3. 了解农业生产经营决策的基本类型；
4. 掌握农业生产经营决策的常用方法技术。

关键词

农业经营决策　生产安排　最优方案　决策类型及方法技术

第一节 农业生产经营决策概述

一、农业生产经营决策的概念与意义

1. 农业生产经营决策的概念

农业生产经营决策是指生产者为了达到既定的生产经营目标，对实现这一目标的途径、措施、规划和具体行动方案所做出的选择和决定；或者说是人们为达到一定的生产经营目标，在掌握充分的信息和对企业所处的内外部环境条件进行深入分析的基础上，用科学的方法拟定并评估各种可行方案，并从中选择最佳方案的过程。一般来说，一个完整的经营决策必须具备以下几个因素。①决策者欲达到的明确目标。没有明确目标，就不可能有决策。②要有两个以上的被选方案。只有一个方案，就不能比较选择，也就谈不上决策。③要有一定的约束条件。没有约束条件的决策，是毫无意义的决策。

经营决策是企业管理活动的中心环节，贯穿于企业全部管理活动的始终，决策的正确与否直接关系到企业的兴衰成败。就像人类其它一切有目的的活动一样，管理活动是由确定预

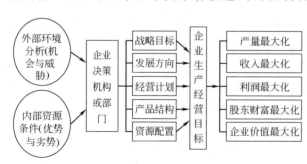

图 4-1　农业企业经营决策示意图

期目标、开发和设计各种备选方案、选择和确定方案、实施方案以及检查实际达到目的的状况等环节组成的。具体决策过程可用图 4-1 表示。

如果是农户的生产经营决策可用图 4-2 表示。

农业经济主体的决策活动集中表现在方案的选择上。企业或农户应根据自身的资源技术条件和所处的外部环境，在多个可行的被选方案中选择有利于实现既定经营目标的最佳方案

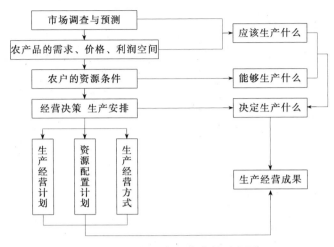

图 4-2 农户生产经营决策示意图

付诸实施。如果决策失误，将会给企业或农户造成巨大的经济损失，因此，正确的决策是管理活动获得成功的重要前提。

2. 农业生产经营决策的意义

（1）农业经营决策是农业经济管理活动获得成功的重要前提　决策是管理的重要内容，管理能否达到预期的目标，关键是要看决策是否正确。经营决策关系到农业企业的发展方向、经营方针、资源配置等重大问题。农业企业在一定的生产技术条件下，面对特定的市场环境，对其稀缺资源如何配置，生产怎样安排，采取什么样的生产方式，生产的产品到哪里销售，价格怎样确定，投资方向和经营重点应是什么等问题的决定都需要科学的决策。决策正确，管理水平越高，带来的绩效和价值就越大；决策失误，管理水平越高，造成的损失就越大。因此，正确的决策是管理活动获得成功的重要前提。

（2）经营决策是企业经营管理的核心和基础　决策贯穿于企业管理过程的始终和管理工作的各个方面。管理可以从纵横两方面看。纵向方面是指预测、决策、计划、组织、指挥、控制、核算和协调等管理程序，其中预测是服务于决策的，计划、组织、指挥等程序都要受决策的支配，离开了正确的决策就不能有正确的计划、组织、指挥；横向方面则是指供应、生产、财务、成本、营销等各项管理工作。农业企业的任何一项管理工作都涉及到资源的配置利用问题，也就有决策问题。没有正确的决策，就不能做好农业企业的各项管理工作，也就不能科学地组织企业的生产经营活动，就不能实现预期的目标。

（3）经营决策是农业企业管理人员的主要职责　农业生产经营涉及到农产品的生产、加工、贮藏、保鲜、运输、销售等价值链条上的各个环节，因此，管理工作千头万绪，而管理人员的首要工作应当是决策。在社会化大生产中，小农经济的经营方式正在被农业产业化经营所替代，农业产业化企业同社会的联系日益复杂，生产日益走向社会化、专业化和商品化，影响企业生产经营的因素越多，决策就越重要。农业企业的管理人员特别是企业的主要领导必须重视决策，掌握决策方法，提高决策能力。

（4）正确的决策有利于经营者把握机会，规避风险　农业生产不仅面临着自然风险，而且还面临着巨大的市场风险。农业的商品化程度越高，农业经营者面临的市场风险就越大，决策的把握性就越差。因此，农业企业的管理人员必须善于识别机会、把握机遇，通过科学的经营决策，合理地规避风险，使企业的一切生产经营活动都能建立在风险低、效益好、前景广阔的基础上，切忌盲目决策给企业带来经济损失。

二、农业生产经营决策的基本原则

农业生产经营决策是企业经营管理的核心和基础,决策的正确与否直接关系到企业的生存和发展。因此,决策要尽量避免失误,防止出现"棋错一着,满盘皆输"的情况。为提高经营决策的科学性,管理者在进行生产经营决策时必须遵循以下基本原则。

1. 可行性原则

农业企业的生产经营决策既要考虑企业的发展目标,又要考虑企业的现实条件;既要考虑企业的自身利益,又要考虑社会利益。决策时,要对各方面的因素进行综合分析,根据需要和可能做出决策,使决策方案做到切实可行,切忌盲目草率决策,给企业带来严重的后果。特别是对农业产业结构的调整、区域布局的优化、主导产品的选择、重大投资项目、技改方案以及生产周期长的种植、养殖项目的决策,必须瞻前顾后,从长计议,遵循自然法则和经济规律的要求,立足自身实际,充分考虑企业的自然资源条件和经济技术条件,在此基础上进行科学的经营决策。

2. 科学性原则

决策活动是人们在认识客观世界的基础上,改造客观世界的重要活动和自觉行为。长期的决策实践使人们逐步认识到客观世界的存在和发展是不以人的意志为转移的。因此,为了有效地进行改造客观世界的行动,并使这种行动达到有利于自己的目的,决策活动必须符合自然科学、社会科学和管理科学的规律。这就决定了决策活动必须遵循科学性原则。决策的科学性原则,是决策活动最根本的原则,它集中体现了决策活动的本质。农业生产经营决策必须坚持实事求是的态度,进行坚持广泛的调查研究,提出足够的科学依据,进行综合分析论证,认真对待决策过程中的每一个环节。尤其是战略性决策,如农业经营方向和目标的确定、农业产业结构的战略性调整、农业现代化的路径选择、重大农业投资项目的决策等,更应通盘考虑,切忌主观臆断,克服决策的盲目性、随意性、片面性,提高自觉性。

3. 经济性原则

决策活动是人们为了获得对自己有利的结果而进行的一种创造性活动。因此,在决策活动中必然要付出一定的代价。例如,从事决策活动的人员要支付一定的时间和精力,要支付调查费用、计算费用和会议费用等,如果决策活动支付的费用超过了由于正确决策给人们增加的经济效益,那么,就没有必要进行这种决策了。决策活动的这种性质称为决策的经济性。决策的经济性原则要求对决策费用和决策效果进行对比分析。所以,农业企业的经营决策必须考虑其决策的投入与产出,通过人们创造性的劳动,做到费用最低、效益最好。

4. 时效性原则

农业企业的生产经营活动,不仅受自然环境的影响,而且还受社会经济环境特别是市场环境的影响。由于农产品市场瞬息万变,机会和风险共存,企业决策者必须经常了解市场,掌握市场动向,善于在千变万化的市场环境中,及时捕捉信息,把握机会,迅速做出反应,以便在激烈的市场竞争中比竞争对手率先采取对策,制定新的经营战略,按照市场走势、价格变化及竞争对手的情况及时调整经营战略、产品结构,抢占最有利的市场时机。

5. 灵活性原则

农业企业在生产经营过程中,常伴有许多不确实因素,如市场供求的变化、竞争对手的战略调整、自然气候条件的变化等。这就要求企业的决策必须留有调节的余地,保持足够的弹性,以便适应变化不定的情况,应付各种可能出现的情况,防止自然灾害的袭击。

6. 民主性原则

企业决策成败的关键,取决于人们的预见、判断、经验、智慧和创造力,而任何个人的智慧、经验、能力总是有限的。决策者要善于引导群众发表不同意见，集思广益，提出不同方案，通过分析比较，进行择优选择。事实上，只有在群策群力、集思广益的情况下做出的决策，才能使全体成员自觉执行、积极响应。

三、影响农业生产经营决策的因素

现实中，影响农业生产经营决策的因素很多，总体来讲，主要包括主观因素和客观因素。主观因素是指决策者个人的性格、习惯、情感、知识、能力、经验、想象力、创造力以及决策者对待风险的态度等。客观因素是指自然环境、人口环境、经济环境、政治法律环境、社会文化环境、科学技术环境、市场需求状况、竞争状况等。具体可用图4-3表示。

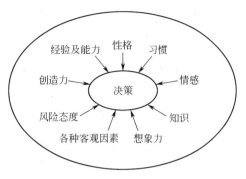

图 4-3 影响农业生产经营决策的因素

第二节 农业生产经营决策的类型及基本程序

一、农业生产经营决策的类型

农业生产经营决策通常按其对未来有关条件的把握程度与后果的不同，可分为三种基本类型。

1. 确定型决策

确定型决策也称为肯定性决策，是指对未来事件发生的条件已知情况下的决策。这种决策不仅表现为未来发生的条件是确定的，而且决策所依据的信息资料准确可靠，制订方案的实施结果也能确定。也就是说，决策的目标和达到目标的各种可行方案以及各方案实施后能产生什么样的结果都是十分明确的。

2. 非确定型决策

非确定型决策也称为非肯定型决策，是指只能预测可能出现的各种自然状态，但却对各种自然状态未来发生的概率不能肯定情况下所进行的决策。

3. 风险性决策

风险性决策是指未来事件发生的条件状况不能肯定，但对其发生的可能性却能作估计的情况下的决策。这种决策的期望值可根据已知概率进行计算，但能否实现却具有一定的风险。

农业生产经营决策的内容很多，涉及微观经济管理的各个环节和各个方面，按其范围来说，主要包括生产经营决策、财务决策、投资决策、销售决策、组织人事决策等。

二、农业生产经营决策的程序

农业生产的经营决策是一个提出问题、分析问题、解决问题的系统分析过程。正确的决策不仅取决于决策者的经验、能力和素质，而且与决策的程序也有一定的关系。农业生产经营决策的程序一般包括以下几个步骤。

1. 确定决策目标

决策目标不仅体现决策行动的预期结果，而且是拟定与选择可行方案的依据，所以它是决策程序中关键性的一步。确定决策目标的程序如下。

(1) 发现问题　决策的目的是为了解决问题，只有通过调查研究，发现问题，才能针对存在的问题确定具体决策目标。

(2) 根据需要与可能确定决策目标　正确的决策目标必须兼顾需要与可能，从现实条件出发，综合考虑各方面的因素，根据全面可靠的资料，经过充分论证才能确定。

(3) 检查目标的准确性　决策目标必须符合以下要求：①目标概念必须是单一的；②目标具有明确的时间期限；③目标必须具备前提条件；④目标应有数量界限。

2. 拟定备选方案

这是决策的基础工作。目标确定之后，决策者必须了解和掌握决策事件未来发展的动向及趋势，根据对内外部环境条件分析所获得的信息，拟定多个备选方案以供选择。备选方案的拟订是一个设想、分析和初选的过程，应集思广益，大胆地从不同角度提出所有可行的方案，否则就有可能失掉最优方案。

3. 评价和选择可行方案

首先要根据决策目标确定评价标准，这需要综合考虑各方面的因素；然后进行综合评价，比较各个方案的实施费用，计算经济效果，选定最优方案作为实施方案。最优方案的选择没有一个绝对标准，在很大程度上受决策者个人素质以及风险态度的制约。往往同一事物，同样的数据，同样的机会和风险，不同的决策者可能会做出不同的选择。

4. 决策的执行与反馈

决策方案实施后，由于内外部环境的变化，执行结果不一定完全符合原来的预定目标。因此，在执行过程中，一定要进行跟踪检查和控制。一旦出现与既定经营目标偏离的趋向，就要及时采取措施予以纠正，以保证决策结果与目标一致。

第三节　农业生产经营决策的方法技术

一、确定性决策的方法技术

1. 直接比较法

对于简单的确定性决策问题，可以根据有关资料，凭借决策人的经验和判断能力，从多个可行方案中选择最佳方案。例如，某农业产业化企业欲购买一台饲料粉碎机，为农户加工饲草饲料。市场上有 A、B、C 三种不同型号的粉碎机可供选择。这三种粉碎机的价格、加工能力和加工成本如表 4-1 所示。

表 4-1　三种粉碎机的有关技术经济指标

方案	价格/(元/台)	加工成本/(元/公斤)[①]	加工能力/(公斤/月)
A	400	0.002	10000
B	300	0.004	7500
C	270	0.004	7500

该农业产业化企业收取加工费的标准为 0.006 元/公斤，本村村民每月需加工饲草饲料 7500 公斤，试问应决定购买哪一种型号的粉碎机为好？

经计算，三种粉碎机的静态投资回收期各为：

A：投资回收期 $=\dfrac{400}{10000\times(0.006-0.002)}=10$（个月）

[①] 1 公斤 = 1kg。

B：投资回收期 $= \dfrac{300}{7500\times(0.006-0.004)} = 20$（个月）

C：投资回收期 $= \dfrac{270}{7500\times(0.006-0.004)} = 18$（个月）

比较结果，第一种粉碎机的投资回收期最短，盈利最大；第三种次之。因此，在资金许可的前提下，应当选择第一种；若资金不足可选择第三种。

2. 量本利分析法

量本利分析法又称保本分析法或盈亏平衡分析法。这是一种通过分析产量（或销售量）、经营成本（或生产成本）、利润（或盈利）三者之间的数量关系以及盈亏变化的规律来为决策者提供依据的决策方法。目的是确定经营者的最低生产规模和目标生产规模。

（1）最低生产规模的确定　最低生产规模是指经营者不盈不亏，恰好能够保本的生产经营规模。一般是通过计算盈亏平衡点产量或销售量的办法来确定的，确定方法如下。

$$\text{盈亏平衡点产量（或销售量）} = \dfrac{\text{固定成本（固定费用）}}{\text{单位产品价格} - \text{单位产品可变成本}} \quad (4\text{-}1)$$

其经济内涵可用图 4-4 表示。

从图 4-4 可以得出以下信息，供决策分析之用：

① 保本产量，即总收入曲线与总成本曲线的交点所对应的产量；

② 各个产量上的总收入；

③ 各个产量上的总成本；

④ 各个产量上的总利润，即各个产量上的总收入与总成本之差；

⑤ 各个产量上的总变动成本，即各个产量上的总成本与总固定成本之差；

⑥ 安全边际，即方案带来的实际产量与保本产量之差。

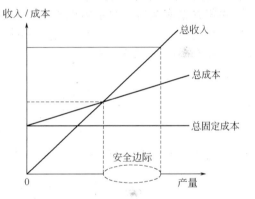

图 4-4　量本利分析示意图

$$\text{安全边际} = \text{方案带来的实际产量} - \text{保本产量} \quad (4\text{-}2)$$

$$\text{安全边际率} = \dfrac{\text{安全边际}}{\text{方案带来的实际产量}} \quad (4\text{-}3)$$

例如：某养鸡专业户 2007 年应计提的固定成本总额为 4 万元，每只鸡一年带给经营者的总收入为 40 元，每只鸡一年的新增饲养费（包括饲料费、防疫费、饲养人员的工资报酬）为 20 元，那么该养鸡专业户一年至少饲养多少只鸡才不盈不亏或者说才能保本呢？

根据盈亏平衡决策方法，就可计算该养鸡专业户的保本点饲养规模。

$$\text{该养鸡专业户的保本点饲养规模} = \dfrac{40000}{40-20} = 2000（只）$$

（2）目标生产规模的确定　目标生产规模是指能够达到生产者既定经营目标的生产规模。一般用下列方法确定。

$$\text{目标生产规模（或目标产量）} = \dfrac{\text{固定成本} + \text{利润目标值}}{\text{单位产品价格} - \text{单位产品可变成本}} \quad (4\text{-}4)$$

如上例中，如果该养鸡专业户 2007 年希望达到的利润目标为 2 万元，那么，他的养鸡规模至少就要达到如下生产规模。

$$该养鸡专业户的目标生产规模 = \frac{40000+20000}{40-20} = 3000(只)$$

3. 综合评分法

综合评分法在农业生产经营决策中的应用，一般适应于多目标方案的比较选择。具体做法是通过加权综合评分法，先把所有方案的加权总分计算出来，然后用分数的高低来反映方案的优劣程度，以便从整体上对方案进行综合评价和选优的方法。其决策公式如下。

$$K_i = W_1 P_1 + W_2 P_2 + W_3 P_3 + \cdots\cdots + W_i P_i = \sum W_i P_i \qquad (4-5)$$

式中，K_i 为某一评价方案的加权总分；W_1、W_2、W_3……W_i 为各评价项目的权重；P_1、P_2、P_3……P_i 为各评价项目在各评价方案中的得分。

综合评分法的应用一般按以下步骤进行。

(1) 确定评价项目　任何一类方案，都有许多反映其优劣程度的具体指标，评分时应选择对方案目标影响较大的指标参加评分。例如，对农业耕作制度方案的选择，应选定产量、费用、用工、收入、对土壤肥力的用养程度五个项目参加综合评分。

(2) 确定各评价项目的评分标准　根据历史资料或内部调查资料，结合各单位的现实情况和具体要求，确定每个评分项目的最低限和最高限。然后按五分评分制划分为五个等级，最高为5分，最低为1分。每一个级差，评分差一分。例如，亩产值最高为260元，最低为160元，级差应为(260-160)/5=20元。所以，亩产值的评分标准为：160～180元为1分，181～200元为2分，201～220元为3分，221～240元为4分，241～260元为5分。其余项目依此类推。

(3) 确定各评价项目的权重　由于各决策目标在整个方案中所占的地位和重要程度不尽相同，评分时应根据各项目的不同情况确定其不同的权重。例如，在人多地少的地区或企业，产量指标的权重应大一些；而在经济效益差的单位，则费用和收入的权重就应大一些。每个评价项目的权重用它在整个评分中的比重来表示，各项目权重的合计应为100%。

(4) 编制综合评分决策表，计算各方案的总分，比较各方案的优劣，并在诸方案中进行抉择。

现举例说明，某农业生产企业，在确定耕作制度时，有三个可行的方案可供选择，三个方案的有关项目指标如表4-2所示。

表4-2　各评价方案的技术经济指标

项目	第一方案	第二方案	第三方案
每亩产值/(元)	252	236	228
每亩用工量/(工日)	53	47	42
每亩费用/(元)	44	38	40
土地的用养状况	养地一般	用养平衡	耗地一般

由于该生产单位的主要问题是单位面积产量(产值)低，土壤肥力损耗严重，因而收入水平低。据此可确定各评价项目的权重如下：每亩产值，40%；每亩用工，10%；每亩费用，20%；土地用养状况，30%；合计，100%。

然后根据表4-2的数据资料，结合当地的实际生产情况和有关历史资料，经分析研究，确定各方案的评价项目和评分标准，如表4-3所示。

表 4-3 确定的评价项目和评分标准

分数	评分项目和标准			
	产值/(元/亩)	用工/(工日/亩)	费用/(元/亩)	土地用养状况
5	241～260	40～45	25～30	养地良好
4	221～240	46～50	31～35	养地一般
3	201～220	51～55	36～40	用养平衡
2	181～200	56～60	41～45	耗地一般
1	160～180	61～65	46～60	耗地严重

根据上述资料，编制综合评分决策表如表 4-4 所示。

表 4-4 综合评分决策表

方案 项目	权重	第一方案		第二方案		第三方案	
		评分	权重分	评分	权重分	评分	权重分
每亩产值	40%	5	2.0	4	1.6	4	1.6
每亩用工	10%	3	0.3	4	0.4	5	0.5
每亩费用	20%	2	0.4	3	0.6	3	0.6
土地用养状况	30%	4	1.2	3	0.9	2	0.6
合计	100%	—	3.9	—	3.5	—	3.3

计算各方案的加权总分：

第一方案的总分 $K_1 = 5 \times 40\% + 3 \times 10\% + 2 \times 20\% + 4 \times 30\% = 3.9$（分）

第二方案的总分 $K_2 = 4 \times 40\% + 4 \times 10\% + 3 \times 20\% + 3 \times 30\% = 3.5$（分）

第三方案的总分 $K_3 = 4 \times 40\% + 5 \times 10\% + 3 \times 20\% + 2 \times 30\% = 3.3$（分）

三个可行方案综合评分的结果，第一方案总分最高，第二方案次之，第三方案总分最低。所以，第一方案为最佳方案。

二、非确定性决策的方法技术

在比较和选择经济活动方案时，如果管理者不知道未来的情况有多少种，或虽知道有多少种，但不知道每种情况发生的概率，则需采用非确定性决策方法。

非确定性决策方法是决策人凭借自己的经验、对风险的态度和判断能力，按照一定的法则去选择方案。对同一决策问题，不同的决策人可能会选出不同的最佳方案，并得到不同的结果。这里给大家介绍几种常用的非确定性决策方法。

1. 小中取大法

小中取大法也叫悲观法。采用这种方法的管理者对未来往往持悲观的看法，认为未来会出现最差的自然状态，因此不论选取哪个方案，都只能获取该方案的最小收益值，他一般是以最坏的设想来选择可行方案的。采用这种方法进行决策时，首先应计算各方案在各种不同自然状态下的收益期望值，并找出各方案所带来的最小收益期望值，然后进行比较，选择在最差自然状态下收益最大或损失最小的方案作为再生产实践中推行的最优方案。

如表 4-5 所示，在 A、B、C 三个方案中，如果遇到最不利的自然状态，其最小收益值年产量分别为 350、400、450。如果按照小中取大法进行决策，则应选择 C 方案，即使遇到最不利的自然状态，也能获得较多的产品。

表 4-5　各方案在不同自然状态下的收益

自然状态	概　率	方案 A	方案 B	方案 C
春旱年	不确定	600	475	700
夏涝年	不确定	350	600	450
秋旱年	不确定	750	400	575
每列最小值	—	350	400	450
每列最大值	—	750	600	700

2. 大中取大法

大中取大法也叫乐观法。采用这种方法的管理者对未来往往持乐观的态度和看法，认为未来会出现最好的自然状态，因此不论选取哪个方案，都能获取该方案的最大收益期望值，他一般是从最好的打算中来选择最优方案的。采用这种方法进行决策时，首先应计算各方案在不同自然状态下的收益期望值，并找出各方案所带来的最大收益期望值，然后进行比较，选择在最好自然状态下收益最大或损失最小的方案作为最佳方案。

在表 4-5 中，A、B、C 三个方案的最大收益期望值分别是 750、600、700。如果按照大中取大法进行决策，则应选取 A 方案。在遇到最有利的自然状态下，可获得最多的产品。

3. 大中取小法

大中取小法也叫最小最大后悔值法。管理者在选择了某方案后，如果将来发生的自然状态表明其它方案的收益比所选方案的收益更大，那么，他就会为自己的选择而后悔。最小最大后悔值法就是使后悔值最小的方法。后悔值是指各种自然状态下的最大值分别减去各方案的对应值后的余额，其意为决策人未采用最大收益方案，而采用较小收益方案致使收益减少，故令人后悔不已。采用这一方法进行决策时，首先应计算各方案在各种自然状态下的后悔值（某方案在某自然状态下的后悔值＝该自然状态下的最大收益－该方案在该自然状态下的收益），并找出各方案的最大后悔值，然后进行比较，应从最大后悔值中选择后悔值最小的方案作为最佳方案。

根据表 4-5 的数据资料计算出后悔值，如表 4-6 所示。

表 4-6　各方案在各自然状态下的收益及其后悔值

状　态	方案 A	方案 B	方案 C
春旱年	700－600＝100	700－475＝225	700－700＝0
夏涝年	600－350＝250	600－600＝0	600－450＝150
秋旱年	750－750＝0	750－400＝350	750－575＝175
每列中最大后悔值	250	350	175
最大后悔值中最小值	—	—	175

由于表 4-6 中的最大后悔值中的最小值为 175，故应选用方案 C。采用这一方案时，即使发生最不利的情况，遭受的损失也最小。

4. 机会均等法

机会均等法是以各种自然状态出现的概率均等的假设为前提，依据均等概率计算出各个方案的期望值，从中选取期望值最大的方案为最佳方案的方法。其计算公式如下：

$$均等概率值＝1÷状态数目$$

$$某一方案的期望值＝\sum（每种自然状态下的损益值）×均等概率 \tag{4-6}$$

现仍以表 4-5 中的数据资料为例，求出均等概率和期望值。

均等概率＝1÷3＝1/3
方案 A 的期望值＝1/3×(600＋350＋750)＝566.5
方案 B 的期望值＝1/3×(475＋600＋400)＝491.5
方案 C 的期望值＝1/3×(700＋450＋575)＝575

在 A、B、C 三个方案中，C 方案的期望值最大，故应选择 C 方案为最佳方案。

由上可知，面对同一未来事件所作的决策，常因决策人对风险的态度不同，选用的决策方法不同，所作出的决策结果就大不一样。选择什么样的决策方案，除受决策人性格和心理因素的影响外，更主要的还取决于决策信息的准确性，经营单位的经济实力，以及决策人的知识、经验、判断能力和对风险的偏好等因素。此外，不确定性决策还要求决策人员随时准备应变方案和措施，以便防患于未然。

三、风险性决策的方法技术

在比较和选择活动方案时，如果未来情况不止一种，管理者不知道到底哪一种情况会发生，但却知道每一种情况发生的概率，则需采用风险性决策方法。农业生产经营活动，无论是种植业、畜牧业、林果业，还是水产业，都是在一定的自然条件和经济因素相互交错的情况下进行的。自然气候条件和市场变化情况都属于既可预测，又不能准确掌握的变动因素，这就决定了农业的生产经营活动，大多属于带有一定风险的活动，因此，常需要风险性决策方法。常用的风险性决策方法有决策树分析法和最大期望值决策法。

1. 决策树分析法

决策树分析法就是通过画决策树型图来描述各种方案在不同自然状态下的收益，并据此计算各方案的益损期望值，根据益损期望值的大小来确定最佳方案的一种决策方法。下面通过举例来说明决策树分析法的基本原理和实际应用。

例：某农产品加工企业为满足社会对其产品的需求，提出了三个备选方案。三个方案的经营期限均为 10 年。一是扩建现有厂房，投资为 100 万元。当市场出现高需求时每年可获利 50 万元，中等需求时可获利 25 万元，低需求时将亏损 25 万元；二是新建一厂房，投资为 200 万元。当市场出现高需求时每年可获利 70 万元，中等需求时可获利 30 万元，低需求时将亏损 40 万元；三是合同转包，投资为 20 万元。当市场

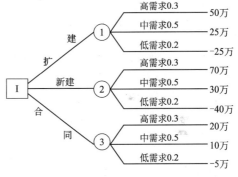

图 4-5　某农产品加工企业投资建厂方案决策树型图

出现高需求时每年可获利 20 万元，中等需求时可获利 10 万元，低需求时将亏损 5 万元。据预测，市场出现高需求、中需求、低需求的概率分别为 30%、50% 和 20%，试用决策树分析法进行最优方案的决策。

(1) 首先画出决策树，并填写已知数据　本例的决策树可用图 4-5 表示。
(2) 计算各方案结点的期望值

方案结点①的期望值：[50×0.3＋25×0.5＋(−25)×0.2]×10−100＝125（万元）
方案结点②的期望值：[70×0.3＋30×0.5＋(−40)×0.2]×10−200＝80（万元）
方案结点③的期望值：[20×0.3＋10×0.5＋(−5)×0.2]×10−20＝80（万元）

(3) 根据方案结点的期望值进行决策，选择最优方案　由上面的计算可以清楚地看出，方案结点①的期望值最大，为 125 万元，所以，应选扩建方案。

2. 最大期望值决策法

最大期望值决策法就是根据已知概率计算出各方案的期望值并从中选取期望值最大的方案为最佳方案。计算期望值的方法，与机会均等法的计算方法相同，所不同的是风险性决策依据的概率是已知概率，而机会均等法依据的是假定均等概率，如表4-7所示。

表4-7 已知概率下各方案的收益值及其期望值

状 态	已知概率	方案 A	方案 B	方案 C
春旱年	0.2	600	475	700
夏涝年	0.5	350	600	450
秋旱年	0.3	750	400	575
期望值	—	520	515	537.5

根据表4-7的数据资料，各方案期望值的计算方法如下：

方案 A 的期望值 $=(0.2\times 600)+(0.5\times 350)+(0.3\times 750)=520$

方案 B 的期望值 $=(0.2\times 475)+(0.5\times 600)+(0.3\times 400)=515$

方案 C 的期望值 $=(0.2\times 700)+(0.5\times 450)+(0.3\times 575)=537.5$

在三个方案中，方案C的期望值最大，故C方案为最佳方案。但采取此方案，如遇夏涝年，产量只能获得450公斤，比期望值低87.5（537.5－450）公斤，故具有一定的风险。

下面谈谈灵敏度分析。

灵敏度分析，主要是考察在概率发生变动时对所选最优方案的影响。期望值取决于损益值和概率这两个因素。在损益值固定时，期望值就取决于状态发生的概率，概率的变动会引起期望值的变动，最优方案也将随之发生变动。

例如，当表4-7中已知概率变为：春旱年0.1、夏涝年0.7、秋旱年0.2时，各方案的期望值如下。

方案 A 的期望值 $=(0.1\times 600)+(0.7\times 350)+(0.2\times 750)=455$

方案 B 的期望值 $=(0.1\times 475)+(0.7\times 600)+(0.2\times 400)=547.5$

方案 C 的期望值 $=(0.1\times 700)+(0.7\times 450)+(0.2\times 575)=500$

可以看出，当状态概率发生变动后，最优方案就变为B，而不是C。因此，在决策过程中必须进行灵敏度分析，以便根据客观情况，调整最优方案。

灵敏度分析的关键在于找出转折概率，即引起最优方案变动的概率。现以两个方案、两种状态的决策为例来进行说明。如表4-8所示。

表4-8 当状态概率发生变动后最优方案的灵敏度分析

状 态	概率（一）	概率（二）	种小麦	种油籽
雨水多年份	0.7	0.3	1000	400
雨水少年份	0.3	0.7	300	900
在概率（一）下的期望值	—	—	709	550
在概率（二）下的期望值	—	—	510	750

从表4-8可知，在概率（一）的情况下，种小麦是最优方案，而在概率（二）的情况下，种油籽是最优方案。现需进一步解决的问题是，怎样找出引起最优方案变动的转折概率呢？现实中常用以下方法求得：

假设雨水多年份的概率为 P，则雨水少年份的概率就为 $(1-P)$，于是，依表4—8的数据可列出下面等式：

$$1000P+300(1-P)=400P+900(1-P)$$

解方程得：$P=0.5$（转折概率）

因此，当实际 $P<0.5$ 时，油籽的期望值大于小麦，故应以种植油籽为最优方案；而当实际 $P>0.5$ 时，小麦期望值大于油籽，故应以种植小麦为最优方案。这样，就可以按照实际情况调整最优方案了。

已知概率与转折概率之间的差距大，则灵敏度小，即概率发生较大变动时不会引起最优方案的变动；反之，则灵敏度大，即概率发生较小的变动时，也会引起最优方案的变动。所以，灵敏度的分析可以看出最优方案适应客观情况而变动的灵敏度。对于灵敏度大的最优方案更应密切注意客观情况的变化。

本 章 小 结

微观农业经济主体的生产经营决策是农业经济管理的重要内容，也是企业管理活动获得成功的重要前提。农业生产经营决策是指生产者为了达到既定的生产经营目标，而对实现这一目标的途径、措施、规划和具体行动方案，所做出的选择和决定。或者说是人们为达到一定的生产经营目标，在掌握充分的信息和对企业所处的内外部环境条件进行深入分析的基础上，用科学的方法拟定并评估各种可行方案，并从中选择最佳方案的过程。一般来说，一个完整的经营决策必须具备三个因素：一是决策者欲达到的目标。没有明确的目标，就不可能有决策；二是要有两个以上的被选方案。如果只有一个方案，就不能比较选择，也就谈不上决策；三是要有一定的约束条件。没有约束条件的决策，是毫无意义的决策。

现实中，影响农业生产经营决策的因素很多，总体来讲，主要包括主观因素和客观因素。主观因素是指决策者个人的性格、习惯、情感、知识、能力、经验、想象力、创造力以及决策者对待风险的态度等。客观因素是指自然环境、人口环境、经济环境、政治法律环境、社会文化环境、科学技术环境、市场需求状况、竞争状况等。

农业生产经营决策按其对未来的把握程度，一般分为确定性决策、非确定性决策和风险性决策三种类型。不同的决策类型所需的方法技术不同，决策者在进行决策时应根据决策的具体问题选择适宜的决策方法技术。

复习思考题

1. 基本概念

安全边际　投资回收期　保本点产量　确定型决策　非确定型决策　风险型决策

2. 简述农业企业经营决策的基本原则。
3. 简述农业企业经营决策与农业经济管理的关系。
4. 简述农业生产经营决策的基本程序。
5. 农业生产经营决策有哪几种类型？

实 训 练 习

1. 某农业产业化经营组织所属的农产品加工企业 2007 年应计提的总固定成本为 40 万

元，加工后的农产品每包装箱的市场销售价格为 20 元，每箱新增加的生产加工成本为 12 元，那么该农产品加工企业一年至少加工生产多少箱农产品才不盈不亏或者说才能保本呢？如果年初确定的利润目标为 80 万元，企业的生产规模又应该是多少？

2. 某决策问题在不同自然状态下的收益如下表，请分别用乐观法、悲观法和后悔值法进行经营决策，分别确定出既定自然状态下的最优方案。

不同方案在不同自然状态下的收益值

方案 \ 自然状态 收益值	S1	S2	S3	S4
A 方案	50	60	70	80
B 方案	40	60	90	100
C 方案	70	30	50	60
D 方案	20	60	80	90

3. 某农业产业化企业为满足其目标市场对其产品的需求，提出了二个备选方案，一是新建一条生产线，需投资 80 万元，经营期限为 8 年，当市场出现高需求时每年可获利 30 万元，中等需求时可获利 20 万元，低需求时将亏损 12 万元；二是改造现有生产线，需投资 40 万元，经营期限为 5 年，当市场出现高需求时每年可获利 20 万元，中等需求时可获利 10 万元，低需求时将亏损 6 万元；如果市场出现高、中、低需求的概率分别为 30%、50% 和 20%，试用决策树分析法进行最优方案的决策。

第五章 农业产业结构与区域布局

学习目标
1. 理解农业产业结构的概念；
2. 了解影响农业产业结构的因素；
3. 理解合理农业产业结构的评价标准及调整原则；
4. 掌握农业产业结构的评价指标和调整思路；
5. 理解农业区域布局的概念和特点；
6. 理解农业区域布局的基本原则；
7. 理解优化农业区域布局的对策思路。

关键词
农业　产业结构　区域布局　区位优势　比较效益

第一节　农业产业结构

一、农业产业结构的概念

农业产业结构是指一定时期、一定地域（国家、地区、农业企业）范围内农业产业内部各生产部门之间的构成及其比例关系。农业产业结构是农业经济结构的重要组成部分，是农业现实生产力和生产关系合理组织及对农业生产资源合理开发利用的基本问题。它的合理与否不仅影响农业资源的合理利用和农产品市场竞争力的提高，而且影响农业生产力的整体发展和农业的现代化进程。因此，建立科学合理、高效协调、有竞争力的现代农业产业结构是加快现代农业建设的战略性措施。

二、农业产业结构的形成和演变

1. 农业产业结构的形成及影响因素

农业是人类历史上最早出现的产业，它伴随着社会生产力的发展和人类文明的进步，逐渐形成了由低级到高级，由原始的作物栽培、动物饲养到现代的农、林、牧、渔，综合发展的系统结构，将来随着资源优势的开发、新品种的研究和推广、农业新科技的推广应用、人们生活的多样化需求，农业产业结构会向更高级、更合理、更高效的方向发展。所以，一个国家或地区农业产业结构的形成和演变是多种因素综合作用的结果。现实中，影响农业产业结构的因素主要包括以下几点。

（1）农业生态环境条件　农业生态环境条件包括与农业有关的各种生物和自然生态环境，它是农业产业结构形成和发展的自然基础。无论是农、林、牧、渔业的类型结构，还是地域型（如山区、平原、城郊）的农业生产结构，都受一定自然环境条件的影响和制约。在不同生态环境条件下动植物进行能量转换的速度和效率相差十分悬殊，因此，农业生态环境因素在很大程度上决定了各个地区农业部门组合的不同特征。在农业生产力发展水平较低的情况下，这一因素对农业产业结构及层次的影响较大。

（2）农业物质技术条件　农业物质技术条件是农业生产力发展水平的重要标志，对农业产业结构的形成起着决定性作用。在一个较长的历史时期内，农业生产环境的变化是相对稳定的，但农业产业结构有可能会发生大的变化。这是由于反映农业生产力的农业物质技术条件不断改善，逐渐扩展和加深了对农业自然资源的利用范围和程度，改变了农业对自然资源的利用结构，从而引起农业产业结构的变化。因此，在农业生产力的不同发展阶段形成了具有不同特征的农业产业结构。

（3）社会经济条件　社会经济条件主要包括人口、劳动力的数量和质量、人们的消费结构、交通运输条件、社会经济制度和国家的经济政策等。在一定的生态环境和物质技术条件下，社会经济条件对农业产业结构的形成具有重大影响。它不仅影响农业生产要素的供给数量和质量，而且对农产品的需求结构以及人们的消费倾向也有直接影响，进而影响农业产业结构的形成。

2. 我国农业产业结构的发展演变

农业产业结构的发展演变是受到社会生产力水平、资源分布状况、农产品供需量、社会政治经济制度等因素综合作用的结果。自新中国成立至今，我国农业产业结构的发展演变大体经历了五次大的调整阶段，即依次经历了"以粮为纲，全面发展"的阶段；"决不放松粮食生产，积极发展多种经营"的阶段；"高产、优质、高效农业"的阶段；"提高农产品质量，调整产品供求关系"的阶段；"发挥比较优势、提高农业竞争力，调整区域布局"的阶段。农业产业结构的不同历史阶段，其调整的目标和重点都不尽相同，但都适应了当时社会经济发展和人们消费生活水平及其特点的要求，解决了农业生产和社会需求的突出矛盾。

（1）"以粮为纲，全面发展"的阶段（1949年～1978年）　改革开放以前，我国农业发展的主要任务是解决粮食总量供给不足的问题。因此，全国各地在"以粮为纲，全面发展"的方针政策指导下，以解决粮食供求矛盾为目标，积极扩大耕地面积，大力发展粮食生产，一定程度上缓解了我国粮食供应紧张的矛盾。但由于过分强调粮食作物的种植，致使农业产业结构畸形发展，农业整体效益下降。据资料显示，从1952年～1978年的26年间，种植业总产值占农业总产值的比重仅下降了6.8个百分点，年均下降0.26个百分点，而畜牧业、林业、渔业的发展几乎处于停滞状态，增长幅度极其有限，农业生产陷入单一经营、恶性循环、区域特色优势严重受限制的境况，农业产业结构长期停留在"农业就是种植业"、"种植业就是粮食生产"的低层级、低效能水平。如表5-1所示。

表5-1　改革开放前我国农业总产值构成　　　　　　　　　　单位：%

年份	农林牧渔总产值	农业产值	林业产值	牧业产值	渔业产值
1952年	100.0	86.1	0.8	12.8	0.3
1965年	100.0	81.0	2.4	15.1	1.5
1978年	100.0	79.3	3.5	15.5	1.7

注：资料引自农业部市场与经济信息司.中国农村经济统计资料（1949～1986）。

（2）"决不放松粮食生产，积极发展多种经营"的阶段（1978年～1992年）　改革开放后，党中央、国务院对农村经济结构进行了一次大的调整。1981年，中央转发了农委《关于积极发展农村多种经营的报告》的通知，指导农业生产由过去的"以粮为纲"向"决不放松粮食生产，积极发展多种经营"的方向转变，要求农业内部各部门协调发展，粮食生产同经济作物之间保持合理比例，实现农业全面增效。同1978年相比，1990年农业总产值中种植业产值所占比重由80.0%下降到64.6%，同期畜牧业产值所占比重由15.0%上升到25.7%，渔业由1.6%上升到5.4%。这次结构调整改变了过去高度单一、效率低下的结构模式，使农业内部各部门逐渐趋于合理，拓宽了农业的外延范围和发展空间，农业系统功能和整体效益有了显著提高。如表5-2所示。

表5-2　改革开放后我国农业总产值构成　　单位：%

年　份	农林牧渔总产值	农业产值	林业产值	牧业产值	渔业产值
1978	100.0	80.0	3.4	15.0	1.6
1980	100.0	75.6	4.3	18.4	1.7
1985	100.0	69.2	5.2	22.1	3.5
1990	100.0	64.6	4.3	25.7	5.4
1992	100.0	61.5	4.6	27.1	6.8
1995	100.0	58.4	3.5	29.7	8.4
1998	100.0	58.0	3.5	28.6	9.9
2000	100.0	55.7	3.8	29.7	10.8
2003	100.0	50.1	4.2	32.1	13.6
2005	100.0	52.5	3.6	33.7	10.2

注：资料引自国家统计局．中国农村统计年鉴2006。

（3）发展"高产、优质、高效农业"的阶段（1992年～1998年）　1992年，国务院发出了《关于发展高产优质高效农业的决定》，这是党中央在前一个时期取得重大农业结构调整成效的基础上提出的继续促进农业产业结构调整优化和可持续发展的决定。主攻方向是：①进一步把农产品推向市场，在相继开放水果、蔬菜、畜禽、蛋奶、水产品等大多数农产品的前提下，抓住机遇，加快粮食流通体制改革；②以市场为导向继续调整和不断优化农业生产结构，在确保粮食稳步增产、积极发展多种经营的前提下，由传统的"粮食-经济作物"二元结构转向"粮食-经济作物-饲料作物"三元结构，不断提高农作物的综合利用率和转化率；③强调以流通为重点，建立农工商一体化的经营模式；④坚持国内培育和国外引进并重的方针，培育优良品种，加强农产品生产、加工、保鲜等先进技术的开发应用，大力发展高产、优质、高效农业。

（4）"提高农产品质量，调整产品供求关系"的阶段（1998年～2005年）　这一阶段，我国人民生活基本实现温饱，初步开始全面建设小康社会，人们对农产品的需求由单一的数量需求向多样化、营养化、质量、安全、健康的方向转变；特别是2001年我国加入WTO以后，对我国农产品的生产提出了新的挑战，不论是满足国内市场的需求，还是适应参与国际竞争的需要，农产品品种结构和质量标准都显得尤为重要。所以，这一阶段农业产业结构调整的主要目标是：通过政府宏观调控和市场引导，调整农产品供求总量，在保证主要农产品供给安全的前提下，适当调减市场严重积压的农产品；通过实施"种子工程"，按照国际标准进行生产、加工、流通，打造品牌优势，积极发展绿色食品、有机食品和无公害食品等适销对路、竞争力强的优质特色农产品。

（5）"发挥比较优势、提高农业竞争力，调整农业区域布局"的阶段（2005至今）　2005年以后，我国农业生产的结构适应性调整已全面实现，并且在WTO规则的规范下，农业的品种结构及科学化生产逐步与国际接轨，一些地区的个别农产品已具有很强的国际竞争力，但大部分农产品优势不明显，区域特色不突出。所以，这一时期农业结构调整的主要目标是：充分利用农业资源要素，以市场为导向，通过政府政策扶持，优先培育一批在国内外市场上有较强竞争力的优势农产品，形成一批具有中国特色、世界知名的优势产业带，在优势区域内形成具有较强竞争力的农业产业体系，加快形成科学合理的农业生产力布局。

综上所述，我国农业产业结构大致经过五个阶段的发展演变，实现了由适应性结构调整向战略性结构调整的转变，由数量平衡向产值效益平衡的方向发展，在满足国内需求的前提下，逐渐向增强农业国际竞争力的方向发展。今后随着经济全球化进程的加快，我国农业产业结构将向更高层级、更高质量效益、更强整体竞争力的目标发展。

三、农业产业结构的评价标准及调整原则

1. 合理农业产业结构的评价标准

农业产业结构的合理与否，是一个相对的、发展的概念，呈现出地域上的差异性和时间上的动态性，关键是要看农业产业结构的状况与客观条件、要求是否适应。从空间看，其合理与否是相对于一个国家或地区的自然、经济条件而言的。适用于一个国家或地区的农业产业结构，不一定适合另一个国家或地区。从时间来看，农业产业结构的合理与否是相对于一定历史时期的生产力水平而言的，过去合理的结构，现在不一定合理；现在合理的结构，将来不一定合理。所以说，农业产业结构的合理与否，不可能有一个固定的衡量比例和一成不变的结构模式，不存在固定的适合一切时空条件的标准，它受许多错综复杂因素的影响，因此，必须从多方面进行定性、定量分析。具体来讲，合理农业产业结构应符合以下标准。

（1）能够合理利用农业生产资源 农业资源的范围很广，主要包括各种自然资源和经济资源，具体指农业土地、资金、劳动、水资源、光热资源、生物资源、气候资源等。这些资源本身存在地域上的差异，农业资源能否得到合理有效的利用决定了农业的综合经济效益，决定了农业各部门的发展规模和速度，具体体现在农业投入产出率的大小上。因此，合理的农业产业结构应能充分挖掘本地的一切资源条件，并使其得到合理有效地利用。评价农业资源利用率的指标有：农业土地利用率、农业劳动力的利用率、农业资金的利用率以及水资源、生物资源及其它自然资源的利用率等。

（2）能够满足国内外市场对农产品的需要 农产品对国内外市场的满足程度是衡量农业产业结构合理与否的检验器。农业产业结构的调整优化除要结合本地的资源条件进行因地制宜的安排外，还应充分考虑国内外市场对商品农产品的需求。如果农业产业结构所提供的商品农产品不能满足市场的需要，农产品的价值就不能实现，农业产业结构就不合理，农业资源的开发利用就存在不合理甚至浪费现象。

（3）农业内部各部门要实现良性循环，协调发展 农、林、牧、渔各部门客观上存在相互依赖、相互促进的依存关系，单一的、固化的农业产业结构已被证明是低层次、低效能的畸形结构，不利于农业的持续稳定发展。因此，从全局来讲，只有建立起农、林、牧、渔互助互促、协调发展、良性循环的产业结构，才能实现农业资源的高效配置和综合利用，才能大幅度提高农业的系统功能和整体效益，也才能使农业的产业结构层次和可持续发展能力不断提高。

（4）农业产业结构要有显著的经济效益、生态效益和社会效益 农业作为国民经济的基础产业，对国民经济的发展影响巨大。因此，合理的农业产业结构必须要有较高的经济效益、生态效益和社会效益。经济效益反映了农业生产投入产出率的高低，合理的农业产业结构要做到投入少、产出多、盈利能力强，如果农业生产的经济效益不佳，甚至长期经营亏损，则说明现实的农业产业结构不合理。生态环境对农业的现实生产和长远发展都有直接影响，合理的农业产业结构不仅要能适应生态环境，而且要能改善生态环境，要做到环境友

好、布局合理、可持续发展。社会效益反映的是农业生产满足社会需求的程度及产业发展对社会的影响。具有显著社会效益的农业产业结构，首先是生产提供的农产品要能从数量、质量、品种、规格等方面能满足社会多样化的需求；其次，农业还要为国民经济其它部门的发展能够提供劳动力、资金、原材料等生产要素。

2. 农业产业结构的调整原则

农业产业结构的调整必须以提高经济效益为目的，以生产资源要素的高效配置和合理利用为切入点，以市场需求为突破口，坚持因地制宜、科学规划、特色突出、优势明显的原则，有计划、有层次、有重点地进行。具体调整时应遵循以下基本原则。

（1）以国民经济发展的整体战略调整为原则　国民经济发展战略是在协调社会生产力和生产关系，经济基础和上层建筑矛盾关系的前提下，为解决社会主要矛盾，稳定社会秩序，协调产业的均衡发展而做出的整体规划。因此，农业产业结构的调整要适应国情，从全局考虑，稳步推进。

① 以粮食的安全生产为前提。我国人口众多，对粮食需求量大，实践证明，没有足够的粮食满足人们的需求，国民经济就难以稳定发展。因此，农业产业结构的调整必须先保证粮食产量，提高粮食的综合生产能力，满足国内的基本需求。

② 以保持市场农产品供求均衡为目的。市场农产品供求是由农业生产力水平、社会经济发展水平、人们的收入水平共同决定的，而供求均衡就要求农业产业结构的调整必须主动适应市场需求的变化，既要满足现实需求，又要考虑潜在需求，综合国内外供求状况，科学合理地调整农业产业结构，实现农业产业的持续稳定发展。

③ 以协调社会关系为关键。农业产业结构调整是解决"三农"问题的有效途径，而农民是这一问题的主体，拥有生产经营的自主权，农业产业结构调整政策的落实以及方案的具体实施最终要靠农民去实现，农民的技术水平、认识程度、观念转变等将直接影响农业产业结构的调整。因此，政府要做好宣传引导，典型示范，通过产业政策、投资政策、信贷政策等引导、支持、帮助农民调整农业结构，切忌以行政命令强迫农民进行结构调整。

（2）坚持因地制宜各有侧重的原则　我国地域辽阔，各地区的自然和社会经济条件差异很大。因此，各地区的农业产业结构不可能是一个模式。各地在确定自己的农业产业结构时，要遵循因地制宜，各有侧重，发挥优势的原则，做到"一业为主，多种经营"。一般来说，在大中城市郊区，应建立商品型农产品为主，农工商综合经营的生产结构；在平原盆地应建立以粮食或经济作物生产为主，以其它作物为辅的农业产业结构；在丘陵山区，应建立以林牧业为主，传统土特产品为辅的农业产业结构；在草原牧区应建立以牧业为主，农林牧相结合的农业产业结构。务必做到扬长避短，发挥优势，从根本上提高农业的综合经济效益和整体竞争力。

（3）坚持农业可持续发展的原则　农业可持续发展的关键是农业生产要保持良好的自然生态环境，挖掘内部潜力，发挥优势，突出特色，达到长期持续增产增效的目的。因此，在农业产业结构调整中，各地都应当根据自己的资源特点和生产经营、地理位置、环境条件等方面的比较优势，重点发展具有本地特色、竞争力强的产品，形成具有区位优势特色的、规模化的、独特的生产布局，使农业生产有很强的持续发展潜力。同时，农业产业结构的调整不能只单纯地考虑经济效益，还要重视社会效益和生态效益，只有实现三者的有机统一，农业生产系统才能实现良性循环。

四、农业产业结构的层级分析

农业产业结构具有多层次性、多结构状分布的特点。具体可从以下几个方面分析。

第一层次：通常根据资源生产潜力、生产力水平、农产品的特性把种植业、林业、畜牧业、渔业各部门的构成称为第一层次（或一级结构），也称为广义农业。

第二层次：在各行业内部根据产品的特点、性质，新品种、新技术的开发应用将农业生产划分为不同的生产项目，如种植业包括粮食作物、经济作物、饲草作物和其它作物；林业包括经济林、绿化林、生态林、防护林、薪炭林等；畜牧业包括养牛、养羊、养猪、养鸡等；渔业包括深海养殖、淡水养殖等，称为第二层次（或二级结构）。

第三层次：不同的农业生产项目又可作进一步的划分，如粮食作物可进一步分为谷类作物（包括稻谷、小麦、大麦、燕麦、玉米、谷子、高粱等）、薯类作物（包括甘薯、马铃薯、木薯等）、豆类作物（包括大豆、蚕豆、豌豆、绿豆、小豆等），经济作物可进一步分为棉花、麻类、茶叶、水果、烟草、甘蔗、蚕桑、蔬菜、药材等。这被称为第三层次（或三级结构）。随着农业新技术的开发和应用，农业的功能不断拓展，农产品生产、加工向更深层次延伸，如生物工程技术、转基因技术、克隆技术等催生了产品链的延伸。

农业产业结构依次还可以划分为第四、第五等层次，农业产业结构层级纵向深入和横向扩展的程度，表明了农业产业结构是否合理，纵横向层级发展的程度越高，说明农业产业越能发挥区域比较优势，资源的配置利用越合理，农业产业结构层次越高。

五、农业产业结构调整的总体思路

1. 按照市场需要，着眼层级提高，促进农业产业结构层次向质量效益型转变

长期以来，由于我国农产品的供给不能满足人们的基本生活需求，我国农业发展的目标是千方百计增加农产品的产量。但随着温饱问题的解决，我国农业和农村经济的发展已进入新的历史阶段，由于受市场需求的制约，粮食、棉花、油料等主要农产品的供给已相对过剩，仅靠增加产量的老思路来实现农业增效、农民增收已经没有多少空间。因此，要实现农业产业结构的优化升级和农民收入的长足增长，必须走出传统农业的误区，树立大农经营的观念，以市场为导向，以效益为中心，压缩、淘汰那些市场上销路不畅或是没有销路的农产品，扩大市场销路好，经济价值大，竞争力强的名、优、特、新农产品的生产比例，按照市场需要，进行农业产业结构的战略性调整，以使农业尽快走上以质量效益为中心的发展道路。具体来讲，就是要适应市场经济发展和我国加入WTO后的新形势，主动减少次等粮、棉、油、糖等资源密集型农产品的生产，增加优质水果、蔬菜、花卉、烤烟、水产品、畜产品及其加工制品等劳动密集型农产品的生产。要根据农产品的实际生产成本，土地机会成本和质量、效益的高低，来判断同一产品在不同地区的比较优势，以此作为农业结构调整的依据。就粮食生产而言，要逐渐压缩春小麦、南方小麦、劣质早籼稻以及东北地区、内蒙古生产的高水分大米的生产规模，增加国内市场需要的硬粒小麦、专用小麦、特种玉米、优质早籼稻和小杂粮的生产，以使粮食结构由单一品种向优质化、专用化、多样化方向发展；棉花生产要增加抗虫优质棉、特种棉的生产；水果生产要压缩大陆品种、常规品种，增加优质品种、特色品种、畅销品种的生产；蔬菜生产要大力发展无公害蔬菜、营养型蔬菜、稳定反季节蔬菜的生产；畜牧业要尽快转变传统饲养方式，着眼人民生活水平的提高和出口贸易的需要，发展特色畜禽和具有竞争优势的家畜、家禽的养殖，从而实现我国农业产业结构由以追求产量为主向提高质量效益的方向转变。

2. 大力推进农业产业化经营，延长农业产业链条，实现农业产业结构的换代升级

农业经营规模狭小是影响我国农业劳动生产率提高和农户进入市场的障碍之一。为了有效解决这一问题，必须大力发展农业产业化经营，提高农业的组织化水平。农业产业化经营是农产品生产、加工、销售的一体化经营。农业实行产业化经营后，会为农业结构调整提供

市场、技术、资金支持，提高农业比较效益，创造更高的农业利润率，从而增强农业发展的动力。当前，我国应抓住有利时机，大力发展农业产业化经营，提升农业结构调整的水平。具体应做到以下几点。①制定优惠政策，引导非农企业，尤其是乡镇企业投资于农业产前生产资料、技术、资金等要素供给，产中服务，产后加工和销售等领域，把农产品生产与加工、销售、服务等环节紧密结合在一起，实施一体化经营。②有计划、有重点地培育一批大型龙头企业，对龙头企业要在税收、信贷、出口等方面给予扶持，不断增强其对农业结构调整的带动、支持能力。③合理确定区域性主导产业，大力发展特色优势农产品产业带，通过龙头企业的带动，建立规模化、专业化、标准化的商品农产品基地，以推动农业结构的战略性调整。④加快农业科技进步，要充分发挥龙头企业在农业科技推广中的作用，促进农业科技在农产品基地的普及和推广，提高农产品基地的科技水平。⑤理顺龙头企业与农户的利益关系，逐步建立龙头企业与农户"利益均沾、风险共担"的利益机制，激励农民突破小农经济的思维定式，积极参与社会化大生产的农业分工协作，通过构建现代农业产业体系实现农业产业结构的优化升级。

3. 因地制宜发挥区域比较优势，将全国性支柱产业做大，地域性特色产业做强，地方性优势产品做精

根据农业的自然气候条件及生产发展方向，农业生产在一定区域内有一定的相似性和地域间的差异性，因此，应根据农业的资源禀赋条件、生产成本、质量标准以及市场竞争力的大小等，来判断同一产品在不同地区的比较优势，以此作为农业结构调整的重要依据。要因地制宜，突出特色，从战略上调整、优化农业产业结构，各地应选择最具区域优势的农产品加以重点发展，把资源优势转化为产业优势和经济优势，扬长避短，把不具竞争力的农产品生产减少到最低安全限度，大力发展具有竞争优势和市场前景的特色农产品；努力提高农业的区域化、专业化、规模化水平，力争将全国性农业支柱产业做大，地域性农业特色产业做强，地方性优势农产品做精。东部地区和大中城市郊区，要努力发展高科技、高档次、高品质、高产值、高效益的农产品及其加工品的精致农业，积极参与国际市场竞争，扩大我国农产品在国际市场上的份额。中部地区要在发挥粮棉生产比较优势基础上，注意提高农产品品质和质量，特别是应注重发展农产品加工工业。西部地区则要加大"一退三还"的工作力度，保护和改善生态环境，同时发展特色农业、节水农业和生态农业，实现农业可持续发展。同时，为了充分发挥各地区的比较优势，必须正确认识和妥善处理主导产业和基地建设的关系，要把培育主导产业与区域经济开发有机结合起来，围绕主导产业，开发建设农副产品的原料生产基地，逐步形成特色鲜明的农业区域经济格局。农业产业结构调整不能跟风，切忌雷同，应调出特色、调出区位优势，突出差异性、地域性、商品性。

4. 加强农业基础设施建设，完善农业技术推广体系，用现代科学技术改造农业，用现代物质设施装备农业

农业产业结构调整，必须加强农业基础设施建设，完善农业技术推广体系，这是农业可持续发展的根基。为此，应建立并完善农民筹资投劳、政府少取多予、社会力量广泛参与的多元投入保障机制。①加大对农业基础设施建设的投入支持力度。应以财政直接投资的方式，为大中型水利工程、生态工程、草场改良工程、土地开发工程等提供资金保障。②加强农业流通体系建设。积极培育农产品中介组织和专业协会，发展现代流通方式和新型流通业态，帮助农民建立农产品批发市场，拓宽销售渠道，培育多元化、多层次的市场流通主体，建立开放统一、竞争有序的农产品市场体系。③完善农业支持补贴制度。要逐步加大对良种和农业机具的综合补贴力度，扩大良种和农业机具的补贴范围，以此来提高良种的覆盖率，调动农民购置农业机具的积极性，不断增强农业机械化对农业发展的综合

保障能力。④建立农业风险防范机制。要加强自然灾害和重大动植物病虫害预测预报和预警应急体系建设，提高农业防灾减灾能力。⑤增加农业科技投入，建立完善服务型的农业技术推广体系。应按照《国务院关于深化改革加强基层农业技术推广体系建设的意见》，努力构建以政府农业技术推广机构为主导，农村合作经济组织为基础，农业科研、教育等单位广泛参与、分工协作、服务到位、充满活力的基层农业技术推广体系，积极探索农业科技成果进村入户的有效机制，建立省、市、县、乡四级农业信息网络互联中心，逐步形成以农业技术指导员为纽带，以农村示范户为核心，连接周边农户的技术传播网络。坚持农机、农艺相结合，生物措施与工程措施相配套，大力发展循环农业，促进结构升级，实现资源永续利用和农业可持续发展。

第二节　农业区域布局

一、农业区域布局的概念和特点

1. 农业区域布局的概念

农业区域布局是指农业生产在地域上的空间分布和结构安排，亦称农业配置。它包括农业各部门在某一区域空间内的分工和在一个地区内农业产业各部门的相互结合。前者反映农业生产的区间关系，表现为不同区域农业生产的专业化；后者反映该区域的农业产业结构。

农业区域布局，是在一定的社会生产力水平和自然、技术、经济、社会（包括政治）等多种要素的综合影响下形成的。所以，在不同的历史时期、不同的社会经济条件下，农业区域布局有很大的差异，体现出不同的功能和特性。在自然经济占主体的封建社会，农业区域布局的表现是"小而全"，这种布局主要由传统经验、技术和体制决定，目的是适应封建君侯的统治要求；在商品经济占主体的资本主义社会，繁荣的市场、发达的社会生产力、生产资料私有制决定了农业区域布局的市场化和趋利性，表现为市场的自由竞争和生产的无政府状态，大资本家实行垄断生产、经营，攫取高额利润，使得农产品供求极度不平衡，资源浪费严重；而在生产资料公有制占主体的社会主义制度下，克服了以上两种社会制度导致的农业区域布局的弊端，从国民经济发展的全局出发，综合了自然、技术、社会等多种因素，遵循客观规律，因地制宜地进行农业生产的合理配置，在提高整体经济效益的基础上，实现农业产业的地域分工，使我国农业生产逐步实现区域化布局、专业化生产、规模化经营、产业化运行，进而提升我国农业的现代化水平。

2. 农业区域布局的特点

（1）农业区域布局的社会性　农业区域布局在不同的社会制度下，表现为不同的形态，发挥着不同的作用，不同的利益主体和消费群体对农业区域布局有很大的影响，因而，一个国家、地区的农业区域布局往往具有显著的社会特征。

（2）农业区域布局的时代性　农业区域布局受社会生产力水平的影响，农产品的供给和需求出现阶段性不均衡，使其在同一社会制度的不同时期体现出不同的特点，只有不断地进行调整优化，才能使农业的布局结构符合时代发展的要求。

（3）农业区域布局的科学性　农业是依赖自然生态环境条件发展起来的为人们提供基本生活资料的物质生产部门，农业生产对自然资源要素具有高度的依赖性，农业生产的每一步都要符合自然规律，都要适应动植物的生长特性。所以，农业区域布局必须遵循客观规律，在对区域条件进行充分调研的基础上，利用科学方法进行合理布局，方能发挥农业的区域优势，达到预期的目的。

（4）农业区域布局的效益性　农业生产的过程实质上是投入产出的转换过程，农业生产的根本目的是满足人们对农产品的多样化需求。这一过程充分体现了农业生产的效益性，没有效益就没有积累，农业再生产就不能维持，也就谈不上发展。而农业作为国民经济的基础产业，其效益不仅体现在经济效益上，同时还体现在社会效益和生态效益上，只有三者很好地结合，才能实现农业的可持续发展，农业区域布局才能实现环境友好、资源节约、高效合理。

二、农业区域布局的基本原则

农业区域布局受多种因素的综合影响，农业生产的特殊性决定了它不能脱离自然区位优势，不能背离其它产业而孤立存在，必须以国民经济发展的整体布局和区域特色优势的充分发挥为基本原则，结合社会需求和农业产业结构的换代升级进行科学决策和合理配置。根据我国长期农业生产布局及调整的经验，农业区域布局应遵循以下基本原则。

1. 把国家需要和地区优势结合起来

国家需要和充分发挥地区优势，从根本上说是一致的，只有充分发挥地区优势，才能更快地发展农业生产，也才能满足国家对农产品的需求。但二者有时也会发生冲突，因为国民经济、国防建设和人民生活对农产品的需求有时与各地的优势条件不相符合。所以，应尽可能地发动群众完成国家任务，同时政府也应采取相应措施保障农民的利益，最终要按国民经济的发展要求与自然条件、社会经济状况相适应的原则进行农业生产布局。

2. 农业区域化布局与工业、交通运输业布局相适应

首先，农业区域布局要适应工业布局的需要。因为在相对集中的工矿区，人口也相对集中，需要大量的农畜产品，特别是副食品的供应，如奶、蛋、肉、菜、果等，这些产品的特点是鲜嫩、体积大、易腐烂等，不宜长途运输，必须根据工业布局来安排农业布局。同时，工业布局也要适应农业布局的需要，特别是以农产品为原料的加工业。因为棉、麻、烟、甜菜、甘蔗等作物对自然条件的要求比较严格；有些农产品加工后再运到消费地可以节省大量运输费用。其次，农业生产布局还必须与交通运输条件相适应，否则，影响商品的正常流通，也就失去了合理布局的意义。

3. 粮食布局要相对均衡，经济作物布局要适当集中

我国是一个工业大国，也是一个人口大国，粮食是人们赖以生存的基本生活资料，因此，必须把粮食生产的合理布局置于重要地位。由于对粮食的需要量大，又是生活必备品，相对均衡地安排粮食生产，可以避免远距离运输，就地解决粮食问题。所以，除了国家建立规模较大的商品粮基地外，各省也应建立本地区的粮食基地。经济作物对自然条件的要求比较严格，商品性强，适当集中对其生产、运输、加工都有利。通过优化区域布局，把特色优势农产品做大、做强，不但可提高农产品的产量和商品价值，而且形成规模化生产后，能够带动加工、贮藏、运输等相关产业的发展。

4. 实行专业化生产与综合经营相结合

我国地域辽阔，自然、经济、技术条件差异较大，加之生产力水平较低，交通运输相对落后，科学技术的普及应用不广泛等限制性因素，农业专业化生产还不十分集中，需要实行专业化生产同综合经营相结合的方针。即农业生产的农、林、牧、渔各部门，粮、棉、油、麻等各种作物，应根据各地区的客观条件和社会需要，实行一业为主和综合发展相结合，按照一定的比例关系协调发展，使不同地区组成不同类型的农业生产结构体系。这样，既可充分利用各地区的自然资源条件，使农业劳动力和生产资料得到合理利用；又可使作为农业生产的基本生产资料的土地资源得到充分利用，做到用养结合，提高土壤肥力；同时可改变资金流转状况，使其较为均衡的流转，不至于收支过于集中或因某一农产品受灾而造成资金紧

张的局面。

5. 确保生态平衡，促进环境改善，做到建设和保护相结合

农业生产以生态环境的改善为自然基础，而合理的布局又有利于生态环境的改善，提高生态系统的生产率。所以，在农业生产布局时，必须强调生态平衡，环境改良。避免"掠夺式"开发和经营，尊重客观规律、因地制宜，做到建设和保护相结合，形成良性的生态循环系，以实现农业区域布局的持续稳定增效。

三、农业区域布局的调整与优化

1. 当前我国农业区域布局中存在的问题

近年来，我国农业生产布局的调整虽然取得了初步成效，但"小而全、大而全"的农业布局和结构雷同问题仍很突出，特别是优质专用农产品生产还比较分散，区域分工、专业化生产格局尚未完全形成，地区比较优势也未能在农业产业结构中充分体现。具体表现在以下几个方面。

（1）农业生产结构不合理的现象还未根本改变　农业生产布局从总体上看，种植业所占比重较大，林、牧、渔业所占比重较小，这种状况若不改变，不仅不能使农业各部门互相促进，而且也不能充分发挥我国农业资源种类繁多、地区差异大的优势。

（2）农业生产的区域配置仍不合理　农业生产区域配置不合理的现象尚未根本改变，还没有完全实现宜农则农，宜牧则牧，宜林则林，宜渔则渔的合理的农业生产布局。造成地区布局不合理的原因，除了小农经济"万物俱全"的特点外，主要是以前没有按照客观规律来安排农业生产，片面强调"以粮为纲"、"一刀切"，追求"小而全"，强调"一切自给"等，造成农业地域特色不明显，农业专业化程度低，农产品质量标准和商品率不高，从而使农业生产布局的合理化受到严重影响。

2. 实现我国农业合理布局的途径

（1）开展农业资源调查和农业区划工作　通过开展农业资源调查与区划工作，摸清情况，掌握详实资料，以便为农业区域布局提供科学依据。

（2）因地制宜，促进农业的地域分工和专业化生产　农业的专业化生产是农业生产布局演变的必然趋势。农业生产的区域专业化，是农业合理布局的表现；专业化的发展过程，也是农业布局合理化的过程。专业化水平的提高必将导致农业布局的变化。因此，根据我国实际情况，按照因地制宜、适当集中原则，有计划地建立一批农产品商品基地和优势农产品产业带，提高农业的专业化水平，既有利于迅速扩大商品农产品生产，保证国家需要，也有利于充分利用资源，发挥区位优势，提高经济效益。

（3）正确执行"决不放松粮食生产，积极发展多种经营"的方针　在调整农业的布局结构时，应特别注意粮食的安全生产与供应，建设好商品粮基地。同时，应积极开展多种经营，以建立合理的农业产业结构和良好的生态系统，推动农林牧渔各业持续协调发展。

（4）加大资金投入，强化科技支撑　农业布局结构的调整优化，需要一定的资金投入和科技支撑。为此，各地在实施优势农产品区域布局规划的过程中，必须整合资金，明确投向，加强优势产区的项目建设力度，建立、完善农业科技服务体系，搞好综合配套服务，促进优势农产品向优势产区集中。

（5）建立完善农产品质量标准　根据区域优势农产品"从产地到市场准入"的全过程质量安全的需要，制定涉及优势农产品的品种、产地环境、生产技术规范、产品质量与安全、包装标识与贮运、检测检疫方法等多个方面的标准，建立优势农产品标准体系，努力打造区域品牌，提高农产品的市场竞争力。

本章小结

　　农业产业结构是指一定时期、一定地域（国家、地区、农业企业）范围内农业产业内部各生产部门之间的构成及其比例关系。农业产业结构的合理与否不仅影响农业资源的利用效率，而且影响农业现代化的发展进程。调整优化农业产业结构是实现农业增效、农民增收的基本途径，也是提升农业综合竞争力的战略措施。农业产业结构的调整优化必须以粮食的安全生产为前提，以农产品的均衡供应为目的，按照市场需要，着眼层级提高，实现农业产业结构由数量规模型向质量效益型转变。调整的总体思路是：适应市场经济发展和我国加入WTO后的新形势，主动减少次等粮、棉、油、糖等资源密集型农产品的生产，增加优质水果、蔬菜、花卉、烤烟、水产品、畜产品及其加工制品等劳动密集型农产品的生产。粮食生产要逐步压缩春小麦、南方小麦、劣质早籼稻以及东北地区、内蒙古生产的高水分大米的生产规模，增加国内市场需要的硬粒小麦、专用小麦、特种玉米、优质早籼稻和小杂粮的生产，以使粮食结构由单一品种向优质化、专用化、多样化方向发展；棉花生产要增加抗虫优质棉、特种棉的生产；水果生产要压缩大陆品种、常规品种，增加优质品种、特色品种、畅销品种的生产；蔬菜生产要大力发展无公害蔬菜、营养型蔬菜、稳定反季节蔬菜的生产；畜牧业要尽快转变传统饲养方式，着眼人民生活水平的提高和出口贸易的需要，发展特色畜禽和具有竞争优势的家畜、家禽的养殖，从而实现我国农业产业结构的换代升级。

　　农业区域布局是指农业生产在地域上的空间分布和结构安排。它包括农业生产各部门在某一区域空间内的分工和在一个地区内农业产业各部门的相互结合。前者反映农业生产的区间关系，表现为不同区域农业生产的专业化；后者反映该区域的农业产业结构。农业区域布局应遵循国家需要和地区优势相结合；农业布局与工业、交通运输业布局相适应；粮食布局要相对均衡，经济作物布局要适当集中；农业专业化生产与综合发展相结合；确保生态平衡，促进环境改善的原则，在对农业生态环境及社会经济条件进行全面调查的基础上，按照地域分异规律和市场需求进行调整优化，从根本上改变我国农业区域布局单一、结构雷同、特色优势不明显，竞争力弱的状况。

复习思考题

1. 基本概念
农业产业结构　农业专业化生产　区域比较优势　农业区域布局　农业可持续发展
2. 简述影响农业产业结构的因素。
3. 简述农业产业结构的调整原则。
5. 简述农业产业结构调整优化的总体思路。
6. 简述农业区域布局的特点和原则。
7. 简述我国农业区域布局中存在的问题及改进措施。

实训练习

1. 2004年东、中、西部地区农业总产值的构成如下表

2004 年东、中、西部地区农林牧渔业各部门产值及构成比较

地区	农林牧渔总产值/亿元	比重/%	农业产值/亿元	比重/%	林业产值/亿元	比重/%	牧业产值/亿元	比重/%	渔业产值/亿元	比重/%
东 部	17047.4	100.0	8050.9		552.0		5159.5		2787.8	
中 部	12682.5	100.0	6540.0		514.3		4610.0		690.5	
西 部	6509.1	100.0	3547.5		260.9		2404.2		127.3	
全 国	36239.0	100.0	18138.4		1327.2		12173.8		3605.6	
西部占全国的比重										

注：根据 2005 年《中国农村统计年鉴》整理计算。

(1) 根据表中资料，计算东、中、西部地区的农业总产值结构，并将结果填入表中。

(2) 分析东、中、西部地区农业产业结构的区别与特点，并简要说明西部地区农业在全国农业中的比重？

2. 据不完全统计，2003 年全国优质早稻面积 3870 千公顷[①]，占早稻总面积的 69%，比上年提高 3 个百分点，比 1999 年提高 32 个百分点；优质专用小麦 8270 千公顷，占小麦总面积的 38%，比上年提高 7 个百分点，比 1999 年提高 29 个百分点；优质专用玉米 6800 千公顷，占玉米总面积的 28%，比上年提高 4 个百分点，比 1999 年提高 10 个百分点；"双低"油菜籽 5130 千公顷，占油菜籽总面积的 70%，比上年提高 4 个百分点，比 1999 年提高 30 个百分点；"双高"甘蔗品种在广西、云南、广东等优势区大面积推广，广西"双高"品种推广率已达 90% 以上；河北、山东、河南三省优质专用小麦面积达到全国优质专用小麦面积的 50%，东北、内蒙古 4 省区优质专用大豆面积占全国优质专用大豆面积的 68%，江苏、安徽、湖南、湖北、四川 5 省"双低"油菜面积占全国的 77%。

与此同时，各省主要农产品生产的规模化、专业化程度也进一步提高，河南省 2003 年优质小麦 200 公顷以上成方连片种植的达 1150 公顷，占优质小麦总面积的 68.3%，已基本形成了以豫北为优质强筋小麦生产基地、以豫中为中筋小麦生产基地、以豫南为弱筋小麦生产基地的区域布局。河北省邯郸、邢台、沧州、衡水四个棉花主产市植棉面积达到 480 公顷，占全省棉花播种面积的 83%，初步形成了棉花的规模化和专业化生产格局。山东省依托当地资源，紧紧瞄准具有出口优势和发展潜力的食用菌等产业，因势利导、精心培育、大力发展。全省食用菌已形成年产 80 万吨的规模，年出口量超过 20 万吨，出口竞争力进一步增强。

国家重点产业化龙头企业汇源果汁集团，已经在桂北柑橘优势产区的生态示范县恭城县投资建设柑橘加工厂。河南省近年重点扶持了 40 家粮食加工骨干企业，经过技改扩建和新建后，新增小麦加工能力 760 万吨。到 2003 年底，全省小麦加工企业达 7000 余家，加工能力 1500 万吨，并先后开发出了胚芽油、淀粉、维生素、酒精、液体二氧化碳等几十个品种，创出了十几个名牌产品。优势农产品加工能力的不断增强，进一步拉动了特色优势农产品的发展，并在带动农民增收方面发挥了重要作用。

(1) 分析说明上述材料反映的经济现象。

(2) 根据上述材料分析说明我国优势农产品区域布局的特点。

[①] 1 公顷＝1hm²。

第六章 农业产业化经营与标准化生产

学习目标
1. 深刻理解农业产业化经营的概念与特点;
2. 明确农业产业化经营的重点及关键环节;
3. 理解农业产业化经营与现代农业的关系;
4. 了解我国农业产业化经营的组织模式;
5. 理解农业标准化生产的概念及目标任务;
6. 明确农业标准化生产的管理重点及基本措施。

关键词
农业产业化　现代农业产业体系　一体化经营　标准化生产　价值链条

第一节　农业产业化经营

一、农业产业化经营的概念与特点

1. 农业产业化经营的概念

"产业"这个概念在英语词汇中与"工业"是一个词,在汉语词汇中也含有"工业生产"的意思。因此,产业化也就有了工业化的含义。

在我国,由于农业还没有从长期的自然经济中完全脱胎出来,再加上传统计划经济体制的惯性影响,人们对农业的认识仍然没有摆脱传统观念的束缚,农业作为一个产业仍然是不完整的。那么就有一个使它完整的问题,就有一个使农业的产前、产中和产后诸环节真正形成像生产机构内部那样的分工协作的关系问题。这个转变过程,就是农业产业化。农业产业化,实际上就是指要在发展现代商品农业的过程中,打破部门分割,促进专业分工,重构产业链条,实现产品增值,使农业逐渐成为一个产、加、销一条龙,贸、工、农一体化的完整的、现代意义上的产业。农业产业化的概念是在 20 世纪 90 年代以后,伴随着我国农村经济体制改革的不断深入与发展,从农业组织制度的创新和经营模式变革的实践中由农民自己创立的一种与市场经济相接轨的全新的经营模式,是一个历史性很强的范畴。它存在于农业从自给自足的自然经济向大规模的商品经济转变的过程中,存在于从传统农业向现代农业的转变过程中。

在总结理论和实践对农业产业化概念诸多表述的基础上,可以给农业产业化经营下一个相对完整的定义:即"农业产业化经营就是在社会主义市场经济条件下,通过农业的产前、产中、产后诸环节的整合,使之成为一个完整的产业系统,实现布局区域化、经营一体化、生产专业化、服务社会化、管理现代化,使传统农业逐步成为现代农业"。具体来讲,农业产业化经营就是在稳定家庭承包责任制的前提下,依据当地资源条件,以国内外市场为导向，以提高经济效益为中心，对当地农业的支柱产业和主导产品实行区域化布局、专业化生产、一体化经营、社会化服务和企业化管理，把产供销、种养加、贸工农、农科教紧密结合起来，形成一条龙的农业经营体制和各具特色的"龙"型生产经营体系，通过龙头企业把农户生产与国内外市场连接起来，将农产品从生产到消费的各环节有机联成一个完整的产业链条，使龙头企业与农民结成利益共享、风险共担的经济共同体。

所以，农业产业化是在稳定和完善农村基本经营制度的前提下，以市场为导向，以加工或流通企业为依托，以膨胀农户经营规模为基础，以加大科技推广应用为手段，把农业的产前、产中与产后诸环节有机联结起来，使农民能够分享整个农业产业系统内部的平均利润，使农业真正形成自我积累、自我调节、自我发展的新的生产经营体制和新的运行机制。它的本质是生产经营一体化，关键是龙头企业带动，基础是广大农户参与，核心是形成风险共担、利益均沾的利益分配调节机制。农业产业化经营，是更加适应现代农业生产力发展要求的新的经营方式和产业组织形式，是改变农业从事低层次原料生产的传统方式，改善农业投入动力机制，提高农业比较效益的根本出路；是在家庭经营的基础上实现农业规模化、集约化经营，促进农业生产向专业化、商品化、社会化转变，最终实现农业现代化的基本途径。至此，农业产业化可以概括为以下三个过程。

（1）农业产业化是提高农户组织化程度的过程 中国农业最迫切的问题是如何提高农民的组织化程度，切实解决小农经济组织方式与国际、国内大市场的矛盾。中国现阶段的农户已从计划经济的农业体制中解放出来，他们有了经营自主权，有了生产积极性，但是经营规模小，经营主体分散，组织化程度低，经济效率低下，市场竞争力比较脆弱。如何改变这种状况？最主要的是要找到一种制度安排，既能保护和激发农户的生产积极性，又能提高农户的组织化程度，提高农业的经营效率。这种制度显然不是"一大二公"的"合作制"，因为这种组织方式的管理监督费用昂贵，又严重挫伤农户的生产积极性，几十年的实践证明是不可取的。经过多年的实践探索，实行了家庭承包经营责任制的中国农民找到了一种全新的生产组织形式，这就是农业产业化。农业产业化的本质特征集中体现在其经营主体上，它不是一般意义上的企业，也不是一个企业集团，更不是农户的简单协作，其存在和发展的机理也不是简单的"企业内非市场安排"。农业产业化经营主体是以龙头组织为核心的多元经济复合体。龙头组织利用农业产业链和比较利益机制，集聚了一大批农户，组成了具有中国特色的产业化经营主体，可以称之为"柔性经营综合体"。这种产业组织形式既提高了农户的组织化程度，又保护和激发了农民的积极性，这种制度安排大大优于小农经济的生产方式，符合农业现代化的发展规律。

（2）农业产业化是农业纵向一体化的过程 所谓农业的纵向一体化，是指在农产品生产、加工和销售过程中，两个或两个以上前后不同阶段的经营主体紧密结合在一起。理论上通常把纵向一体化细分为完全的垂直一体化和不完全的垂直一体化。完全的垂直一体化，只将农业的产加销或供产销各个环节纳入同一农业企业，例如，葡萄种植园办起了自己的葡萄酒厂。不完全的垂直一体化，指农业龙头企业通过合同契约方式把从事农业生产资料供应、农产品生产以及加工、贮藏、运输、销售的诸多小企业，特别是农户结合在一起，共同整合和延长产业链。从我国目前的实际情况看，农业产业化经营主要是指不完全的垂直一体化。即使在发达国家，不完全的垂直一体化也是十分重要的经营方式。例如，法国和荷兰的粮食、奶类、酒类、蔬菜、水果、花卉等都实行产业一体化经营。在这些一体化的农业经营体系中，有相当数量采取"龙头企业＋家庭农牧场"的不完全的垂直一体化形式。因此，农业产业链管理是农业产业化经营的本质特征之一和表现形式之一。

（3）农业产业化是农业生产专业化不断发展的过程 农业产业化是一个不断从较低层次上升到较高层次的动态过程，这一过程集中表现为农业生产专业化程度的逐步提高。农业生产专业化包括以下三种类型。一是农业经营主体（包括农业企业和农户）的专业化。各农业经营主体逐步摆脱"小而全"的生产结构,转向专门或主要为市场生产提供某种(或某类)农产品。现在各地农业产业化经营中涌现的各类农业专业户、专业生产合作社、专业农场等就属于这种类型。二是农业生产过程的专业化。即农产品生产全过程中不同生产工艺由若干具有相对优势的专门经营主体分别完成。例如,不少地方出现了种苗公司、饲料公司等龙头企业,专门从事农牧业产业链中关键环节的生产和经营,而把大田生产或禽畜育肥阶段的农艺过程交给协作体内的农户完成,这种分工方式符合农艺过程专业化的要求。三是农业生产的区域化。即根据比较利益原则,各地重点发展具有比较优势的特色农产品。农业产业化进程中产生的商品农产品基地和优势农业产业带等,就是具有中国特色的农业生产区域化的具体表现形式。应当指出,农业专业化的演进过程必然伴随着农业科学技术的不断进步,从这一意义上讲,农业产业化的过程也就是农业集约化的过程。

2. 农业产业化经营的特点

实施农业产业化经营,就是要把自然经济条件下被人为割断的农业再生产过程的各环节重新连接起来,形成一个有利于现代农业产业体系和整体效能提高的价值链条,将"小而全"、"大而全"的传统农业改造成社会化、专业化水平相当高且具有较大市场竞争优势的现代农业。因此,农业产业化经营具有以下特点。

(1)生产专业化 它是指要围绕某种或某类农产品的生产经营,形成种养加、产供销、服务网络为一体的专业化生产系列。做到每个环节专业化和产业一体化协同结合,使每一种农产品的,初级产品和中间产品制作成有差异特色的最终产品,以商品品牌形式进入市场,从而提高产业链的整体效能和综合效益。

(2)布局区域化 在农业产业化经营中每个主导产业或生产系列,按照区域比较优势原则,设立专业化小区,按小区进行资源要素配置,安排商品生产基地布局,从而有利于充分发挥区域比较优势,实现农业资源要素的高效配置,提高农业生产的规模效益。

(3)经营一体化 在农业产业化经营中各有关环节联结成"龙"形产业链。实行贸工农一体化、产供销一条龙综合经营,使外部经营内部化,内部经营市场化,从而降低农业的市场风险,减少产品的交易成本,提高农业的比较效益,最终达到提高农业劳动生产率、投入产出率的目的。

(4)服务社会化 它是指通过一体化组织,不仅可以利用龙头企业的资金、技术和管理优势,而且还可组织有关农业科研机构、技术推广部门对共同体内各个组成部分提供产前、产中、产后的信息、技术、经营、管理等全程服务,促进各种要素直接、紧密、有效结合,最大限度提高经济效益。

(5)管理企业化 它是指通过"公司+农户"、"合作经济组织+农户"等联结方式,构成一体化的经营联合体,采取合同契约制度、参股分红制度、全面经济核算制度,互补互利、自负盈亏、讲求效益,对全系统的营运和成本效益实行企业化管理。龙头企业是按照现代企业的管理模式和运行机制建立起来的公司制的法人实体,可带动产业经营企业化。

二、农业产业化经营的产生与发展

20世纪80年代初,我国农业依据生产关系必须适应生产力发展水平的客观经济规律,废除了"三级所有、队为基础"的人民公社制度,实行了以家庭联产承包为主的农业生产责任制,从而扫除了长期以来束缚我国农业生产力发展的体制障碍,极大地调动了广大农民的生产积极性,使我国农业和农村经济在没有多少新的物质投入的前提下,呈现出超常规发展的势头,加上乡镇企业的异军突起,从根本上改变了农村微观经济主体的组织基础和产业结构。农村经济的全面发展,为支撑国民经济持续、快速、健康发展和保持社会稳定起到了重要作用,农民生活水平也有了很大的提高。

然而,进入20世纪90年代,伴随着社会主义市场经济体制的建立和农村经济由温饱型向效益型、由计划经济向商品经济、由传统农业向现代农业的转变,涉及我国农业和农村经济的一些深层次矛盾开始暴露出来。一是家庭联产承包责任制虽然调动了广大农民的生产积极性,但千家万户分散的小生产与千变万化的大市场不相适应的矛盾却日益突出。单一农户不能及时、准确掌握市场信息,难以适应复杂多变的市场,无法抵御市场竞争带来的巨大风险。二是乡镇企业蓬勃发展,增加了农民的收入,但农村工业和农业生产如何衔接的问题未能很好解决,存在着生产和加工脱节的矛盾。三是农户进入市场,参与竞争的组织化程度低,商品交换方式陈旧,流通费用大,造成利益流失,农业缺乏自我积累、自我发展的能力。四是农业生产的稳定发展,促进了国民经济的健康发展,保证了社会的稳定,但由于农产品的生产、加工、贮藏、销售等环节脱节,农业生产仍处于只提供原料或初级产品的地位,农业比较利益低下。这些问题的出现,影响了农民的生产积极性,也阻碍着我国农业和农村经济的进一步发展。

那么,怎样才能解决这些矛盾,推动我国农业长足发展和农村经济的第二次飞跃呢?邓小平同志曾在1990年3月对我国农村改革和发展进行过科学的预见,他提出:"中国农村社会主义的改革和发展,从长远的观念看,要有两个飞跃,第一个飞跃,是废除人民公社,实行家庭联产承包为主的责任制。这是一个很大的前进,要长期坚持不变。第二个飞跃,是适应科学种田和生产社会化的需要,发展适度规模经营,发展集体经济。"也就是说,以联产承包责任制为主的以户为单位的分散的农业经营方式并不是我国农业永恒的经营模式,这种经营模式本身所蕴藏的能够转化为现实农业生产力的经济效能是有一定限度的。当我国农业和农村经济的发展达到一定水平后,就必须走规模化、专业化、商品化、工业化的发展道路,即实行农业的产业化经营,这已被国外农业发展的实践所证明。

在我国农业发展到20世纪80年代中期以后,山东地区的农民为解决上述矛盾,结合自身实际,大胆实践,积极探索,寻求适应社会主义市场经济发展要求的新的农业经营模式,先后涌现出寿光、苍山依靠市场牵动发展商品农业;诸城商品经济大合唱、贸工农一体化;招远的商农合作、产供销一条龙;寒亭的一村一品、一乡一业等农业发展的新路子,在当时当地都产生了良好的效果。但总体来讲,这些改革尝试还是单项性突破,尚未触及和解决深层次、全局性的矛盾和问题。1995年11月,《人民日报》以超常规的篇幅和版面,介绍了潍坊市发展农业产业化的经验,并配发了社论。至此,农业产业化思路在全国得到了广泛传播,产生了极大反响。这既为这一新的农业发展思路进入中央决策奠定了舆论基础,又为农业产业化在全国推行和实施起到了重要的导向作用。

由此不难看出,农业产业化思路的形成绝不是凭空想象出来的。它是市场经济的产物。正是随着农村市场经济的不断发展,一些新的矛盾和问题对农业发展的阻碍日渐明显,面对这一现实,要求发展农业的思路必须进行调整和更新,在此背景下,农业产业化战略才因之逐步形成。

三、农业产业化经营的功能作用

农业产业化经营的运作模式见图6-1。

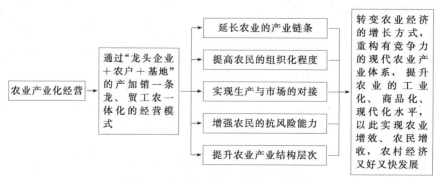

图6-1 农业产业化经营的运作模式

1. 农业产业化经营有利于解决小生产与大市场的矛盾

各地农业产业化的实践证明，凡是建立起农产品"产供销一条龙、贸工农一体化"经营体制的地方，都较好地解决了分散农户如何进入市场的问题。一个龙头企业可以带动一批生产基地和千家万户进入国内外市场，减轻了广大农民的市场压力和所承受的市场风险，提高了农民的组织化程度和农业的市场化程度，从而在一家一户的小生产与国内外大市场之间架起了高速通道。通过龙头企业、专业市场、中介组织，把分散的农户经营与统一的大市场衔接起来，以市场为导向安排农业生产，发展农产品加工业，把农产品的经营决策和生产安排建立在国内外市场需求的基础上，进而把农业生产经营活动纳入市场化的轨道，不仅较好地解决了长期以来农业生产与市场脱节的矛盾，而且又为现代农业发展创造了有利条件。

2. 农业产业化经营有利于推动农业经营体制的变革与创新

我国以"公司＋农户"为主要形式的农业产业化经营模式突破了原有社区双层经营的局限，丰富了为农户服务的内容，提高了农业的社会化服务水平，在更大范围和更高层次上实现了农业资源的优化配置，是对统分结合的双层经营体制的充实、完善和发展。农户家庭承包经营与农业产业化经营相结合，使农户找到了在市场经济条件下新的联合与合作的形式，是具有中国特色和时代特征的农业经营形式，是我国农村集体经济改革探索的新飞跃。

3. 农业产业化经营有利于农业结构的调整优化和换代升级

农业结构的战略性调整，是对农产品品种及质量、农业区域布局和产后加工转化等进行全面调整优化的过程，也是加快农业科技进步、转变农业增长方式、促进农业向深度进军的过程。由于受长期自然经济和农民种养习惯的影响，许多地区生产的农产品不适应市场的要求，突出表现在：①生产结构趋同、品种规格单一；②产品质量差、档次低、标准化程度低；③生产规模小、专业化程度低；④生产成本高、经济效益差。要改变这一现状，现阶段切实有效的措施是通过农业产业化经营调整优化农业产业结构。龙头企业和各种贸工农一体化的经济联合体，对于发展什么，不发展什么，发展的品种、质量、数量，能够严格按照市场需求进行科学决策，实现了农业资源的有效配置。同时，产业化经营要求产品专业化、标准化、批量化，这对农业结构的战略调整和升级换代起到了积极的推动作用。

4. 农业产业化经营有利于提高我国农业的国际竞争力

农业产业化造就了一大批有竞争力的市场主体。龙头企业通过组织农户，实行专业化、标准化和规模化生产，充分发挥家庭经营和农村劳动力成本低的优势，在依靠精深加工和提高科技含量的同时，创出一批有较强竞争力的名牌农产品，在国内外市场参与竞争。加入世贸组织后，为抵御进口农产品的冲击，提高优势农产品的竞争力，龙头企业正发挥着更重要的作用。决定农业产业化企业市场竞争力的因素很多，其中一个关键的因素是产品质量。近两年，我国政府正集中精力抓农产品的质量安全工作。共同看法和深刻体会是：提高农产品的质量，一定要有农业的标准化；而农业的标准化一定要有农业的专业化；而农业的专业化又离不开农民的组织化。这一切，都与农业产业化有着密切的联系。凡是有龙头企业带动的地方，农产品的质量状况及标准化程度就高，农业的国际竞争力必将随着农产品质量和标准化程度的提高而提高。

5. 农业产业化经营有利于较好地解决农业社会效益高与自身效益低的矛盾

农业比较利益低，农民生产积极性不高，是市场经济条件下制约农业发展的突出矛盾。这一矛盾的集中体现是农业投入严重不足，农业的自我积累、自我发展能力差。那么，怎样才能提高农业的比较效益呢？必须从转变经济体制、经营机制入手。推进农业产业化经营能够把计划经济体制下形成的"两头在外"的生产型的传统农业产业变为产加销、贸工农一体化经营的新的农业产业。通过规模经营和多层次加工提高流通效率，实现多次增值，提高农业比较效益，逐步建立农业自我积累、自我发展的良性循环机制。在一体化经营体系内部实现利润分配的相对均衡,让农民除了得到种、养生产的直接收入外,分享加工业和服务业的部分利润,以提高农民的经济收入和再生产的投资能力。

综上所述,农业的出路在于产业化,这已成为人们的普遍共识。也只有实施农业的产业化经营,才能使我国农业再次腾飞,长足发展。可以说,农业产业化是对农村"包产到户"第一步改革的最好呼应和延伸,它既保持了家庭联产承包责任制的稳定,又解决了农村经济发展中的现实问题。毫无疑问,它应是进一步深化农村改革,解决"三农"问题,推动社会主义新农村建设的务实选择。

第二节 农业产业化经营的组织形式与运行机制

一、农业产业化经营的组织形式

1. 龙头企业带动型（公司＋基地＋农户）

龙头企业带动型的农业产业化经营组织是以农产品的加工、贮藏、运销企业为龙头,围绕一个产业或一种产品,实行产加销一体化经营的农业产业化经营模式。龙头企业外辖国内外市场,内辖农产品生产基地与农户,形成一种"企业＋基地＋农户"的产业组织形式,在这种产业化经营的组织模式下,经济利益主体主要是龙头企业和农户两方。龙头企业和农户之间的利益连接方式主要是合同契约,利益分配主要是保护价让利、纯收益分成等。

2. 中介组织带动型（中介组织＋农户）

中介组织带动型的农业产业化经营模式,是以从事统一农业生产项目的若干农户按照一定的章程联合起来,组建多种形式的农民互助合作组织,如蔬菜专业协会、果品加工合作社等,在这些中介组织的带动下,实行农产品产加销一体化经管的农业产业化经营模式。在这种农业产业化经营的组织形式下,经济利益主体主要是中介组织与农户两方。他们之间的经济利益通过组织章程及合同连接起来。经济利益的分配方式主要是:中介组织不以盈利为目的,经营盈余实行"按交易量或交易额返还和按股金分红相结合"的方式进行分配,也就是说,中介组织的中介盈余,在提取一定的组织积累后,一部分按交易金额退还给成员,另一部分按成员入社股金进行"分红",并且以返还为主,以分红为辅。

3. 市场带动型（专业市场＋农户）

市场带动型是以专业市场或专业交易中心为依托,形成商品流通中心、信息交流中心和价格形成中心,带动区域专业化生产,实行农产品的产加销一体化经营,从而扩大生产规模,形成产业优势,节省交易成本,提高营运效率。

4. 合作经济组织带动型（农民专业合作社或专业协会＋农户）

专业合作经济组织带动型是农民自己创办专业合作社或专业协会等合作组织,使其在农业产业化经营中为农民提供产前、产中及产后的多种服务,从而解决农民分散生产与大市场之间的矛盾。农民专业合作经济组织是农民在自愿基础上建立起来的具有群众性、专业性、互利性、自治性特点的经济组织。专业协会一般以某种或某类农产品的生产、加工、运销为业务范围,一方面为入社农户统一提供生产资料、信息、服务,帮助农户解决生产资金,另一方面组织入社农户统一生产、统一加工、统一包装、统一价格、统一销售,参与专业化、商品化的农业生产经营,解决了个体农民进入市场渠道不畅、实力弱小的问题。

5. 科技带动型（科研单位＋农户）

科技带动型的农业产业化经营模式是以科技单位为龙头,以先进技术的推广应用为核心,在科技龙头的带动下,实现农产品产加销一体化经营的农业产业化经营模式。在这种农业产业化经营的组织形式下,主要的利益主体是科研机构与农户两方。在这种组织模式中,收益按比例分成。

6. 主导产业带动型(主导产业+农户)

主导产业带动型农业生产化经营的组织模式是从利用当地资源,发展特色产业和优势产品出发,发展一乡一业、一村一品,形成产加销一体化经营的农业产业群、产业链。在这些农业产业化经营的组织形式下,农产品加工者、营销者与生产者(农户)之间的连接关系是相当松散的,他们之间没有成文的合同约束,互相之间的经济利益是靠市场交换联系起来的,相互之间的经济利益分配所依靠的也是市场机制,从相互之间的公平买卖,等价交换中,实现各自的经济利益。

由此可见,可供选择的农业产业化组织形式类型多样,各地应因地制宜地选择建立适合自己的组织形式,并在市场化、产业化的发展过程中不断创新完善。

二、农业产业化经营的运行机制

1. 利益分配机制

(1) 农业产业化经营的分配方式

① 实行按股分红。

② 农户按合同规定的保护价格交售农产品,实现了 15%~20%的利润率。

③ 龙头企业按照农民交售农产品的比例,将一部分超额利润返还给签约基地或农户。

④ 企业与农户有租赁关系的,以租金形式付给出租承包地的农户。

⑤ 实行工资制的龙头企业按工种、技术水平和完成任务等指标付给职工工资,对成绩突出的另发奖金。

⑥ 专业承包大户按专业承包合同规定方式进行利益分配。

(2) 利益分配机制的几种情形

① 公司型龙头企业与农户之间的利益机制。第一种是松散机制,按照市场交换原则相互进行交易,与一般市场买卖关系相类似,但在农业产业化经营系统内部,这种交易关系更稳定;第二种是紧密机制,龙头企业按照系统内非市场安排与市场机制相结合的方式,对农户实行抵偿和无偿服务,按内部合同保护价格收购农户的农产品,农户不仅获得了交售农产品的一般利润,还从龙头企业得到一定的利润返还。

② 合作经济组织内部的利益机制。农民采取联合自主方式发展农业产业化经营,多以专业合作社或专业协会的组织形式为载体。合作经济组织内部的利益分配,按合作社或协会章程和合作合同规定进行。农户作为专业合作社或专业协会的成员,从合作经济组织中得到信息、科技、加工、运销服务。农户既是农业共营系统中的生产者,又是合作经济财产的共有人。他们一方面按合同价格将其农产品交售给合作经济组织,另一方面又按合同约定从中得到利润返还。

③ 股份合作制经济组织与农户之间的利益机制。许多地方的合作经济组织和集体经济组织实施农业产业化经营,引入了股份制,形成股份合作制经济或股份制集体经济。其中,农户既是生产者又是股东,一方面获得作为生产者的利益,同时又按股分红,得到投资回报。农民自办的股份经济组织与此相类似,农民以入股形式进入第二、三产业,不但得到生产者的利益,还以股东身份分享股份经济组织从事二、三产业的部分利润。

2. 营运约束机制

(1) 市场约束机制 农业产业化经营各参与主体面对千变万化的大市场,都有原料供应或产品销售方面的风险。市场从需求、价格、竞争等方面约束农业产业化经营。

① 市场需求对农业产业化经营的约束。农业产业化经营组织始终面临着原料供应和产

品销售的问题。同样,分散的农民也面临着生物产品的销售和农业生产资料的供应等问题。竞争日趋激烈的市场环境使农业产业化经营组织和农民面临的风险与危机日趋严重。只有当农业产业化经营实体生产的产品能不断满足国内外的市场需求时,其发展才大有前途。

② 市场价格对农业产业化经营的约束。随着市场需求状况的变化,有关产品的价格会随之而变化。市场上某生物产品及其加工制品滞销,其价格就会随之下降。供、产、加、销各生产经营环节联成一体,有计划地生产,可以有效地控制市场价格的变动。

③ 市场设置及其竞争对农业产业化经营的约束。以市场为导向是农业产业化经营的出发点。所有生产经营者面对的都是客观存在的国内外大市场。每一个具体生产经营者能否走进市场,并与市场建立紧密联系,与每个生产经营者的主观能动作用有关,与具体的市场硬、软件情况也有关。经营者可在当地建立专业市场、召开供货会、发布网络信息,招引天下客户,也可走遍天下,建立销售点、连锁店。

农业产业化经营系统与系统以外的市场主体进行交易,必须适应市场环境的变化,按国内外大市场的运行规则进行生产经营,这一点在我国加入WTO的今天尤为重要。

(2) 合同约束机制 合同或协议一经签订就具有连续性、稳定性与法律效力。合同(契约)约束机制是农业产业化经营普遍采用的运行方式。

① 产销合同约束机制。龙头企业与基地(村)和农户签订的具有法律效力的产销合同、资金扶持合同和科技成果引进开发合同等,明确规定各方的责权利,以契约关系为纽带,进入市场,参与竞争,谋求发展。合同一经签订,应当保持其连续性、稳定性。基地、农户接受龙头企业的指导,搞好农产品的生产,并按合同规定向龙头企业交售其产品;龙头企业为基地和农户提供各种服务,并按让利原则保护性地收购签约农户的农产品。

维系龙头企业和农户契约关系的核心是合同保护价格。实行合同保护价,需要建立风险基金,由龙头企业及其它参与者主体共同承担风险,使签约企业和农户的利益得到切实保证。

② 租赁合同约束机制。这种机制是指农业产业化经营实体之间通过签订租赁合同来维系生产、经营活动的正常进行。一些地方实行的"返租倒包"就是其中的一种租赁方式。龙头企业将已经分包给农户的土地返租回来,作为企业的生产基地再倒包给农户经营,农户生产的产品全部由企业收购。

③ 专业承包约束机制。有的地方将一体化经营分为两大部分:一部分是农产品加工和运销,实行公司制经营,向国内外市场出售其制成品;另一部分是种植业初级产品生产,在坚持家庭联产承包经营体制的前提下实行专业承包经营,以所属公司为甲方,专业承包大户为乙方,签订专业承包合同,规定甲乙双方在种植业生产中的责权利。甲方为乙方提供各种服务,乙方实行科学种田,保证完成生产任务。在此种情况下,专业承包合同便成为约束所属公司和承包大户在种植业生产方面的行为机制。

(3) 管理约束机制 无论是股份制还是合作制,都要建立民主管理体制。企业决策要体现多数职工的意愿,并符合章程的规定。

① 股份合作制约束机制。在产业化经营系统中,企业与企业之间、企业与农户之间实行股份合作制,互相参股;有的农户和其它单位以土地、资金、技术、劳动力向企业参股,形成新的资产关系。龙头企业演化成为股份合作制法人实体,而入股农户则成为企业的股东和企业车间型经营单位,他们相互依存、共兴共荣。入股农户不仅可以凭股分红,而且还能从龙头企业以低于市场价的价格采购到生产资料。

② 民主管理约束机制。龙头企业要按照现代企业要求实行公司制,以法人身份在社会上出现,与其它市场主体打交道、做生意。公司依法设立董事会负责制,总经理按有关法律法规、公司章程和董事会决议行事,向董事会负责。实行民主管理和民主监督,使农户不仅

参与企业经营，同时参与民主管理和监督。为了实现这个目标，就要造就一支精明懂行的，具有敬业、开拓、创新、奉献精神的经理阶层，建立健全企业内部经营管理机制和调控机制，以保证全部业务营运高效，从而促进产业化新机制的形成和发展。

3. 基本保障机制

（1）组织保障 是否建立稳定的组织，是判断某个经营实体是否实施农业产业化经营的一个重要标准。稳定的组织也是制定与执行各种制度的承担者和重要保证者。首先，农业产业化经营组织载体，特别是合格的龙头企业极为重要，因为它是制度的制定者和主要执行者。其次，农村合作经济组织，如专业合作社、专业协会及其它联合自助组织同样重要。一般来说，农民的组织化程度越高，制度效率和经营效率就越高，经营交易成本也就越低。如果没有农民适度而有效的组织化，龙头企业就很难直接与众多而分散的农户打交道，制度也难以履行。相反，农民有了组织，龙头企业与农户打交道就容易得多，共同制定的制度就容易得到共同遵守和检查监督。

（2）制度保障 农业产业化经营系统要健全有关规章制度，如合同产销制度、价格保护制度、风险基金制度等。合同产销制度是订单农业的具体体现，实质是按预定的销售量进行生产。从这个意义上说，产销合同就是市场。产销合同具体规定了农户向龙头企业交售农产品的数量、质量、规格、交货时间和地点，以及龙头企业收购农户的签约产品、应当提供的服务和应当支付的价格，还规定了履约约束和违约罚则。因此，实行合同产销制度可以减少农业生产的盲目性，真正体现以销定产，按需生产，以制度保证合同信誉的兑现。价格保护制度就是在农产品产销合同中以完全成本＋平均利润的基准明确规定所收购农产品的价格，使签约农户的经济利益得到保障，避免因市场波动对农户利益造成损失。风险基金制度就是为防范商品性农业所面临的自然风险和市场风险而由龙头企业自建或是由龙头企业、政府、农户共建的一种保障制度，目的是将农业的经营风险降低到最低限度，对发生的农业风险损失有所补偿，以保证农业产业化经营的正常运行。

（3）非市场安排 农业产业经营系统内非市场安排是龙头企业与参与农户之间的一种特殊利益关系，也是一种特殊的资源配置方式。这种特殊安排是保证农业产业化经营系统再生产过程连续有序运行，保证系统内各利益主体权益稳定的重要手段。主要内容有：资金扶持、低价供应或赊销农业生产资料等。资金扶持是指农业产业化企业为适应市场变化的需要，必须进行某种资源开发、产品开发、品牌开发和技术开发，但是农户因缺乏资金难以启动，这时就需要龙头企业对参与开发的农户给予资金扶持。这是龙头企业为系统整体发展所垫付的资金。低价供应或赊销农业生产资料是指龙头企业为扶持农户发展生产，在农户资金不足或没有现金支付时，先将农业生产资料以低价或赊销的方式提供给农户使用，待农户交售农产品进行结算时再扣除。这种安排可以避免市场引致的盲目性，以保证农业产业化经营系统内资源配置的及时到位和营运效益的整体提高。

三、促进农业产业化发展的措施

1. 因地制宜，立足优势，确定区域性主导产业

商品经济条件下，主导产业的确定是实施农业产业化经营的基础和前提。主导产业的确定，要遵循因地制宜、扬长避短的原则，以市场为导向，以效益为中心，立足本地的资源禀赋条件和特色优势，发展各具特色、布局合理的优势产业和产品，从而形成区域性主导产业。如甘肃的杂交玉米制种，酿造原料，马铃薯、中药材生产基地；新疆的优质彩棉、糖料生产基地；四川的优质亚热带水果生产基地；云南、贵州的花卉、烟草生产基地；青海、西藏的草地畜牧业生产基地等，都是从当地资源优势出发，以市场为导向确定的区域性主导产业。

2. 培育农村市场，扶持龙头企业

在农业产业化经营中，农户深感信息闭塞，渠道不畅，生产的农产品销售困难。许多乡镇至今尚无成形的农产品市场，农户为销售产品，只好将自己的产品运送到有市场的乡镇，这不仅造成了利润的流失，而且增加了农民的运输成本、时间成本。因此，各级地方政府应大力发展农产品批发市场，重点加强仓储、保鲜、运输、加工等基础设施建设，增强市场的配套服务功能，有重点、有针对性地进行贯穿城乡、辐射全国的带动功能强的专业批发市场的建设，为农业的产业化经营创造良好的市场环境。同时，应重点扶持建设一批规模较大、效益较好、组织结构优良、牵动辐射能力较强的龙头企业，以更好地带动农业产业化向深度和广度进军。

3. 切实抓好商品农产品基地建设

商品农产品基地是龙头企业的依托，也是农业产业化经营的基础。因此，各地要从自身实际出发，通过调整农业产业结构、优化区域布局，有计划、有步骤地加强商品农产品基地建设，要突出区域特色，选准主攻方向，培育支柱产业，发展特色产品，逐步形成与资源特点和市场需求相适应的区域化经济格局。

4. 建立健全农业社会化服务体系

农业社会化服务体系是实施农业产业化经营的重要环节。因此，要逐步建立起以农民专业合作经济组织为基础，以农业经济技术部门为依托，以农民自办服务实体为补充的多行业、多经济成分、多形式、多层次、高效率、功能齐全、设施配套的农业社会化服务体系，强化农业产前、产中、产后的系列化配套服务，以确保农业产业化经营不受社会化服务体系的制约和影响。

5. 完善内部经营机制，正确处理产业化内部的利益分配关系

以经济利益为纽带，形成利益共享、风险共担的分工协作关系是农业产业化经营持久发展的内在动力。因此，应按照市场经济的运行机制，正确处理龙头企业与基地、农户的关系，龙头企业与其它服务组织的关系。许多地方实施农业产业化经营，十分重视保护农民的利益，本着欲取先予、让利于民的原则，在产业内部统一核定农副产品价格，企业把加工销售环节的部分利润返还给农民；通过预付定金、提供贴息贷款、发放生产扶持金、赊销化肥、种子、饲料、苗木等生产资料，扶持农民进行规模化、标准化生产。积极探索利用契约方式发展订单农业，合理确定经营一体化内部各方的责、权、利，完善产业化内部的运行机制，使农业产业化经营组织真正成为风险共担、利益共享的经济共同体。

第三节 农业标准化生产

农业标准化是农业现代化的重要内容，是农业产业结构优化升级的重要技术基础，也是应对农业入世，确保食品安全，保护农业生产者和消费者合法权益的重大工程。要建设有竞争力的现代商品农业，必须着力提高农业的标准化水平。

一、农业标准化生产的概念

"标准"就是对重复性事物制定的共同遵守的规则。标准化是在一定的范围内通过制定共同规则获得最佳秩序和社会效益的活动。农业标准化生产，就是运用"简化、统一、协调、优选"的原则，通过制定、实施统一的生产标准和技术规程，对农业生产活动进行全程控制，以促进先进农业技术成果和经验模式的推广普及，在确保农产品质量安全和提高经济效益的前提下，达到提高农业竞争力目的的一系列活动过程。农业标准化是现代农业生产技

术和科学管理的有机结合，是对农民生产经营行为和操作规程的控制和规范，也是推动数量规模型农业向质量效益型农业转变的必然要求。农业标准化是农业现代化的重要标志之一，是农产品参与国际竞争的"通行证"，是确保农产品食用安全的有效途径。

二、农业标准化生产的意义

近年来，我国农产品供给发生了根本性的变化，农产品供给由长期短缺变为总量基本平衡、丰年有余，农业的发展由资源约束转为资源与市场双重约束。同时，随着人民生活水平的提高，消费者对农产品的品种、质量也有了新的要求。而原有的农产品不是没有标准，就是标准内容落后，严重制约了农产品进军市场的步伐。随着近年来消费者对农产品质量安全意识的提高，农产品质量安全状况虽有改善，但农产品质量不高、市场竞争力不强仍是影响我国农业和农村经济发展的主要瓶颈。现代农业的发展水平主要体现在发展程度上，实现农业产业化、市场化、工业化、国际化的前提首先是实行农业的标准化，因此，推进农业标准化生产对加快推进中国农业现代化进程意义重大。

1. 农业标准化是推进农业产业化的基础

农业产业化的基本要素，一是要有龙头企业实行企业化经营；二是要生产、加工、销售各环节相互配套，实行一体化经营；三是要把千家万户的农民组织起来，实行规模化经营；四是要有商品品牌，实行品牌化经营，这四个要素的完整构成，才能形成产业化的综合优势。要实现四个要素的完整构成，必须以农业标准化作为基础，建立适应农业产业发展的标准体系，在各个环节按照标准化的要求统一组织生产、加工、销售，创出质量品牌，形成产业整体优势，促进农业产业化健康发展。

2. 农业标准化是推进农业市场化的现实要求

农业面向市场，与需求对接，才能在开放中进步，在竞争中发展，而农业要面向市场，生产出符合市场需求的农产品，达到提高生产能力的目的，就必须按照农业标准化的要求对产地环境、生产过程、产品质量和流通进行规范，保障生产出适应市场需求的合格的农产品，得到消费者的认可，赢得市场，提高市场占有率，不然，生产出来的产品，可能一时好销，但最终会在市场中淘汰，近几年出现的猪肉瘦肉精事件、面粉增白剂事件以及阜阳奶粉事件，就充分说明了这一点。

3. 农业标准化是推进农业工业化的技术支撑

把工业要素融入农业领域，实现生物技术与工业技术的结合，提高农业的工业化水平是现代农业发展的必然趋势。要加快农业工业化的进程，农业标准化起着至关重要的作用，推进农业工业化，要充分应用现有科技成果并结合生产实际，研制出各类配套的标准化生产的机械设备和各工艺、各工序标准化生产的操作规程，按照工业化生产的要求，建立相应的质量保障体系和监管体系。

4. 农业标准化是推进农业国际化的必备条件

在经济全球化和我国加入WTO的大背景下，国际间农业资源开发利用、农业技术交流合作、农产品进出口贸易日益频繁，农业国际化势头日益强劲，竞争也将更加激烈，这种竞争，主要体现在标准上，标准水平决定着产品质量，产品质量决定着产品的竞争力。在经济全球化的今天，市场上流行这样一句话："一流企业做标准、二流企业做技术、三流企业做产品"。由此可见，21世纪，谁掌握了标准，谁就掌握了未来。根据WTO的农业协议，各成员国要逐步取消非关税壁垒措施，但利用标准建立新的技术壁垒是允许的，因为不断完善标准是科技进步的表现。所以，我国农业要参与国际竞争，必须按照国际规则建立与国际接轨的标准体系，参照先进国家农业标准化管理的经验，加强农业标准化建设，实现产品质量与国际市场的对接，充分发挥我国农产品成本低的优势，扩大我国农产品的国际市场占有率。

三、农业标准化生产的总体目标及主要任务

农业标准化工作要以增强农产品的市场竞争能力，促进农业增效、农民增收为目标，以全面提高农产品质量安全水平为核心，以农业标准体系和农产品质量安全检验检测体系为基础，以"菜篮子"产品为突破口，从产地和生产两个环节入手，规范生产经营，加强质量监督，逐步实现农产品生产、加工、销售全过程的质量控制，促进农业生产与国际标准接轨。

1. 农业标准化生产的总体目标

根据农业产业化发展基础和市场前景，按照培育主导产业、发展特色优势产品的思路，建设区域化、优质化、标准化生产基地，形成优势农产品产业带。培育一批以国家重点龙头企业为支柱，以省级龙头企业为主体，以中小龙头企业为依托的产业关联度大、技术装备水平高、具有较强竞争力的龙头企业群。建立健全以生产要素市场、农产品专业批发市场为重点的各种类型、不同层次的市场体系，建立和完善现代电子信息网络。短时期内，建立农业标准体系、农产品质量安全检验检测体系，建立健全相应的法律法规，形成以国家标准、行业标准为主，地方标准和企业标准相配套，与国际标准接轨的产前、产中、产后全过程的农业标准体系；使农业标准普遍得到实施，主要农产品基本达到无公害标准，特色农产品和优势农产品达到优质农产品标准，出口农产品达到国外同类产品的先进水平。努力建成一批加工水平高、市场知名度高、竞争力强、经济效益好的优质名牌农产品。

2. 农业标准化生产的主要任务

（1）以采用国际标准和国内先进标准为重点，推进农业标准体系建设　建立以优质、特色、生态农产品为主体的，包括种苗、种畜、栽培、养殖、分级、包装、贮藏、运输、保鲜等环节的质量标准和技术规范，采取建立一个示范区、完善一类农产品质量标准体系的做法，确保我国农业标准体系建设扎实推进。收集、整理、研究农产品出口国的技术标准与法律法规，建立与本省出口农产品有关的国内外标准信息数据库查询服务系统，使企业及时了解与出口产品有关的质量安全标准，以规范生产经营行为。

（2）以扩大农产品出口为目标，推进检验检疫监管体系建设　推进出口农产品的检验检疫监管体系建设，主要包括农（兽）药残留监管、疫情疫病防治和农产品质量安全监测三大体系。建立无规定疫病区，加强植物病虫害的预测预报，指导农产品出口基地对农业投入品的使用管理，切实把好国际市场禁用和限量使用的农药、除草剂、生长激素类等监管关口，加强对加工环节、检测手段、产品信息和贸易信息等技术服务，帮助企业进行人员培训、技术改造，不断适应国际市场对出口农产品的新要求，增强竞争力，扩大出口量。

（3）以分段监管为原则，推进农产品检测体系建设　按照合理布局、避免重复的原则，充分利用社会现有资源，加快省、市、县农产品质量安全检测体系建设。质监、农业、检验检疫等部门按照分段监管的原则，密切协作，加强对农产品及其加工制品、农业投入品、农药残留和农业环境质量的检测、监督，逐步建立以国家、省级农产品质量安全检验监测机构为龙头，市、县级农产品质量安全检验监测机构为骨干，龙头企业、生产基地、市场检测室（点）为基础的农产品质量安全检验检测体系。重点抓好出口示范基地、出口创汇龙头企业和标准化农产品批发市场自律性检验检测机构建设，做到结构优化、布局合理、职能完善、管理规范，以满足对农产品、产地环境和农业投入品进行质量安全监管的需要。

（4）以主导农产品、出口农产品为基点，推进农业标准化示范区和出口农产品基地建设

以主导农产品和出口农产品为基点，规划建设农业标准化示范区（基地），要把农业标准化基地建设与商品农产品基地、养殖基地、商品林基地、科技示范园区、农业综合开发和其它农业项目建设结合起来，推动农业标准化示范区建设。通过"公司＋基地"、"公司＋中介

组织+客户"等多种途径,向农户推广质量标准和生产规范,不断提高全国主要基地名特优农产品标准化生产的覆盖率。并结合"861"行动计划,有选择地将粮食、油料、蔬菜、水果、茶叶、畜禽、蜂产品、水产品、蚕丝、中药材等作为出口基地的重点品种加以扶持,积极引种、试种,推广国外的高效农产品,加速我国农产品品种改良,加强对出口基地的注册工作,建立农产品出口质量可追溯体系,使更多的农产品进入国际市场。

(5) 以出口企业为突破口,推进农业龙头企业的发展 选择创汇前景好、生产加工规模大、质量管理有基础的农产品出口创汇企业作为重点,加强质量管理体系建设,提升规模档次,创建主导品牌,增强其国际市场竞争能力。通过规范认证和采取有效的监管措施,规范企业的质量管理体系建设,提高企业质量管理水平,尽快实现与国际接轨。进一步推广"公司+协会+基地"的农产品出口模式,积极扶持农产品出口企业在优势区域内建立自己的种植、养殖基地。加大出口创汇农产品品牌管理力度,对具有出口创汇优势的地方特色农产品,在加强原产地保护的同时,按照国际惯例加快绿色食品、有机食品的认证步伐,规范产品认证标识管理,培育名优品牌,实现国际贸易互认,增强产品及其企业的出口创汇能力。

(6) 以批发市场为抓手,推进农产品流通市场建设 坚持国内、国际两个市场一齐抓,建好有形市场,用活无形市场。按照《农产品批发市场管理技术规范》(GB/T 19575—2004)和农业部《农产品批发市场建设与管理指南》(试行),培育实行标准化、规范化管理的农产品批发市场,加强市场进货、贮运、安全检验监测、分销、信息收集和发布等过程的标准化、规范化管理,实施农产品质量安全、质量规格等级、计量、包装标识等标准,进一步完善农产品流通领域的标准体系和监测体系。通过标准化、连锁化,促进农产品流通的规范化。在标准化农产品批发市场实行市场准入制度,并逐步扩大到超市、专卖店,确保销售农产品的质量安全达标率在95%以上。将农产品批发市场销售与网上交易、会展经济、合同销售、代理、连锁、配送等营销方式相结合,推动农产品市场体系建设。

四、实现农业标准化生产的措施

1. 培育农业标准化示范区,发挥骨干区域的引导作用

以农业标准化示范区为"骨干区域",发挥其特有的聚集、扩散、辐射的带动作用,建立多层次、广覆盖、重实效的农业标准化推广实施体系,促进农业生产产业化,产业经营规模化,规模经营龙头化,带动农业规模化生产,标准化管理。

2. 建设农产品质量安全标准体系,发挥农业标准化的基础作用

在经济全球化的今天,农产品单凭数量和价格,在激烈的市场竞争中未必就能取胜。要想在竞争中常胜不败,就要发展特色农产品、优质农产品、无公害农产品以及高新技术农产品标准化体系建设。一是建立农业标准体系。把农业生产的产前、产中、产后各个环节纳入标准化管理轨道,加快种子(种苗、种禽)、产品(无公害产品、绿色产品)和农产品加工、包装(分等级)等质量标准创新,形成与国际标准和行业标准相配套的涉及农业生产、加工和服务的标准体系。二是建立农业监测体系。完善农业生产资料、农副产品和农业生态环境等方面的监测网络,加快农业标准化生产设备和检测仪器的研究和转化工作。三是建立农业监督体系。整合质监、农业、水产等有关部门资源,培养一批农产品安全技术人员,专门从事无公害农产品、绿色食品、有机食品的产地、产品创建和申报认证工作。组建统一的农产品检测中心,做到市有检测中心、县有检测站、市场有检测点、基地有检测员,为农产品质量安全建设提供强有力的保障。四是加强无公害农产品基地建设。现在凡提请认证的无公害农产品,必须来自无公害农产品生产基地,这就使得基地建设成为无公害农产品生产的基础条件。五是建立农产品评价体系。加快农产品、畜产品、水产品的评价体系建设。六是建立农产品技术体系。制定生产技术规范、品种技术标准、农艺技术标准等。

3. 加强农业科技推广和农业标准化生产的培训

标准化生产是以生产单位掌握一定的农业科技知识为前提的,建立"农业院校＋研究所＋农业科技推广部门＋农业产业化龙头企业＋农户"为主的新型农业科技推广体系,使农业标准化建立在劳动者素质提高和农业技术进步的基础上。要加强农民的科技培训,提高他们接受、应用农业新技术的能力:一是要通过"两基"工作,提高农民的文化素质;二是要采取"科技下乡"、"绿色证书"培训、开现场会、印发宣传资料等形式,开展农业科技进村入户活动,切实让农民熟练掌握标准化生产技术,基本了解农业法律法规和国家发展农业生产的重要优惠政策措施,使广大农民的科技意识和技术水平、法制意识和应用法律维护自身权益的能力水平得到显著提升。

4. 加快农业标准化生产智能信息技术的研究和应用

我国的农业生产是以农户为基本经营单位的,农民受文化程度、生产习惯、生产规模、技术水平等因素的制约,加之农业标准化生产智能信息技术的研究和应用相对滞后,在一定程度上制约了农业标准化生产的发展。所以,要实现"计算机＋网络技术＋农业专家＋农业生产单位"的信息技术推广模式,以便服务于标准化生产。

5. 建立保障农业标准化生产的现代经营组织

农民专业合作经济组织是推行农业标准化生产的组织保障。实践证明,农民专业合作经济组织是促进我国农业适度规模经营、提高农业经营效益的有效模式。提倡农民利用土地、资金等生产要素按股份合作制的形式组建农民专业合作经济组织,构建经济利益共同体,实现统一规划、统一标准生产、统一商标销售,以提高农业标准化生产的水平和规模效益。

6. 应用知识产权法推进农业标准化发展的进程

随着国际经济技术竞争的日益激烈,知识产权将是决定市场份额的一个重要砝码。我国农业方面的知识产权较少,因此应有效运用知识产权法规对已有和研发的生产技术、农作物品种、无公害农药、肥料等方面的科技知识产权进行保护,以加快标准化发展的进程。

7. 健全农产品市场信息披露制度

由于我国市场信息披露制度不健全,消费者无法准确了解非标准化生产农产品的危害性,加之消费者质量意识淡薄,使非标准化生产的农产品仍有消费市场,某些产品甚至畅销,有些给消费者健康带来极大危害和隐患。因此,必须健全农产品市场信息披露制度,使生产者、消费者均能及时了解优质农产品信息,以推动农业标准化生产的全面普及。

本 章 小 结

农业产业化经营是在稳定家庭联产承包经营制度的前提下,以市场为导向,以龙头企业为依托,以膨胀农户经营规模为基础,以加大科技推广应用为手段,把农业的产前、产中与产后诸环节有机联结起来,通过延长农业产业链条,创新农业组织形式,将分散农户通过一定利益机制组成分工协作、风险共担、利益共享的全新农业经营实体。它的本质是生产经营一体化,关键是龙头企业带动,基础是广大农户参与,核心是风险共担、利益均沾,特点是生产的专业化、布局的区域化、经营的一体化、服务的社会化、管理的企业化。农业产业化经营是我国农民在改造传统农业的过程中,为解决新阶段农业发展过程中出现的深层次矛盾而对农业的生产组织形式和经营模式所作的变革创新。实践证明,农业产业化经营是发展现代商品农业的客观要求,是实现农业现代化的基本途径。它对于引导分散农户参与市场竞争,提高农民的组织化程度,增强农业自我约束、自我发展的能力具有非常重要的现实意义。

农业标准化生产即是农业现代化的重要标志,又是农产品参与国际市场竞争的"通行证"。农业标准化就是要以农业科学技术和实践经验为基础,运用简化、统一、协调、优选的原理,把农业科研成果和先进技术转化成标准,并加以实施,在增强人们标准意识和规范人们生产经营行为的基础上,使我国农业的质量安全标准和技术规范与国际接轨,农业的标准化生产水平及农产品的市场竞争力显著提高。要做到这一点,必须重点加强三个方面的工作:一是尽快建立与国际接轨的农产品质量安全标准体系,使农业标准化生产有章可循;二是加强农业标准化示范区建设,发挥示范区的带动辐射作用;三是重视农业科技推广和农业标准化生产的实践培训,增强农民的标准化生产意识,规范农民的生产经营行为。

复习思考题

1. 基本概念
农业产业化　经营一体化　农业标准化　产业体系　利益机制　规模经营　经营模式　体制创新　农业社会化服务体系
2. 简述农业产业化经营的概念与特点。
3. 简述农业产业化经营与现代农业建设的关系。
4. 论述农业产业化经营的发展对策。
5. 简述农业标准化生产的概念及意义。
6. 论述提升农业标准化生产水平的措施。

实训练习

1. 某果品加工企业与果农签订了苹果的购销合同,但因果农的苹果杂化现象严重且质量规格不达标,苹果成熟后企业拒收,于是果农只好自找销路,但因市场渠道不畅,堆积如山的苹果无处贮藏,果农损失严重,许多果农忍痛毁掉果树改种蔬菜。请以此为事实依据,谈一谈农业产业化经营要健康有序发展应重点抓好哪些环节?
2. 利用暑假调查所在县市区的农业标准化生产状况,分析存在的问题,并以此为依据,从现代农业经营管理的角度谈一谈如何规范农民的生产行为,提升农业的标准化水平?

第七章 农业自然资源的利用与管理

学习目标
1. 理解农业自然资源、农业自然资源开发利用、农业自然资源管理的概念；
2. 理解农业自然资源开发利用的原则；
3. 了解农业自然资源开发利用中存在的问题；
4. 深刻理解农业自然资源开发利用的基本途径；
5. 了解农业生态环境的概念及主要特征。

关键词
农业　自然资源　开发利用　生态环境　管理与改善

第一节 农业自然资源的概念与分类

一、农业自然资源的概念与特征

1. 农业自然资源的概念

农业自然资源是人类赖以生存和社会发展的物质基础，是指存在于自然界中能被人类利用，在一定生产力水平和经济条件下，可用于农业生产的各种自然资源要素的总称。农业自然资源一般分为两类：一类是作为农业经营对象的生物资源，如森林资源、作物资源、牧场和饲料资源、野生及家养动物资源、水产渔业资源和遗传种质资源等；另一类就是仅为农用生物提供载体或生长的环境，本身并没有物质生产功能，如土地资源、农业气候资源等。现在已被人类开发利用的农业自然资源有：土地资源、水资源、气候资源、野生生物资源、草地资源、森林资源、海洋资源等。

2. 农业自然资源的特征

（1）生物性　农业自然资源要素是人类赖以生存和社会生产发展的物质基础，人类的生命活动离不开土地、水、生物、空气和阳光等自然资源，人类的生产活动同样也离不开自然资源。在开发利用农业自然资源时，应通过适当的调控，采取合理的经营管理措施，使其向着有利于人类生产和生活的方向发展。

（2）循环性　一部分农业自然资源在自然界中可以循环，构成农业生态系统因素。

（3）区域性　由于海陆位置、纬度高低、地形、地貌、地势、地质的不同，使各地的光、热、水、气、土壤、营养元素等条件都不一样，从而形成了农业自然资源的地域差异，具有很强的区域性。农业自然资源区域性是进行农业综合生产布局和分类指导的重要依据。

（4）具有可更新性或再生性　一部分农业自然资源具有再生性或可更新性。因此，要合理开发利用农业自然资源，必须按规律办事。农业自然资源绝大部分属于可更新资源，但仍非常稀缺，当社会的需求大于资源再生能力时，就会出现供需不平衡；应珍惜农业自然资源，保护耕地、林地、牧地及其它资源，提高资源的综合利用率和产出率，走资源节约型的农业发展道路。

（5）数量的有限性　在一定的时间、空间里，农业自然资源数量是相对稳定和有限的，由于技术水平的不同，其利用的范围、层次和种类总是有限的。但随着科学技术的进步，对农业自然资源利用的广度和深度会不断扩大和延伸，开发利用潜力无限。

（6）不可替代性　随着科学技术的不断进步，大多数农业自然资源可由人工合成品代替，但几乎所有替代品的原材料仍来自于农业自然资源或其衍生物，在本质上仍然是自然资源；同时也有许多自然资源完全不能由人工产品所替代。

二、农业自然资源的分类

1. 从环境科学角度，农业自然资源分为原生性资源和次生性资源

原生性农业自然资源，如阳光、空气、降水等，它们随地球的形成和运动而存在，属非耗竭性资源。次生性农业自然资源，是地球在演化过程中的特定阶段形成的，质与量有限定，具有一定的空间分布，属可耗竭性资源。耗竭性资源又可分为非再生性资源（如煤、石油、天然气等）和可再生性资源（如动物、植物、微生物和各类生物群等）。

2. 从经济学角度，农业自然资源分为可再生资源和非再生资源

可再生资源是可以用自然力保持或增加蕴藏量的自然资源，在合理使用的前提下，可以自我更新繁殖、增加，生物资源都是可再生资源。非再生资源是不能运用自然力量增加蕴藏量的自然资源，如铁矿、煤等。非再生资源又可分为可回收非再生资源和不可回收非再生资源，前者如金属等资源，后者如石油、煤、天然气等能量资源。此外，许多资源是可再生资源和非再生资源的混合，其特性介于二者之间，如土壤资源。

3. 从被人类利用时间的长短，农业自然资源分为可耗竭资源和不可耗竭资源

可耗竭资源又分为可更新和不可更新两类。可更新资源从理论上讲是可以持续利用的，即用了一次之后，可再更新被利用的资源，如水、土壤、植物、动物、微生物等。不可更新资源是指储量有限、能被用尽的资源，如矿产资源等。不可耗竭资源指用之不竭的资源，如太阳能、海水等。

4. 从用途来看，农业自然资源分为生产性资源和服务性资源

生产性资源是指用于生产过程，在生产中发挥作用的自然资源。服务性资源是指用于服务性产业的自然资源。

5. 从利用状况来看，农业自然资源分为潜在资源和现实资源

潜在资源是指尚未开发利用的农业自然资源。现实资源是指已经开发利用并且正在发挥效用的自然资源。

第二节　农业自然资源的开发利用

农业自然资源是人类赖以生存和发展的基础，能否合理地开发利用直接关系到人类的生存与发展。而对农业自然资源开发利用是否合理，则取决于人们的认识水平、经济体制和生产力水平。

一、农业自然资源开发利用概述

1. 农业自然资源开发利用的概念

农业自然资源的开发利用就是对农业自然资源进行合理开发、利用、保护、治理和管理，以达到最大综合利用效果的行为活动。

2. 农业自然资源开发利用的原则

(1) 经济、社会、生态效益相结合的原则　农业自然资源被开发利用的过程，是经济系统、社会系统和生态系统相结合的过程，因此，在注重经济效益的同时，更要考虑生态效益和社会效益，从而做到当前利益与长远利益相结合，局部利益与整体利益相结合。

(2) 开发、利用与保护相结合的原则　合理开发与利用农业自然资源是为了发展生产力，保护农业自然资源是为了更好地利用和可持续利用。在自然界中生物与环境之间的物质和能量的转换都必须遵循客观规律，各种自然资源的开发利用都有一个量的问题，超过一定的量度就会破坏资源利用与增值及补给之间的平衡关系，进而会破坏生态平衡，造成环境恶化。如森林的乱砍滥伐、草原超载放牧、水面过度捕捞等，都会使资源量锐减，出现资源短缺或枯竭，会导致生态失衡，引起自然灾害增加，系统产出量下降。因此，开发利用农业自然资源必须注意用养结合。

(3) 合理投入和适度、节约利用的原则　资源的合理投入和适度、节约利用是生态系统平衡及进化性的要求。整个农业自然资源是一个大的生态系统，各资源间及其本身都有一定的结构，合理的资源构成及其比例关系是确定资源投入量和决定系统输出量的关键。因此，要优化资源、节约资源。

(4) 多目标开发、综合利用的原则　这是农业自然资源本身的特性所决定的，也是现代化生产中开发利用农业自然资源的必然途径。现代化生产对农业自然资源进行多目标开发、综合利用在技术上具有可行性。对农业自然资源开发利用，要全面、合理规划，并从国民经济总体利益出发，可依法有计划、有组织地进行多目标开发与综合利用，以期获得最大的经济效益、生态效益和社会效益。

(5) 因地制宜的原则　因地制宜就是根据不同地区农业自然资源的性质和特点即农业生物的生态特性，结合社会经济条件，评价其对农业生产的有利因素和不利因素，分析研究其利用方向，发挥地区优势，扬长避短，趋利避害，把丰富的农业自然资源转换成为现实生产力，促进经济发展。

3. 农业自然资源开发利用的内容

(1) 土地资源的开发利用　农业生产是以土地肥力为基础的，土地资源的开发利用是农业自然资源开发利用的核心内容。它包括农业耕地的开发利用与非耕地的开发利用两大部分。

(2) 气候资源的开发利用　包括光、热、水、气四大自然要素的合理利用。在当前农业投入较低的条件下，更应充分利用太阳能、培育优良新品种、改革耕作制度，提高种植业的光能利用率。

(3) 水资源的开发利用　主要包括地表水和地下水。合理利用的关键是开源节流，协调需水量与供水量，依据不同时期的需水量、缺水量和缺水程度，搞好灌排规划和实施。

(4) 生物资源的开发利用　包括森林、草原、野生动植物和各种物种资源。在利用现存储量的同时，要注意保护，以保证增储量，使之能较快增值、繁衍，实现永续利用。

二、我国农业自然资源的特点及开发利用中存在的问题

1. 我国水资源的特点及开发利用中存在的问题

(1) 我国水资源的特点

① 水资源总量多，但人均和单位耕地占有量少。我国陆地多年平均降水总量约 $6.19\times10^{12}\,m^3$，河川年平均径流量约 $2.7\times10^{12}\,m^3$，地下水资源量约 $8.7\times10^{11}\,m^3$，扣除河川径流

量和浅层地下水量统计中的重复计算量 $7.7×10^{11} m^3$，则淡水资源总量约 $2.8×10^{12} m^3$，居世界第 6 位，但我国人口多，年人均占用量仅为 $2545 m^3$，只相当于世界人均水平的 1/4，美国的 1/5，加拿大的 1/50，居世界第 88 位，可见我国是个贫水国家。除去洪水期间放掉的径流量和边远地区不便大量开发利用的水资源外，实际能够发挥作用的水资源量也就在 $1.0×10^{12} m^3$ 左右。我国 600 多座城市中，有 400 多座供水不足，其中 100 多座城市严重缺水，年缺水量约 $6.0×10^9 m^3$，北方和西北农村有 5000 多万人和 3000 多万头牲畜得不到饮水保障，受干旱影响的耕地面积约占总耕地面积的 1/5，由于缺水得不到灌溉，每年造成粮食严重减产 $5.0×10^9 kg$ 以上。

② 水资源的时间分布不平衡，年内和年际间变化大。我国的降水受季风影响，降水量和径流量在一年内分配不均，年际变化很大。我国大部分地区冬季干旱少雪，夏季湿润多雨，每年汛期的降水量和径流量占全年的 60%～80%，易形成江河的汛期洪水和严重枯水。降水量的年际剧烈变化，易造成江河湖泊的特大洪水和连年缺水的现象。例如黄河在近 70 年中曾出现过连续 11 年（1922 年～1932 年）的少水期和连续 9 年（1943 年～1951 年）的丰水期。降水量和径流量在时间上的剧烈变化，给水资源的开发利用带来极大困难，造成枯水期无水可用，丰水期有水难用，使可用水资源的数量远远低于全国陆地水资源总量。

③ 水资源的空间分布不均匀，水土资源组合不平衡。我国水资源的分布是南方多、北方少，东部多、西部少。包括长江在内的南方水系的流域面积占全国国土面积的 36.5%，人口约占全国的 55%，但其水资源却占全国水资源的 81%；而长江以北水系的流域面积占全国国土面积的 63.5%，人口约占全国的 44%，其水资源量却只占全国的 19%，其中，西北内陆地区面积占全国国土面积的 35.3%，其水资源量仅占全国的 4.6%。水资源分布的严重失衡，不仅加剧我国水资源供需的矛盾，而且还导致我国北方地区易沙漠化、干旱，南方地区易形成洪涝灾害。

④ 水污染的蔓延，极大地减少了水资源的可用量。大量工业废水和农业污水排入水体，降低了水资源的利用价值，减少了可以利用的水源。据统计，全国有 1/3 以上的河段受污染，90% 以上城市水域污染严重，近 50% 的重点城镇水源地不符合饮用水标准。在本来水资源丰富的许多南方城市中，因水污染所导致的缺水量占这些城市总缺水量的 60%～70%。而水资源使用过程中的浪费现象更加剧了淡水的供求矛盾。落后的灌溉方式和生产工艺，以及城市供水管道的跑、冒、滴、漏是造成水资源浪费的另一主要原因。

(2) 我国水资源开发利用中存在的问题

① 在水资源开发方面，我国存在着水资源过度开发的问题。近年来，我国一些地区为满足不断增长的水资源需求，加大了水资源的开发力度。我国北方江河普遍存在开发过度的问题。黄河、辽河、淮河地表水资源利用率大大超过国际上公认的 40% 的河流开发利用率的上限，海河水资源开发利用率接近 90%。素有"母亲河"之称的黄河，1972 年出现首次断流，进入 1990 年以后年年断流，年平均达到 107d，1997 年断流期竟长达 226d。2002 年黄河流域降水量较常年减少 30%～50%，黄河花园口断面径流较常年减少了 52%，2003 年是黄河来水量 50 年来最少的一年，这意味着黄河的水环境形势更加严峻。农业和城市缺水严重，农业每年缺水达 $3.0×10^{10} m^3$，受旱面积约 $2.0×10^7 hm^2$，全国有 8000 万农村人口引水困难，300 个城市缺水。我国部分地区地下水也存在着开采过量问题。我国地下淡水资源量多年平均为 8837 亿立方米，约占国内水资源总量的 1/3，建国以来，我国地下水开采量一直持续增长。地下水年开采量，20 世纪 70 年代平均每年为 572 亿立方米，80 年代增加到 748 亿立方米，1999 年达到 1116 亿立方米，进入 21 世纪，全国地下水的开采量（含少量微咸水）每年都超过 1000 亿立方米。其中北方地区地下水开采量占全国开采量的 76%。目前，河北、北京、天津属超量开采，山东、河南、山西、辽宁、陕西等省超过 50%。北

方地区除青海、新疆外，其它省、区、市开采程度均超过30%。超采地下水已引发一系列生态问题。国土资源部2003年10月30日公布的全国地下水资源评价数据显示，目前全国形成的地下水降落漏斗已有100多个，面积达$1.5\times10^5 km^2$。华北平原已形成跨河北、北京、天津、山东的区域地下水降落漏斗，有近$7\times10^4 km^2$面积的地下水位低于海平面。地下水超采还诱发地面沉降、海水入侵等问题。全国总计有46个城市因为不合理开采地下水而发生地面沉降，其中沉降中心累计最大沉降量超过2m的有上海、天津、太原等。

② 在水资源利用方面，我国对水资源污染的治理力度远远不够。改革开放以来，我国工业化和城市化的步伐不断加快，在用水量急剧增加的同时，污水排放量也相应增加，主要污染物排放量大大超出水环境容量。1980年全国污水排放量为$3.1\times10^{10} t$之多，1997年为$5.84\times10^{10} t$，2002年为$4.4\times10^{10} t$，2005年为$5.25\times10^{10} t$。2007年中国化学需氧量排放量达到1383.3万吨，二氧化硫排放量为2468.1万吨，虽比2006年分别下降3.14%和4.66%，主要污染物排放量首次出现拐点，但中国化学需氧量排放总量仍居世界第一，超过环境容量。超过环境容量的70%。由于多方面的原因，我国水资源污染治理力度一直跟不上形势的发展，主要表现为污水处理设施落后，污水处理率低。我国城市排水设施普遍比供水设施落后，而且城市污水的日处理能力的增加幅度远低于城市日供水能力增长的幅度。由此导致我国水环境恶化状况难以缓解或好转，进而加剧我国水资源短缺形势。

③ 我国在水资源利用方面，还存在着严重的浪费现象。农业、工业及城市是我国水资源的三大用户，都普遍存在用水浪费的现象。我国农业用水量占总用水量的73.4%，加上农村生活用水则占到81.7%。由于农业长期采取粗放式灌溉生产，水利用率很低。全国农业灌溉水的利用系数大概只有0.4%，而世界许多国家已经达到0.7%~0.8%。我国用水较合理的汾渭河谷灌区，灌溉定额每公顷低于$4500 m^3$；而管理水平低的宁夏引黄灌区，则高达$1.5\times10^4\sim3\times10^4 m^3$，农业用水灌溉定额偏高，浪费严重。万元产值用水量为$103 m^3$，是发达国家的10~20倍；城市水的重复利用率只有北京、天津、大连、青岛等达到70%左右，大部分城市的水资源重复利用率仅为40%左右，远低于发达国家75%~85%的水平。全国多数城市自来水跑、冒、滴、漏的损失率达到用水量的1/5。

2. 我国土地资源的特点及开发利用中存在的问题

(1) 我国土地资源的特点

① 土地辽阔，类型多样。我国幅员辽阔，总面积约$9.6\times10^6 km^2$，约占全球陆地面积的6.5%。疆域南北长约5500km，东西跨越近61个经度。具有极其丰富多样的土地资源类型，仅据《中国1:100万土地资源图》所能反映的土地资源类型即达2700种左右，它们的适宜性与生产潜力各不相同，成为农林牧渔多种经营、全面发展的有利条件。

② 山地多，耕地资源有限。我国是一个多山的国家，山地丘陵面积占国土总面积的2/3，平地仅占1/3。目前我国实际耕地面积约为$1.22\times10^8 hm^2$（18.27亿亩），仅占国土总面积的12.71%。

③ 农用土地资源丰富，但人均占有量较少。我国耕地面积为世界耕地总面积的7%，居世界第4位；天然与人工草地共$4\times10^8 hm^2$（60亿亩），仅次于澳大利亚，居世界第二位；有林地面积$2.36\times10^8 hm^2$（35.42亿亩），约占世界有林地总面积的3.0%，居世界第五位。但人均耕地却不足$0.0927 hm^2$，不及世界人均水平的40%；人均天然草地$0.346 hm^2$，不及世界人均占有草地$0.752 hm^2$的1/2；人均占有林地$0.112 hm^2$，远低于世界人均占有林地$0.759 hm^2$的水平。

④ 农用土地资源质量不高，难利用土地面积偏大。山地多、平地少和高寒、干旱区面积大，导致难利用土地所占比重大，可供农林牧利用的土地总面积约为$6.51\times10^8 hm^2$，约占国土总面积的70%。后备耕地资源也是量少质差，有97%为中下等质量的土地。

⑤ 土地资源分布不平衡，土地生产力的区域差异显著。我国 90% 以上耕地分布在年均降水量 400mm 等值线以东的半湿润与湿润地区，尤其集中在东北、华北、长江中下游、珠江三角洲等平原，而 93% 的水田分布在秦岭—淮河以南暖湿地区，那里水热条件优越、土壤肥沃、土地生产力较高。85% 的旱地分布在秦岭—淮河以北，其中以东北平原与黄淮海平原较为集中，约为全国旱地面积的 60%；其次是黄土高原的内蒙古、甘肃及新疆等省区，约占 25%，那里光照充足、热量多，但缺水少雨，限制了农业土地生产力。林地集中分布在东北、西南和南方等山地丘陵区，适宜多种用材林与经济林果林。天然草地则多分布在西北干旱、半干旱地区与青藏高原地区，受低湿或低温限制，载畜量和畜产品产量均不高。

(2) 我国土地资源开发利用中存在的问题

① 人均占有土地过少。随着我国人口的进一步增长，这一问题将越来越突出。从 20 世纪 50 年代到 80 年代，全国耕地面积减少 $9.56 \times 10^4 \mathrm{km}^2$，人均耕地面积减少近一半。我国人多地少的矛盾表现得尤为突出。

② 耕地总体质量差。我国耕地分布很不平衡，水多的无地可浇，地多的无水可浇。干旱地区土壤次生盐渍面积不断扩大，使作物无法生长而不得不弃耕。由于重用轻养、滥施化肥、水土流失、荒漠化和盐碱化等多种因素的共同作用，全国耕地有机质平均含量已降至 1%，明显低于欧美国家 2.5%～4% 的水平。在重要粮食产区的长江和淮河流域，土壤有机质含量一般不到 1%，最低已不足 0.3%。全国耕地中，缺磷面积占 59.1%，缺钾面积占 22.9%。全国受盐碱化威胁的耕地已达 $6 \times 10^4 \mathrm{km}^2$，受荒漠化危害的农田已达 $2.1 \times 10^5 \mathrm{km}^2$，遭受污染的耕地达 $2.0 \times 10^5 \mathrm{km}^2$，受酸雨危害的耕地达 $3.7 \times 10^4 \mathrm{km}^2$。据资料显示，全国高产稳产田约占耕地面积的 20%～30%，中产田占 40%～50%，低产田占 30% 左右。

③ 森林覆盖率降低，水土流失严重。随着人口的急剧增加和社会经济的发展，森林资源早已不堪重负。按目前的砍伐速度，在不久的将来我国很有可能已无成熟林可伐。虽然我国林木蓄积量由 20 世纪 80 年代初的每年净亏 $0.3 \times 10^8 \mathrm{m}^3$，转变成目前的略有盈余，但用材林的消耗量仍然高于生长量。尽管我国人工造林成效很大，但由于林业生产底子薄、欠账多，在未来相当长的时间里，森林资源的供需矛盾将会十分突出。水土流失面积有增无减，目前已达 $1.5 \times 10^6 \mathrm{hm}^2$，占全国土地总面积的 13.5%。

④ 草地资源普遍退化。草地是一种可更新资源，在我国，草地对畜牧业生产具有十分重要的地位和作用。它既是广大牧区食草家畜最主要的饲料来源，又在维护陆地生态系统的能量流动与物质循环方面具有不可替代的作用。但由于对草地生态系统的特性缺乏正确、全面的了解，长期以来，我国对草地资源粗放经营，甚至采取掠夺式的经营方式，使草地资源普遍退化，明显影响了畜牧业的发展，产生了严重的生态后果。目前，草地普遍呈现退化的趋势，如不采取有效措施，草原牧草产量及畜产品产量很有可能要大幅度下降。

⑤ 湖泊湿地围垦现象严重。建国以来，由于巨大的人口压力，对湖泊的围垦活动更加剧烈。仅湖北、湖南、江西、安徽四省的初步统计，围垦面积就达 $1.1 \times 10^4 \mathrm{km}^2$。历史上湖北省曾号称"千湖之省"，可目前只剩下湖泊 326 个，湖面由原来的 $0.8 \times 10^4 \mathrm{km}^2$ 萎缩至 $0.23 \times 10^4 \mathrm{km}^2$。围垦虽然使粮食产量有了一定的增加，但因此而带来的诸多环境问题，不仅抵消了人们所得的既得利益，而且使人们陷入了始料不及的环境威胁。因围垦而造成的湖面缩小、容量减少使湖泊的调蓄洪水和环境自净能力大大降低。同时，被围垦的湖州草滩往往是鱼类索饵、产卵的场所，因此，围垦也是造成湖泊鱼类资源衰减的重要原因之一。

⑥ 城镇建设占地与日俱增。人口的急剧增加，住房、交通和其它基本建设都要占用大量土地。目前我国有近 $5.0 \times 10^5 \mathrm{hm}^2$ 的耕地被三项建设（国家建设、乡镇建设和农民建房）占用，按照目前的占地速度，三年就相当于减少了一个福建省的耕地面积。

⑦ 土壤污染日趋严重。随着国家工业化生产水平的提高，特别是乡镇工业的发展，生产过程排出的大量"三废"物质，通过大气、水、固体废弃物的形式进入到土壤。加上农业生产不断增施化肥、农药、地膜等物质在土壤中的累计，已造成严重的土壤污染。

3. 我国气候资源的特点及开发利用中存在的问题

(1) 我国气候资源的特点

① 南北差异大。我国南起曾母暗沙，北至黑龙江漠河，南北相距约5500km。由于纬度差异和季风的影响，致使我国农业气候资源南北差异很大，从南到北质量变差，数量减少。

② 东西差异大。我国东西跨度大，距海最远达5000km，地势西高东低，因其距海远近不等，地势高低不同，农业气候资源东西差异很大，水分和热量资源由东向西减少，光资源从东到西增加。

③ 高度差异大。地形地势和海拔高度的差异，使得各地气候迥然不同，农业气候资源相差很大。

④ 时间变化大。随时间变化大是农业气候资源的主要特点，在我国则更为明显。光、热、水等农业气候资源均有很大的季节变化，并随纬度升高而加大，年内变化大；季风进退迟早是造成我国农业气候资源年际变化的主要原因。

⑤ 地区变化大。我国农业气候资源区域差异较大。水、热资源丰富和较丰富的农业气候资源类型，是我国较好的农业气候资源类型，也是今后开发利用的重点。

(2) 我国气候资源开发利用中存在的问题

① 气象设施重复建设严重。气象专用技术装备等重要气象设施的建设缺乏统一规划，重复建设严重。制定气象设施建设规划应当遵循合理布局、有效利用、兼顾当前与长远需要的原则，避免重复建设。

② 气象探测环境破坏严重。气象设施和气象探测环境遭破坏的情况严重，影响了气象探测和气象预报的准确性。气象探测环境是保证气象探测设施正常运行、获得准确探测信息、制作高质量气象预报的重要条件。近几年来，气象探测环境遭破坏现象严重。全国有近三分之一的气象探测环境受到不同程度的破坏。

③ 气象预报、天气警报存在安全隐患。人工影响天气工作发展迅速，但作业过程中存在一些不安全的隐患，需要依法进行管理；气象预报是气象工作为国民经济和国防建设服务的重要手段。准确、及时地制作、发布气象预报和灾害性天气警报，对保障经济建设顺利进行和保护人民生命财产安全有重要的作用。近几年来，少数组织和个人将未经气象主管机构科学分析、审核的预报意见擅自向社会公开发布，给政府组织防灾减灾和人民群众正常的生产、生活秩序带来了一定的不良影响。

④ 气候资源浪费与破坏现象严重。气候资源的开发利用和保护尚未引起全社会的足够重视，气候资源浪费与破坏现象严重。我国自然灾害比较严重，在各类自然灾害中，气象灾害占70%以上，有的年份甚至高达90%。每年因暴雨、台风、寒潮、冰雹、雷电、大雾等气象灾害所造成的损失平均约占国民生产总值的3%～5%。气象灾害还经常引发山洪暴发、洪水泛滥、山体滑坡和森林、草原火灾以及农业病虫害等灾害，给国民经济建设和人民生命财产造成重大损失。各级气象主管机构没有相应的行政处罚权，致使违反气象法规的行为得不到查处，影响了气象法规的贯彻实施。

4. 我国生物资源的特点及开发利用中存在的问题

(1) 我国生物资源的特点 我国不仅拥有比较丰富的农、林、牧、渔业品种资源，而且还有比较丰富的野生植物资源。但我国森林资源稀少，是一个少林国家；森林资源分布不均；过熟林多；森林资源蓄积量低。我国草原面积较大，草场资源丰富，类型多样，但分布不均，草场质量差。水产资源利用率低，海洋捕捞多集中在近海，近海渔业退化，单位船生产力下降，杂鱼、小鱼增多。

（2）我国生物资源开发利用中存在的问题　在人口增加、经济增长和生态环境质量下降的三重压力下，我国生物多样性资源受到了严重威胁。由于生态环境破坏、滥捕乱猎和环境污染等直接原因，很多物种已经灭绝或处于濒危状态。我国目前受威胁的物种资源已达总数的15%~20%，高于世界10%~15%的水平。在《濒危野生动植物种国际贸易公约》所列640个种中，我国就占有156个种，我国的生物多样性保护面临着严重的挑战。我国栽培植物遗传资源面临严重威胁，动物遗传资源受威胁的形势也同样十分严峻，如优良的九斤鸡、定县猪已经绝灭，北京油鸡数量剧减，特有的海南岛峰牛、上海荡角牛也很难找到。遗传种质资源的丧失，会造成无法估量的后果，其中之一就是导致现有经济物种的种质退化，最后无任何利用价值。现在杂交水稻为我国粮食增产作出了巨大贡献，但如果没有足够数量的野生稻种为其提供遗传种质的话，那么杂交水稻高产的优良性状将逐渐退化，从而将对我国的粮食生产形成致命打击。

三、农业自然资源管理

所谓农业自然资源管理是指采用经济、法律、行政及技术手段，对人们开发利用农业自然资源的行为进行的指导、调整、控制与监督。

1. 农业自然资源管理的内容

（1）权益管理　国家自然资源管理机构代表国家行使自然资源权益管理的职能，保障国家和集体对自然资源的所有权。对外，保障国家自然资源的权属。国家资源管理机构代表国家行使自然资源的使用分配权，包括使用者和利用方式变更的审批。例如工业建设、交通建设占用农业耕地资源，必须经国家土地管理部门审批，国家可以从总体上控制农业耕地资源的数量变化。

（2）宏观调控　国家农业自然资源管理机构按照资源管理目标，制定农业自然资源区划、资源开发利用规划；根据国家资源管理法规制定相应的资源管理政策、条例、标准；通过实施资源管理的法律、行政、经济等手段，对农业自然资源的开发、利用和保护实行有效的宏观调控，使资源管理的总目标得以实现；宏观调控的另一功能是通过制定全国的和区域的自然资源开发战略和相应的宏观政策，指导各门类农业资源管理部门的协同动作，并以此作为协调各资源管理部门的基础。

（3）监督职能　资源管理部门按照有关资源管理法规，对农业自然资源用户的开发、利用和保护自然资源的活动实施有效监督。对于违反资源法规的行为施以不同程度的处罚和限期纠正，并弥补所造成的损失。这种方法是保证资源管理总目标实现的主要手段之一。资源管理监督职能的另一种方式是对自然资源的限额利用实行有效监督，同时对资源用户开发农业自然资源所造成的环境破坏行为进行限制。

（4）监测职能　农业自然资源的总体状态由于自然因素和人类活动的影响而随时间不断变化，掌握农业自然资源本底的数量和质量及其空间分布状态的变化趋势、速度等信息，是寻求自然资源合理利用方式、制定农业自然资源开发战略，并对农业自然资源开发、利用和保护做出科学宏观决策的基础。

（5）综合管理　农业自然资源是由多个门类资源构成的系统，而各门类资源各自具有多种功能，鉴于其相互依存、相互制约的关系，对一种资源的开发活动必然对其它资源造成影响。我国目前的自然资源管理体制基本上是按照资源门类，进行统一管理与分级、分部门管理相结合的形式，即一种资源由一个管理部门实行统一管理，而没有对多门类资源实行综合管理的职能部门。但是，几乎所有的农业自然资源开发项目都涉及土地、水等多种资源，因此对多种农业资源实行综合管理是完全必要的，应当列为农业自然资源管理的内容。

2. 农业自然资源管理的目标

（1）总体目标　对农业自然资源管理而言，管理的总体目标是保障国家的持续发展。持续发展规定了农业自然资源管理的近期和长远目标。近期目标是通过合理开发和有效利用各种农业自然资源，以满足人类当前发展和进步对农产品的物质需求。长远目标则是在开发利用农业自然资源的同时，保护农业自然资源生态系统，或者在一定程度上改善这个系统，以保证人类的持续利用。

（2）环境目标　自然资源的开发利用是影响环境质量的根本原因。农业自然资源所包括的土地、水、气候和生物资源是人类赖以生存的自然资源的基本组成要素。控制土地资源开发所造成的土地污染、水资源开发的水环境控制等均是农业自然资源管理的环境目标。

（3）防灾、减灾目标　这里的灾害是指对农业生产活动造成严重损失的水灾、旱灾、雹灾、雪灾等自然灾害。农业自然资源管理通过对灾害的预测、监测与防治，使自然灾害造成的损失减少到最低程度。对于人类开发利用农业自然资源所可能诱发的灾害，应当在自然资源开发项目评价中明确，并提出有效的防治措施。

（4）组织目标　国家对农业自然资源的管理是通过各层次资源管理行政组织实现的。国家级农业资源管理机构的自身建设和对下级管理机构的有效管理是实现资源管理目标的组织保证。另外，保证资源管理职能有效实施的资源管理执法组织的建设和健全也应列于组织目标的内容。农业自然资源管理的组织目标的另一个重要内容是各类农业自然资源管理机构之间的有效协调。

3. 农业自然资源管理的重点

（1）建立合理高效的农业生态系统结构　农业生态系统结构的合理与否直接影响着农业自然资源的利用效率。土地资源、水资源、草场资源、生物资源、气候资源等能否得到合理开发利用，与农业生态系统结构密切相关。因此，加强农业自然资源管理的首要任务是要建立起有利于农业自然资源合理配置与高效利用，有利于促进农、林、牧、渔良性循环与协调发展，有利于改善农业生态平衡，有利于提高农业经济效益、社会效益和生态效益的农业生态系统结构。

（2）优化农业自然资源的开发利用方式　我国从20世纪70年代起为加强农业自然资源保护，促进其合理开发利用，制定了一系列法律法规，对改进农业自然资源管理发挥了积极作用。但由于我国长期奉行数量型扩张工业化战略和按行政方式无偿低价配置农业自然资源的经济体制，以致农业自然资源供给短缺和过度消耗并存的局面十分严峻。因此，优化农业自然资源的开发利用方式，推行循环利用资源的技术路线和集约方式，改变目前粗放型的资源利用方式，把节地、节水、节能列为重大国策，制定有利于节约资源的产业政策，刺激经济由资源密集型结构向知识密集型结构转变，逐渐消除变相鼓励资源消耗的经济政策，把资源利用效率作为制定计划、投资决策的重要准则和指标，对关系国计民生的资源建立特殊的保护制度，这是强化农业自然资源管理，提高资源利用效率的根本途径。

（3）建立完善农业自然资源的产权制度，培育资源市场体系　树立农业自然资源资产观念，建立资产管理制度，强化资源所有权，实现资源有偿占有和使用，是改善农业自然资源利用和实现可持续发展的保证。在建立和完善资源产权制度的过程中，要逐步调整行政性自然资源配置体系，理顺自然资源和资源产品价格，培育市场体系，消除农业自然资源需求过度的经济根源，有效抑制滥用和浪费资源的不良现象。

（4）建立农业自然资源核算制度，制订资源开发利用规划　农业自然资源核算是对自然资源的存量、流量以及自然资源的财富价值进行科学的计量，并纳入国民经济核算体系，以正确地计量国民总财富、经济总产值和增长情况以及自然资源的消长对经济发展的影响。并根据全国农业自然资源总量及其时间、空间分布以及各地区的科技水平、利用的能力和效率，制订农业自然资源开发利用规划，发挥其优势互补的作用，协同发展，实现全局的最大效益。

(5) 发展农业自然资源产业，补偿资源消耗　我国在农业自然资源开发利用方面，普遍存在补偿不足、积累投入过低的问题。为增加农业自然资源供给，必须发展从事农业自然资源再生产的产业，逐步建立正常的资源折旧和更新积累的经济补偿机制，并把资源产业纳入国民经济发展规划。

第三节　农业生态环境及保护

一、农业生态环境的概念

"环境"是一个使用范围比较广泛的概念。由于人们所指的中心事务不同，因而就会有各种各样的"环境"的具体含义，如自然环境、社会环境、国际环境、劳动环境等。

此处所讲的环境，主要是指"人类环境"，包括自然环境和人为环境两部分。自然环境是指影响人类生存和发展的各种自然因素，包括大气、水、海洋、矿藏、森林、草原、自然遗迹等，自然环境中的绝大部分因素可以为人类生产所利用。人为环境也可称为人工环境或人造环境，是指人类为了不断提高物质文化生活水平，在自然环境基础上进行加工、改造而形成的环境。

农业环境问题已成为世界性的突出环境问题之一。所谓农业生态环境是指影响农业生物生存和发展的各种天然的和经过人工改造的自然因素的总体，包括农业用地、水、大气和生物等。常规农业就本质而言只强调生物产品为人类基本需求，生物生产力为农业活动的单一目标，而农业化学物和沉积物对地表及地下水的污染、农药化肥对人类和动物健康的危害、水土流失、相应的土地生产力的下降等弊端则很少考虑到其中。

二、农业生态环境的主要特征

1. 范围广泛

人类从事农业生产活动的领域非常广阔，除了人迹罕至的原始森林、荒漠、冻原和城镇、工矿区之外，都属于农业环境的范围。

2. 环境质量恶化后难以恢复

农业环境质量的恶化是一个逐渐积累的过程，一般不会在宏观上立刻出现明显变化，只有通过科学的监测和分析才能捕捉到发生变化的踪迹。同时，又由于农业环境因素复杂，各因素的定量测定不易进行，更不容易了解各因素间的相互关系，这些都是农业环境质量恶化不易察觉的客观因素。一旦农业环境恶化，在经历较长时间的积累表现出明显的质量改变后，要恢复和改善它，是极不容易的。

3. 不稳定性

农业生态环境是一个在一定程度上受人类控制和影响的半自然环境。人们为了追求高产出，对农业生态系统进行大量投入，包括使用机械、化肥、农药和其它物质，同时又把大量农产品作为商品输出。因此，现代化农业生态系统成为一个能量和物质大量流进、流出的开放系统。在高度投入和产出条件下，如果控制不当，就容易使农业生态系统失去平衡，造成生态结构的破坏和生产能力的衰退。

三、加强农业生态环境保护的基本对策

随着人们对农产品需求的不断增加，带来的环境问题也日益严峻。为保证未来农业和农

村的可持续发展,就需要加大保护环境的力度。

1. 加强保护环境的宣传教育工作,树立全民的环境意识

国际上通常把环境意识分为两个层次:一个层次是与人们密切联系的日常生活环境意识;另一个层次是与人们间接联系、远离人们日常生活的生态环境意识。环境是人类生存的必要条件和社会经济繁荣的基础,人口的增长、经济的发展、环境意识的缺乏使生态环境受到严重冲击,已经和正在威胁着经济社会的持续发展。为此要加强保护环境的宣传教育,提高各级领导和人民群众的环保意识,克服单纯注重经济效益而忽视生态效益的观点,处理好局部利益与整体利益、眼前利益与长远利益的关系,真正把环境保护纳入社会经济发展规划之中。对资源开发项目严格执行环境评价管理制度,减少或避免由于决策失误所带来的生态破坏与负面影响,从源头上把好环境关。

2. 加强环境保护的法制建设,完善环境保护的法规体系,制定有利于环境保护的技术经济政策

加大执法力度,要应用法律法规来调解社会关系,规范人们的社会经济行为。①坚决落实现有法律法规,如《中华人民共和国草原法》、《中华人民共和国森林法》、《中华人民共和国水土保护法》、《中华人民共和国基本农田保护条例》。②重新修订完善有关法律法规,解决有关法规在农业环境保护方面的不足或缺陷。③加强执法力度,严厉打击各种违法现象,做到执法必严,违法必究。④制定有利于环境保护的技术经济政策,鼓励节约使用资源。对从事危害生态环境的生产经营活动,不仅要征收环境补偿费或环境税,而且还要对破坏环境的行为给予法律制裁,并要求当事人对破坏的环境给予恢复和治理。

3. 建立环境质量行政领导负责的考核奖惩机制,努力提高环境管理水平

要把环境保护作为评价政府工作和考核领导干部政绩的主要内容,促进环境质量逐步改善,形成党委领导、人大监督、政府负责、环保部门统一监督管理、有关部门齐抓共管的监督管理体系。①建立环境与发展综合决策机制。坚持"三同步"方针,从源头上避免走"先污染,后治理"的路子。在制定产业、价格、税收、进出口等经济政策时,要考虑环境保护的要求。②建立环保资金筹措机制,逐步建立起"污染者治理、利用者付费、开发者保护、破坏者补偿、政府增加投入"的机制。③实行污染物排放总量控制机制,做到增产不增污。④建立加强科学研究、发展适用技术的机制,鼓励科技人员科学开发利用自然资源的实用技术,提高资源的开采率、利用率,减少资源浪费。提高环境预测、预报工作水平。

4. 改变传统的经济发展模式,走可持续发展道路

传统经济发展模式往往片面强调发展的速度和数量,以大量牺牲资源和环境为代价来换取发展,忽视资源的综合利用和节约,忽视污染防治和生态环境保护。可持续发展则强调人与自然的和谐相处,强调资源的节约、综合利用和持续利用,强调后代人享有与当代人同等的发展机会。因此,要迅速改变传统经济发展模式,坚持走可持续发展的道路。

5. 发展国际间的环境合作与交流,促进世界环境保护事业的发展和人类进步

环境问题日益成为一个全球性的问题,世界任何一个地区环境的破坏很快涉及其它地区乃至全世界,环境污染和生态破坏的影响是无国界的。因此,要积极开展国际间环境保护工作的合作,主张发达国家不仅要提供经济援助,还要提供技术援助、人员培训等,帮助发展中国家实现可持续发展和环境保护。发展中国家要坚持发展优先的原则,发展成果除用于在适当程度上改善人民生活水平之外,应最大限度地用于改善和发展教育、科技、管理和治理环境。我国要积极争取国外资金开展环境保护建设,学习国外先进适用的技术,通过对外交流让国外了解我国的环境保护工作,扩大我国在环境保护领域中的国际影响。

本章小结

　　农业自然资源是自然资源的重要组成部分。自然资源是指存在于自然界中并能被人类利用，或在一定技术经济和社会条件下，能被利用的作为生产、生活原材料的物质和能量。农业自然资源是指在自然界存在的，在一定的生产力水平和经济条件下，可用于农业生产的自然条件的总称。农业自然资源探本求源归于自然界，有的经过人类的改造，有的没有经过人类的改造。农业自然资源开发利用是指对农业自然资源进行的合理开发、利用、保护、治理和管理，以达到最大的综合利用效果。能否充分合理地开发与利用农业自然资源，直接关系到人类的生存与发展。农业自然资源的开发利用应遵循经济、社会、生态效益相结合的原则；开发、利用与保护相结合的原则；合理投入和适度、节约利用的原则；多目标开发与综合利用的原则；因地制宜的原则。

　　农业自然资源管理是指采用经济、法律、行政及技术手段，对人们开发利用农业自然资源的行为进行的指导、调整、控制与监督。农业自然资源的管理重点包括：建立合理高效的农业生态系统结构；优化农业自然资源的开发利用方式；建立完善农业自然资源的产权制度，培育资源市场体系；建立农业自然资源核算制度，制订资源开发利用规划；发展农业自然资源产业，补偿资源消耗等。

复习思考题

1. 基本概念
农业自然资源　农业生态系统　资源利用方式　生态环境
2. 简述农业自然资源的共同特征？
3. 简述农业自然资源合理开发利用的原则？
4. 简述农业自然资源管理的重点？
5. 简述我国农业自然资源开发利用中存在的主要问题？

实训练习

1. 根据科学发展观理论，针对当地农业自然资源开发利用的情况，分析存在的突出问题，讨论并提出相应的整治对策。
2. 沙尘暴是一种风与沙相互作用的灾害性天气现象，它的形成与地球温室效应、厄尔尼诺现象、森林锐减、植被破坏、物种灭绝、气候异常等因素有着不可分割的关系。其中，人口膨胀导致的过度开发自然资源、过量砍伐森林、过度开垦土地是沙尘暴频发的主要原因。近年来，我国沙尘暴频发，造成的经济损失数额巨大。请从环境友好、可持续发展的角度，谈一谈如何合理开发利用农业自然资源？

第八章　农业经济的增长方式与农业的可持续发展

🔖 **学习目标**
1. 了解经济增长与经济发展的关系；
2. 理解农业经济的增长方式、种类及其转变途径；
3. 深入理解农业粗放型增长与集约型增长的区别；
4. 理解生态农业的概念与特点；
5. 了解生态农业建设的目标、一般原则及基本模式；
6. 深刻理解可持续农业的内涵、特征及促进措施。

🔖 **关键词**
　　经济增长　经济发展　粗放型增长　集约型增长　生态农业　可持续农业

第一节　农业经济的增长方式

一、农业经济增长方式概述

1. 经济增长与经济发展

（1）经济增长的含义　经济增长是指一个国家、一个地区或者一个产业在一定时期内总产出的增加。它一般用报告期与基期经济总量的对比来计算。这里的报告期是指所研究的时期，基期是指用来对比的时期。以一个国家的经济状况作为研究对象时，经济总量通常用国内生产总值（GDP）或国民生产总值（GNP）来衡量。该指标消除了价格变动因素的影响，能够真实反映一国经济的实际生产能力和综合国力水平。对经济增长速度的度量，通常用经济增长率来表示。设 ΔY_t 为本年度与上年度相比经济总量的增量，Y_{t-1} 为上年度所实现的经济总量，则经济增长率（G）就可以用下列公式表示：

$$G = \frac{\Delta Y_t}{Y_{t-1}} \tag{8-1}$$

（2）经济增长和经济发展　经济增长与经济发展既相互联系又相互区别。经济增长偏重于量的增加，而经济发展不仅指量的增加，还包括随着经济数量的增长而出现的经济、社会和政治结构的变化，以及随着经济增长而出现的技术进步、结构优化、制度完善、福利改善以及人与自然之间的和谐相处等方面的内容。经济增长是一个数量概念，而经济发展是一个既包含数量又包含质量的概念，比经济增长具有更广的外延。从经济增长与经济发展的关系来看，经济增长是经济发展的基础前提，没有适度的经济增长，就不会有经济实力的增强和社会福利的改善。

2. 农业经济增长方式的类型

农业经济增长是指一个国家或地区，在一定时期内农业产出量的增长，包括农产品产出和劳务的增长，以及通过物化劳动和活劳动投入所取得的农业产出总值的增长。而农业经济的增长方式，则是指对农业生产力系统的整体效能和发展状况起决定性作用的生产要素的分配、投入、组合和使用方式。农业经济增长方式决定了一个社会生产力系统的整体效率和农业经济发展的总体水平。从本质上讲，农业经济的增长则是指构成农业生产力的各要素通过相互配合、相互作用，以推动农业生产力向更高水平发展的过程。从经济学的视野来看，农业经济的增长方式分为粗放（外延）型增长方式和集约（内涵）型增长方式。

（1）粗放型农业经济增长方式　所谓粗放型农业经济增长方式，是指主要依靠增加农业生产要素的量的投入（包括土地投入、劳动投入、资本投入等）来提高农业产出的增长方式。在粗放型增长方式中，土地的数量和土壤的自然肥力对于农业增产增收特别重要，在单位面积上投入的活劳动和物化劳动均较少，而且活劳动所占比重大，农业科技含量低，资源利用率低，浪费现象严重，农业投入重眼前、轻长远，基础设施脆弱，农产品质量标准低，总产量的增长主要依靠耕地面积的增加，对自然力的依赖程度大，广种薄收，靠天吃饭，投入产出率低。

（2）集约型农业经济增长方式　集约型农业经济增长方式则是主要依靠提高农业生产要素的利用效率（包括土地生产率、劳动生产率、资本生产率等）来增加农业产出的增长方式，这种增长方式通常在采用农业高新技术的条件下，通过对农业生产中投入要素的优化组合和高效配置，一方面提高农产品的质量效益，另一方面增加农产品产量，进而促进农业生产力水平的不断提高。现实中集约型农业经济增长方式又分为劳动集约、资金集约、技术集约三种类型。

劳动集约是指主要依靠增加单位土地面积上活劳动的投入量来获取农产品的经济增长方式。一般来说，这是一种比较落后的集约经营方式。但是我国农业耕地资源较少，劳动力资源十分丰富，实行一定程度的以劳动为主的集约经营是不可避免的。问题在于，不能因为劳动力资源丰富，就忽视以资金为主的集约和以技术为主的集约，搞单一的以劳动为主的集约。我国农业的基础生产条件本来就落后，如果不用现代物质技术装备来武装农业，就很难改变农业靠天吃饭的落后状态，就很难提高农业的劳动生产率。

资金集约则是在单位面积的土地上投入较多的生产资料以代替活劳动，或是以较少的劳动和较多的生产资料，进行现代化水平比较高的农业生产。国内外的实践经验证明，要实现农业现代化，就必须走以资金为主的集约经营道路，用现代物质技术装备改造传统农业，否则没有资金集约，农业仍将在落后的物质生产条件中徘徊，这是绝对实现不了农业现代化的。但是，由于我国农业的资金积累少，国家对农业的资金投入也需要一个过程，农业剩余劳动力多，转移压力大，因此，我国农业的资金集约方式只能建立在保证农村劳动力充分就业的情况下，以农业劳动力的合理转移为前提来提高资金的集约经营水平。

技术集约则是主要依靠投入先进的农业科学技术来实现农产品数量的增加和质量的提高，进而提高农业土地产出率、劳动生产率的经营方式。一般来说这是一种投资较少，而经济效益较高的方式。这种集约方式既适应我国经济的发展水平，又适应我国农业具有精耕细作优良传统的特点。但是，技术集约是以一定的资金集约和劳动集约为前提的，离开了这个前提，技术集约在农业生产过程中的功能效用就很难发挥出来。因此，我国农业的集约型增长必须把劳动集约、资金集约和技术集约有机结合起来，才能加快现代农业的建设进程。

二、实现粗放型农业增长向集约型农业增长转变的必然性

随着农业产业化经营和工业化水平的不断提高，我国农业经济的增长方式已发生了巨大变化。但在许多地方，农业粗放经营的问题仍然比较突出。要实现我国农业的现代化目标必须转变农业经济的增长方式，走集约经营、内涵发展的道路。其原因有以下几点。

1. 转变农业经济的增长方式，是我国农业自然资源现状的客观要求

农业自然资源及其相应的生态环境条件是从事农业生产不可缺少的基础条件，目前我国人均耕地只相当于世界平均水平的1/3，人均水资源只相当于世界平均水平的1/4。要实现农业的长足发展，必须转变农业经济的增长方式。只有这样，才能从根本上解决耕地稀缺性与社会发展和人民生活水平提高对农产品需求急剧增长的矛盾。况且，近年来，不少地方受经济利益的驱动，急功近利，对农业土地及生态资源实行掠夺式经营，导致土地退化、沙化、盐碱化面积不断扩大，森林植被减少，水土流失加重，生态环境恶化。农业发展已受到资源环境的严重制约。我国农业如果不能实现经济增长方式的根本转变，就很难保持良性循环和可持续发展。

2. 转变农业经济的增长方式，是市场经济条件下提高农民收入的客观要求

长期以来，由于农业生产力水平低下，农产品供求矛盾十分突出。农业生产的直接目标是提高产量，解决人们对农产品的基本需求。改革开放后，随着农村商品经济的发展和农业综合生产能力的提高，农产品供求已进入总量基本平衡、丰年有余、结构性矛盾突出的新阶段，增产不增收的现象越来越普遍，农民在解决温饱以后陷入增收乏力的困境。农产品产量的提高不一定能使农民的收入增加。因此，要发展质量效益型农业必须提升农业的标准化、商品化、工业化水平，这就需要将粗放型农业增长转变为集约型农业增长，这是市场经济条件下增加农民收入的客观要求。

3. 转变农业经济的增长方式，是满足社会对农产品多元化需求的客观要求

目前是我国经济与社会结构发生变动的关键时期，随着人口的持续增长和农民收入水平提高以及城乡人口结构的变化，社会对农产品的需求也发生了显著变化。注重农产品质量的提高已成为社会的普遍共识。绿色、环保、营养、健康的农产品越来越受到消费者的欢迎和青睐，农产品加工企业对初级农产品质量标准的要求也越来越高。粗放型农业增长方式已不能适应人们消费需求的变化，只有实现农业增长方式的转变，才能满足社会对农产品多元化的需求，才能促进人们的消费结构向营养、健康的方向发展。

三、促进农业经济增长方式转变的途径

实现我国农业经济增长方式由传统粗放型增长向现代集约型增长的转变，具体包括以下三个方面的转变：一是由偏重数量和速度的增长向主要依靠优化农业产业结构和提高农产品质量效益的增长转变；二是由偏重资源的外延开发向主要依靠提高资源综合利用效率和持续发展能力的增长转变，强调在增加农产品产量的同时更加注重农业综合生产能力和整体经济效益的提高；三是由偏重资源依赖型增长向技术驱动型增长的转变，依靠农业科技创新和生产方式的变革，提高农业的投入产出率。总之，就是要通过农业经济增长方式的根本转变来提高农业的"五个效率"（资源的综合利用率、农业科技贡献率、农业劳动生产率、资金投入产出率、农产品优质品率）和"三个效益"（经济效益、社会效益和生态效益）。从当前和今后一个时期看，关键是要加快推进农业产业化经营，抓好农业科技进步和结构优化这两个根本来实现农业增长方式的根本转变。

1. 合理开发利用农业资源，提高资源的综合利用率

实现农业增长方式的转变必须把开发利用资源和节约资源紧密结合起来，切实保护现有的农业资源，重视发展后备农业资源，最大限度地提高各种农业资源的综合效益。①继续挖掘现有耕地资源的潜力，在提高单产上狠下功夫。②挖掘非耕地潜力，加大租赁、拍卖"四荒"使用权的力度，增加农产品有效供给，发展市场农业，富裕农民。③搞好农田基本建设，实施高产稳产，增产增效的基础工程。④发挥农村劳动力资源优势，向农业生产的深度、广度进军。⑤建立健全农业社会化服务体系，不断提高农业的专业化水平。

2. 加大科教兴农的力度，提高科技在农业经济增长中的贡献份额

要加大科教兴农的力度，提高农业科技在经济增长中的贡献份额，尤其要加强农业科技攻关，在动植物新品种选育、病虫害综合防治、农产品精深加工、区域农业综合开发和农业生态环境保护，以及对农业发展有重大影响的关键技术领域进行重点攻关，力争有重大突破。①加强以生物技术为基础的农业高新技术的研究与应用，在农业生物技术、遥感和计算机应用等方面取得突破。②加快实用性农业技术的推广应用。在种植业上，积极推广良种、节水农业技术和旱作农业技术等；在养殖业上，重点推广良种及其配套饲养技术，在一些危害较大的畜禽疫病防治技术上实现新突破；③大力实施技术引进计划。以实用农业技术和近期能见效的急需技术为主，引进一批国际上领先的农业新技术，以促进我国农业技术变革。④继续搞好农村"三教"统筹，实施农民科技培训工程，努力提高农民的科技文化素质。

3. 遵循比较效益原则，调整优化农业结构，把优势农产品做大做强

农业结构调整的本质是农业资源的优化配置，而实现资源优化配置的最有效的手段是市场机制。加入WTO后，我国粮食、棉花等大宗农产品已失去了竞争优势；油料、糖料、水产品虽有一定竞争优势，但优势不明显；只有水果、蔬菜、花卉、活体动物及其加工制品在国际市场上有较强的竞争优势。因此，应以市场为导向，遵循比较效益原则，调整优化农业结构，力争把优势农产品做大做强，这是提高我国农产品国际竞争力的一项根本举措。调整的重点包括以下几个方面。①在确保粮食最低安全水平的前提下，压缩劣质粮食品种的生产，增加市场需要的专用小麦、硬粒小麦、特种玉米以及优质早籼稻和小杂粮的生产，使粮食结构由单一品种向优质化、专用化、多样化方向发展。②大力发展畜禽产品的生产。这类产品不仅具有较强的竞争优势，而且具有较大的出口市场。畜禽产品应注意卫生，保证质量，除供应港澳地区外，应不断扩大对相临的日本、独联体国家、印尼及中东地区国家的出口。③增加水果、蔬菜、花卉等园艺产品的生产比例，积极扩大出口比例，努力提高产品质量。我国水果类产品的出口水平很低，鲜果出口量仅占总产量的1%左右，且售价很低，比较优势没有得到充分发挥。因此，应通过统一规划，合理布局，将此类产品当作重点产业，优先发展。④进一步加强水产品的生产。特别是发展一些名优稀特水产品，重点是通过技术改造，提高产品质量，并注意改进产品包装。另外，我国在短缺经济时代形成的特有的农业生产结构，片面追求高产、早熟而忽视产品品质的提高，导致我国农产品普遍质量差，档次低，严重影响着向国际市场的扩散。如我国生产的苹果，虽然在价格上具有明显的竞争优势，但由于品质差，很难进入国际市场，且遭到高价洋水果进口的冲击。因此，面对"入世"的挑战，必须强化农产品质量意识，切实重视农产品质量的提高。政府应尽快建立健全完善的农产品质量体系，制定相应的农产品品质改良和扶持政策，大力发展有机农业、特色农业、创汇农业，通过品种改良、科技创新、规范管理、标准化生产，来促进农产品质量的提高，以推动农业结构由数量规模型向质量效益型的彻底转变。

4. 实施农业产业化经营，大力发展农产品加工工业

我国农村实行家庭承包经营制度以后，农户成为农业生产的经营主体，全国2亿多农户，每户承包耕地不到半公顷。这种高度分散、规模狭小的农业经营，农业生产链条短，农产品批量小，生产成本高，销售手段落后，市场信息不灵，进入市场的能力弱。加入WTO后，当务之急就是要改变经营规模偏小导致粮食等农产品价格居高不下的局面。为此，农业必须适当扩大规模来提高竞争力。目前跨国公司掌握着全球贸易额的60%和新技术的80%，中国农产品参与国际市场竞争，必须组建企业，实行农业产业化经营。通过"公司＋基地＋农户"等组织形式把分散的农户、零碎的地块连接起来，在继续发挥家庭联产承包责任制优越性的基础上，逐步发展成专业户、专业村、基地乡，形成区域化布局、专业化生产，形成符合我国国情的新型的规模经营，促进生产要素优化组合，改变传统农业的生产经营方式，

解决小规模经营与高新技术、设备的矛盾，形成科学技术传导机制和推广应用体系，使农业生产朝着集约化、规模化、科学化方向发展，促进农业增长方式的转变，从而大幅度提高农业的市场竞争能力，实现农业的高附加值，高出口创汇，高市场占有率，前提是高技术含量。因此，实施农业产业化战略，有利于推进"四高"农业的发展，促进农业的科技进步，加快农业现代化进程，提高农业的国际竞争力。产业化经营的关键是培育扶持龙头企业，因为龙头企业的发展，不仅较好地解决了分散农户进入市场的问题，而且有利于带动农产品加工工业的发展。目前国际市场上农产品的出口，总的趋势是原料性初级农产品的比重越来越小，加工产品的比重逐步增大。而我国农产品加工工业严重滞后，农产品加工产值只占工业总产值的28%，农产品的加工程度只有30%，而发达国家农产品加工产值一般都要占到整个国家工业总产值的40%，农产品的加工程度一般都在90%以上。因此，顺应国际市场的需求变化，大力发展农产品加工业，特别是农产品深加工和精加工业，并健全保鲜、贮运等配套设施，既能提高农产品的转化增值能力，又可吸纳一部分农业劳动力就业。

5. 深化农村体制改革，落实农村现行政策，促进农业经济增长方式转变

我国农村体制改革尽管已取得巨大成就，但仍未形成完善的与市场经济接轨的高效管理体制。因此，要在稳定和完善以家庭承包为主的双层经营体制的基础上，进一步明晰和界定土地的产权关系，切实将土地承包期再延长30年，稳定农民的经营预期，并尽快建立土地流转制度；继续深化粮棉价格和购销体制改革，争取早日实现国家宏观调控下的农产品市场化流通体制；要抓紧培育农业市场体系，包括农产品和农业生产要素的市场体系；要加快农业管理体制改革的步伐，建立适应社会主义市场经济发展需要的农业管理新体制；要切实转变政府职能，加强对农业的宏观调控，建立比较完善的国家对农业的支持和保护体系。

第二节 生态农业建设

一、生态农业的概念与特点

1. 农业生态与生态农业

农业生产经历了从原始农业到传统农业，再到现代农业的发展历程。由于现代农业的高投入与高能耗，自然资源和能源的过度消耗，一方面导致农业生产成本不断上升，另一方面工业化过程破坏了农业系统的生态平衡，所引起的农业资源破坏以及社会公害日益严重，农业生态环境恶化趋势越来越明显。如何建立新的农业生产体系和生产方式，保持农业的高效可持续性发展，成为农业经济专家研究的重要课题。生态农业就是在这种背景下产生和发展起来的。生态农业不仅可以有效地发展农业生产，充分合理地利用自然资源，提高农业生产力，而且能够避免石油农业所带来的弊病，维护自然界的生态平衡，保护环境，净化污染，提高生物能的利用效率和物质循环利用的效率，创建优美、舒适、文明的生存环境。因此，生态农业的概念和理论已得到世界上越来越多的国家的重视。走生态农业的发展道路，是当今世界农业发展的新趋势，世界农业的发展已进入了一个新的历史阶段，即生态农业阶段。

生态农业是从农业生态问题引申而来的，它同农业生态有密切的联系，但又有区别。农业生态的系统外延大于生态农业，生态农业属于农业生态系统的子系统，是被优化的子系统。农业生态属于被认识的客体，而生态农业是在自然生态系统中，加入了经济生产和能量循环，是经过人们主观改造了的客体。通过人的主观努力，力求农业系统处于最优状态，充分利用生态环境中的可利用资源要素，以达到以较少资源投入换取较高经济产出的目的。

2. 生态农业的概念

"生态农业"（ecological agriculture）一词最初是由西方经济学家提出的。从总体上看，西方国家的生态农业是针对现代农业投入大、能耗高、污染严重、破坏生态环境等弊端，从保护资源和环境的角度提出的，强调农业生产模仿自然生态系统，降低化学能耗，把农业生态系统和资源环境的永续利用放在首位。西方生态农业具有降低能源消耗、改善生态环境、保护自然环境、提高食物质量的特点和优势。但是，由于其产量不高、经济效益低，推广遇到许多障碍，并且其中心思想是把农业建立在生态学的基础上，出现了一些片面遏制化学物质投入的极端作法，故称之为狭义的生态农业。

我国从循环经济的发展理念出发，走出了一条具有自身特色的生态农业之路，与西方生态农业的内涵有所不同。它是基于我国资源约束、食品需求刚性增长、生态环境恶化的实际情况而提出的中国特色的生态农业。综合国内专家学者的阐述，我国生态农业的基本内涵是：按照农业生态系统内物种共生、物质循环、能量多层次综合利用的生态学原理，按照经济发展水平及"整体、协调、循环、再生"的原则，运用系统工程方法，将现代科学技术与传统农业技术相结合，因地制宜，合理安排农业生产，充分发挥区域优势，实现农业高产优质高效持续发展，达到生态和经济两个系统的良性循环和"三个效益"的有机统一。

生态农业是遵循生态学、生态经济学原理进行集约经营管理的综合农业生产体系。其目的在于提高太阳光能利用率，生物能的转化率和农副业废弃物的再生循环利用，因地制宜地合理利用自然资源，在提高农业整体效能的同时，实现农业的可持续发展。

3. 生态农业的特点

（1）综合性　生态农业强调发挥农业生态系统的整体功能，包括农业系统内诸多因子，以及对系统产生影响的社会、经济等方面的协调统一配合。以大农业为出发点，全面规划，调整优化农业产业结构，使农、林、牧、渔各业协调发展，相得益彰。这种综合性表现在：生态农业系统是一个多因子、多层次的综合体；采取的各种生产技术措施要综合配套；使生产发展和生态环境改善达到协调统一；农业产前、产后以及与其它各业保持协调发展。

（2）多样性　我国地域辽阔，资源丰富，自然资源类型多样，各地气候条件差异较大、社会经济条件也千差万别。因此，生态农业模式的建立就不能千篇一律，必须遵循自然规律和社会经济规律，根据各地情况，在合理利用当地自然资源和社会经济条件的基础上，按照生产对象的生物特性，充分吸收我国传统农业精华，结合现代科学技术，建立不同的生态农业类型。以多种生态模式、生态工程和丰富多彩的技术类型装备农业生产，使各区特色优势充分发挥。

（3）高效性　生态农业是一种能以较少的投入获得较多产出的高效农业。生态农业通过物质循环和能量多层次综合利用和系列化精深加工，实现系统增值，提高整体效益；发展生态农业能够实行废弃物的综合利用，防治污染，保护和改善生态环境，维护生态平衡，增添生态效益；生态农业能够提高农产品的安全性，美化环境，创建健康文明生活，提高社会文明程度，也为农村大量剩余劳动力创造了在农业内部就业的机会。

（4）稳定性　生态农业是一种优化了的良性循环的农业生态系统，其内部组成与结构复杂，具有较强的抵抗外界干扰的缓冲能力和较高的自我调节能力，是一种具有稳定和持续发展能力的农业。生态农业系统的稳定性，除表示系统的生产力不易受到外界因素变动而频繁变化以外，还包含营养物质与能量平衡的动态稳定和系统产出经济效益稳定增长两层含义。一般说来，生态农业系统的稳定程度，主要取决于系统结构的复杂程度，系统内食物链的多少和长短。生产结构越复杂，食物链越多，则系统越稳定。如果一个农业生产系统的结构单一，比如只有种植业（或只有饲养业），系统就不可能很稳定，一旦遇到自然灾害或市场波动，系统的产出就会受到影响。但若系统结构复杂，食物链多，那么局部的变化就不致对整个系统产生大的影响。因此，在考虑、设计、规划生态农业系统时，要考虑其复杂性。

(5) 社会性 生态农业系统离不开社会经济条件，它是在人为活动下形成的社会—经济—自然复合的生态系统。在人类活动参与下，不断地有能量和物质的大量输入与输出，人们可以建设生态农业系统，但是也可以破坏它。如果经营管理得当，将会发挥系统功能，取得较好的效果；反之，生态系统就可能会崩溃。因此，建立生态农业系统要未雨绸缪，留有余地。

(6) 选择性 同样的自然、经济、社会条件，农业生态系统可以建立许多不同的生态农业模式类型。农业生产经营活动可以根据情况，灵活地选择生态农业模式。例如，可以建立"粮多—猪多—肥多—粮（更）多"的生态模式，也可以建立"粮多—鸡多—肥多—粮（更）多"等模式，生产者可以根据自然条件、社会经济条件、技术条件以及企业的经营目标，选择一种适应性强的生态农业模式，以促进农业上规模、上水平。

二、生态农业建设的目标、原则及基本模式

1. 生态农业建设的目标

① 生态与经济协调发展，经济效益、社会效益和生态效益的有机统一，是生态农业建设的根本目标。

② 把传统农业技术与现代农业科技结合起来，建立生态合理、经济高效的可持续农业，是建设生态农业必须坚持的长远目标。

③ 确保农产品质量安全，加强对农产品生产基地和环境质量的评价监测，实行农业标准化生产，提高农产品的国际市场竞争力，是加强生态农业建设的重要目标。

2. 生态农业建设的一般原则

(1) 物质、能量多级利用原则 运用生态学原理，通过生物链条，进行废物利用，合理开发资源，实现多级增值，提高生态经济效益。

(2) 立体开发原则 根据不同生物的属性特点和生态环境垂直分布的差异性，进行合理配置，使生物之间在空间上、环境条件上、能量循环利用上，能够共生、共栖，发挥各种生物的生理优势，实现生物群落的整体效益。

(3) 生物养地原则 减少使用无机肥料，增施有机肥，提高土壤有机质含量。特别要利用好某些生物的养地特性，创造土壤良好的理化性状环境。如利用固氮生物建立农田生物固氮体系、利用高钾植物发展钾肥、实行秸秆过腹还田等。

(4) 有害生物综合治理原则 按照农业标准化组织生产，减少农药的使用，特别是剧毒、高残留农药要慎用或尽量不用。利用生物特性，广泛采用生物技术，发挥生物的抗性优势、抑制天敌优势，防治有害生物，既净化生产、生活环境，减少污染，又提高农产品品质，实现"三大效益"的统一。

(5) 山、水、田、林、路综合治理原则 按照区域规划，统筹兼顾，合理安排布局。充分运用生态学原理，考虑生物群落的生物学特性，山、水、田、林、路的改造要有益于生态环境建设，有益于生态系统功能的发挥，有益于整体效益的提高。做到治理与开发并举，改造与效益统一。

(6) 开发再生能源原则 发展再生能源既是解决资源短缺的有效途径，还能避免环境污染，经济实用。如建沼气池、发展速生薪炭林、风力发电、水力发电和太阳灶等，是生态农业的理想模式。

3. 生态农业的基本模式

(1) 立体结构型 立体结构型是一种根据生物种群的生物学、生态学特征和生物之间的互利共生关系合理组建的农业生态系统，使处于不同生态位置的生物种群在系统中各得其所，相得益彰，更加充分利用太阳能等空间上的环境因子，是在空间上（地下、地面、空中）多层次的三维结构。具体有立体种植模式、立体养殖模式、立体种养结合模式等。

① 立体种植。在不同的地貌（山地、平原）特征情况下，利用作物生物特性，根据自然资源条件，对作物在立体空间上进行合理布局，以便充分利用空间范围内的水、肥、气、热、光等小气候因子，实现资源利用最优化，经济产出最大化。如实行高秆作物和矮秆作物、豆科作物和禾本科作物、中耕作物和非中耕作物、深耕作物和浅耕作物等相结合的种植模式，均能有效利用空间和地力，从而大幅度提高土地生产率。

② 立体养殖。在畜牧业、水产业中，利用动物的生物特性，根据自然资源条件，对动物在立体空间上进行合理布局，以便充分利用空间上的环境因子，实现资源利用最优化，经济产出最大化。立体养殖方式有混养、层养和套养等多种形式。

③ 立体种养结合。该模式运用了生态学的边缘效应原理，将两个或两个以上的子系统有机联系起来，使某个子系统的部分输出成为另一子系统的有效输入，取长补短，配套互补，从而发挥系统的整体效益。如桑基鱼塘模式就是比较典型的立体种养结合。

（2）综合经营型生态农业模式　综合经营型生态农业模式运用生态学原理，因地制宜，利用自然优势，充分发挥区域经济特点，建立综合农业生态模式。

① 农牧结合模式。发挥农牧业传统紧密结合的优势，以农促牧，以牧养农，相得益彰，循环增值。充分利用传统技术，积极开发推广应用新技术，采用恰当的农牧结合方式，使农牧业相互促进，相互依存，实现循环增值，共同发展。

② 贸工农综合经营模式。以农田生态系统为依托，合理安排种植业、养殖业和农副产品加工业，使之成为一个合理的物质和能量流动的网络结构，通过食物链，多层次利用，多次增值，实现种植、养殖和加工一条龙生产、高效益良性循环。

这种模式通过一定的生物群落与无机环境的结构调节，使得各种成分相互协调，达到良性循环的稳定状态。这种结构与功能统一的原理，用于生态农业建设，便形成了贸工农综合经营模式，延伸了产业链条，实现了产加销一条龙、贸工农一体化。主要模式有龙头企业带动型、骨干基地带动型、优势产业带动型、专业市场带动型和技术协会带动型等。

③ 多层次循环利用模式。该模式利用了生态学的食物链原理及物质循环再生原理，在自然生态系统中生产者、消费者与还原者组成了平衡的关系。生产项目间互为依托、互相利用，组成食物链的良性循环，生产过程中伴随着物质流、信息流、能量流，不断周而复始，循环利用，层层增值。而农业生态系统由于其强烈的开放性，消费者大多成为第二性生产者，还原者因条件不正常而受到抑制。例如，以沼气为纽带的鸡—猪—沼—鱼—粮模式便是典型的一例，不仅有利于减少环境污染，提供农村能源，而且能提高资源利用率。

（3）庭院经济模式　庭院经济模式是我国最近几年迅速发展起来的一种生态农业模式，特别是实行家庭联产承包责任制以来，广大农民自觉或不自觉地运用生态经济学原理，利用房前屋后的零星土地资源，剩余劳动时间和农副产品资源所进行的以商品生产为目的的庭院种植、养殖和加工等生产经营活动，既美化了生活环境又增加了经济收入。庭院经济是一种特殊的生态经济模式，能够经营的项目很多，归纳起来主要有庭院种植、养殖、庭院加工业、庭院第三产业等。

（4）城郊农业模式　城郊农业模式与庭院经济模式一样，有非常独特的一面。城郊是城市与农村的结合部，属于特殊的地理位置，交通方便，市场信息灵通，有得天独厚的优势条件，便于发展商品型效益农业。城郊农业模式通过利用城市粪便、垃圾、食品加工的下脚料等废弃物作为农业资源，进行肉、蛋、奶、果、菜、鱼等农产品生产，拓宽了农业功能，提高了农业的经济效益。

三、生态农业是我国农业可持续发展的最佳模式

"持续农业"的概念最初在美国出现。中国农业发展背景特殊，面临的问题较多。20世

纪80年代初,我国提出了建立农业的可持续发展模式——发展生态农业。我国的生态农业是继传统农业、石油农业之后产生的一种人与自然协调发展的新型农业模式,它强调减少化肥、农药的使用量,科学合理地利用农业资源,重视环境生态工程、农田工程建设,加强农业技术和信息的投入;因地制宜,合理利用和保护自然资源,保持生态系统良性循环,实现高产、高效、优质、低耗、无污染,从而使我国农业纳入持续、稳定、协调发展的轨道。我国生态农业发展的范围较大,不像西方生态农业仅限于种植业和农场规模,而是立足于全部国土,进行全方位的资源开发与保护,通过调整大农业系统结构,使整个农业系统得到改造。此外,我国生态农业形式多种多样,其内涵和外延远远超出国外的生态农业。

经过十多年的努力,我国已有不同类型、不同规模的生态农业试点2000多个,其中有160多个县级规模、10多个地(市)级规模,并在逐步辐射全国。1994年国家7部委(局)联合启动了全国51个生态农业试点县建设,并在1999年7月全部通过了国家级验收,取得了显著成效。全国各地开展生态农业建设后,粮食总产量的增幅达到15%以上,人均粮食占有量的增幅达到21.4%,农业总产值年均增长7.9%,农民纯收入年均增长18.4%,生态环境得以明显改善。我国生态农业取得的成就得到了社会各界的广泛关注和大力支持,也受到了国际组织的充分肯定,已经走在世界可持续农业发展的前列。我国生态农业建设实践表明:生态农业更具有科学性和先进性,有利于保护和改善环境,有利于农业整体效益的提高,有利于社会、经济、生态三大效益的有机统一,具有广阔的发展前景和蓬勃的生命力,是我国农业可持续发展的最佳模式。

第三节　农业的可持续发展

一、可持续农业的内涵

1. 可持续发展

第二次世界大战以后,为了重建家园,世界各国以传统发展观加快工业化生产,力求经济快速增长,出现了经济增长过热的现象。这种增长使社会生产力得到了极大提高,经济规模得到空前扩大,创造了前所未有的物质财富,大大推动了人类文明进程。但是,由此也产生了一系列负面影响,主要由于自然资源的过度开发、消耗和污染物质的大量排放,导致全球资源紧缺、环境污染和生态环境破坏。由此人们开始理性思考,努力寻找新的发展模式,于是便产生了可持续发展的新概念。最先是1972年在斯德哥尔摩举行的联合国人类环境研讨会上正式讨论。这次研讨会云集了全球的工业化和发展中国家的代表,共同界定人类在缔造一个健康和富有生机的环境上所享有的权利。自此以后,各国致力界定可持续发展的含义,拟出的定义达几百个之多,涵盖范围包括国际、区域、地方及特定界别的层面。1987年世界环境与发展委员会在《我们共同的未来》报告中第一次阐述了可持续发展的概念,得到了国际社会的广泛共识。可持续发展是指既满足当代人的需求,又不对后代人满足其需求的能力构成危害的发展。它们是一个密不可分的系统,既要达到发展经济的目的,又要保护好人类赖以生存的大气、淡水、海洋、土地和森林等自然资源和环境,使子孙后代能够永续发展和安居乐业。可持续发展要求人与自然和谐相处,认识到对自然、社会和子孙后代的应负的责任,并有与之相应的道德水准。其核心思想是人类应协调人口、资源、环境和发展之间的相互关系,在不损害他人和后代利益的前提下追求发展。它所要解决的核心是人口问题、资源问题、环境问题与发展问题,简称PRED问题。其最终目的是保证世界上所有的国家、地区、个人拥有平等的发展机会,保证我们的子孙后代同样拥有发展的条件和机会。

胡锦涛总书记在党的十七大报告中指出："深入贯彻落实科学发展观"，"加强能源资源节约和生态环境保护，增强可持续发展能力"。为今后我国国民经济的发展指明了道路。

2. 可持续农业

(1) 可持续农业的内涵　可持续农业 (sustainable agriculture) 是从"可持续发展"派生而来的词汇，代表着一种全新的农业发展观，是实施可持续发展的重要组成部分。

可持续农业提出后，人们在理解上有很大差异，有的强调资源利用和环境保护，有的强调增加产品以满足需要，还有的强调高效率。20世纪80年代以后，可持续发展的概念逐步被界定，可持续发展的内涵日趋明确。1991年4月，联合国粮农组织在荷兰召开的农业与环境国际会议，通过的《登博斯宣言》对可持续农业做出的定义是："管理和保护自然资源基础，并调整技术和机构改革方向，以便确保获得和持续满足目前几代人和今后世世代代人的需要。这种（包括种植业、畜牧业、林业和渔业）持续发展能保护土地、水资源和动物遗传资源，而且不会造成环境退化，同时技术上适当、经济上可行，能够被社会接受。"《登博斯宣言》的这一定义得到广泛认同。其中，"不造成环境退化"是指人类与自然之间、社会与自然环境之间达到和谐共处；"技术上适当"是指生态经济系统的合理化并不一定依靠高新技术，需采用适用、合理的技术；"经济上可行"是指要实现低成本、高产出；"能够被社会接受"则是指生态环境变化、技术革新所引起的社会震荡，要在人们能够接受的程度之内。由此，可持续农业的内涵可以理解为：在合理利用和维护资源与保护环境的同时，实行农村体制改革和技术革新，以生产大量的农副产品，来满足当代人及后代人的需要，促进农业和农村经济的全面发展。

可见，农业可持续发展的内涵很丰富，虽然至今概念还没有完全统一。但以下几点已得到普遍认同。①都强调不能以牺牲子孙后代的生存发展权益作为换取当今发展的代价。②均认为可持续农业要兼顾经济的、社会的和生态的效益，不能只顾某一方面。③可持续农业包括"硬件"和"软件"两大要素。"软件"指可持续农业的外部环境，即人们的观念、政策体制等；"硬件"指技术上的创新。

(2) 可持续农业的发展目标

① 保证粮食供给的有效性和安全性。随着我国人口数量的增加，要保证食物供给的有效性，实行集约化经营，提高单产，增加供给总量是当务之急。要不断改善农业生产条件、提高经营管理水平，适当增加对农业的投入，包括资金、物质、人力资源和科学技术的投入。粮食供给的安全性，一方面指食品中不应包含各种有毒有害物质和其它有损于人体健康的因素，生产绿色环保健康食品；另一方面是指稳定粮食供应，保障供给安全。适当增加粮食的调剂与储备量（粮食储备量占年需要量的17%～18%为最低安全系数）。

② 增加农业收入，扩大农村就业，实现脱贫致富。实现农村脱贫致富的关键在于发展农村经济。而现阶段从总体上来看虽然基本实现了小康，但部分地区仍然是经济基础薄弱，生产力水平不高。存在着农村产业结构单一、基本生产设施简陋、劳动力素质不高、技术条件落后、信息不灵、资源利用率较低等现象，影响了农村经济的发展。必须通过系统工程，加大对农村工作的重视程度和扶持力度。只有通过改善条件，调整农村产业结构，大力发展农村工商业、运输业、建材及信息产业等，加强农村综合开发，提高农村社会化服务水平，提高农村劳动力素质，增加农民收入，才能消除农村贫困，从根本上改变农村贫困落后的面貌，全面建设小康社会。

③ 保护资源环境的永续性循环。我国要实现这一目标任务很重。其原因有以下几点。a. 我国资源总量和人均占有量严重不足。b. 我国资源消耗增长速度惊人。c. 我国资源利用效率整体偏低。d. 我国对外资源依赖度还将升高。对此，一方面要有效的控制生态环境的破坏和污染，增强农业对自然灾害的抵御能力；另一方面，努力提高资源利用率及利用效

益,对稀缺资源的使用更要倍加珍惜,并积极寻求替代途径。此外,对已造成的环境污染和破坏,要亡羊补牢采取有力措施治理改善。合理利用和保护农业资源,造福子孙后代。

以上三大目标是一个整体。它的基本精神:一是把农业生产和农村发展结合起来,把农村经济发展和农村社会发展结合起来;二是必须把"资源与环境"和"生存与发展"结合起来。总之,保护资源与环境功在当今,利在后世。

二、可持续农业的特征

1. 生态的可持续性

可持续农业首先要维护生态的可持续性。生态可持续性主要是保持生物、自然环境条件以及生态系统的持续生产能力和功能。要维持生态可持续性,则要维护资源基础的质量,维护其生产能力。如对土地做到用养结合,才能维持或提高其生产的能力。生态可持续性还要保护农业自然条件、基因资源和生物多样性。现代农业还存在着种植制度僵化、集约种植单一、经营粗放、高能源、高投入,从而导致土壤退化、养分流失、土壤污染等不尽如人意的问题,影响了土地生产力和农业可持续性发展。要使农业能够可持续发展,就要减除不利影响,保持生态平衡,维护农业生态系统生产力。

2. 社会可持续性

生产服务于社会,社会促进生产。社会可持续性是指维持农业生产、经济、生态可持续发展的需要的农村社会环境的良性发展。主要包括人口数量控制在一定水平,农村社会财富的公平分配,人口素质的不断提高,农村劳动力转移等。强调农业发展与社会各方面协调发展问题。只有实现了社会各方面的协调运转,和谐统一,社会才有可持续性,进而才有农业发展的可持续性。

3. 经济上可持续性

农业再生产伴随着经济再生产。经济可持续性主要指农业生产的经济效益及其产品在市场上的竞争力保持良好和稳定,这直接影响到生产是否能够维持和发展下去。在市场经济为主体的情况下,经营者首先关心的是自身的经济效益。生产经营活动和某种技术措施能否正常开展,主要看有没有市场竞争力,经济效益起着决定作用。经济上的可持续性,决定着农业生产的可持续性。

农业的可持续发展要以生态可持续性为基础,以经济可持续性为主导,以社会可持续性为目的。

三、促进农业可持续发展的措施

1. 加快建立和实施宏观政策调控机制

把工作的着力点逐步转移到规划、协调、服务和监督上来,努力提高农村社会管理和公共服务水平,建立健全农民减负长效机制。为农业可持续发展提供金融支持,建立环境导向的税费政策,增加对可持续发展的财政税收支持,继续加强对农业、资源的依法管理和保护等。从政策上加强可持续农业发展的保障措施。

2. 不断完善实现可持续发展的激励和约束机制

建立和健全可持续发展奖励机制,使可持续发展的奖励工作制度化、规范化。鼓励节水农业、设施农业、绿色食品开发、生态农业等领域的发展;鼓励环境保护产业的发展;严格限制资源浪费、污染严重的生产项目或者严格限制其规模和布局范围。

3. 控制人口增长,提高农村人口质量

目前,我国人口基数大、素质低,致使经济发展速度不快。必须按照长远规划的要求,控制人口的增长,使其与经济发展保持协调稳定的关系,促进国民经济可持续健康发展。

4. 合理利用自然资源，坚持开发与节约并重

发展旱作节水农业和灌溉节水农业，提高水资源利用率。利用测土配方施肥、选择适宜的肥料品种、改进施肥方法，提高肥料的利用率。用好每一寸土地，保护好土地资源。加强农业新技术的开发与推广生物措施，实行秸秆还田、防止环境污染等。选择运用好可持续发展的生态农业模式，实现良性循环。

5. 加强污染治理，保护生态环境

石油农业已带来越来越明显的弊端。高投入、高消耗、高污染使人们越来越认识到保护生态环境的重要性，必须采用非常手段，实行综合治理，才能从根本上遏制污染愈演愈烈的趋势，改善生态环境，保持农业的可持续性发展。

6. 建立农业安全预警系统和信息系统

重点要加强对土壤肥力、水土流失、环境污染和自然灾害的监测和预警，特别是重点农业区的相关监测和预警；要建立农产品市场信息系统；积极开展对森林消防与森林火险、荒漠化、湿地保护、野生生物情况的监测和预警；要建立安全预警和信息系统工作报告制度。

7. 加强生态文化体系建设，倡导绿色文明的生活方式

不断扩大和完善废旧物资回收利用系统，尽量减少一次性消费品用量，严格把自然资源的消耗控制在合理范围。坚持生态文明的哲学观、价值观、伦理观及其所形成的道德规范和行为准则，正确处理好人与自然的关系、人与人的关系、个体与社会整体的关系。强化生态知识普及和教育，培养人们向往自然、回归自然朴素的审美意识。要完善立法，对破坏环境、影响生态的不良行为，以严格的法律加以禁止；要严格执法，以法律的威严矫正人们的生态陋习。大力宣传适度消费观念，鼓励消费者从关心和维护个人生命安全、身体健康、生态环境、人类社会的可持续发展出发，通过坚持消费符合环境标准商品的行为，通过自觉抵制对环境不良影响的娱乐活动，积极营造符合现代文明的绿色消费氛围。采取多种形式，不断强化各级领导和广大公众的可持续发展意识，提高各级决策者依法行政水平；增强广大公众在法律法规指导下积极开展资源开发和进行资源有效保护的自觉意识，使整个社会逐步形成依法保护农业生态资源的良好氛围。

本 章 小 结

经济增长是指报告期内的经济总量与基期相比所实现的增长。经济增长取决于投入生产要素的数量和生产要素效率的提高。农业经济增长方式是指通过对引起农业经济增长的各种要素运用以及各种要素组合而推动农业经济增长的方式。粗放型增长方式和集约型增长方式是经济增长方式的两种类型。农业经济增长方式由粗放型向集约型转变是我国经济发展进入到新阶段提出的必然要求。树立农业科学发展观，调整和优化农村产业结构，提高农业集约经营水平、资源开发利用水平、农业科技进步及推广应用水平，促进体制创新，实现农业经济增长方式的彻底转变。

生态农业具有综合性、多样性、高效性、稳定性、社会性和选择性等特点。生态农业建设具有物质、能量多级利用，立体开发，生物养地，有害生物综合治理，山、水、田、林、路综合治理，开发再生能源等原则。立体结构型、综合经营型生态农业、庭院经济型、城郊农业型是生态农业的基本模式。生态农业是我国农业可持续发展的最佳模式。

可持续农业是指管理和保护自然资源基础，并调整技术和机构改革方向，以便确保获得和持续满足目前几代人和今后世世代代人的需要的农业。它的内涵非常丰富。保证粮食供给的有效性和安全性、增加农业收入、扩大农村就业机会和脱贫致富、保护资源环境的永续性

循环是可持续农业的发展目标。可持续农业具有生态可持续性、社会可持续性、经济可持续性的特征。加快建立和实施宏观政策调控机制，不断完善实现可持续发展的激励和约束机制，控制人口增长，提高农村人口质量，合理利用自然资源，坚持开发与节约并重，加强污染治理，保护生态环境，建立农业安全预警系统和信息系统，加强生态文化体系建设，倡导绿色、健康、文明的生活方式是促进农业可持续发展的措施。

复习思考题

1. 基本概念

   农业经济增长方式　集约型增长方式　粗放型增长方式　生态农业　可持续农业
2. 简述促进农业经济增长方式转变的途径。
3. 简述生态农业的特点。
4. 简述可持续农业的特征。
5. 简述促进农业可持续发展的措施。

实训练习

1. 2006年某地区的生产总值为74462.6亿元，2007年按可比价格计算的该地区的生产总值为80270.7亿元，试计算该地区2007年相对于2006年的经济增长率？
2. 某县位于干旱半干旱地区，且土壤为盐碱地。但该地区有较为丰富的地下水资源，为改善农业生产条件，在农业综合开发中，该县运用农业综合开发投资对地下水资源进行了开发，有60%以上的农户都打了机井，用井水种植水稻。打井种稻的农业开发措施，较大幅度地提高了农民的收入，受到了广大农民的欢迎。请从可持续发展的角度，谈一谈这一开发行为的合理性。

第九章 农业土地资源的利用与管理

学习目标
1. 理解农业土地的概念、特点及其在农业生产中的作用；
2. 了解我国农业土地资源的基本现状及开发利用中存在的主要问题；
3. 理解合理开发农业土地资源应遵循的原则；
4. 了解农业土地资源流转的概念、原则、形式及存在的问题；
5. 熟练掌握农业土地利用率、土地生产率的计算方法；
6. 深刻理解农业土地资源管理的措施。

关键词
土地资源　农业土地开发　利用与管理　土地流转

第一节　土地资源的概念、特点及作用

一、土地资源的概念

1. 土地的概念

土地，最直接的解释是地球表面的陆地部分。在经济学上是指包括陆地和水域以及与之相联系的土壤、岩石、地貌、气候、水文、植被等组成的一个自然综合体。

2. 农业土地资源的概念

农业土地资源是指农、林、牧、渔各业已经利用和尚未开发利用的农业土地资源的数量和质量的总称。具体包括耕地资源、林地资源、草场资源、沼泽、水面及滩涂资源等。当前多数人认为，土地资源是自然资源的一部分，而不是全部。从这个角度出发，可以把土地资源定义为：凡是现在和可以预见的将来能够被人们所利用，并在一定生产技术条件下能够产生一定经济价值的土地，就是土地资源。

广义上的土地概念认为，土地是一个自然历史的综合体，包含了人类的劳动成果。土地资源则是在一定科学技术条件和一定时间内可以为人类所利用，用以创造财富、产生经济价值的这部分土地。因此，严格来讲，土地与土地资源是两个概念，土地资源的范围只存在于土地之中，仅是其中的一部分。但是，从长远和发展的观点出发，一点利用价值都没有的土地几乎是没有的，现在认为不能利用的土地，只不过是因为目前科学技术条件的限制，还不知道如何进行利用。从这个意义上说，土地资源等于土地。土地与土地资源相比较，土地资源从经济和技术范畴考虑的更多一些。

二、土地的自然经济特点

1. 土地面积的有限性

土地是自然历史发展的产物。对于一个国家或地区而言，土地面积的数量总是一定的。人们不能随意创造和增加土地面积，而只能在现有的基础上，把没有开发利用的土地开发利用起来，以及将已经利用的土地，进一步加以改良或者进行合理规划，不断提高土地生产率和土地利用效果。对此，要求在农业生产中，加倍珍惜利用土地，用好现有耕地，开发利用荒地，防止人为荒芜土地，避免土地使用中的浪费。防止土地污染、过度利用，进而出现土壤退化、沙化、功能弱化的现象。要合理地使用土地，坚持土地的用养结合，发展生态农业，培植地力，使土地成为世代永续利用的宝贵资源。

2. 土地位置的固定性

土地自产生以来就以其自然特征在一定的区域分布下来。这种分布人们无法根据自己的意愿进行移动，从而显示出土地位置的固定性。同时存在着自然条件的差异性，有些地方土地肥沃，雨量充足，自然条件优越，适合生物的生存栖息；有些地方山石林立，荒漠无际，成为不毛之地。自有人类以来，人类为了寻找宜居之地，完成了无数次的辗转迁徙。进入文明社会，有了农业生产，才逐渐开始定居。人类一旦选定居住地，就只能根据现有土地的特征和当地的自然条件组织生产活动。因此，土地位置的固定性，决定了人们既然选择，就只得适应。因此，在农业生产中，必须从土地自然条件的实际出发，根据需要和可能对土地加以合理开发和科学规划，因地制宜地合理利用土地，提高土地资源的利用率。

3. 土地使用的永续性和土壤肥力的无限性

土地在利用过程中不会像其它生产资料那样被磨损，只要利用得当，它会无限次地参加生产过程，永久性地被利用，这就是土地使用的永续性。土地使用永续性的前提是使用得当，这就要求在农业生产过程中，利用土地要遵循自然法则，保持土地功能的稳定与提高，以使土地永续利用。一般来讲，土壤肥力包括自然肥力和人工肥力。自然肥力，是指土壤的物理、化学、生物学性质，它是自然界长期作用和社会长期利用的结果。人工肥力，是指人们通过技术手段投入劳动，使土地产生的肥力。自然肥力与人工肥力共同构成土壤肥力。因此，在农业生产中，要不断应用农业科学新技术，开发自然肥力；要科学利用土地，注意用地与养地相结合，努力提高土地的人工肥力。这就要求从事农业生产活动必须实行集约经营，培肥地力，不断提高土地的生产率。

4. 土地功能的不可替代性

随着科学技术的发展，农业生产经营过程中利用的许多生产资料逐渐被更先进、更完备的生产资料所代替，但土地资源始终是农业生产不可替代的、基本的生产资料。无论农业的现代化水平有多高，总需要一定数量的土地资源。因此，土地作为农业的基本生产资料具有不可替代的特性。

5. 土地报酬递减的可能性

在一定的科技水平下，在一定面积的土地上，追加农业生产要素的投入，无论是技术上还是经济上都有一个合理的界限。如果超过了这一界限，在技术上就达不到增产的目的，在经济上就不能获得良好的效益，就会出现边际报酬递减现象。要避免这一状况的发生，就必须选择集约经营的方向和确定追加资源投入的经济适合度。

三、土地在农业生产中的作用

土地既是人们生存和活动的场所，又是农业生产活动不可缺少的劳动资料，也是一切生产的物资条件。马克思指出："土地是一切生产和一切存在的源泉。"由此肯定了土地在人们生产、生活中的作用。没有土地，便没有人类的一切；有了土地，才有了人类存在的基础。

1. 土地是农业生产中最重要的不可替代的基本生产资料

土地作为基本的生产资料体现其自然属性。工业等其它行业的生产经营活动中，土地作为活动场所而发挥的劳动资料的作用与在农业生产过程的特殊作用，往往具有很大的不同。首先，非农业生产经营活动一般不受阳光照射面积的影响，可以空中多层叠加（除采掘业外）进行，土地仅起地面支撑和劳动操作空间的作用。而农业生产活动却要受阳光照射面积（立体农业也不例外）的影响，空中叠加生产局限性大。这就使农业生产比非农生产占用更多的土地。如种植作物、植树造林、放牧畜群、发展渔业等，都必须在大面积的土地上进行。其次，土地在农业生产中具有对农作物输入营养的培育能力，并且这种能力的大小直接影响农作物的经济产出。这是其它生产资料（无土栽培除外）所不具备的功能。土地在非农产业中则没有这种作用，也不会因为土地的这种功能影响到非农产业的发展水平和经济效果。

2. 土地是财富形成的重要因素

土地是财富形成的参与者，参与着经济生产，体现其经济属性。马克思指出：劳动并不是它所生产的使用价值即物质财富的唯一源泉。正如威廉·配第所说："劳动是财富之父，土地是财富之母。"农业生产所创造的农产品以及人类所需要的物质资源，都直接或间接地由土地供给。可见，如果农业生产劳动不与土地资源结合，就不可能创造财富。不仅如此，任何社会生产，客观上都是在一定生产关系下进行的。生产资料所有制是生产关系的重要内容，而农业中的土地是生产资料当中最重要的部分。土地的所有权、经营权、使用权等都关系到国家、集体、个人等多方面的切身利益，可见，处理好土地关系问题，事关经济秩序稳定的大局，事关和谐社会的建立，必须慎重把握，恰当处理。

第二节 我国农业土地资源的开发利用

一、我国农业土地资源的概况与特点

我国是世界上土地资源较丰富的国家之一，国土总面积960万平方公里[①]，约占世界陆地总面积的6.5%，仅次于俄罗斯和加拿大，居世界第三位。且我国地形地貌复杂，有着各种类型的土地资源，其中高原占全部土地的26%，山地占33%，盆地占19%，丘陵占10%，平原占12%。由于各地区的自然气候条件不同，水热土组合差异很大，形成了我国多样化的土地资源类型。在国土总面积中，农业土地资源所占比重较大，现将其基本特点介绍如下。

1. 农业土地资源总量大，但人均占有量小

据2006年我国国土资源公报公布，我国耕地面积为12177.59万公顷（合18.27亿亩），占我国国土资源总面积的12.7%；园地1181.82万公顷（合1.77亿亩），占国土资源总面积的1.23%；林地23612.13万公顷（合35.42亿亩），占国土资源总面积的24.6%；牧草地26193.20万公顷（合39.29亿亩），占国土资源总面积的27.3%；其它农用地2554.10万公顷（合3.83亿亩），占国土资源总面积的2.66%；淡水面积1759.4万公顷（合2.64亿亩），其中可供养殖的500万公顷（合0.76亿亩）。另外，我国地跨温、热、寒三带，大部分在温带。可见，我国有丰富的土地资源。但由于我国人口众多，人均占有的土地资源数量却较少。人均农业用地不及世界平均水平的1/3。2005年人均耕地仅有1.43亩，不到世界人均水平的40%。

2. 耕地后备资源严重不足

[①] 1平方公里=100hm²。

我国土地垦殖率和复种指数处于世界较高水平，从这个角度讲，进一步提高耕地资源利用程度的空间十分有限。据调查测算，全国耕地后备资源总潜力为2.01亿亩。而耕地后备资源60%以上分布在水源不足和水土流失、沙化、盐碱化严重的地区，开发利用的制约因素较多。2006年，全国耕地12177.59万公顷（18.27亿亩），与2005年相比，耕地面积减少0.25%，耕地净减少30.7万公顷（460.2万亩），同期土地整理复垦开发补充耕地36.7万公顷（550.8万亩），超过建设占用耕地42.0%；全面部署基本农田保护示范区建设，启动116个国家级示范区建设，总面积为886.67万公顷；加大土地开发整理投入力度，国家安排投资项目563个，项目建设696万亩，计划新增耕地104.4万亩，总投资247.6亿元；全年批准新增建设用地40.43万公顷，比上年增长15.3%。根据"十一五"规划纲要，到2010年末全国耕地面积必须确保不低于18亿亩。2007年政府工作报告也再次强调："一定要守住全国耕地不少于18亿亩这条红线。"

3. 土地资源质量较差，退化严重

我国现有土地资源中，流动沙丘0.45亿公顷，戈壁0.56亿公顷，海拔4000m以上难以利用的高山1.93亿公顷，难以利用的土地面积达2.93亿公顷，占国土面积的30.68%。我国国土面积中干旱、半干旱土地约占一半，山地、丘陵和高原占66%，平原仅占34%。耕地资源中质量好的一等耕地约占40%，中下等耕地和有限制耕地占60%。其中水资源充沛、热量充足的优质耕地仅占全国耕地的1/3，主要分布在东南部地区。而这些地区多是经济发展快，建设占地最多、最快的地方，这就意味着优质耕地面积数量下降的速度很快。而缺乏水源保证、干旱退化、水土流失、污染严重的耕地占了相当大的比例，大部分耕地土壤有机质含量低，土壤耕作层薄。同时，由于长期的生产活动缺乏规划和合理性，致使水土流失严重，土地沙化、盐渍化和草场退化面积不断扩大而损失掉大片的良田，土壤退化成为土地质量不高的一个重要因素。目前，有大量耕地受工业"三废"污染、酸雨危害和长期施用化肥等影响，地力下降，并且全国每年因水土流失、土壤盐碱化和沙化损失的耕地面积仍在增加。因此，实行综合治理，保护现有耕地，形势十分严峻。

4. 土地资源分布不平衡，土地生产力地区间的差异显著

综合气候、生物、土壤、地形等条件，大致可将我国的土地资源划分为三大区域，即东南部湿润、半湿润季风区，西北部干旱、半干旱内陆地区和西南部青藏高原区。东南部季风区只占国土总面积的45%，却集中了全国87%的生物产量、90%左右的耕地和林地、95%左右的农业人口和农业总产值，是中国重要的农区和林区，而且也是畜牧业比重大的地区。西北部干旱、半干旱地区占全国土地面积的30%，却只有4%的人口和10%的耕地。西南部青藏高原区占国土面积的25%，其人口和耕地的占有比例不足1%。

我国农业土地资源的以上特点，既为因地制宜地发展农、林、牧、渔多种生产提供了有利条件，又为我国农业生产带来了许多不利影响。因此，科学合理地开发利用农业土地资源是今后需要长期研究和解决的重要课题。

二、我国农业土地资源开发利用中存在的问题

建国以来，我国在全国范围内进行了改土治水、植树造林、改良草原等农业基本建设工作，并取得了很大成绩，为合理利用土地资源打下了良好基础。但是在农业土地利用中仍然存在许多问题，成为制约我国农业持续稳定发展的瓶颈。具体表现在以下几个方面。

1. 城乡建设占用耕地多，浪费现象严重

人口的急剧增加，住房、交通和其它建设都要占用土地。目前全国每年近50万公顷的耕地被三项建设（国家建设、乡镇建设和农民建房）占用。这些被占用的耕地一部分是优质农田，直接影响到农业生产的发展。加上我国大量建设项目用地基本上采用了粗放式的外延

扩张方式，大量占用了农用地，特别是耕地。如煤炭开采造成的塌陷每年破坏土地达1.3万～2万公顷，砖瓦生产每年破坏耕地近1万公顷。土地损坏随之而来的是生态环境恶化，居民点被迫迁移等严重后果。同时，土地浪费现象十分严重。主要表现在：①城市规模盲目扩张，建设项目跟不上，土地利用率低。②目前绝大多数农村居民居住分散，用地超标。③盲目建设开发区，土地闲置浪费严重。个别地方省、市、县、乡镇，甚至村都设开发区招商引资，耕地圈起来了，但却没有招到商、引到资，造成土地长期荒芜。

2. 土地生态环境恶化，土壤质量下降

对土地的掠夺式经营造成土地生态环境恶化。一是水土流失严重。我国是世界上水土流失最严重的国家之一，在过去的几十年里，水土流失面积从153万平方公里增加到180多万平方公里，约占陆地国土面积的1/5。水土流失造成了对土地资源的严重破坏，土壤肥力及含水量降低，旱洪灾害加剧；淤毁水利工程，降低灌溉防洪效益；四料（燃料、饲料、肥料、木料）缺乏、能源困难。二是土壤理化性质变坏，地力下降。严重的水土流失以及复种指数提高引起的化肥、地膜、农药等用量的增加，农家肥、绿肥等用量的减少，使土壤有机质含量显著下降。加上人们在耕作过程中，急功近利，忽视对土地与生态环境的保护，造成对土壤污染加重，致使土壤理化性质变坏，地力下降。三是草原退化，沙漠化面积扩大。据资料显示，我国草场退化面积已达5140万公顷以上，约占可用面积的23%，产草量平均下降30%。沙化面积达17.6万平方公里，受沙漠化影响的人口达500多万人，有近400万公顷的旱农田和500万公顷的草场受其影响。四是江、河、湖、库淤积、污染严重。我国每年流失的地表土高达50亿吨。平均每年被河流带走的泥沙约为35亿吨，年平均输沙量大于1000万吨的河流有115条，其中以黄河为最，黄河多年平均输沙量为16亿吨，黄河下游河床由年淤高1.5cm增长到目前的10cm，为世界之冠。长江水含沙量也有增无减。河流含沙量大会造成湖库淤积，河道淤塞，使水利设施寿命降低，洪灾频繁，也加重了水污染。目前全国的江、河、湖、库普遍受到不同程度的污染，水体生态环境受到严重破坏。

3. 土地利用率低，农林牧用地比例失调，生产布局不合理

我国农林牧用地占全国土地总面积的65.83%，而美国为77%，印度为75%，日本、欧洲都超过了80%。我国第六次森林资源清查结果显示：全国森林覆盖率为18.21%，仅相当于世界平均水平的61.52%。人均森林面积为0.132公顷，不到世界平均水平的1/4，居世界第134位。林地面积的稀少，是水旱灾害频发的重要原因。同时，土地资源利用效率低，浪费严重。一是农业土地单位面积产量尚有提高的潜力。目前我国尚有2/3左右的耕地为中低产田，制约了土地潜力的发挥；二是非农业建设用地产出率低，全国城镇人均用地面积已超过国家规定人均$100m^2$的标准。

4. 工业"三废"排放使土地污染加重

工业"三废"的排放和化学肥料、化学杀虫剂、除草剂的使用，使土壤中有毒物质含量剧增，造成严重的土壤污染，从而破坏了土壤结构，造成肥力下降，有的甚至被迫弃耕、撂荒，使耕地面积不断减少。土地污染不仅使农业土地的生产力降低，而且使农产品的质量标准降低，既影响了农产品的市场竞争力，也危害到人们的身心健康。

三、合理开发利用农业土地资源的基本原则

1. 因地制宜的原则

这是合理开发利用土地的基本原则。指从各地区的光、热、水、土、生物、劳动力、资金、生产资料等具体条件、生产发展特点和现有基础的实际出发，根据市场和国民经济需要等具体情况，科学合理地调整农业生产布局和作物结构，以获得地尽其力、物尽其用的最大经济效益和保持良好的生态环境。我国自然资源丰富，类型多样，分布不平衡。各地区资源

条件以及社会、经济、技术条件不同,文化有区域差异性,生产力发展水平有较大差距。因此,要根据自然规律、经济规律的要求,从各地实际出发,统筹安排,合理组织农业生产经营活动,选择适合地域特点的农业生产项目、种植制度、耕作方式、组织方式和农业技术手段等,进行科学的管理和经营,充分利用最有利的环境条件和资源状况,扬长避短,发挥优势,最大限度地发挥土地生产潜力,提高土地利用率和土地生产率,从而实现产出最大化、经济效益最优化。这既是自然规律和经济规律的客观要求,也是实现经济快速发展的有效手段。不仅有利于挖掘本地区的自然资源和社会资源潜力,生产更多的农产品,在数量上、质量上更好地满足社会生产、人民生活和对外贸易的需要,而且有利于使用先进技术设备,发挥机械化的强大威力,减少各种生产资源的消耗,从而降低农业生产成本,提高经济效益。

2. 经济有效的原则

这是由经济规律的内在要求所决定的。土地开发利用是一种经济活动,经济活动就要求取得最大化的经济效益。而在农业生产经营中,由于土地的使用方式具有多样性,土地利用效益也具有多样性。在同一区域,一定面积的土地上有多种不同的农业生产方案,但每一方案由于生产成本的不同和产品数量、质量及价格的不同,取得的经济效益也不尽相同。例如,在同一土地上种植粮食作物与经济作物所取得的效益就有差别。因此,在生产经营活动中,要根据当地的具体情况,选择合理的农业生产项目和经营方案,因势利导,方能取得理想的经济效益,获得最佳的土地利用效果。同时,最佳生产方案还要随时间的推移、各种条件的变化作适时的调整,这样才能不断保持土地利用效果的最优化。因此,要从综合效益的角度出发,发掘土地资源的潜力,不断调整和安排各种用地,提高农业土地生产率,选择最优的开发利用方向和方式,科学安排各类用地,以便在经济上收到实效。

3. 生态效益的原则

这是由人类的长远利益和农业可持续发展的要求所决定的。农业生产的对象是有生命的动植物,这种有着鲜活生命力的动植物之所以能够在自然界中繁衍、栖息、生存,是因为自然界为其提供了它们生存发展所必需的能量物资和适宜的环境条件。物种的起源和灭绝就是伴随着这些自然条件的变化而发生的。在农业生产中最常见的情况是为了更多地获取经济效益往往给生态环境带来不利影响。长期以来,人们在社会生产活动中,由于只追求经济效益,不重视生态效益,致使生态系统失去平衡,各种资源遭受破坏,已给人类社会带来巨大灾难,经济发展也受到严重制约。从事某种生产项目只追求个别的、一时的经济效益,往往存在着对生态资源的掠夺和破坏,人类在从事农业生产的过程中,务必树立有利于维护生态平衡的长远观点和全局观点,力求做到经济效益、社会效益和生态效益的有机统一,使各类用地在时间和空间上与生态环境相一致,以保障土地资源的持续利用。

4. 节约用地的原则

这是土地作为一种稀有资源对人们从事生产活动提出的客观要求。土地是农业生产中不可替代的基本生产资料。同时,土地对人类来说,又是一种特别珍贵的稀有资源。我国土地资源总量虽然相对丰富,但人均占有量却很少,人多地少的矛盾尤其突出。同时,我国人多地少与土地粗放利用并存,新增建设用地规模过度扩张,我国人口还将继续增加,经济建设占用一定数量的耕地不可避免。此外,污染与环境恶化对土地的破坏以及用地结构不合理造成的土地供需矛盾的加剧,要求在当前和今后一个时期内,必须加强土地管理,严格控制土地的乱占乱用,不管是什么建设,都要精打细算地节约用地,合理规划使用土地,使之发挥应有的功能作用。

5. 有偿使用的原则

土地是一种十分稀缺的生产要素。在市场经济条件下,只有对土地实行有偿使用,才能在经济上体现土地的产权关系,才能促使用地单位珍惜和合理使用每一寸土地,确保节约用地、因地制宜、保护资源三项原则贯彻到位。

四、提高农业土地利用率的基本途径

1. 千方百计扩大农业用地，努力提高土地资源的利用率

土地资源的利用率是反映土地利用程度的重要指标，它是一个地区或一个农业生产单位已利用的土地面积占土地总面积的比例。在不影响水土保持，不破坏生态环境的原则下，应尽量开发土地资源，提高土地资源的利用率。衡量农业土地资源利用率的主要指标有土地利用率、垦殖指数、复种指数等，可按下式计算。

$$土地利用率 = \frac{已开发利用的土地面积}{国土总面积} \times 100\% \quad (9-1)$$

$$垦殖指数 = \frac{耕地面积}{土地总面积} \times 100\% \quad (9-2)$$

$$复种指数 = \frac{总播种面积}{耕地面积} \times 100\% \quad (9-3)$$

扩大农业土地资源利用率的途径有以下几点。①开垦荒地，扩大耕地面积。垦荒要按客观规律办事，在注意农业生态平衡和讲求经济效果的同时，处理好垦荒与种好原有耕地的关系。②保护土地，节约用地。保护土地是指要防止由于乱砍滥伐、毁林开荒、毁草种粮、过度放牧以及粗放经营等原因造成的水土流失、风沙侵袭、土地遭到破坏，以保持良好的土壤结构和理化性状，保证土壤肥力不断提高，维持生态系统的良性循环。③扩大林地面积，提高森林覆盖率。我国山区、半山区所占比重较大，宜林荒山荒地很多，资源丰富，潜力很大。发展林业可以为国家建设和人民生活提供大量木材和林副产品，为农业提供燃料、肥料、饲料等。森林具有调节气候、涵养水源、保持水土、防风固沙等效能，还能减少空气污染，美化生活环境。实践证明，一个国家森林覆盖率达到30%以上，而且分布均匀，就能较好地调节气候，减少自然灾害，保障农业稳定发展。我国森林覆盖率现在只有14%左右，是一个少林国家，这与我国农业自然灾害频繁发生有一定关系。因此，在农业基本建设中，要搞好农、林、牧全面规划，实行山、水、田、林、路综合治理。同时还要积极发展林业科技教育事业，用现代化科学技术武装林业，用先进的管理方法管理林业，以实现林业现代化。④合理开发利用草地资源。包括草原、草坡和草山。利用草原、草山和草坡发展畜牧业，是经济合理利用土地资源的有效方式，它能以较少的投入获得大量的畜产品。搞好草地建设还能调节气候，保水固沙，建立良好的生态系统。⑤合理开发利用水域资源。目前我国淡水可养面积的利用率约为65%，海水可养面积的利用率约为16%。因此，应坚持捕捞和养殖相结合的原则，努力提高水资源的利用率。

2. 实行农业集约化经营，不断提高农业土地资源的生产率

农业土地生产率是指在一定时期内（通常为一年），单位土地面积生产的农产品数量或产值。单位土地面积上生产的农产品愈多，农业的土地生产率愈高。一般按农业耕地面积和播种面积分别计算。即：

$$土地(耕地面积、播种面积)生产率 = \frac{农作物总产量(产值)}{土地(耕地面积、播种面积)} \times 100\% \quad (9-4)$$

农业土地生产率是衡量农业现代化水平的重要指标。农业土地生产率主要受自然条件、农业科学技术水平、生产资料的数量和质量、劳动的数量和质量等因素的制约。要提高农业土地生产率，必须不断改善农业生产条件，实行精耕细作，集约经营，提高土壤肥力，把已经用于农业生产的土地资源利用好。农业集约经营是指在一定的土地上投入较多的生产资料和劳动，进行精耕细作，用提高单位面积产量的办法来增加农产品产量。它的特点是精耕细

作,力求单位面积产量显著提高。其目的是在减少单位农产品生产资料和劳动消耗的情况下,不断提高农业的土地生产率,缓解我国人均农业土地资源不足的矛盾。从目前来讲,要提高农业的集约经营水平,必须调整优化农业生产结构和作物布局,发展适应性强、效益高的农业生产项目。并通过加强农业基本建设,兴修水利,实施科教兴农战略,提高农业的机械化、工业化水平,逐步实现农业集约经营由以劳动集约为主向以资金集约和技术集约为主的转变,使农业土地生产率的提高不受传统生产方式的影响。

第三节 农业土地资源的管理

一、农业土地的合理流转

党的十一届三中全会以来,农村经济进入全面改革阶段。改革的关键是实行了家庭联产承包责任制这一新的土地经营制度。其核心就是实行土地的所有权与承包经营权的分离。同一集体所有制内部,人人享有平等的土地承包经营权利。实行联产承包责任制后的最初几年,长期以来依赖土地为主要谋生手段的农民,积极性空前高涨,农产品产量大幅提升,农村经济实力明显提高。但随着农村改革的不断深入和商品农业的发展,农村非农产业发展迅速,土地不再是农民唯一的谋生手段。农村劳动力跨部门、跨行业、跨地区的转移使原来按农村户籍人口平均承包土地的做法遇到了新的挑战。土地政策必须适应形势的变化,做相应调整,以使愿意从事其它非农产业的农民能够离开土地顺利转移出去,使种田能手能够发挥特长,在更大的土地面积上进行规模化经营,以提高农业的现代化水平。因此,改革农村土地产权制度,实行农业土地的合理流转已成必然。事实上,在20世纪80年代,就已经开始了这项工作。近些年,随着现代农业建设进程的加快,土地流转更加普遍。如何建立完善适应市场经济的农业土地流转制度,促进农业土地资源合理有序流转,成为摆在面前的一项紧迫任务。

1. 农村土地流转的概念

土地作为一种生产要素,只有合理流动,才能实现合理配置和高效利用,才能真正体现土地作为生产要素的性质。农村土地流转是一个比较复杂的问题,广义的概念不仅包括农村土地承包经营权(使用权)的流转,还包括农村土地所有权的流转,如国家对土地的征用、土地在不同所有者之间的买卖等,均涉及土地所有权的问题。在此讲述的主要是狭义的概念,狭义的概念仅涉及对土地承包经营权(使用权)流转的研究,它是农村生产经营活动中涉及最多,也是最常见的土地管理问题。目前,理论界对农村土地承包经营权(使用权)流转概念的理解和界定不尽相同,对于土地经营权与土地使用权的理解也不一样,在此不作深入研究,只从一般意义上来作说明。涉及土地流转的权属统一采用"土地承包经营权"这一术语。根据现行有关法律、法规的规定,一般认为:农村土地流转是指在农村土地所有权归属和农业用地性质不变的情况下,土地承包者将其土地承包经营权转移给其它农户或经营者的行为。其实质就是农村土地承包经营权的流转。

2. 农村土地流转的原则

2003年我国颁布实施的《中华人民共和国农村土地承包法》第33条规定,土地承包经营权流转应当遵循以下原则。

① 平等协商,自愿、有偿。意指任何组织和个人不得强迫或者阻碍承包方进行土地承包经营权的转让。

② 不得改变土地所有权的性质和土地的农业用途。

③ 流转的期限不得超过承包期的剩余期限。
④ 受让方须有农业经营能力。
⑤ 在同等条件下，本集体经济组织成员享有优先权。

3. 我国农村土地的流转方式

目前，我国各地农村发展不平衡，农村土地权属调整出现的问题不尽一致，农村土地流转进展程度不同，致使农村土地流转方式呈现出多元化的现象。如转让、转包、互换、出租、返包、入股、股份合作、代耕等。农业部 2005 年颁布实施的《农村土地承包经营权流转管理办法》第 15 条规定："承包方依法取得的农村土地承包经营权可以采取转包、出租、互换、转让或者其它符合有关法律和国家政策规定的方式流转。"法律中涉及的农村土地流转方式主要有转包、出租、互换、转让等形式，下面分别进行介绍。

（1）转包　转包是指承包方将部分或全部土地的承包经营权以一定期限转给同一集体经济组织的其它农户从事农业生产经营活动的行为。转包后原土地承包关系不变，原承包方继续履行原土地承包合同中规定的权利和义务。接包方按转包时约定的条件对转包方负责。这是目前我国农村土地流转的主要形式。

（2）出租　出租是指承包方将部分或全部土地承包经营权以一定期限租赁给他人从事农业生产经营活动的行为。出租后原土地承包关系不变，原承包方继续履行原土地承包合同规定的权利和义务。承租方按出租时约定的条件对承包方负责。由于出租的性质是债权而非物权行为，因而不改变土地的承包关系。在土地流转实践中，有些土地承包经营人将土地"转包"出去并收取所谓的"转包费"，实质上这是一种出租行为。所谓的出租并不是转让承包权，只是转让承包经营权。因此，这是名为转包实为出租的行为。这种流转形式的好处是承租者一般都实行规模经营，效益好，合同时间较长，有利于从根本上解决撂荒行为。

（3）互换　互换是指承包方之间为方便耕作或者各自需要，对属于同一集体经济组织的承包地块进行交换的行为。同时交换相应的土地承包经营权。互换从形式上看只是地与地的交换，但是从法律上讲，其实质是土地承包经营权的交易。互换双方可约定对不等值部分进行适当实物或资金补偿。互换行为也必须在集体经济组织内部的个人之间发生，同时互换必须登记在案。

（4）转让　2005 年农业部颁布实施的《农村土地承包经营权流转管理办法》第 35 条指出："本办法所称转让是指承包方有稳定的非农职业或者有稳定的收入来源，经承包方申请和发包方同意，将部分或全部土地承包经营权让渡给其它从事农业生产经营的农户，由其履行相应土地承包合同的权利和义务。转让后原土地承包关系自行终止，原承包方承包期内的土地承包经营权部分或全部灭失。"这种形式展示出了深化农村改革的方向，不仅有利于农业规模化、产业化经营，而且还是实现农村公有制的重要形式和引导农民共同富裕的重要途径。

4. 我国农村土地流转中存在的问题

土地流转是农村经济发展到一定阶段的必然产物，是对家庭承包责任制的有益补充和完善，是顺应农村社会生产力发展趋势，不以人们意志为转移的客观规律，也是传统农业向现代农业转变的必要前提。当前，农村土地流转中存在的问题，主要有以下几点。

（1）土地流转缺乏必要的引导　目前，我国农村集体土地流转还处在探索阶段，土地流转还没有成为各级政府经常性的指导工作，工作程序不明确，还不能满足当前农业产业结构调整、发展商品农业和适度规模经营对土地流转的政策指导需要。

（2）土地流转秩序混乱，缺乏规范　①土地流转的随意性和不稳定性强。多数土地流转都没有建立稳定的流转关系，流转期限较短。②土地流转无合同或合同不规范。相当一部分土地流转都没有签订合同，通常只是用口头协议的方式进行私下流转，基本上都在无组织、无程序地进行，缺少必要的法律规范。③一些地方存在行政组织代替承包户强行流转。对搞产业化经营需转入土地的，多数都是以行政方式强行承包户流转土地，在一定程度上限制了承包户的土地承包经营权。④个别地方存在随意改变土地用途，将耕地转为非农用地的现象。无序的土地流转，不能履行土地承包变更中的有关手续，致使土地流转失于管理。

(3) 土地流转机制不健全　　目前，多数农村土地流转管理机构不健全，缺乏土地流转的中介组织，未形成土地流转市场，土地流转的供求信息不能及时有效沟通。有的转出方找不到承接方，而想扩大经营规模的种田大户，又找不到有流转土地意向的对象。由于尚未建立土地流转补偿制度和土地投资补偿制度，土地流转费的确定没有可操作的价格标准，容易出现竞相压低流转费，损害农户利益的行为，同时也有个别农户漫天要价，阻碍土地流转。

(4) 传统思想阻碍土地流转　　土地在一定程度作为现金的替代品，为农民提供了一种特殊的社会保障，形成了根深蒂固的"恋土"和"守田为安"的传统观念。即使撂荒，心里还是认为生活有保障。另一方面，种田成本偏高的现实状况，使一些无地，少地的农民也不愿转入土地。造成想种的没多大效益，不想种的又不肯放开土地，阻碍了土地的合理流转。

(5) 土地流转效益流失严重　　主要表现一是一些农村集体完全以税费收缴方式搞土地流转，以税费每亩计价发包农户，费用收归集体，农民既丧失了土地承包权又丧失了土地流转收益。二是有的乡村以牺牲农民承包地的地价效益作为招商引资的优惠条件，以较低的地价干预农民将土地流转给进入农业领域的工商企业，致使农民的土地流转效益流失。

5. 促进农村土地合理流转的措施

(1) 提高对做好土地流转工作的认识，加强管理　　农村土地流转是农村经济发展、农村劳动力转移的必然结果。各级政府应该充分认识做好农村土地流转工作的重要性，做到在思想上重视、措施上可行、落实上到位。要以有利于农村生产要素合理流动，有利于促进农业结构调整，有利于增加农民收入为根本出发点，加强对农村土地流转工作的指导与管理，制订切实可行的法律制度体系，建立有效的管理体制和运行机制，维护农村土地流转的正常秩序和各方的合法权益。

(2) 依法流转，规范秩序　　完善以实现土地承包经营权的财产权为主体的农村土地制度，建立"归属清晰、权责明确、保护严格、流转流畅"的现代产权制度，促进农户土地承包经营权与财产权的统一。农户是土地承包经营和流转的主体，有权自主选择是否流转以及流转形式和流转对象。要坚持依法、自愿、有偿的原则，严格按照《中华人民共和国农村土地承包法》的有关规定规范土地流转程序，完善土地流转合同，制定符合本地实际又具有可操作性的土地流转管理办法。

(3) 积极培育农村土地流转市场　　建立土地流转的市场化运作制度是农村土地制度变迁的必然趋势，而完善中介服务组织是农村土地市场化的重要环节。中介服务组织在农村土地的供给主体和需求主体之间起媒介和桥梁作用，乡镇可以协调建立土地流转中介组织，负责土地流转的管理及中介，开展土地流转规划、供求登记、信息发布、土地评估、法律政策咨询、提供合同文体、调节合同纠纷、建立土地流转档案、进行项目推介、规范土地流转程序等工作，协调处理各方关系，搞好土地流转的服务。我国土地资源紧缺，要妥善解决土地经营的公平与效益问题，必须发育土地流转的市场机制，只有如此，才能从制度上保障生产要素的优化组合，实现土地资源的最佳配置和高效利用。

(4) 建立保障机制，促进农村土地合理流转　　逐步建立农村土地流转的社会保障机制，特别是要健全失地农民的社会保障机制，积极探索农村医疗保障和最低生活保障制度，解决农民的后顾之忧，从根本上消除农民的"恋土"情结，促进农村土地合理流转。

(5) 加强科技培训，提高农民素质　　在农业规模化、产业化过程中，需要一批了解市场经济规律、懂技术、善经营、会管理的农民科技人才。加强农民科技培训，能够提高农民综合素质，拓宽农民择业门路，特别是能够使农民脱离土地，实现跨行业转移和身份转变，使农村剩余劳动力得到有效转移，从而进一步推动土地的合理流转，不断提高土地配置效率，增加农民的经济收入。

解决农村土地流转问题是一项系统性的工作，必须树立全局意识，通盘考虑各方面因素，才能从根本上解决农村土地流转过程中出现的问题，化解农村土地流转过程中出现的复杂矛盾，促进农村土地的合理流转，全面提升土地资源管理水平。

二、农业土地资源管理的主要内容

农业土地资源管理是一项十分复杂的工作，其内容包括土地承包管理，土地数量与质量管理，土地权属管理和土地利用管理等，涉及面广、层次多，管理起来问题多、困难大、任务重。只有建立起合理的农业土地资源管理体制和运行机制，才能使土地管理走上科学化、法制化的轨道，才能实施更加规范有效的管理。

1. 土地承包管理

土地承包管理是指对公有土地的发包方与承包方之间就土地所有权和经营权进行规范调控的行为。在我国，国家和集体是公有土地的所有者，国家和集体可以采用将土地所有权与承包经营权相分离的办法，把国家或集体所占有的土地通过签订土地承包合同的办法发包给农场职工或个体农户，实行有统有分、统分结合的双层经营机制。土地承包合同明确了双方的责、权、利关系。特别强调承包者只拥有土地的经营权，没有土地的所有权。不经过具有相应权限的政府有关部门批准，承包方不得出卖、私自转作宅基地和其它非农业用地。国家和集体要对土地使用情况进行检查监督，并按承包合同规定提取经济收入，行使土地所有权。土地承包管理的主要工作有以下几点。

(1) 确定土地承包期限　土地使用的永续性和土地功能的不可替代性，决定了农业生产离不开土地，土地要重复应用于农业生产。同时，土地投资效果具有延续性，农田基本建设功效具有长久性。与其它生产行业不同，一个农业生产周期结束后，土地投资或农田基本建设功能并没有完全被本生产周期所利用，其功能会延续到下一个农业生产周期，甚至更长的时间。因此，确定合理的土地承包期限无疑会增强承包经营者投资土地的积极性，有利于提高土壤肥力，增加生产后劲。如果承包期太短，经营者就不愿意在土地上增加投资，搞农田基本建设，以及开发周期性较长的生产项目，容易造成掠夺式经营，破坏土地资源。对此，《中华人民共和国农村土地承包法》第20条规定："耕地的承包期为三十年。草地的承包期为三十年至五十年。林地的承包期为三十年至七十年；特殊林木的林地承包期，经国务院林业行政主管部门批准可以延长。"

(2) 对土地进行投资补偿　土壤肥力具有可变性，如果人们注重投入和用养结合，土壤肥力会继续增加。反之，只利用，不投入，土壤肥力就会下降，土地功能就会衰退。为了使承包者增加的投入有相应回报，充分调动承包者投资土地的积极性，增加土壤肥力，实现农业的可持续发展，对土地进行投资补偿就非常必要。对此，一方面延长土地承包期，使承包者在土地承包期内投入的多少由土地在生产过程结束后的劳动成果补偿。另一方面当土地发生流转时，应按规定进行补偿。《中华人民共和国农村土地承包法》第43条明确规定："承包方对其在承包地上投入而提高土地生产能力的，土地承包经营权依法流转时有权获得相应的补偿。"反之，如果承包者因掠夺式经营而降低了地力，应承担补偿所降低地力损失的责任。这种情况对投资进行补偿的办法是：实行土地定等定级，按等估价，根据承包经营者对土地经营前后造成的土地等级的差异情况，决定是应该得到补偿，还是应该弥补对土地造成的损失。实行土地投资补偿原则，有利于鼓励土地承包者改良土壤，增加土地投入，开展中长期农业基本建设，在有效保护土地资源的前提下，使农业土地的经济肥力不断提升。

(3) 土地转包和调整　土地转包是土地流转的主要形式。其特点是这种土地流转关系是在同一个集体所有制内部发生的，土地所有权仍属于原集体经济组织所有，转包后，原承包人仍向原发包方履行原合同规定的义务，原来的承包合同继续有效。发生转包的条件是原承包者在承包期间或期满后不愿意或无力承包经营土地时，自主地将自己承包土地的部分或全部，以一定的条件转包给第三者，并与之签订转包合同，由第三者向承包人完成双方约定的义务。特别应该指出的是发生转包不能违背承包者意愿。《中华人民共和国农村土地承包法》第33条规定："平等协商、自愿、有偿，任何组织和个人不得强迫或者阻碍承包方进行土地承包经营权流转。"承包期内，发包方不得调整承包地。因自然灾害严重毁损承包地等特殊情形对个别农户之间承包的耕地和草地需要适当调整的，必须经本集体经济组织成员的村民会议三分之二以上成员或者三分之二以上村民代表的同意，并报乡（镇）人民政府和县级人民政府相关行政主管部门批准。承包合同中约定不得调整的，按照其约定执行。转包土地不得改变用途。

(4) 土地承包合同管理　建立土地承包关系，发包方与承包方应当签订书面承包合同。《中华人民共和国农村土地承包法》第21条规定："承包合同一般应包括以下条款：①发包方、承包方的名称，发包方负责人和承包方代表的姓名、住所；②承包土地的名称、坐落、面积、质量等级；③承包期限和起止日期；④承包土地的用途；⑤发包方和承包方的权利和义务；⑥违约责任。"承包合同自签订之日起生效。承包方自承包合同生效时取得土地承包经营权。承包合同生效后，发包方不得因承办人或者负责人的变动而变更或者解除，也不得因集体经济组织的分立或者合并而变更或者解除。国家机关及其工作人员不得利用职权干涉农村土地承包或者变更、解除承包合同。

2. 土地数量与质量的管理

土地数量与质量的管理又称土地统计管理，是按照规定的土地分类标准和技术规程，对各类土地进行登记、统计和评价。主要是对于管理区域内的土地进行清理分类，数量、质量进行登记，绘制土地分布图，编制土地使用登记簿（卡），建立土地档案，给土地分级定级，制定较具体的价格标准，对土地适宜性或土地生产潜力进行评价等，为土地管理提供依据。通过土地数量、质量的管理，加强对违法占地、破坏耕地行为的查处力度，保护耕地，合理开发利用土地，以便于在各种土地交易、征地补偿以及耕地占补平衡中，提供可靠依据，避免盲目性和随意性，提高农用地管理水平和利用效益，实现用地在数量、质量和生态保护三方面的协调统一。

3. 土地权属管理

土地权属管理又称土地所有权和经营权管理。依法管理使土地所有权和经营权不受侵犯是土地权属管理的重要任务。2004年十届人大修订的《关于修改〈中华人民共和国土地管理法〉的决定》中第8条规定："城市市区的土地属于国家所有。农村和城市郊区的土地，除由法律规定属于国家所有的以外，属于农民集体所有；宅基地和自留地、自留山，属于农民集体所有。"国有土地和农民集体所有的土地，可以依法确定给单位或者个人使用。使用土地的单位和个人，有保护、管理和合理利用土地的义务。农民集体所有的土地，由县级人民政府登记造册，核发证书，确认所有权。单位和个人依法使用的国有土地，由县级以上人民政府登记造册，核发证书，确认使用权。其中，中央国家机关使用的国有土地的具体登记发证机关，由国务院确定。依法登记的土地权属和用途不得改变，该法第13条规定："依法登记的土地的所有权和使用权受法律保护，任何单位和个人不得侵犯。"土地产生权属争议时，在所有权和使用权争议解决前，任何一方不得改变土地利用现状。各级土地管理部门依据自己的职权范围和所承担的义务，对土地权属进行管理。组织和调整土地承包关系，保持土地经营的相对稳定；处理土地征用、借用的权属变更，制止不合理的占地现象，处理地权争议和纠纷，制定土地管理制度等。根据土地权属变更的法规，规范土地交易行为，建立正常交易秩序，促进农业、农村经济发展和农村社会稳定，建立和谐安定的社会主义新农村。

4. 土地利用管理

土地利用管理又称土地利用监督，是根据农村经济建设的需要，按照土地的特点和农业生态平衡原理，制订的土地利用、土地保护和土地改良的措施和规划，并检查、监督其实施情况，以指导农业生产经营单位合理利用土地。国家制定的《土地利用年度计划管理办法》为土地利用提出了纲领性指导意见。目的是加强土地管理和调控，严格实施土地用途管制，切实保护耕地，合理控制建设用地总量。其中规定要严格执行土地利用总体规划，合理控制建设用地总量，切实保护耕地特别是基本农田。这对于加强土地资源管理，严格保护耕地，探索建立适应社会主义市场经济要求的土地资源管理体制和机制，维护各方长远利益，保持农业的可持续性发展具有十分重要的意义。

三、农业土地资源管理的基本措施

1. 坚持土地用途管制制度，严格控制耕地的转用

实行土地用途管制是解决我国经济快速发展时期土地利用和耕地保护问题的一条有效途径。实行土地用途管制制度，就是要严格依照土地利用总体规划确定的用途使用土地。在具体工作中，必须坚持以下几点。①依据土地利用总体规划制定年度耕地转用规划，并依据规划、计划进行土地供给制约和需求引导。②严格耕地转用审批。要依法提高耕地转用审批权限，加大国家和省两级的审批管理力度，对不符合土地利用规划、计划的建设用地一律不予批准。③对依法批准占用耕地的应严格实行"占一补一"的规定。即依法批准占用基本农田的，还必须进行同等数量的基本农田补偿。补充和补划的耕地不仅要数量相等，而且要质量相当，以确保农业生产水平不因耕地的变化而下滑。

2. 严格划定基本农田保护区

实行基本农田保护制度是保护耕地的迫切需要。我国《基本农田保护条例》规定，依据土地利用总体规划，铁路、公路等交通沿线，城市和村庄、城镇建设用地区周边的耕地，应当优先划入基本农田保护区，任何建设都不得占用。国务院批准的《全国土地利用总体规划纲要》进一步对此做出了要求，规定1997年规划基期全国基本农田保护率应达到83.5%，其中17个省份应达到85%以上，并要求各省（市、区）在规定基本农田保护率的基础上，要将基本农田保护面积层层分解落实，长期坚持达到规定的基本农田保护指标。2003年，国土资源部又提出了这项工作的阶段性目标，即到2005年全国耕地面积确保不低于1.28亿公顷，其中基本农田面积不低于1.086亿公顷。根据这些规定和目标，实际工作中需要加强的是保护工作力度，要真正将规定的基本农田实实在在地保护起来，而不仅仅是停留在政策宣传上。为此，必须反复重申十分珍惜、合理利用土地和切实保护耕地的基本国策。

3. 以土地整理为重点，建立健全耕地补充制度

①必须坚持积极推进土地整理，适度开发土地后备资源的方针。我国后备土地资源的潜力在土地整理，今后补充耕地的方式也要依靠土地整理。据估算，在目前的经济发展水平下，我国土地整理增加耕地的潜力在666.7万公顷左右。开展土地整理，有利于增加耕地面积，提高耕地质量，同时也有利于改善农村生产、生活环境。②国家必须建立耕地补充资金保障。土地整理是对田、水、路、林、村进行的综合整治，需要投入大量资金。为此，应一方面按照《土地管理法》的规定征收新增建设用地土地有偿使用费，以此为主要资金来源，建立土地开发整理补充耕地专项资金，专款专用，长期坚持；另一方面，有必要制定共同投

入政策,将土地整理与农田水利、中低产田改造、农田林网建设、小城镇建设、村庄改造等有机结合起来,依靠部门的共同投入,产生综合效益。③应根据土地利用状况和社会经济条件,确定土地整理的重点区域。

4. 建立利益调控机制,控制新征耕地占用

控制新征建设用地、挖潜利用存量土地,是我国土地利用的根本方向。在市场经济条件下,除运用行政、法律手段外,还应利用经济手段,调控土地利益关系,形成占用耕地自我约束机制。从当前来看,应主要采取以下措施。

① 在土地有偿使用收入上调控利益关系,控制增量,鼓励利用存量。a. 凡是新增建设用地的有偿使用费应依法上缴省和中央,从动因与根本上抑制基层政府多征地、多卖地的行为;b. 利用存量土地的土地有偿使用费全部留给基层地方,鼓励地方政府在盘活利用存量土地的前提下以地生财。

② 在有关土地税费上进行调控,控制增量,挖潜存量。a. 落实《土地管理法》,提高征地成本;b. 调整耕地占用税,提高征地成本;c. 降低取得存量土地的费用,从而降低土地转移成本,鼓励土地流转;d. 开设闲置土地税,限制闲置土地行为,促进闲置土地利用。

5. 明晰农村集体土地产权关系,建立农民自觉保护耕地的自我约束机制

要持续做好我国耕地保护工作,除继续加强行政、法律和经济等的综合管理以外,还必须调动广大农民群众维护自身权益、形成自我保护耕地的机制。长期以来,我国在耕地保护的综合管理措施上不断加强,但广大农民维护自身权益,依靠农村集体土地所有者保护耕地的机制尚未形成。因此,应当深入研究农村集体土地产权问题,围绕农村集体土地产权管理,制定有关规定,明晰有关权利和义务,以使我国耕地管理走上依法管理、行政监督、农民自觉保护的轨道。

本 章 小 结

农业土地资源是指农、林、牧、渔各业已经利用和尚未开发利用的农业土地资源的数量和质量的总称。土地资源具有面积有限性、位置固定性、使用永续性和土壤肥力无限性、土地功能不可替代性的特点。土地资源既是农业生产不可替代的最重要的生产资料,又是财富形成的重要因素。

我国农业土地资源的现状是:土地总量大,但人均占有量小;耕地后备资源严重不足;土地资源质量较差,退化严重;地区分布不均衡,土地生产力的地区差异显著;城乡建设占用耕地数量较多,浪费现象严重;土地生态环境恶化,土地资源质量下降;土地利用率低,农林牧用地比例失调,生产布局不合理;土地工业污染严重。

合理开发利用土地是发展国民经济的先决条件,也是实现农业现代化的客观要求。因此,开发利用土地资源,必须遵循因地制宜、经济有效、生态效益、节约用地的基本原则。

目前我国农村土地流转的主要形式有:转包、出租、互换、转让。土地流转过程中存在的突出问题是:缺乏必要引导;土地流转秩序混乱;土地流转机制不健全;传统思想阻碍土地流转;农业土地流转效益流失严重。农业土地资源管理的内容包括土地承包管理、土地的数量与质量管理、土地权属管理以及土地利用管理。土地管理的基本措施有:坚持土地用途管制制度,严格控制耕地的转用;严格划定基本农田保护区;以土地整理为重点,建立耕地补充制度;建立利益调控机制,严格控制新征耕地占用;明晰土地产权关系,建立耕地自我

约束机制；健全土地管理法规，依法管理农业土地。

复习思考题

1. 基本概念

农业土地资源　农业土地利用率　农业土地生产率　复种指数　农业土地流转

2. 简述土地的自然经济特点。
3. 简述我国土地资源开发利用中存在的主要问题。
4. 简述我国农村土地流转的主要形式。
5. 农业土地资源管理的主要内容有哪些？
6. 论述农业土地资源管理的基本措施。

实 训 练 习

1. 某农业企业拥有土地 2960 万平方米，其土地利用情况如下。

名　称	2006 年	2007 年	2006 年与 2007 年比较
土地面积/万平方米	2960	2960	
①耕地/万平方米	1520	1620	
其中:旱地/万平方米	1100	1190	
其中:水浇地/万平方米	500	800	
水田/万平方米	420	430	
②园林地/万平方米	400	620	
③林地/万平方米	60	200	
④水面/万平方米	30	70	
⑤荒地/万平方米	800	300	
其它/万平方米	150	150	

（1）计算该农业企业 2006 年与 2007 年的各项用地增减变动情况，并分析变动的原因及其合理性。

（2）分析该企业的土地利用状况。

（3）计算该企业的森林覆盖率，并进行评估。

2. 宜兴紫砂陶土资源的开发与利用

江苏宜兴是闻名遐迩的陶都，位于沪宁杭的中心点，总面积 1758 平方公里，目前总人口为 109 万。宜兴的自然资源十分丰富，其中陶土资源蕴藏量达 9000 多万吨，居江苏省首位。自古以来，宜兴因盛产陶瓷而名扬四海。宜兴陶瓷业尤其是紫砂业对宜兴的经济发展起着重要的作用。宜兴陶瓷业有五种不同的产品，其中以紫砂陶瓷最负盛名。

宜兴紫砂陶是以宜兴独有的、有一定矿土储量的"泥中之泥"，其色泽为紫、赭红、米黄等色的粉质细砂岩原料制成；内外不施釉、有良好通气性能；其造型、装饰的多样性与艺术性巧妙结合，并集文学、书法、篆刻、堆塑、金石诸门艺术于一体；在特定温度下烧成的紫砂工艺陶。

紫砂产业包括原料开采、加工制作、烧成和销售等。紫砂行业有其自身的特点：它是劳动力密集型产业,同时行业门槛较低,适合家庭作坊式生产经营。

宜兴紫砂陶土资源有着独特的地质成因,它分布在宜兴境内黄龙山下上泥盆统五通组白色石英岩之间的火成岩和水成岩相交处的甲泥岩体中。目前仅在宜兴发现,故又称宜兴紫砂泥。紫砂泥夹存于五通组的甲泥矿土中,一般含矿率3.5%～5.5%。虽然甲泥矿土的储量较大,地质储量达1000万吨,但紫砂泥储量仅41万吨。紫砂泥独特的结构及其性能使之成为不可替代的稀有资源。宜兴紫砂陶土资源的稀有性和不可再生特性决定了必须走可持续开发的道路。目前,宜兴紫砂陶资源利用中存在突出的供需矛盾,并缺乏统一的行业管理。

请分析并提出宜兴紫砂陶的合理开发利用策略。

第十章　农业劳动力资源的利用与管理

> **学习目标**
> 1. 了解农业劳动力资源的概念与特点；
> 2. 理解掌握农业劳动力资源的管理重点；
> 3. 理解掌握农村剩余劳动力的转移途径；
> 4. 了解我国农村人力资源的基本现状；
> 5. 理解农村人力资源的开发、利用与管理。
>
> **关键词**
> 农业劳动力　农村人力资源　新型农民　教育培训　劳动管理

第一节　农业劳动力资源

一、农业劳动力资源的概念与特点

1. 农业劳动力资源的概念

农业劳动力资源是指能够参加和从事农业生产劳动的劳动力数量和质量的总和。农业劳动力资源的数量是指农村中已经达到劳动年龄，和虽未达到年龄或已超过劳动年龄但仍可以经常参加农业生产劳动的人数。我国规定，农村中男 16~59 岁，女 16~54 岁的有正常生产劳动能力的人为农业劳动力。农业劳动力资源的质量则指农业劳动者的体力、智力、劳动熟练程度、技术水平、文化水平以及思想觉悟、道德品质等方面的状况。

农业劳动力资源的数量变化，受自然和社会因素的共同影响。自然因素有，农业人口的自然增长率；达到或超过劳动年龄的人数和原有劳动力的自然减员。社会因素有，经济社会发展程度和国家所采取的人口政策与措施，如计划生育、劳动力在产业部门的分配比例及农村福利政策和妇女的解放程度等。农业劳动力资源的质量变化，则主要受农村教育发展、智力开发、农村医疗卫生条件以及农业现代化水平的影响。

2. 农业劳动力资源的特点

作为农业生产资源之一的劳动力资源，与其它资源如土地资源、水资源、生产资金相比，具有以下显著特点。

（1）流失性　所谓农业劳动力资源的流失性是指这种资源的服务能力（即劳动能力）不能储藏。如果某一时间不予利用，则该时间中可以利用的能力即自行消失，不能储藏为另一时期所用。

（2）可再生性　劳动力资源是可再生资源。只要使用得当，劳动力资源是可以不断得到恢复和补充的。这一特性要求劳动力资源的再生产必须与社会再生产的其它方面协调一致。

(3) 劳动力素质的差异性　劳动力素质的差异性主要表现在农业劳动者的健康状况、文化水平、技术技能和劳动熟练程度等方面的内在差异。劳动者素质水平的高低，不仅影响农活的完成质量与效率，而且影响某些复杂工种的执行能力。

(4) 构成要素的两重性　劳动力资源的两重性是指劳动力作为劳动者，一方面可通过劳动创造社会财富；另一方面又是消费者，需要消费生活资料。当农业劳动力不能与生产资料结合时，便成为纯粹的社会财富的消费者了。

二、农业劳动力资源的基本作用

农业生产同其它一切物质生产一样，在推动生产发展的各种资源要素中，劳动力是最基本、最活跃并具有决定性作用的资源要素。因此，农业劳动力资源作为农业再生产的主体，其功能作用主要表现在三个方面：一是农业劳动力资源是自然资源的开发者；二是农业劳动力资源是物资财富的创造者；三是农业劳动力资源是其它资源的组织者。

即使在农业生产大量使用机器设备和其它先进生产手段，广泛运用现代农业科学技术，生产的社会化、专业化水平达到了很高的程度，也同样离不开具有一定技术素养的农业劳动力和管理人员。因为科学技术成果需要通过人们在农业生产实践中推广应用，现代化的农业生产工具需要通过人们来掌握操作，各个生产部门和生产要素需要通过人们去进行合理组合，各种经济信息需要经过人们去进行搜集、加工、筛选和利用。可见，任何先进的科学技术和生产手段，只不过是人类器官的延伸，是人类器官创造的产物。种子只有通过人们的劳动，播种到土壤里，才能发芽、生长、开花、结果。

三、农业劳动力资源的合理利用

作为农业生产主体的劳动力资源，其利用的合理与否，素质高低，直接关系到农业经济的发展和农业现代化进程。如何充分合理利用农业劳动力资源，提高农业劳动力的利用率和农业劳动生产率，就显得十分重要。

1. 农业劳动的特点

劳动是指人的体力和脑力的消耗，是人类为了取得自身需要的物质资料而进行的有目的的活动。劳动是一切社会存在和发展的基本条件。农业劳动则是人、生物和自然条件三个因素相结合的生产过程。由于农业生产具有不同于其它物质生产部门的特殊性，因而产生了农业劳动力资源使用，即农业劳动的一系列特点。

(1) 农业劳动时间具有强烈的季节性　在农业生产中，人们要按照农业生产对象本身的生长发育规律，在不同的生产阶段及时投入劳动，进行耕作，否则就会贻误农时，影响生产。这就造成了不同生产季节农业劳动项目、劳动量以及劳动紧张程度的巨大差异，产生了农业劳动季节性的特点。

(2) 农业劳动周期长，劳动效益具有明显的差异性　在农业生产中，劳动过程及不同劳动形态（即流动形态及物化形态）的转换，是一个比较长的经济和自然过程。所以，农业各阶段的劳动，虽然对下一阶段的劳动有很大影响，但不能直接表现在产品中，不能立即形成农产品的最终物质成果；而在较长的转换过程中，由于受农业生物有机体自身生长发育规律的影响和外部条件的制约，因而使农业的劳动效益表现出明显的差异性。

(3) 农业劳动具有较大的分散性　农业生产对象的培育和生长必须直接或间接地依赖于各种自然条件。在农业生产中，土地是不可替代的生产手段和劳动对象，因此，处在广阔自然生态环境中的的农业劳动具有分散性。

(4) 农业劳动具有一定的连续性　一个农业生产周期是由许多间断的但又相互联系的劳动过程组成的。每一个作业的劳动质量，不仅影响下一个作业的劳动质量，而且会影响农业生产的最终劳动成果。因此，在组织劳动时，应建立健全劳动责任制，使劳动者既重视劳动数量，又注意劳动质量，关心劳动的最终成果。

（5）农业劳动内容具有多样性　农业企业必须走专业化生产与多种经营相结合的道路。农业生产各项目在不同阶段的劳动，一般要求采取不同的作业方式和技术措施，才能获得良好的收益。这就要求农业劳动者必须一专多能，掌握多种技能，能够从事不同的生产劳动。

2. 农业劳动力的利用率

（1）农业劳动力利用率的概念与指标　农业劳动力利用率是反映农业劳动力利用程度的指标。一般是指一定时间内（通常为 1 年）有劳动能力的农业劳动者参加农业生产劳动的程度。它是从数量或外延上考察农业劳动力利用程度的指标。反映农业劳动力利用率的指标有：①实际参加农业劳动的劳动力数量与农业劳动力总量的比率；②在一定时间内平均每个劳动力实际参加农业生产劳动的天数与应该参加农业生产劳动的天数之间的比率；③每天纯劳动时间占每天标准劳动时间的比重。在农业劳动生产率不变的条件下，提高农业劳动力的利用率就意味着在农业生产中投入了更多的劳动量。目前我国农业生产资金的投入相对不足，物质技术装备条件比较落后。因此，增加活劳动的投入量，提高农业劳动力的利用率对促进农业生产的发展具有十分重要的意义。

（2）影响农业劳动力利用率的因素　现实中，影响农业劳动力利用率的因素很多，不仅有劳动者自身的身体状况、技术能力和觉悟水平，而且还与自然条件和社会经济条件有着密切的联系，如自然资源、土地结构、人地比例、多种经营的开展状况、农村工业的发展水平、农作制度、农业物质技术装备程度、劳动组织和劳动报酬、责任制状况、干群关系以及家务劳动的社会化程度等。

（3）提高农业劳动力利用率的基本途径

① 运用积极的宏观调控政策充分调动农业劳动者的生产积极性。劳动力资源的利用程度与劳动者的积极性紧密相关。应运用积极的宏观调控政策充分调动农业劳动者的生产积极性，尊重劳动者的经营自主权，充分发挥他们在生产中的主观能动作用，使劳动力和劳动时间得到更加合理的利用。

② 向农业生产的广度、深度进军，大力发展农业多种经营。尽管我国按人口平均计算的耕地资源非常有限，但其它资源相对比较丰富，有大量的草地、林地、海域和淡水养殖面积可供利用，因此，不能把注意力只集中在单一的生产项目上，或者只从事简耕粗作的经营，应开阔视野，树立大农经营的观念，走农林牧副渔全面发展、农工商一体化的发展道路。可以为农业劳动力的充分利用提供更多的就业门路。

③ 合理分配农业劳动力，积极探索适合我国国情的农村富余劳动力转移之路。要在农林牧渔之间，农业和农村其它产业之间，生产性用公与非生产性用工之间合理分配劳动力，把过剩的农业劳动力千方百计地转移到工业、商业、服务业、交通运输业、建筑业等二、三产业中去，避免配置不均造成的窝工浪费和转移受阻造成的闲置浪费。

④ 改善劳动组织，加强劳动管理。在农业中采用科学的、与生产力相适应的劳动组织形式，加强改善劳动管理，建立健全劳动绩效考评机制，实行合理的、有激励力的劳动报酬制度，使劳动者从关心自己利益的动机出发，负责任地积极主动地参与生产劳动，进而提高农业劳动力的利用率。

3. 农业劳动生产率

（1）农业劳动生产率的概念　农业劳动生产率是指单位劳动时间内所生产的农产品数量或生产单位农产品所支出的劳动时间。它反映了农业劳动消耗与其所创造的劳动成果之间的数量比例关系，表明农业劳动力生产农产品的效率或消耗一定劳动时间创造某种农产品的能力。

(2) 农业劳动生产率的指标

① 直接指标。农业劳动生产率的直接指标是指单位劳动时间内所生产的农产品数量或生产单位产品所消耗的劳动时间。用公式表示如下。

$$农业劳动生产率 = \frac{农产品产量或产值}{农业劳动时间} \quad (10\text{-}1)$$

$$农业劳动生产率 = \frac{农业劳动时间}{农产品产量或产值} \quad (10\text{-}2)$$

农产品数量可以用实物形式表示，如粮食、棉花等；也可以用价值形式表示，如农业总产值、净产值等。由于价格是价值的外在表现，而价格在不断变化，用价值形式来比较不同时期的农业劳动生产率时，要采用不变价格计算。劳动时间应包括活劳动时间和物化劳动时间，计算出的劳动生产率称为完全劳动生产率。但由于物化劳动时间的资料取得比较困难，一般只用活劳动时间来计算劳动生产率，称为活劳动生产率。在实际工作中，为了使活劳动生产率尽量接近完全劳动生产率，在用价值表示产品数量时可减去已消耗的生产资料价值部分，直接用净产值表示。活劳动时间的计算单位通常采用人年、人工日、人工时指标。

② 间接指标。为了及时考察农业生产过程中各项作业的劳动生产率，还可采用单位劳动时间所完成的工作量来表明劳动生产率，即劳动效率。如一个"人工日"或一小时完成多少工作量。

$$农业劳动效率 = \frac{完成的农业工作量}{农业劳动时间} \quad (10\text{-}3)$$

在运用农业劳动效率指标时要注意和农业劳动生产率指标结合应用。因为两者有时一致，有时不一致。如由于技术措施不当，劳动质量不高，违反农时，以及自然灾害等多种因素常常造成二者不一致。所以，不能只强调劳动效率，必须在采用正确技术措施的条件下，在保证质量和不误农时的前提下来提高农业劳动生产率。

(3) 提高农业劳动生产率的意义　农业劳动生产率是衡量社会生产力水平的重要标志。不断提高农业劳动生产率是农业发展的主要目标，也是加速社会向前发展的坚实基础。因此，提高农业劳动生产率不仅具有重大的经济意义，而且具有重大的社会政治意义。

① 提高农业劳动生产率和农产品质量，以较少的农业劳动力生产出更多的高质量农产品，从而能更好地满足国民经济发展和人民生活的需要。

② 提高农业劳动生产率，促进农业和国民经济的综合发展，降低单位农产品消耗，为国民经济其它部门准备了大量劳动力。

③ 提高农业劳动生产率，能够增加农民的收入，为农民进军国民经济的其它部门准备了条件。

④ 提高农业劳动生产率，能够提高农业劳动力的素质，促使农民学习科学文化知识，进一步促进农业生产力的发展。

这里需要说明的是，农业劳动生产率的提高是无止境的，而劳动力利用率的提高是有生理限度的。随着农业现代化的发展和农民收入水平的提高，农业劳动力利用率应逐步下降，以提高农民的生活质量。所以农业劳动生产率的提高就成为发展现代农业的根本途径，只有不断提高农业劳动生产率，才能为人类的无限发展提供可能性。

(4) 提高农业劳动生产率的基本途径

① 加快实现农业机械化和农业技术装备的现代化。以先进的农业机械作业代替手工操作，不仅能减轻劳动强度，而且可以缩短劳动时间，提高劳动效率，促进农业劳动生产率显著提高。因此，应在学习国外先进经验的基础上，结合我国的具体条件，逐步实现农业机械化和技术装备的现代化。

② 合理利用和改善自然环境条件。农业劳动者不仅要利用自然环境条件，而且应该努力改造自然环境条件，扩大稳产高产田，促进生态平衡，避免掠夺性经营，因地制宜地组织农业生产，通过提升农业的集约化水平来提高农业劳动生产率。

③ 重视农民的智力投资与开发，努力提高农业劳动者的科技文化水平。以新型农民和农村能人培养为重点，大力发展农村教育特别是农村职业教育和成人教育，重视农民的智力投资与人才开发，努力提高农业劳动者的科技文化素质和劳动熟练程度，使广大农业劳动者掌握从事现代农业生产的技术技能，是促进农业劳动生产率持续提高的有效途径。

④ 加强农业经营管理，合理组织农业生产劳动。按照自然规律和经济规律的要求，加强农业经济管理，使农业自然资源、农业生产工具和农业劳动者在现有技术条件下得到最合理的结合和最有效的使用，从而达到节约劳动，降低成本，提高农业劳动生产率的目的。

第二节　农民的充分就业与农业剩余劳动力转移

一、就业、失业与剩余劳动力

1. 农民的就业与失业

我国在建国以后相当长的一段时间内是没有农民就业这一提法的，农民也根本没有相当于城镇职工的就业要求，至今在一些部门和地方的决策者眼中仍存在就业或失业只是针对城镇居民的，与广大农民无关的错误认识。只是大约在 20 世纪 90 年代中后期，我国"三农"问题陷入前所未有的困境后，关于农民问题的各种思考才相对多了起来，农民就业的概念才被正式提出。过去的农民就业仅仅是指农民在自己的责任田上从事农业生产经营活动，通过自身的辛勤劳动、合法经营获取劳动成果。这个概念主要是从农业劳动者参与生产经营活动与否来考察农民是否就业的，但由于我国广大的农村地区富余劳动力数量众多，往往是存在"三个人的地五个人种"的客观情况，隐性失业问题十分严重，所以一个完整、科学的关于农民就业的概念应该是完全排除隐性失业因素的影响，应该着重从劳动绩效、劳动满意度的角度来衡量农业劳动者就业与否。所以，过去那种单纯通过劳动时间的多少来考察农业劳动者是否充分就业的认识存在一定偏差。科学的、严谨的农民就业的定义应该是指社会能够为农村劳动者提供充足的工作岗位，所有愿意就业的农业劳动力都能找到工作，并使他们与其它生产要素相互结合，通过自己的辛勤劳动、合法经营获得基本生产、生活资料和必要的劳动满足，进而达到自我实现目的的过程。其本质内涵包括：①农民参与生产劳动的时间数达到规定的时间数；②农民的劳动绩效达到规定的数量；③农民能够从劳动中获得足够的劳动满足。这一概念可以大致描述出农民就业问题在新时代所具有的特征，特别是对农业劳动者的定位由过去的传统农村劳动力变为具有先进特征的农业产业工人，增加了过去所不具有的关于劳动满意度的评价等带有人文主义色彩的内涵，从这一点上可以充分体现出"以人为本"思想的科学内涵和"科学发展观"对农民就业问题所提出的具体要求。

2. 农业剩余劳动力

农业剩余劳动力是指在一定的物质技术条件下，农业劳动力的供给量大于生产一定数量农产品所需要的劳动者的数量。农业剩余劳动力是一个相对的概念，可以从绝对剩余和相对剩余两个方面加以界定。绝对剩余是指在一定区域、一定时期、一定生产力水平下，农业劳动力的边际效益为零时，农业中供大于求的那部分劳动力。相对剩余则是指在一定区域、一定时期、一定生产力水平下，农业劳动力的劳动生产率达到全国平均劳动生产率时，农业中供大于求的那部分劳动力。

我国农业剩余劳动力产生的原因很多，①农村人口和劳动力所占比重大，增长快；②人均耕地逐年减少，农业生产对劳动力的总需求逐渐减少；③农业生产技术条件的改善，农业劳动生产率和集约化水平提高；④长期以来，农业产业结构单一；⑤城镇规模小，非农产业发展缓慢，对农业劳动力的吸纳能力有限。数量巨大的农业剩余劳动力，如果不能很好地安置，不仅会造成农业劳动力资源的极大浪费，而且还会影响现代农业的发展进程。

二、农业剩余劳动力测算

按照古典经济学原理，土地和资本是相对稀缺的，而劳动力是无限供给的。刘易斯按照古典经济学的思路，最先提出了剩余劳动力的概念。他指出，如果从传统部门中抽出一定数量的劳动力，没有降低农业总产量，那么这部分劳动力就是剩余劳动力[1]测算剩余劳动力数量的方法主要有两种，一种是测算狭义的农业剩余劳动力，狭义的农业剩余劳动力可以理解为农业拥有的总劳动力数量与现有农业生产技术和耕作方法下农业对劳动力的总需要量之间的差值。这一计算方法的前提是农业生产的技术水平和管理水平没有改变，如果将这类剩余劳动力转移到工业部门，农业生产基本上不受什么影响。另一种方法是广义农业剩余劳动力的测算，广义农业剩余劳动力可以理解为农业拥有的总劳动力数量与农业采用较先进的生产技术和管理方法下所需要的劳动力数量之间的差值。这种测算方法涉及到改变现有农业生产技术条件和管理方法的问题。由于农业生产函数中资本与劳动具有可替代性，因此，农业生产对劳动力的需要量取决于农业采用先进科学技术与管理方法的程度，取决于农业占用的资本量。如果不进行新的资本投入，而把这些农业剩余劳动力转移出去，农业生产就会下降。

众多国内外专家对农业剩余劳动力的测算提出了自己的观点。美国著名发展经济学家刘易斯将发展中国家的经济分为城市资本主义化的工业部门和传统的乡村农业部门，并在两大部门形成的城乡二元经济结构框架中考察农村剩余劳动力。刘易斯认为传统的乡村农业部门缺乏资本，劳动的边际生产率很小或等于零甚至为负，拥有大量的剩余劳动力，只要工业部门需要，就可从农业部门中得到无限供给，这一理论被称为"零边际生产率理论"。乔根森1961年提出，农业劳动力剩余是农村劳动力剩余的基础。劳动力从农业部门向工业部门转移的基础是农业剩余（而非劳动剩余）的存在。当农业剩余等于零时，就不存在农村剩余劳动力，只有当农业剩余大于零时，才可能形成农村剩余劳动力，也才需要转移农村剩余劳动力，这一理论被称为"农业剩余理论"。美国发展经济学家古斯塔夫·拉尼斯和美籍华人发展经济学家费景汉在1961年合作提出了二元经济发展模式，即拉尼斯-费模式，指出在农业部门，随着人口的增加，边际生产率递减，直至为零。按照边际生产率与农业人口平均生产率的关系，将农业总人口分为三个部分，边际生产率大于平均生产率的部分、边际生产率大于零但小于平均生产率的部分以及边际生产率等于零的部分。其中边际生产率等于零的那部分人口不生产任何农产品，称为多余劳动力，他们从农业部门撤出不会对农业总产量产生影响，只要给予相当于农业平均生产率的"不变制度工资"，他们就会源源不断地涌入城市工业部门，直到达到某一点，多余劳动力完全转移进城市，该点被称为短缺点，这是农村劳动力转移的第一阶段。随着工业的发展，当多余劳动力转移完毕后，劳动力转移进入第二阶段，即边际生产率大于零而小于平均生产率的那部分农业人口开始向城市转移。随着他们的转移，农业劳动的边际生产率开始上升，工资上涨，直到某个点，边际生产率等于农业平均生产率，该点叫做商业化点。在达到商业化点之前的这两部分劳动力被称为伪装失业，也叫剩余劳动力。当伪装失业完全被吸收到城市工业部门后，劳动力转移就进入第三阶段，此时农业部门完全进入商业化阶段，农业劳动力的边际生产率高于平均生产率，农业与工业部门

---

[1] 刘易斯. 二元经济论. 北京经济学院出版社，1989。

相互竞争，工资水平由市场决定。根据拉尼斯-费模式对剩余劳动力的解释，目前我国农村存在着大量剩余劳动力。郭熙保（1995）提出的"地劳比例"理论则认为，"当一个国家（或地区）农业劳动者的人均耕地面积长期呈下降趋势时，可以认为该国（或该地区）存在农业剩余劳动力"，农业剩余劳动力的规模取决于劳动者的人均耕地面积。无论劳动的边际生产率为何值，只要农业劳动力人数的增加快于耕地面积的增加，从而使劳动者的人均耕地面积下降，就存在农业剩余劳动力。何景熙（1999）在对农村剩余劳动力和农业剩余劳动力进行界定的基础上，提出了"有效工时"理论。这一理论将有效工时不足所引起的不充分就业作为劳动力剩余的界定标准。他参照我国城市劳动力平均标准工作时数来界定农村劳动力的有效工时数，将农村劳动力充分就业的标准界定为每个劳动力每年有效工时2000个。凡有效工时低于劳动力充分就业标准的劳动力均为不充分就业。

三、农民的充分就业与农业剩余劳动力转移

任何一种资源如果得不到充分利用，就意味着经济上的浪费和社会福利水平没有达到应该达到的水平。我国农村大量剩余劳动力的存在不仅影响了传统农业向现代农业的转变，而且在一定程度上制约着整个国民经济的发展。农业发展的深度、广度不够，第二、三产业又严重滞后，城市就业门路有限，农民难以实现充分就业。所以，政府应制定务实的、长短结合的关于减少农民失业，促进充分就业的政策措施。从长远来看，着力点应是控制人口总量，抑制劳动供给。从短期来看，着力点应是千方百计扩大社会对劳动力的需求，创造更多的就业机会。对农业剩余劳动力来说，转移的总体思路应是在提高农民科技文化素质和职业技能水平的前提下，通过宣传引导和利益驱动，促使依靠土地维系生活的农民由农业向农村非农产业转移、由农村向城市转移、由劳动力过剩的地区向劳动力不足的地区转移、由中国向别国转移。为保证转移工作的有力、有序、有效进行，应采取以下措施。

1. 着眼国内外市场的需求，大力发展具有较强竞争力的劳动密集型农产品的生产，进一步扩大农业自身的就业量

据有关专家估算，在多种农产品的用工需求上，谷物每亩用工只有14个，而蔬菜每亩用工为62个，水果每亩用工为67个，生猪每头用工为21个，牛每头用工为57个，淡水鱼每亩用工为31个。比较而言，粮食作物用地量相对较多，对劳动力的需求却相对较少。我国属于劳动力资源异常丰富、耕地资源稀缺的国家，大力发展林果业、水产业、畜牧业、高档蔬菜并对其进行精深加工，适当降低粮食生产并积极参与国际分工，这是转移农业剩余劳动力的有效途径和理性选择。当然，粮食在我国有着特殊的重要性，调整农业生产结构必须以国家的粮食安全生产为前提，通过不断改善农业生产的基础条件，凭借技术进步来提高粮食单产。基于国情和市场导向的农业结构调整不仅不会威胁粮食安全，而且能为农业剩余劳动力的合理安排和有效转移提供更为广阔的空间。

2. 加强农民的教育培训，提高农民的职业技能，以培养新型农民和现代产业工人为重点，减少低素质农业劳动力的供给

农业劳动力素质偏低，不仅会影响农业劳动生产率的提高，而且还会影响农业劳动力的非农化转移及身份转变，并在一定程度上加剧了农业劳动力供给过剩的矛盾。因此，要实现农业劳动力在城市非农产业的稳定就业，就必须强化农民的教育培训，将留在农村继续务农的农民培养成"有文化、懂技术、善经营"的新型农民，而将转移到城镇和非农产业的农民培养成高素质的现代产业工人，这是促进农业劳动力有序转移的治本之策。

3. 加快农村小城镇建设，促进乡镇企业合理布局，适当集中，努力形成有利于扩大农村劳动力就业的块状经济和产业集群

我国现有的乡镇企业80%分布在自然村，布局的分散使其丧失了应有的聚集效应和扩散功能，其就业容量也在不断下降。据有关部门研究，只要能使分散的乡镇企业向小城镇适度集中，通过关联产业的带动，就可使现有乡镇企业和小城镇的就业容量扩大30%～50%。依托这些小城镇吸引社会资金，引导乡镇企业不断聚集，形成块状经济和产业集群，并通过产权制度、户籍制度、投资制度、社会保障制度的配套改革，就能为农业剩余劳动力的转移创造更多的就业岗位。

4. 调整优化经济结构，大力发展城乡服务业，努力提高第三产业对农业劳动力的吸纳能力

改革开放30年来，我国经济总量显著增加，但同时产业结构矛盾也日益突出，第一产业比重过大，第二、三产业比重过小，服务业对劳动力的吸纳能力远低于发达国家和地区，使农业劳动力的转移就业因服务业的落后而严重受阻。因此，大力发展劳动密集型的城乡服务业是我国"十一五"期间扩大劳动就业的有效途径。

第三节　农业智力投资与农村人力资源开发

一、农业智力投资

1. 农业智力投资的意义

农业智力投资的目的在于提高农业劳动力的素质，也就是要提高农业劳动力资源的质量。这里包括，既要提高劳动者的体质，增强体力，又要开发智力，提高他们的科学文化水平。随着农业经济增长方式的转变和农业集约化、工业化、标准化水平的提高，越来越需要更多有文化、懂技术、善经营的新型农民。所以，进行农业智力投资，提高农业劳动者的整体素质，是一项艰巨而紧迫的任务。

（1）农业智力投资有利于提高农业劳动者的综合素质　传统农业在生产劳动过程中，劳动者同劳动对象简单结合，生产力水平极其低下。对生产发展起决定作用的是农业劳动者的数量、劳动者的体力和劳动者的劳动熟练程度。然而在现代农业的发展过程中，各生产要素的结合比较复杂。这种复杂的结合创造了新的更高的农业劳动生产率，农业生产力水平的提升不仅要求劳动手段要不断变革创新，而且还要求农业劳动者的综合素养要达到较高的水平，因此，农业智力投资就成为现代农业发展的基本措施。

（2）农业智力投资有利于推动农业技术和生产规程的变革创新　我国农业要与世界发达国家的农业抗衡竞争，必须进行技术创新和管理变革，必须在农业的生产标准、技术规程和方法手段上进行突破创新，必须把农业劳动者的实践经验与农业科学研究的最新成果结合起来，只有这样，才能推动农业又快又好发展。如果没有农业劳动者素质的整体提高，农业技术和生产规程的变革创新就是一句空话。所以，农业科学技术的进步、管理流程的变革以及生产工艺、方法手段的创新需要强有力的农业智力投资支撑。

（3）农业智力投资有利于农民的充分就业和农村剩余劳动力转移　当前农民就业困难，农村剩余劳动力转移受阻，农民在城市非农产业不能实现稳定就业和身份转变，除社会提供的就业岗位有限外，还有一个主要的原因就是农民所能从事的大多是技术含量低、竞争激烈且以高强度体力劳动为主的工作，不少职业前景好、收入水平高的工作，农民因缺乏相应的职业能力而无法胜任。因此，要使转移农民能实现顺利就业并具有相对稳定的收入，就必须加强农业智力投资，提高农民的转移就业能力、职业竞争能力和创业发展能力。

2. 农业智力投资的特点

（1）农业智力投资是一个长期的过程　我国农村教育事业发展、农业科技队伍建设都与现代农业的要求不相适应，而现代农业则是多学科的综合，它是以一定的科学文化知识和多门学科的综合应用为基础的。我国传统农业中的合理部分，是农民长期生产实践经验的结晶，是文化遗产的重要内容。要掌握现代农业科学技术，继承农业遗产中的合理部分，形成素质很高的农业劳动力大军，不是一蹴而就的事情。劳动者科学文化素质和劳动技能的提高是一个循序渐进的过程，有自己的规律。因此，农业智力投资很难在短期内取得显著成效，必须做长期打算，进行长周期规划。

（2）农业智力投资面广量大，并具有一定的区域特点　农业智力投资既要在近十亿农民中普及基础文化知识，又要提高农业劳动者的科技水平、劳动技能，还要培养高级农业科研人员和技术推广人才。普及提高农民的基础文化知识是各地区的共同要求，但对于专门人才的培养，由于各地的农业特色不同，对专门人才的需求也就自然不同。因此，农业智力投资应充分考虑各地农业产业发展的实际需要，有针对性地培养具有地区特征的专业技术人才。

（3）农业智力投资的形式与其它投资也有显著区别　物质投资往往是通过基建项目、购置设备形成生产能力的，而智力投资则是通过发展教育科研事业，给农业劳动者传授科学文化知识，提高其素质水平来形成生产能力。投资的结果，不是直接表现为农业物质生产条件的改善，而是农业科技队伍、熟练劳动者数量的增加和农业科研成果、先进技术的推广应用。因此，农业智力投资是农业生产力发展的基础工程。

3. 农业智力投资的基本途径

（1）大力发展农村教育事业　首先要提高农村义务教育的普及水平。其次，要大力发展农村职业教育。目前我国农村职业技术教育不仅规模小、质量水平低，而且结构不合理。农村大批初、高中毕业生，由于缺乏从事现代农业生产的技术技能，致使他们的智力作用得不到发挥，而且实现农业技术现代化又需要各种农业专业技术人员。针对这种情况，在农业教育方面，应大力兴办培养实用技术人才的农业职业学校，重点针对初、高中毕业生和青年农民开展农业职业技术教育，使他们学习掌握从事现代农业生产的先进技术和劳动技能。

（2）有针对性地开展各种形式的专业技术培训　为加快农业现代化进程，地方政府应积极组织各有关部门，特别是农业中、高等学校和有关教育培训机构发挥他们的专业特长和技术力量，围绕农业结构调整和区域性特色优势产业的发展，从农业增效、农民增收的实际需要出发举办各种类型的短训班，开展多层次灵活办学，为社会主义新农村建设培训各种专业技术人员。也可发挥县、乡农技推广部门的作用，在农业科学技术试验、示范及推广过程中，组织广大农民边学边干，以提高他们的科技水平。

（3）大力举办农业中、高等教育和乡村业余文化学校　为解决农业专业技术人才严重匮乏的问题，应大力发展培养各级各类专门人才的农业中、高等教育，通过优化专业设置，推行产学研结合的办学模式，促进农业教育、科研与农业生产有机结合，形成农业教育为农业现代化培养高素质专业人才，农业科研为农业现代化提供先进技术，农业生产则为农业教育、农业科研提供巨大市场的长效机制。另外，应创造条件，大力兴办乡村业余文化学校，利用农闲时间，对农民进行文化扫盲和科技扫盲，以此从各个层面来提高农业的科技装备程度和人才保障水平。

（4）促进农业专业技术人才的合理调配与利用　建国以来，我国农业中、高等教育培养出来的人才本来就不多，但由于各种原因，一部分毕业生脱离了农业部门，不再从事自己应该从事的专业技术工作，致使本已稀缺的农业专业技术人才因利用不当造成了严重浪费。当前这一问题仍未得到解决且在市场经济的利益驱动下有继续扩大之势。因此，必须在加强思想教育工作的同时，通过立法、行政管制和经济措施促使农业专业技术人员回归其位，从事自己的专业工作,并通过提高他们的待遇,鼓励他们到农村、到基层、到农业生产一线去开展农业技术推广工作。如果这个问题不解决,农业的科技装备水平就不可能提高,农业科技转换率低的问题也就会长期存在。

(5) 加强农业技术推广工作 农业技术推广不仅仅是先进生产技术的传播扩散,而且也是先进思想和经营理念的传播扩散,它既能带动农业生产方式的变革创新,也能带动农民思想观念的转变提升。因此,应通过加强农业技术推广,有意识地培养农民的现代经营意识,启迪农业劳动者的聪明智慧,挖掘他们的潜能,以促进农村智力开发水平的全面提升。

世界各国农业现代化的经验表明,教育是促使农业科技转化为现实生产力的桥梁,是提高农业劳动力质量的根本途径。随着社会经济的发展和科学文化的进步,智力的发展是无穷的。只有具备一定科学文化素质和熟练劳动技能的劳动者,才能适应现代农业发展对复杂劳动的要求,才能总结推广劳动者在长期生产实践中积累的丰富经验和技艺,也才能更好地学习借鉴别人的生产经验和技术专长。同时,各种农业科技发明创造及其推广应用,也无一不是人的智力发展的结果,这种智力也只能通过社会生产实践和教育培训来获得。所以,对农业劳动者进行教育培训,是提高农业劳动力素质的基本途径。

二、农村人力资源开发

1. 农村人力资源的概念

按照现代经济学的观点,人力资源也称人力资本。广义的人力资源是指智力正常的人;狭义的人力资源是指能推动社会经济发展且具有智力劳动和体力劳动能力的人们的总和,它包括数量和质量两个方面。人力资源是能够推动整个经济和社会发展的依附于劳动者身上的各种能力和素质的总和。人力资本体现人与资本的双重特性,应是人的特点与资本特点的有机结合。从人力特征来看,在生产力三要素中劳动者是最活跃、最能动的因素,生产力中的物质要素只有与劳动者结合才能形成现实的生产力。从资本特征来看,人是技艺、知识、能力等的载体,人力资本依附于人身,具有可投资性和增值性。

而农村人力资源则是指能够推动农业和农村经济发展的、具有正常智力和体力的农村劳动力的总和,同样具有人与资本的双重特性。合理开发农村人力资源,提高农业劳动者的科技文化素质及职业技能水平对于提高农业劳动生产率,加快农业现代化进程意义重大。

2. 我国农村人力资源的基本现状

(1) 农村人口所占比重大,人力资源结构失衡 据2005年《中国统计年鉴》数据显示:我国的总人口为12.9988亿人;其中农村人口为7.5705亿人,占总人口的58%。农村人力资源总数为4.8724亿人,占农村人口的64%,占全国人口的37.5%,说明我国农村人力资源潜力很大,但人力资源开发不足,以及配置和利用效率不高,使我国人口以低素质劳动力为主体,并且人力资源结构严重失衡。

(2) 农村劳动力受教育程度低,农民的科技文化素质普遍不高 农民是农业生产的主体,也是农业科学技术转化的重要载体,农民科技文化素质的高低直接决定着农业生产力的发展水平。目前,我国农民的平均受教育年限不足7年,农村劳动力中,小学文化程度和文盲半文盲占40.31%,初中文化程度占48.07%,高中以上文化程度仅占11.62%,系统接受农业职业教育的农村劳动力不到5%。说明我国农村人力资源的开发水平总体不高,农业和农村经济的发展缺乏强有力的人才保障和智力支撑。

(3) 经费投入相对不足,保障机制缺失,农民教育培训长期处于低水平状况 农民的教育培训是一项复杂的系统工程,面广量大,教育培训对象的思想意识差、文化基础薄、组织化程度低。如果没有稳定的经费支持、科学的培训手段、有责任的实施主体,没有科学的、有针对性的教育培训计划和长期不懈的努力，就很难达到期望的效果。但长期以来，我国农民的教育培训基本上都由政府承担和组织实施，而政府的职能定位并不准确，个别地方的县、乡政府及村委会领导认为农民教育培训是软任务，可有可无，从短期来讲是只有投入没有产出、只有付出没有回报的事业，耗费大量时间、精力和金钱。因此，农民教育培训没有得到足够的重视，致使农民教育培训经费得不到保证，任务得不到落实，方法得不到改进，效果得不到提升，农民教育培训长期处于低水平、低层次、低效能的状况。

3. 农村人力资源开发

（1）农村人力资源开发的意义 合理开发农村人力资源，使农村劳动力掌握一定的科学文化知识和职业技术技能，可以提高其在农业生产活动中的增值效应。1999 年美国著名经济学家西奥多·舒尔茨在《改造传统农业》中明确指出："提高农村居民的人力资本投资水平对构筑农民收入增长的长效机制、增强农民的自生能力可以起到至关重要的作用，受过良好教育的农民一旦有了投资机会和有效的刺激，将会点石成金。"同时，他还讲到"改善穷人福利的决定性生产因素并不是空间、能源和耕地，而是人口质量的改善和知识的增进。"舒尔茨认为，人力资本的形成主要靠教育和培训。教育可以生产"知识效应"和"非知识效应"，能够直接或间接地促进经济增长。教育作为一种人力资本投资，是现代经济增长的主要动力源泉。2000 年诺贝尔经济学奖获得者美国芝加哥大学经济学教授詹姆斯·海克曼在《被中国忽视的人力资本投资》中指出："大量的关于中国和世界农业的研究表明，教育能够促进科技进步，能够提高农业生产力，并且可以帮助农业部门适应变化的市场和技术。接受较多教育的农民有更多利用技术和贸易的机会，在中国农村，农民收入普遍很低，因此教育就得到较少的支持，但教育回报率却很高。如果把更多的资源投入到贫穷地区的教育和培训，将会提高国民收入。"韦尔奇的研究也发现，农民的受教育程度提高，则对新技术的反应变得敏感，会更及时地采用新技术，相应地也可获得更高的收入。世界银行对低收入国家农民所接受的教育与农业生产的关系进行研究的结果表明，接受过 4 年初等教育的农民种植粮食的产量比从未受过教育的农民种植粮食的产量要高出 8.7%。

（2）农村人力资源开发的基本对策

① 着眼"三农"问题的解决，加强农村人力资源开发的组织领导与管理协调。随着农村工业化、城镇化进程的加快，我国农民正发生着职业分化，有着更多的发展要求和发展空间。除一部分农民继续留在农村务农外，大部分农民正由农业向城镇非农产业流动，由传统农民向现代产业工人转化。但由于转移的绝大多数农民不具备非农就业所必需的知识、技能和素质，客观上要求加大农村人力资源的开发力度，以此提高农民的科技文化素质。为此建议：成立由中央有关部门牵头的"农村职教和农民培训领导小组"，作为农民教育培训的领导、协调机构；增加农村职业教育和成人教育的经费投入，把农村职教和农民培训工作列入地方政府的任期目标和考核内容；下大力气实施农民培训工程，用 5~10 年的时间对 16~45 岁的这一农村劳动力群体进行一次技能轮训；继续坚持农村"三教统筹"和"农科教结合"，进一步探索新形势下的实现方式。

② 加快体制创新，积极构建政府主导、面向市场、多元投资的农民教育培训体系。农民教育培训作为一项面广量大的系统工程，理应得到各级政府、各相关部门乃至全社会的共同关注和积极支持。政府作为教育的实施主体，应当从促进教育公平，关心弱势群体，构建和谐社会的战略高度出发，充分认识加强农民教育培训的重要性。在解决农民教育培训资金的问题上，各级政府应处于主导地位。但仅靠国家又不行，必须广开渠道，实行投资主体的多元化。首先是中央和地方财政要加大对农村人力资源开发的投入。长期以来，国家一直重视在教育上的投入，教育经费的财政投入占 GDP 的比重将提高到 4%，但与发达国家相比，还存在一定的差距。各级政府必须从战略高度予以重视，并下决心加大投入。其次是国内、

国外并重,吸引各方投入。国内要鼓励城市支持农村,东部支援西部,鼓励企业、投资者到农村和西部投资办教育、搞科研,鼓励民间以各种方式和途径到农村贫困地区捐资兴教、投资办学。国外则要通过优惠政策,吸引外国政府、国际组织、企业家、华人华侨来农村开发人力资源,同时积极争取无偿援助、捐赠、低息贷款等,通过多元投资方式推动我国农村人力资源开发水平的全面提升。同时,应加快体制创新,完善培训体系。力争到2010年,初步建成与现代农业和农村经济发展相适应,以农民科技教育培训中心为骨干、以中高等农业院校、科研院所和技术推广机构为依托,以企业和民间科技服务组织为补充,以乡(镇)培训基地为基础的功能强大、手段先进、运转灵活的开放型、协同型的农民教育培训体系,按照新农村建设的要求,卓有成效地开展农民的教育培训。

③ 在普及义务教育的基础上大力发展农村职业教育,重视技能型、应用型人才的培养。农村人力资源开发的首要任务是普及九年制义务教育,消灭青壮年文盲。国家把普及九年制义务教育作为提高整体国民素质的战略任务来抓,农村要将普及九年制义务教育作为当前人力资源开发的基础工程,力争在最短的时间内完成"两基"达标任务。在此基础上大力发展农村职业教育,加速培养留得住、用得上的技能型、应用型人才,这是符合我国农村实际的明智之举,也是目前教育经费不足情况下低成本、高效率开发农村人力资源,解决农村人才瓶颈的有效措施。因此,要立足农村经济社会发展、农民脱贫致富的实际需要,有针对性地进行农村人力资源的开发,严格控制普通高中超计划招生,通过调控高中阶段的普职比例,合理引导未能考入普通高中的农村初中毕业生到农业职业学校学习,并通过实施助学贷款、创业扶持计划,对报考农业职业学校的农村青年或毕业后愿意扎根农村创业发展的毕业生给予适当的资金支持和相应的政策优待,以鼓励引导农村初中毕业生选择职业教育。农村职业教育的专业设置、课程体系、教学模式要有针对性,要立足学生生存本领、职业技能和致富能力的培养,要通过与企业积极"联姻",了解用人单位的需求,按照就业岗位所要求的人才规格和能力素质进行订单培养,切忌闭门造车,造成教育资源的浪费。

④ 规范劳动就业准入制度,建立完善促进教育需求的动力机制,督促农民主动参与培训。为提高农民工的就业竞争能力,实现农村劳动力的高质量转移,必须推行规范的劳动就业准入制度。a. 严格职业准入。要在确定的职业准入范围内,积极推行职业准入制度,逐步做到凡已公布实行职业准入的行业,农村青壮年劳动力如果没有接受职业教育或培训,没有取得相应的毕业证或职业资格证,则不能就业。b. 严格城市准入。在城市化进程中,要想发挥职业教育在农村剩余劳动力有序转移过程中的作用,必须使他们从职业学校毕业并取得相应职业资格,否则不能进入大中城市务工、暂住,甚至落户。各类城市企业在聘用人员时,只能与获得相应职业资格的职校毕业生签订劳动合同。c. 严格年龄准入。我国目前每年新增农村剩余劳动力500万~600万,其中绝大多数是没有升入高中的初中毕业生,这些初中毕业生没有经过基本的职业培训就直接进入劳动力市场,给本已过剩的劳动力市场造成了更大的压力和混乱,同时也造成人力资源的巨大浪费。因此,各级劳动部门、用人单位必须严格执行《劳动法》,对未成年的农村初中毕业生实行就业年龄限制。通过规范劳动准入制度,督促农民主动参与职业教育和技能培训。

⑤ 加快农村社会保障制度建设,切实提高农村人力资源的保障水平。中国由于城乡二元结构的制度性障碍,广大农民尚无法获得与城镇居民一样的社会保障,社会保障制度尚未覆盖广大农村。农民仍然是依赖于土地保障和传统的子女养老,这对于农村实现跨越式发展是一种巨大的障碍。国家必须加强规划,在收入再分配方面向农村社会保险制度改革倾斜,尽快将农村社会保险制度建立起来。当前农民迫切需要的是养老保险和医疗保险两大社会保险制度。可以根据我国的基本国情和农村实际统一规划,分步实施,并使其逐步纳入国家社

保体系，使农村人力资源的社会保障水平切实得到提高。在养老保险方面，可以先实现较低水平的保障，争取用 15~20 年的时间分阶段纳入全国社会保障体系；在医疗保险方面，目前首先解决大病医疗保险，然后在条件许可的情况下再实行普通医疗保险，也争取用 15~20 年的时间，分阶段纳入全国社会保障体系。在条件许可的时候，再逐步建立其它社会保险制度，如生育保险、工伤保险、失业保险等。随着农村城镇化水平的提高，最终使社会保障制度覆盖全国所有人口。

三、农村人力资源管理

农村人力资源管理是指一个国家、一个地区、一个生产部门或经营组织等为实现效益最大化的目标而对人力资源的取得、开发、利用、配置、调节和保护等方面所进行的规划、组织、监督、指挥和控制的管理活动。根据管理范围的不同，农村人力资源管理一般分为宏观人力资源管理和微观人力资源管理。宏观人力资源管理是指农业经济组织在整个社会范围内为实现效益最大化而对人力资源进行的管理。如政府在全社会范围内对农村人力资源开发进行的规划、组织、调配、协调与教育培训等，农业企业在整体层次上对其人力资源进行的战略规划、教育培训、统一调配等。微观人力资源管理是指农业企业在某一具体范围内为实现其效益最大化的目标而对其人力资源进行的统筹管理。如企业对各级各类专业人员的招聘、录取、培训、使用、升迁、辞退、奖励、惩罚、保护和调动等管理活动。

农村人力资源管理的提法借鉴了世界通行的人力资源管理理论关于基本目标和基本任务的论述。一些西方经济学者认为，人力资源管理的基本目标是：要取得组织内人与人、人与事的最佳组合以实现企业利益的最大化；要能充分开发人力资源的潜能，能不断维持或提升员工的知识、技能和能力，以实现组织的可持续发展；要能维护与激励组织内部的人力资源，能调动人的积极性使其潜能得到最大限度的发挥，不断提升其人力资本的价值以提高工作效率，改进工作质量；要能吸引、留住人才以保证组织的人力资源需求能得到及时的、最大限度的满足；要能保证组织遵守国家、政府有关人力资源管理的法律法规，能促使人力资源遵守组织内的相关制度与规定。

人力资源管理的基本任务是：以组织总体目标为依据，在分析现有人力资源的基础上，对组织未来的人力资源供给和需求进行预测和决策，保证能以一定数量、质量的各种劳动力配置到企业生产经营活动中，满足企业发展的需要。它包括工作分析、人力资源规划、招聘、选拔、录用、委派等活动。

通过采取各种有效措施激励、调动和维持员工工作的积极性和责任心，提高员工工作的满意度，以保证员工工作生活的质量。包括薪酬、福利、奖励与惩罚、沟通等活动。

通过人力资源开发与培训以提高员工的知识、技能、能力和业务水平，充分挖掘员工的潜能，不断提升其人力资本价值。具体包括员工能力评估、员工培训、职业发展规划等。

通过价值评价体系及评价机制，对员工的工作绩效、工作能力和思想素质等方面进行综合评价，及时做出信息反馈以进一步提高和改善员工的工作效率和质量。它包括绩效考核、工作评价、奖惩等活动。

根据现代企业制度的要求，做好工资、福利、安全与健康等工作，协调劳动力与企业的关系。具体包括与员工组织的谈判、沟通等。

通过以上管理活动，依据考评结果对企业员工进行适当的调整和组合以实现人力资源的最佳配置，并实现对员工的动态管理，包括员工晋升、降职、调任、退休处理等以保证效益最大化目标的实现。另外，农业微观经济组织在人力资源管理中应尽量实行目标管理，通过充分授权、明确责任、管理重心下移、细化目标任务，建立科学的绩效考评体系和规范的监督管理机制，以使人力资源管理达到预期的目标。

附:

2003—2010年全国新型农民科技培训规划（农科发〔1998〕11号）

为进一步贯彻落实科教兴国战略和党的"十六大"精神，针对我国农业进入新阶段和加入WTO后"三农"所面临的机遇和挑战，围绕农业部实施《优势农产品区域布局规划》，大力提高农民科技文化素质，促进农业增效、农民增收和农产品国际竞争力增强，特制定《2003—2010年全国新型农民科技培训规划》。

一、背景

改革开放以来，在党中央、国务院的领导下，在地方各级党委、政府和各有关部门的重视、支持下，农民科技培训工作坚持面向农业、农村和农民的方针，坚持农科教结合的发展方向，多渠道、多层次、多形式开展，推广了一大批农业新技术、新成果、新品种和新方法，培养了一大批农民技术骨干，初步形成了农民职业教育技术培训网络，使我国农民科技培训工作朝着规范化、制度化方向发展，有效地提高了农民的科技素质，为农业和农村经济发展作出了重要贡献。农民科技培训工作虽然取得了一定成绩，但与全面建设小康社会和农业现代化的要求还有很大差距和不足。一是对农民科技培训重要意义认识不到位；二是农民科技培训的投入、激励、监督等机制不健全，没有法律保障；三是用于农民科技培训经费严重不足；四是有限的农民科技培训资源没有得到有效整合和利用，农民科技教育培训体系急待完善。

当前，我国农业和农村经济发展出现了两个历史性转变：一是农业进入新阶段，农产品供求格局发生了历史性转变；二是我国加入WTO，农业和农村经济发展的外部环境发生了历史性转变。两个历史性转变要求千方百计提高农业的科技含量，提高农产品国际竞争力。农民是农业生产的主体，也是农业科学技术转化的重要载体，农民科技文化素质的高低直接决定着农业生产力的发展水平。目前，我国农民平均受教育年限不足7年，农村劳动力中，小学文化程度和文盲半文盲占40.31%，初中文化程度占48.07%，高中以上文化程度仅占11.62%，系统接受农业职业教育的农村劳动力不到5%。据国家统计局统计和有关调查显示，农民的收入水平与其科技文化素质呈明显的正相关。我国农村劳动者科技文化素质不高，不仅直接影响着农民的经济收入，也严重制约着农业劳动效率的提高，影响了国民经济和社会的可持续发展。因此，大力开展农民科技培训，提高农村劳动者的思想道德和科学文化素质，培养一大批觉悟高、懂科技、善经营的新型农民，把沉重的人口负担转化为强大的人力资源优势，对于提高农业的科技含量和国际竞争力，推进农业和农村经济发展具有重要的战略意义，也是从根本上解决农业、农村和农民问题的有效途径。

二、指导思想和原则

（一）指导思想

以邓小平理论和"三个代表"重要思想为指导，贯彻落实科教兴国战略和党的"十六大"精神，面对加入WTO的机遇和挑战，坚持体制和机制创新，紧紧围绕农业结构战略性调整和农业产业化经营，动员和利用各种科技教育资源，开展多层次、多渠道、多形式的新型农民科技培训，不断提高广大农民的科技文化素质，促进农业增效、农民增收、农产品竞争力增强，为全面建设小康社会提供智力支持。

（二）基本原则

1. 分类培训原则。面向农村基层干部、青壮年农民、农村妇女、后备农民以及农民企业家等不同培训对象，按照不同区域、不同产业、经济发展不同程度，采取形式多样、内容各异的分类培训。

2. 服务产业原则。立足于区域经济、科技和教育资源的现状，围绕各地的农业优势产业和特色农业开展培训。培训以经济建设为中心、以产业为依托、以市场为导向、以农民致富为目标，为地方农业结构调整和产业化经营服务。

3. 注重实效原则。紧密结合农时季节和需求，开展灵活多样、不同形式的技术培训。使农民一看就懂，一学就会，学了能用，用能致富。要加强案例和实践教学，利用各种形式传播农业科技知识。

4. 创新机制原则。按照农村经济发展要求，对现有农业科技教育资源进行整合，使其在农民科技培训中发挥更大的作用。对培训单位要引入竞争机制，健全项目管理制度，创新培训模式，充分利用现代教育手段，努力提高培训质量和效果。

三、目标和任务

（一）目标

通过实施新型农民科技培训规划，培养一大批觉悟高、懂科技、善经营，能从事专业化生产和产业化经营的新型农民。到2005年，使在重点产业和重点区域从事农业生产的骨干农民的科技文化素质在整体上有明显的提高；到2010年，使受训农民的科技文化素质在总体上与我国现代农业发展水平相适应。在我国逐步建立起一个适应需求、服务农民、手段先进、灵活高效的农民科技教育培训体系，逐步形成政府统筹、农业部门牵头、相关部门协作配合、社会广泛参与的新型农民科技培训运行机制。

（二）任务

实施"绿色证书工程"、"跨世纪青年农民科技培训工程"、"新型农民创业培植工程"、"农村富余劳动力转移就业培训工程"和"农业远程培训工程"等五大"工程"，建立健全农民科技教育培训体系，全面推进新型农民科技培训工作。上述五大"工程"培训对象、目标各有侧重，相互衔接。

1. 绿色证书工程。"绿色证书"培训是我国农民科技培训的一项基本制度，主要是按农业生产岗位规范要求对广大农民开展培训，培养骨干农民，现已培训1300万人。计划2003—2005年培训600万人；2006—2010年再培训1000万人。8年共培训1600万人，届时，在农村达到每8户农民有1人参加绿色证书培训。

2. 跨世纪青年农民科技培训工程。由农业部、财政部和团中央共同组织实施，主要是对农村优秀青年开展以科技为主的综合性培训，培养农村致富带头人和建设社会主义新农村的中坚力量，已培训154万人。计划2003—2005年培训300万人；2006—2010年再培训500万人。8年共培训800万人，届时，基本达到每个村民小组有1~2名优秀青年农民参加培训。

3. 新型农民创业培植工程。主要是从参加前两大工程培训的学员中，选拔能开展规模化生产和具有创业能力的优秀学员，通过政策引导、信息服务、创业资金扶持和后援技术支持，将其培植成规模化和专业化生产经营的农场主和农民企业家。该"工程"从2003年开始启动，计划2003—2005年培植农民3万人；2006—2010年再培植7万人。8年共计培植10万人，届时，达到每个乡（镇）培植2~3人。

4. 农村富余劳动力转移就业培训工程。主要是对农村富余劳动力转移就业进行引导性和示范性培训，提高农民进城务工就业素质和技能，促进农村富余劳动力合理有序流动。该项"工程"会同有关部门共同实施。计划2003—2005年培训300万人；2006—2010年再培训1000万人。8年共计培训1300万人。

5. 农业远程培训工程。主要是运用现代教育手段，加大传播覆盖面，快捷有效地向广大农民提供技术、信息和咨询服务，使农业科技成果迅速走进千家万户。2003—2010年，农业远程培训计划开发培训课程400门，录制广播电视节目4000小时，编译少数民族语言广播电视节目 800 小时,向全国播出 100000 小时,向农民发送农业科技光盘 1000 万张。同时,继续加大"农业科技电波入户计划"实施力度,到 2010 年,全国 90% 以上的县能实现电波入户。

6. 建设农民科技教育培训体系。有效整合农业科技教育资源,利用农业广播电视学校体系或农业科技教育培训机构,建立并完善以农业部农民科技教育培训中心为龙头,以各级农业科技教育培训中心为骨干,以高中等农业院校、科研院所和农业技术推广机构为依托,以企业与民间科技服务组织为补充,以县、乡、村农业技术推广服务体系和各类培训机构为基础的,从中央到省、地、县、乡相互衔接、上下贯通的农民科技教育培训体系,为实施五大培训"工程"提供保障。重点加强农业部农民科技教育培训中心和县、乡农民科技教育培训基地的建设。选择农民科技教育培训工作基础较好的 500 个县、2000 个乡(镇)进行示范。

四、培训重点与内容

根据当前农业和农村经济发展的新形势,按照《优势农产品区域布局规划》、《优势农产品竞争力提升科技行动》和即将制定的全国农村富余劳动力转移就业培训规划的总体思路,确定新型农民科技培训的重点和内容。

(一) 培训重点

根据我国农业产业结构调整和构建优势农产品产业带的发展战略,因地制宜地确定农民科技培训实施重点。东部地区和大、中城市郊区,重点培训农民大力发展高科技农业、高附加值农业、出口创汇农业的生产技术和经营管理知识;中部地区,重点培训农民优化粮食品种和品质结构,发展优质、专用粮食和集约化养殖业,根据市场需求发展高效农业的生产技术和经营管理知识;西部地区,重点培训农民退耕还林还草,大力发展畜牧业和林果业,发展特色农业和生态农业的生产技术和经营管理知识。

重点加强优势农产品区域的新型农民科技培训。一要加强国内消费量大,生产有潜力,通过扶持和发展,能够有效抵御进口产品冲击的优势农产品产加销技术培训。主要包括专用小麦、专用玉米、高油大豆、棉花、"双低"油菜、甘蔗和牛奶等。培训这类农产品生产、加工、贮运、销售等技术,帮助农民提高产品质量,降低生产和交易成本,搞好产销衔接,从而实现稳住国内存量市场,抢占增量市场的发展目标;二要加强在国际市场上具有明显价格竞争优势,有扩大出口潜力的农产品产加销技术培训。主要包括苹果、柑橘、牛羊肉、水产品等。培训这类农产品生产、加工、贮运、销售技术,重点培训产品质量安全、产后商品化处理和市场营销服务等关键环节,增强竞争优势,扩大出口,打造知名品牌,提高规模化生产和现代化管理水平,从而实现进一步扩大国际市场份额的发展目标。

(二) 培训内容

——提高农民生产技术水平的农业新知识、新品种、新技术;

——提高农民环保和食品安全意识的农业环境保护、无公害农产品、食品安全、标准化生产等知识;

——提高农民经营管理水平和适应市场经济能力的经营、管理和市场经济知识与技能;

——提高农民职业道德、法律意识和政策水平的职业道德、法律知识和农业、农村有关政策等;

——提高农民转岗就业能力的所需知识和技能。

五、保障措施

(一) 强化政府行为,进一步加强对农民科技培训工作的领导

当前,要把农民科技培训工作放在农业和农村工作的重要位置,增强紧迫感和责任感,理清思路,明确重点。要加强宏观调控,完善运行机制,充分利用现有农业科技教育资源,

促进农科教的有效结合，积极探索多部门协作的农民科技培训工作的新路子。要强化农民科技培训的政府行为，进一步加强领导，建立健全由农业部门牵头，各有关部门参与的农民科技培训工作领导机构，统一组织，互相配合，通力协作。要积极探索和研究制定有利于农民科技培训工作的政策措施，调动和激发广大农民学科技、用科技的积极性，努力营造农民科技培训工作的良好环境。

（二）加大经费投入，保障农民科技培训工作的顺利开展

加强对农民科技培训投入是我国加入WTO后重要的"绿箱"政策。要进一步加大对农民科技培训工作的经费投入，建立以政府投入为主导的多元化农民科技培训投入体制，实行中央财政投一点，地方各级财政拿一点，各农业类基地建设、综合开发、科技推广等项目经费列一点的办法，解决农民科技培训经费不足的问题。要研究切实可行的经济补偿机制，减轻农民接受科技培训的经济负担，为农民接受科技培训创造条件。建议将农民科技培训经费列入地方本级财政预算，要保证各级配套资金的及时落实。要积极拓宽融资渠道，鼓励农业产业化龙头企业参与农民科技培训工作，建立市场经济条件下的智力投入保障机制。对农民科技培训资金，要确保及时足额到位，并实行项目管理，做到专款专用，使资金发挥最大效益。

（三）注重实际效果，切实提高农民科技培训的质量和水平

加强农民科技培训工作，要坚持实用、实际、实效的原则，因地制宜，讲究针对性，突出实效性，注重带动性。要善于运用广播、电视、互联网等现代媒体和远程教育手段，努力扩大农民科技培训的覆盖面。农民科技培训单位要牢固树立质量意识，深化教学改革和内部人事分配制度改革，加强师资培训，完善规章制度，强化教学管理，规范教材的编写、出版和使用，规范教学计划的制定和执行，建立健全农民科技培训的教学支撑体系。要积极开展农民科技培训的教学研究活动，不断探索行之有效的教学模式、教学手段和教学方法，切实提高农民科技培训的质量、效益和水平。农业行政部门要加强对农民科技培训工作的管理、督促与检查，建立岗位目标责任制度，把农民科技培训工作绩效作为农业部门年度考核的重要内容。要建立和完善各项管理制度，制定切实可行的考核评估办法，建立激励机制，促进农民科技培训工作上质量、上水平。

（四）加强立法工作，积极推进农民科技培训工作法制化建设

要依据《中华人民共和国农业法》、《中华人民共和国农业技术推广法》、《中华人民共和国教育法》和《中华人民共和国职业教育法》等国家有关法律法规，开展农民科技培训工作。要加强有关农民科技培训法律、法规的宣传，加大执法和督察力度。要总结我国农民科技培训管理工作中的成功经验，学习和借鉴国外好的做法，根据农业和农村经济发展对农民科技培训的要求，制定农民科技培训的专门法律法规，把农民科技培训工作纳入规范化和制度化的轨道，使农民科技培训工作在法制保障下正常有序地开展。

本 章 小 结

农业劳动力资源是指能够参加和从事农业生产劳动的劳动力数量和质量的总和。农业劳动力资源具有流失性、可再生性、素质差异性、构成要素两重性的特点。农业劳动力资源的利用与管理是农业经济管理的重要内容。农业劳动力利用率是指一定时间内（通常为1年）有劳动能力的农业劳动者参加农业生产劳动的程度。它是从数量或外延上考察农业劳动力利用程度的指标。农业劳动生产率则是指单位劳动时间内所生产的农产品数量或生产单位农产品所支出的劳动时间。反映了农业劳动消耗与其所创造的劳动成果之间的数量比例关系，表

明农业劳动力在一定生产技术条件下生产农产品的效率和能力。

农业剩余劳动力是指在一定的物质技术条件下，农业劳动力的供给量大于生产一定数量农产品所必需的劳动力的需求量。为有效转移农业剩余劳动力，促进农民充分就业，政府应制定务实的、长短结合的政策措施。从长远来看，着力点应是控制人口总量，抑制劳动供给。从短期来看，着力点应是千方百计扩大社会对劳动力的需求，创造更多的就业机会。而对农业剩余劳动力来说，转移的总体思路则是在提高农民科技文化素质和职业技能水平的前提下，通过宣传引导和利益驱动，促使依靠土地维系生活的农民由农业向农村非农产业转移、由农村向城市转移、由劳动力过剩的地区向劳动力不足的地区转移，由中国向别国转移。

农业智力投资是开发农村人力资源、提高农业劳动者素质的基本途径。农村人力资源是指能够推动农业和农村经济发展的且具有正常智力和体力的农村劳动力的总和。合理开发农村人力资源，提高农业劳动者的科技文化素质及职业技术水平对于提高农业劳动生产率，加快农业现代化进程意义重大。目前我国农村人力资源的基本现状是：农村人口所占比重大，人力资源结构失衡；农村劳动力受教育程度低，农民的科技文化素质普遍不高；经费投入不足，保障机制缺失，农民教育培训长期处于低水平状况。为此，农村人力资源的开发管理应重点做好以下工作：①着眼"三农"问题的解决，加强农村人力资源开发的组织领导与管理协调；②加快体制创新，积极构建政府主导、面向市场、多元投资的农民教育培训体系；③在普及义务教育的基础上大力发展农村职业教育，重视技能型、应用型人才的培养；④规范劳动就业准入制度，建立完善促进教育需求的动力机制，督促农民主动参与教育培训；⑤加快农村社会保障制度建设，切实提高农村人力资源的保障水平。

复习思考题

1. 基本概念

   农业劳动力资源　农业劳动力利用率　农业劳动生产率　农业剩余劳动力
   农业智力投资　农村人力资源开发
2. 简述什么是农业劳动力的利用率和农业劳动生产率。
3. 简述农民的充分就业与农业剩余劳动力转移的关系。
4. 简述我国农村人力资源的基本现状。
5. 简述农村人力资源的开发途径。
6. 简述农村人力资源管理的内容与任务。

实训练习

1. 在库尔勒城市建设中，郊区铁克其乡已列入库尔勒市城市发展的总体规划，在被征地的同时，当地农村出现了大量富余劳动力。乡党委、政府抓住城建发展机遇，调整优化产业结构，以养畜种草与发展城市商业、服务业带动农民就业，从而有效解决了失地农民的就业问题。请用本章所学的知识谈一谈应通过什么样的途径与方式有序转移农业剩余劳动力。

2. 赤峰市巴林左旗各级农业部门以新型农民科技培训工作为着力点，紧紧围绕粮食增产、农业增效和农民增收，大力开展农民的科技培训，从而使农牧民的科技文化素质显著提高。目前已在全旗165个行政村开展了新型农民科技培训，共培训农牧民15万多人次。在巴林左旗林东镇土龙岗村，村民吴瑞祥指着塑料大棚里的黄瓜高兴地对记者说，去年在科技人员的技术指导下，一亩地黄瓜收入达到2万多元。今年他又新建了一栋蔬菜大棚，科技人员帮他引进了新品种，现在长势良好，今年收入肯定不低。村民曲占奎也在农技人员的指导下，实施滴灌技术，一亩地增收200多元。村民车建民通过科技培训，引进硬果型西红柿、青椒，不但调整了品种结构，产量也提高5%～10%。请以此为事实根据说明农业科技培训、农民素质提升与现代农业建设的关系。

第十一章 农业资金的利用与管理

学习目标
1. 理解农业资金的概念及特点；
2. 明确农业资金利用与管理的重点；
3. 掌握农业投资项目报告的撰写方法；
4. 理解掌握农业投资项目的评价方法。

关键词
农业资金　资金管理　农业投资项目　可行性论证　投资项目评价

第一节　农业资金的概念与特点

任何生产经营活动，除了要有一定数量的劳动资料和劳动对象外，还要有一定数量的货币作为流通手段和支付手段。农业资金的数量及其运动轨迹直接影响着农业生产的发展水平，认识和掌握农业资金运动的特点，了解农业资金运动的规律，对合理利用农业资金，提高农业资金的利用效率具有十分重要的意义。

一、农业资金的概念

农业资金是农业再生产过程中，生产、流通、分配及社会消费等环节中财产物资的货币形态。在农业生产经营活动中，农业资金具有保证农业再生产顺利进行，保证农业生产成本垫支，参与农业价值创造等多种职能，因此，农业资金是进行农业生产的重要条件。

二、农业资金运动的特点

由于农业生产受自然因素的影响较大，因此，与其它物质生产部门相比，在资金占用上也有其自身的特点。

1. 生产过程复杂、资金占用量大

农业生产项目多，所需要的生产资料品种多、作业操作环节多而复杂，再加之大多数农业机械和农机具专用性强、通用性差，各种农业机械设备和农机具的配备量大、利用率低，农业生产周期长，季节性强，因此，在储备资金和生产资金等方面的占用，往往数额较大。

2. 生产周期长、资金周转慢

由于农业生产受气温、光照、水分等多种因素的影响，一个生产过程有的是几个月，有的是十几个月，有的则达几年。在一种产品的生产过程中，各种作业项目之间又有一定的间隔期，使农业资金的投放和回收有一定的季节性，致使农业资金占用的时间长，回收慢。

3. 农业资金的利用率低

一方面，由于农业生产周期长，资金周转慢，回收期长，再投资的机会少，导致农业资金的利用率低；另一方面，用在各种农业机械和农机具上的资金，每年只能是在有限的季节和生产环节上使用，从而导致农机具设备闲置时间长，资金的利用效率低。

4. 农业资金的风险大

农业生产受自然风险和市场风险的双重约束，无论是遭遇自然灾害还是市场变化的影响，都会给农业生产造成巨大损失。严重时可能会使农业资金投入得不到任何收益，致使农业的投资风险远高于其它产业。

第二节 农业资金的利用与管理

一、农业资金的来源

农业生产领域中所占用或储备的资金，主要有以下几个方面的来源，国家投拨资金、农业自身积累、债权人提供的资金，以及通过商业信用取得的信贷资金或是利用外资。但不同生产单位，其资金的来源渠道也不尽相同。

1. 国家投拨资金

国家在农业上投拨的资金主要有：为国有农业生产单位核拨基本建设资金和流动资金；为农业科研、教育、气象等部门及所属事业单位核拨经费；为整治河流、兴建水库、水电站，营造防护林，治理沙漠，保护草场等专项投资；对于一些以生产单位自筹资金为主的生产项目，国家也给予适量的资金补助，如农田水利、水土保持、养殖基地、农科网建设补助等；此外，还有地方财政和农业主管部门用于农业的各项支出，以及提高农副产品收购价格、减免农业税费等。

2. 农业自身积累

农业自身的资金积累主要来源于集体积累和农民投资两个方面。集体积累的主要来源是各基层生产经营单位依合同约定向合作经济组织提交的积累，主要有公积金、职工福利基金、新产品试制基金和国家下拨的农田基本建设资金等。随着国家或集体对农业基本建设投资的逐步增加，生产条件不断改善，尤其是一些开发性项目的完成以及农业产值的逐年增加，使农业的集体积累不断扩大。农民投资包括用于家庭经营的自筹资金和参加农业合作经济组织的入股资金。现阶段我国农业普遍实行以家庭经营为主的经营形式，特别是随着从事不同生产项目的专业户和各种新经济联合体的日益壮大，农民的投资已成为农业内部自筹资金的主要来源。

3. 借入资金

借入资金是指农业生产经营单位向银行、信用社等金融机构所贷入的款项及结算中的债务等，这部分资金只能在一定期限内周转使用，到期必须还本付息。借入资金的主要渠道有以下几种。

（1）银行、信用社贷款　贷款是筹集资金的重要渠道，只要经济合算，有偿还能力，就可以争取贷款。

（2）发行债券　具备条件的农业企业或经营组织，可以通过发行债券的方式，将社会上的闲置资金集中起来，用于农业生产。

（3）外资贷款　在条件允许的情况下，可以争取境外直接贷款来获取所需资金。

4. 商业信用

商业信用是指以预收货款或延期付款方式进行购销活动而形成的借贷关系,是生产单位之间的信用行为。其主要形式有两种,即先提货后付款、先收款后付货。商业信用是生产单位筹集资金的一种方式。随着市场经济的发展,我国商业信用将被更加广泛地运用。

5. 利用外资

改革开放以来,我国将农业作为鼓励外商投资的重点领域之一,但农业利用外资的数额与其它产业相比,依旧偏少。农业利用外资潜力巨大。

二、我国农业资金利用中存在的主要问题

1. 农业投资立项实际运作中的科学规划性不够

国家虽然制订了农业发展的中长期规划,但在进行农业投资时,常根据年度农业发展水平需要立项,规划性不强,资金管理有一定的盲目性,导致一方面农业资金缺乏,另一方面又存在着农业投资使用不当的现象,致使一定数额的农业投资成为无效投资。

2. 农业投资管理缺乏有效的协调机制,资金使用分散,投资效率低

国家农业基本建设投资、农业综合开发资金、农业科技研发资金、以工代赈资金、扶贫资金等诸多农业专项资金,实行分块管理,投资的管理部门多、渠道复杂,资金的管理和安排缺乏统一规范,资金投向、建设内容、建设标准、项目的区域布局、资金的投放方式等缺乏统一协调。农业投资的种类、名目繁多,部门之间分散管理、不注意项目的衔接和配套,没有建立起一个强有力的工作协调机制,直接影响到农业的投资效率。

3. 农业资金使用不按计划进行,部分项目之间存在资金挪用现象

由于农业投资在范围和职责划分中,事权界线不清,农业投资项目应由中央、地方投资,还是由企业和社会投资没有明确规范,加上地方财政,特别是市、县以下财政大多财力有限,无法满足所有农业投资项目的资金需求。致使个别地方为争取中央及省级投资,实行一个项目多头申报,用此项目资金进行彼项目的配套,项目间存在着资金挪用的现象。

4. 农业资金投入总体不足,无法满足农业基础设施建设的需要

农业基础条件差,抗灾能力弱,经营风险大,影响了劳动生产率的提高。因此,要改变这一状况,就必须加大财政资金的投入力度。改革开放以来,国家对农业的发展从多方面给予了大力支持,但由于农业基础设施薄弱,农业资金总体需求大,一定时间内国家投入难以满足实际需要。随着国家对"三农"问题的高度重视,农业投入的力度将不断加强,农业基础设施条件也将会随着农业资金投入的增加而逐步得到改善。

三、农业资金管理

农业资金在农业生产及经营活动中发挥着重要作用,没有农业资金农业生产就无法进行,但是由于农业资金存在于不同的生产环节,进入农业生产的方式不同,其运行和转移的方式也有所不同,要发挥其功能效用,就必须加强对农业资金的管理。

1. 农业流动资金的管理

(1) 流动资金的概念及组成　流动资金是指垫支在生产过程和流通过程中使用的周转金。它不断地从一种形态转化为另一种形态,其价值一次转移到产品成本中去,是一次性转移,但在实践中,为了简化核算手续,把一些单位价值低,使用时间短的材料,如低值易耗品、包装物等,也列入流动资金的范围进行管理。农业生产单位的流动资金一般由以下几部分组成。

① 储备资金。指各种储备物资所占用的资金,包括种子、饲料、农药、肥料、燃料及修理用材料等。

② 生产资金。是指在生产过程中占用的资金,如产品、半成品等。

③ 成品资金。是指可以对外出售的各种成品占用的资金。

④ 货币资金。是指农业企业或经营主体的银行存款、库存现金及其它货币资金。

⑤ 结算资金。是指企业在供应、销售和内部结算过程中发生的应收、预付款项等。

（2）农业流动资金的循环周转　农业生产的过程是一个周而复始，连续不断进行的过程，因此，其流动资金的循环和周转也是一个不间断的过程。流动资金一般从货币形态开始，依次经过供应、生产、销售三个阶段，表现为三种不同的存在形态，最后又回到货币形态。

（3）提高流动资金利用效率的途径

① 加强物资供应储备环节的管理。主要是要加强采购的计划性，防止盲目采购。应通过制定合理储备定额，健全保管责任制，及时处理积压物资，将储备物资的资金占用量控制在最低限度。

② 加强生产环节的管理。主要是确定合理的生产结构，实行多种经营，改进生产组织方式，努力降低农业生产成本，增加销售收入，尽可能缩短生产周期，因地制宜地把不同生产周期的生产项目结合起来，开展多种经营，以便均衡地使用生产资金。

③ 加强流通环节及其它环节的管理。在此环节主要是及时组织产品销售，抓紧结算资金的回收。同时要加强贷款计划性，合理确定信贷资金的规模与结构，减少成品资金和结算资金的占用量。

2. 农业固定资金的管理

（1）农业固定资金的概念及特点　农业固定资金是指垫支在劳动资料方面的资金。它是农业生产经营活动所需的建筑物、机械设备、运输工具、产畜、役畜、多年生果树、林木等实物形态的固定资产的货币表现。列入固定资产核算管理的劳动资料，必须同时具备两个条件：一是使用年限在一年以上；二是单位价值在规定限额以上。

固定资金的特点，是由固定资产的特点所决定的。固定资产可多次参加生产经营过程而不改变其实物形态，它的价值随着在使用中的磨损逐步转移到产品成本中去，并通过折旧的方式从产品销售收入中得到补偿。所以，固定资金周转速度慢，需要经历固定资产整个使用时期才能周转一次，在此期间，固定资产一部分价值存在于实物形态上；另一部分价值则通过折旧的方式变为货币形态的资金。

（2）固定资产的计量　固定资产计量是指采用货币形式将所拥有的固定资产登记入账并列报于会计报表及附注的行为。正确进行固定资产计量能够保证固定资产核算的统一性，为计算固定资产折旧提供依据。固定资产计量可根据其来源分别按以下属性来进行。

① 按历史成本计量。在历史成本计量下，固定资产按照购建时支付的现金或者现金等价物的金额计量。即购入的固定资产，按照买价加上支付的运杂费、保险费、包装费、安装成本、税金等计量。自行建造的固定资产，按照建造过程中实际发生的全部费用支出计量，包括专门借款费用资本化的部分。投资者投入的固定资产，按照评估确认或者合同、协议约定的价值计量，合同或协议价不公允的除外。融资租入的固定资产，按照租赁协议或者合同确定的价款加运输费、保险费、安装调试费等计量。接受捐赠的固定资产，按照发票账单所列标价计量，无账单的，按照同类设备的重置成本或现值计量。

② 按重置成本计量。在重置成本计量下，固定资产按照现在购买相同或者相似资产所需支付的现金或者现金等价物的金额计量。当生产单位取得无法确定原始价值的固定资产时，按照同类固定资产的重置成本计量。

③ 按现值计量。在现值计量下，固定资产按照预计从持续使用和最终处置中所产生的未来净现金流量的折现金额计量。这种计量方式适用于接受捐赠未取得发票也没有同类固定资产可参考的情况。

④ 按公允价值计量。在公允价值计量下，固定资产按照公平交易中熟悉市场的双方都能接受的价格计量。

（3）固定资产的折旧　固定资产折旧是指固定资产在使用过程中发生磨损，并转移到成本费用中去的那一部分价值。固定资产磨损，包括有形磨损和无形磨损两种。有形磨损是由于物质磨损、侵蚀等而引起的价值减少；无形磨损则是由于科学技术进步等原因而导致的固定资产的价值减少。

① 固定资产计提折旧的范围。已提足折旧继续使用的固定资产和按规定单独估价作为固定资产入账的土地不计提折旧，其它固定资产均计提折旧。

固定资产应按月提取折旧，为了简化核算，当月增加的固定资产当月不提折旧，从下月起计提折旧；当月减少的固定资产，当月还应提折旧，从下月起不再计提折旧。对于提前报废的固定资产，不再补提折旧。所谓提足折旧，指已经提足该项固定资产应提的折旧总额。从数量上看，应提折旧总额等于固定资产原价减去预计残值再加上预计清理费用。

② 固定资产的折旧方法。固定资产折旧的计算方法主要有平均年限法、工作量法、年数总和法和双倍余额递减法四种。农业企业或经营单位应根据固定资产的性质和消耗方式，确定合理的固定资产的预计使用年限和预计净残值，并根据生产技术发展水平、环境及其它因素，选择合理的固定资产折旧方法。

a. 平均年限法。就是按固定资产预计使用年限平均计算折旧的方法。其计算公式为：

$$某项固定资产的年折旧额 = \frac{该固定资产原值 - （预计残值 - 预计清理费）}{预计使用年限} \tag{11-1}$$

$$某项固定资产的月折旧额 = \frac{该项固定资产的年折旧额}{12} \tag{11-2}$$

在实际工作中，固定资产折旧额是根据固定资产折旧率进行计算的，其计算公式为：

$$某项固定资产的月折旧额 = 固定资产原值 \times 月折旧率 \tag{11-3}$$

例：某固定资产的原值为 100000 元，预计报废时的残值收入为 6000 元，清理费用为 1000 元，使用年限确定为 10 年，其折旧率、折旧额计算如下：

$$年折旧额 = \frac{100000 - (6000 - 1000)}{10} = 9500（元）$$

$$月折旧额 = \frac{9500}{12} = 791.67（元）$$

上述折旧额的计算是按单项固定资产计算的，工作量大，在实际工作中，固定资产折旧一般实行分类计算、提取的办法。

b. 工作量法。对于农用车、收割机等固定资产可以根据其工作量和工作时间计提折旧，其通用的计算公式为：

$$某项固定资产单位工作量折旧额 = \frac{固定资产原值 - 预计残值 + 预计清理费}{预计工作总量} \tag{11-4}$$

如果按照行驶里程计算固定资产折旧额，上述计算公式可表示如下：

$$单位里程折旧额 = \frac{固定资产原值 - 预计残值 + 预计清理费用}{预计行驶总里程} \tag{11-5}$$

$$或表示为：单位里程折旧额 = \frac{固定资产原值 \times (1 - 预计净残值率)}{预计行驶总里程} \tag{11-6}$$

例如，某载重汽车，原始价值为 100000 元，预计清理费用 100 元，预计残值收入 16000 元，预计可行驶 20 万公里①，第一年行驶 5 万公里。则第一年折旧额的计算过程如下：

$$每公里折旧额 = \frac{100000+100-16000}{200000} = 0.4205（元）$$

第一年应计提折旧额 $= 50000 \times 0.42 = 21025$（元）

如果按照工作小时计算固定资产折旧额，上述计算公式可表示如下：

$$1 工作小时折旧额 = \frac{固定资产原值-预计残值+预计清理费}{预计总工作小时} \tag{11-7}$$

或表示为：
$$1 工作小时折旧额 = \frac{固定资产原值 \times (1-预计净残值率)}{预计总工作小时} \tag{11-8}$$

例如，某台机器原值为 750000 元，预计清理费 16000 元，预计残值收入 66000 元，预计可使用 10000 小时，其中，第一年使用 2000 小时。则第一年折旧额的计算过程如下：

$$1 工作小时折旧额 = \frac{750000-66000+16000}{10000} = 70（元）$$

第一年应计提的折旧额 $= 2000 \times 70 = 140000$（元）

c. 双倍余额递减法。双倍余额递减法是用期初固定资产价值乘以折旧率，计算确定当期折旧额的方法。

其中，年折旧率的计算公式如下：

$$年折旧率 = \frac{2}{折旧年限} \times 100\% \tag{11-9}$$

$$年折旧额 = 用期初固定资产价值 \times 年折旧率 \tag{11-10}$$

但最后两年，要按用期初固定资产价值扣除净残值后平均计算折旧额。

例如，某设备原值 200000 元，预计净残值 20000 元，预计可折旧 5 年。则各年折旧额的计算过程如下：

年折旧率 $=2/5=0.4$。每年的折旧额计算如表 11-1 所示。

表 11-1　双倍余额递减法下折旧额计算表　　　　　　　　　　单位：元

折旧年限	各年折旧额	累计折旧额	账面价值
1	200000×0.4=80000	80000	120000
2	120000×0.4=48000	128000	72000
3	72000×0.4=28800	156800	43200
4	(43200−20000)÷2=11600	168400	31600
5	11600	180000	20000

d. 年数总和法。年数总和法是用固定资产原值减去预计净残值的差额乘以折旧率来计算确定当期折旧额的方法。其计算公式如下：

$$年折旧率 = \frac{折旧年限-已使用年限}{折旧年限 \times (折旧年限+1) \div 2} \tag{11-11}$$

$$月折旧率 = 年折旧率 \div 12 \tag{11-12}$$

$$年折旧额 = (固定资产原值-预计净残值) \times 年折旧率 \tag{11-13}$$

$$月折旧额 = 年折旧额 \div 12 \tag{11-14}$$

例如，某设备原值为 302000 元，预计清算费 1000 元，预计残值 3000 元，折旧年限为 5 年。则各年折旧额的计算过程如下：

折旧总额 $= 302000+1000-3000=300000$（元）

年数总和 $= 1+2+3+4+5=15$（年）

每年的折旧额的计算如表 11-2 所示。从表 11-2 中可以得知，年数总和法每年折旧递减额为一个常数。本例中，这个常数是 20000 元，即 300000 元的 1/15，这样计算得来的折旧总额，每年呈等差递减，最后一年的折旧额，正好等于递减的差额。

表 11-2　年数总和法下折旧额计算表　　　　　　　　　　单位：元

折旧年限	原值－预计净残值	年折旧率	年折旧额	账面价值
				302000
1	300000	5/15	100000	202000
2	300000	4/15	80000	122000
3	300000	3/15	60000	62000
4	300000	2/15	40000	22000
5	300000	1/15	20000	2000
合计	—	—	300000	—

（4）提高固定资金使用效益的途径

① 合理购置固定资产。在资金有限的情况下，尽量选用通用设备，以减少固定资金的占用量。

② 科学计提固定资产折旧。一方面要选择恰当的折旧方法，使该收回的资金早日收回；另一方面，确定好计提折旧固定资产的范围，该提折旧的都要计提折旧，使不该计提折旧的固定资产不再提取折旧。

③ 加强固定资产管理。定期进行清查盘点，及时处理不需用固定资产，使未使用的固定资产及早投入使用，使不需用的固定资产及时得到处理。同时，建立和健全固定资产的保管、维修使用和改造制度，使固定资产经常处于技术完好状态，延长使用寿命，提高固定资产的生产能力和使用效率。

第三节　农业投资项目管理

一、农业投资项目的概念与特点

1. 农业投资项目的概念

农业投资项目是指投资主体利用各种经济要素，通过增加一定的投资，按预计的方案，在规定的期限内，形成新增固定资产和新增生产能力，以获得预期效益的农业扩大再生产和改善农业生产经营条件的活动。主要包括农业区域开发、农田改造、大面积开荒、农产品商品基地建设等。项目是一种投资活动形式，并以投资作为它的前提条件，运用资金，通过项目的系列活动，形成固定资产，创造或改善生产条件，形成新的生产能力，以达到扩大再生产的目的。

一个项目是一个独立的业务单位，其技术设计、财务估算、资金筹措、项目实施、组织管理等业务工作都是独立进行的。行政单位或与项目无关的各方都不得非法干涉。对跨部门、跨行政管辖区的农业投资项目，需要各级政府进行组织和协调时，也要注意尊重项目活动的科学性和独立性。任何项目都有明确的目标，即在预定的期限内取得一定的增长效益。一般项目要为投资主体增加纯收入或利润，非盈利项目要给国民经济带来效益和社会效果，没有任何效益和效果的项目不能获取立项。

任何项目都有时间和空间的限制。项目活动都有预期的寿命，寿命期可依次分为建设期、发展期和生产期。

2. 农业投资项目的特点

农业投资项目与农业生产本身的特点密切相关，它与国民经济其它部门的投资项目相比，具有以下特点。

（1）农业投资项目依赖于自然环境条件　农业投资项目是直接利用太阳能、生物、土壤、气候等自然条件的一种活动，受自然条件和自然规律的影响和制约。如农业区域开发要受到区域内水土资源、气候、水文、地质和自然灾害等因素的限制。所以，对农业投资项目的建设首先要遵循农业生物生长发育的自然规律。

（2）农业投资项目具有区域性要求　不同地区，农业的自然经济条件不同，甚至差别很大。农业投资项目不仅受自然条件的约束，同时还受劳动力状况，社会历史，区域文化，地区财力、物力等社会经济条件的影响，所以，同一农业投资项目在某一地区可行，在其它地区不一定可行，即使可行，在不同地区所获得的投资收益也会不一样。因此，农业生产和建设项目的安排，必须考虑自然条件和与之相适应的社会经济条件，要重视地域分布，做到因地制宜，合理开发。

（3）农业投资项目具有综合性的特点　农业投资项目不仅包括种植业、饲养业及其产品的加工项目，而且还包括农业资源的综合利用与资源保护项目以及为农业生产服务的项目。可见，农业投资项目是一个项目综合体。因此，农业投资项目，既要考虑单项投资，又要兼顾投资整体，否则就无法提高农业投资的整体效益。

（4）农业投资项目的风险大　农业生产与一定的土壤、肥力、气候条件等因素密切相关，这些自然因素都不同程度地影响项目效益的发挥。如果自然条件有利于农业生产，农业投资项目的效益就好；自然条件不利于农业生产，农业投资项目的效益就差。因此，农业投资项目的立项和实施要因地制宜，充分考虑不稳定因素的变化所带来的后果，减少农业投资项目的风险。

（5）农业投资项目周期长、见效慢　许多农业投资项目建设周期长、见效慢，如营造防护林、大型水利工程等，要经过较长时期，才能发挥其功能效用，但这些项目一旦发挥效用持续的时间也比较长。因此，对农业投资项目的评价必须处理好近期效益和长远效益的关系，既不可因投资项目建设期长或见效慢而加以否定，也不能因某种投资项目建设回收期短而草率上马，要进行正确的评价和科学的决策，只有这样，才能取得比较理想的效益。

（6）农业投资项目的效果具有多样性　有些农业投资项目的目标有多个，即一个项目完成后能带来多方面的效果，如修建水库既可以养鱼，又可以防洪、防旱；植树造林既可获得木材，又可以防风固沙，防止水土流失等，这就是农业投资项目效果的多样性。因此，对这类投资项目评估时，必须考虑项目所产生的综合效果，以便实事求是地作出科学决策。

（7）农业投资项目具有社会性　农业投资项目的社会性主要表现在：①农业生产项目的产出物是全社会必需的物品，其产量的多少和质量的好坏，对社会的安定团结、社会的进步和国民经济各部门的发展都产生不同程度的影响；②农业投资项目的建设会对自然生态系统产生较大的影响；③农业投资项目建成后所获效益，涉及到国家、地方政府、农民以及各部门和地区之间的利益关系，这些关系处理不好就会带来一系列的社会问题。因此，要保证农业投资项目的顺利实施，增强农业投资项目效益发挥的持续性，必须得到社会各界对拟建项目的支持与参与。

二、农业投资项目的可行性论证

任何投资项目都必须在既需要又可能，并且在具有一定效果的条件下才能获得通过。农业投资项目在决策前,必须分析投资的必要性、可能性和产生的预期效益。

1. 可行性论证的概念

可行性论证,又称可行性分析或可行性研究,是在建设项目投资决策前,进行技术、经济、社会乃至生态效益的评价和预测,对建设项目的设计方案进行综合论证和比较选优,以便为投资项目决策提供科学依据。

2. 可行性论证的内容

(1) 投资项目的背景和必要性　论证首先要阐明项目名称和地区情况,其次要指出项目投资的主观原因、客观依据,以及项目对社会经济发展、农业部门规划、国计民生需要等方面的意义、作用和必要性。

(2) 项目建设条件　在进行项目建设条件论证时,主要是论证资源条件、物资供应对实现项目建设的保证程度、优势和制约因素;分析达到目标的可能性。

(3) 项目产品的市场情况　在进行项目产品的市场前景分析时,要进行调查研究,搜集有关资料,预测拟建项目的产品在不同预测期内的市场销量、市场占有率和产品经济寿命周期,分析项目的生产能力、发展前景和各种影响因素,提出应变措施。

(4) 项目的目标　在进行项目目标分析时,要考虑项目目标的多样性特点,一般把生态目标放在首位,而把生产目标和经济目标放在次要位置,分析主要目标的约束条件及其变化的可能幅度,确定解决主要目标和次要目标矛盾的办法,分析论证达到预期目标所需的条件。

(5) 项目建设方案　不同项目有不同的建设方案,同一项目也有不同的建设方案。制定和选择方案,不仅直接关系到局部利益,而且关系到整体利益。因此,在制定和选择方案时,一定要从本地区的实际情况出发,分析项目所在地区的产业结构、开发整治的重点、耕作制度和养殖方式、生物和工程措施、生态和环境保护、品种和种养技术,并对工程总量、工程进度、建设周期进行估算,对方案的可行性和预期的生态效果、技术效果、经济效果作出科学评价。

(6) 项目资金　资金是实现项目目标的重要保证,没有资金,项目就无法完成。因此,要根据项目的目标、规模和方案,对包括主体工程和配套工程所需的资金进行估算,预计筹集方式和偿还方式,分析资金投放的效果。

(7) 项目评价　项目的评价分析,主要是分析项目是否有利于生态环境的改良和良性循环,是否在生产上可行、技术上先进、经济上合理,并通过技术评价、财务评价、国民经济评价和不确定性因素的分析作出全面评价。

(8) 项目的组织管理　为确保项目立项科学,实施顺利,要根据项目性质、规模、资金渠道,按照投资批准单位的要求,从项目所在地区的实际出发,提出组建开发项目管理机构的方案;明确生产管理体制、管理机构的设置、人员配备、责任范围、管理权限,以及项目审批、计划管理、资金和物资的管理办法。使项目无论在立项阶段,还是在实施阶段都能得到可靠的组织保障。

(9) 项目的可行性研究结论　对项目的上述内容进行全面分析之后,要依据得出的最后结论,编制可行性研究报告。若有需要证明的问题及其它建议,也可列在此项。

3. 可行性论证的时间安排

根据有关规定,可行性论证分为以下四个阶段。

(1) 投资机会论证阶段　投资机会论证阶段又称项目建议书阶段。本阶段主要是根据资源、市场、经济建设的长远规划、方针政策以及争取投资单位的技术管理能力等情况,在粗略地进行市场调查和预测的基础上,对现有资料进行分析,估算投资效果和费用,结合专家的意见,对拟议项目是否可行,如何争取投资机会,提出大体设想。

(2) 初步可行性论证阶段 初步可行性论证是对机会论证提出的项目设想的可行性所进行的估计,是在上一阶段的基础上对市场信息进一步调查,对市场环境进行分析,同时,对项目所在地区的资源和项目所处的位置及周边环境进行勘察和分析,初步判断建设项目是否有发展前景。

(3) 详细可行性论证阶段 详细可行性论证阶段要对建设项目进行全面的技术经济论证,进一步分析论证市场容量、生产能力、工艺技术、原材料来源、厂址选择、经营成本、投资回收期和投资利润率等,以探讨项目建设的可能性和合理性,并针对可能出现的情况,提出多种可行方案。

(4) 评价报告阶段 经过对建设项目进行认真的技术经济分析,如果得出的结论是项目建设必要,生态上允许、技术上可行、经济上合理,则可编制详尽的可行性论证报告,推荐一个以上项目建设的可行性方案和实施计划,提出结论性意见和重大措施建议;如果得出的结论是项目建设不可行,虽然生态上允许但技术上不可行,或是经济上不合理,也要编制可行性分析报告,提出项目不可行的结论意见或项目改进的建议,以便为决策部门提供事实根据。

三、农业投资项目的评价

1. 农业投资项目评价的含义

农业投资项目评价的目的在于减少投资的盲目性,最大限度地提高投资效益。农业投资项目的评价,是投资决策科学化、规范化、程序化、民主化,避免失误的重要保证,在我国管理逐渐科学化的今天,投资项目的评价也越来越被人们所重视。

农业投资项目评价是农业投资项目立项前的可行性分析报告等的重要组成部分。它是通过多个技术方案和建设方案的比较、分析与计算,从中选择出生态上允许、技术上先进、生产上可行、经济上合理的方案,并对其进行全面的评价,提出投资项目的综合评价意见和建议,从而为项目的投资决策提供依据。

2. 农业投资项目的财务评价

农业投资项目的财务评价是在国家现行财税制度和价格体系下,在估算拟建项目效益和费用的基础上,分析拟建项目的盈利能力、清偿能力,以及外汇平衡情况,考察拟建农业投资项目在财务上的可行性。

考察农业投资项目在财务上的可行性,主要采用两类指标,一类是静态评价指标,如投资利润率、投资利税率、资本金利润率、资产负债率、流动比率、投资回收期、贷款偿还期等。另一类是动态评价指标,如财务净现值、财务净现值率、财务内部收益率、动态投资回收期等。

(1) 静态评价指标

① 投资利润率。投资利润率反映项目达到设计生产能力后的一个正常年份的年利润总额与项目总投资额的比值,是考察单位投资盈利能力的指标。其计算公式为:

$$投资利润率 = \frac{年均利润总额}{总投资额} \times 100\% \quad (11\text{-}15)$$

其中,利润总额是指税后利润;总投资额是指固定资产投资(不包括更改资金)、建设期利息和流动资金之和。

评价时,将计算的投资利润率与行业平均投资利润率作比较,如果达到或超过本行业平均水平,说明该项目可接受;反之,该项目不可接受。

② 投资利税率。投资利税率指标反映项目达到设计生产能力后的一个正常年份的利润和税金总额与总投资的比值。它表明单位投资年创利税总额。其计算公式为:

$$投资利税率 = \frac{年均利税总额}{总投资额} \times 100\% \qquad (11\text{-}16)$$

在财务评价中,将计算的投资利税率与行业平均投资利税率作比较,如果达到或超过本行业的平均水平,该项目可接受;反之,该项目不可接受。

③ 资本金利润率。资本金利润率指标反映项目达到设计生产能力后的一个正常年份的利润总额与资本金的比值,是考察单位资本金盈利能力的指标。其计算公式为:

$$资本金利润率 = \frac{年均利润总额}{资本金} \times 100\% \qquad (11\text{-}17)$$

财务评价时,若资本金利润率大于或等于投资者期望的最低利润率则项目可接受;反之,项目不可接受。

例如,某农业工程项目总投资额为120000万元,在投产后的第二年初就达到设计生产能力的100%,每年可实现利润总额24000万元,销售税金为7000万元,资本金为45000万元。则上述各项指标计算如下。

$$投资利润率 = \frac{24000}{120000} \times 100\% = 20\%$$

$$投资利税率 = \frac{24000 + 7000}{120000} \times 100\% = 25.83\%$$

$$资本金利润率 = \frac{24000}{45000} \times 100\% = 53.33\%$$

上述计算结果,只说明了该农业投资项目的盈利水平,无法确定投资项目的可行性。要判断该项目是否可行,须与国家、部门或银行规定的标准收益率(利润率和利税率)进行比较,如果达到或超过规定的基准收益率、部门(行业)平均盈利水平或贷款利率,可以说该项目可行;反之,就应该说该项目不可行。

④ 资产负债率。资产负债率是负债总额与资产总额的比值。它反映的是总资产中有多大比例是举债筹集的,也可用于衡量企业在清算时对债权人利益的保护程度。其计算公式为:

$$资产负债率 = \frac{负债总额}{资产总额} \times 100\% \qquad (11\text{-}18)$$

该指标不是越大越好,也不能说越小越好,适度为好。指标值过小,说明企业利用债权人资本进行经营活动的能力差;如果指标值过大,超出债权人的心理承受能力和偿债能力,企业可能借不到钱或承担着巨大的风险。因此,在以该指标作为借入资本决策依据时,必须充分估计预期利润和增加的风险,要权衡利弊后再作决策。

⑤ 流动比率。流动比率是流动资产与流动负债的比值。是反映项目偿还流动负债能力的指标。其计算公式为:

$$流动比率 = \frac{流动资产}{流动负债} \times 100\% \qquad (11\text{-}19)$$

该指标过大,说明农业投资项目单位没能很好的利用资金;如果指标过小,表明企业对到期债务的偿还缺乏保障。一般情况下,应将该指标与同行业的平均水平对比后加以判断。实践表明,该指标在120%~200%较为合适。

例如,某项目总投资为200000万元,其中,流动资产为165000万元;项目投资中短期贷款为94800万元。则流动比率为:

$$流动比率 = \frac{165000}{94800} \times 100\% = 174\%$$

如果同行业的平均水平低于174%,则说明该项目具有偿还短期贷款的能力。

⑥ 投资回收期。投资回收期是指项目投产后所获得的净收益累计到与全部投资额相等时所需的时间。回收期越短，投资项目越有利。投资回收期通常以年来表示，可通过下列公式求得：

$$\sum_{t=1}^{P_t}(CI-CO)_t = 0 \qquad (11-20)$$

式中，P_t 为以年表示的静态投资回收期；CI 为现金流入，包括销售收入，期末回收的流动资金、固定资产余值；CO 为现金流出，这里包括固定资产投资、流动资金、营业成本、营业税金及附加、所得税费用；$(CI-CO)_t$ 为第 t 年的净现金流量；t 为时间。

也可用财务现金流量表中累计净现金流量计算投资回收期，其公式如下：

$$投资回收期(P_t) = \binom{累计净现金流量}{开始出现正值年份数} - 1 + \frac{|上年累计净现金流量|}{当年净现金流量} \qquad (11-21)$$

评价时，可将投资回收期与行业的基准回收期或国家制定的定额投资回收期 P_c 比较，如果 $P_t \leqslant P_c$，表明项目在规定的时间内能收回投资，该项目在财务上可行，可以接受；反之，该项目在财务上不可行，应予放弃。

例如，某投资项目有甲、乙两个方案，甲、乙两方案的现金流量如表 11-3 所示，基准投资回收期为 5 年，计算投资回收期并对两方案进行比较。

表 11-3　各方案净现金流量资料表　　　　　　　　　　　　　单位：千元

年份	1	2	3	4	5	6	7
甲方案	−700	100	300	300	300	300	400
乙方案	−400	−300	220	380	500	550	800

解：（1）计算甲方案的投资回收期 P_t

$$\sum_{t=1}^{P_t}(CI-CO)_t = -700+100+300+300 = 0, 则 P_t = 4（年）$$

（2）计算乙方案的投资回收期 P_t

$$\sum_{t=1}^{P_t}(CI-CO)_t = -400-300+220+380+100 = 0，则$$

$$P_t = 4 + \frac{100}{500} = 4.2（年）$$

从计算结果看，甲、乙两方案的 P_t 值都小于 5 年，都可行。但因甲方案的 P_t 值为 4 年，小于乙方案的 P_t 值 4.2 年，所以，从投资回收期看甲方案优于乙方案。但从投资回收后的现金流量看，乙方案又优于甲方案。可见，判别方案优劣仅以回收期为标准还不够，还要结合其它指标综合评价。

例如，某农业投资项目的投资及其现金流出和流入如表 11-4 所示，当年行业基准投资回收期为 8 年，试计算项目的投资回收期，并分析判断该项目是否可行。

表 11-4　项目投资现金流量计算表　　　　　　　　　　　　　单位：万元

年份	1	2	3	4	5	6	7	8	9
现金流入量				800	880	950	950	950	950
现金流出量	150	200	400	620	680	690	690	690	690
年净现金流量	−150	−200	−400	180	200	260	260	260	260
累计净现金流量	−150	−350	−750	−570	−370	−110	150	410	670

根据表 11-4 资料，计算投资回收期：
$$P_t = (7-1) + \frac{110}{260} = 6.4(年)(包括建设期 3 年)$$

因该项目的投资回收期为 6.4 年，小于基准投资回收期 8 年，由此得出该项目可行。

因投资回收期计算简便，易于理解，经济意义直观，能反映项目本身的资金回收能力，但由于投资回收期没有反映投资收回后的收益状况，也没有考虑资金的时间价值，再加之基准投资回收期难以确定，不便于比较，所以，常常不被单独采用，只适用于那些风险较大或技术更新较快的项目。

⑦ 贷款偿还期。贷款偿还期就是指在国家政策规定及项目具体财务条件下，以项目投产后可用作还款的利润、折旧及其它收益偿还银行贷款本息所需的时间。其计算公式为：

$$I_d = \sum_{t=1}^{P_d} R_t \tag{11-22}$$

式中，I_d 为建设项目国内贷款的本息之和；P_d 为贷款偿还期；R_t 为第 t 年可用于还款的资金（包括利润、折旧和其它收益）。

贷款偿还期可直接从贷款还本付息计算表推算，用年表示，其计算公式为：

$$贷款偿还期(P_d) = \begin{pmatrix} 贷款偿还后开始 \\ 出现盈余年份数 \end{pmatrix} - 1 + \frac{当年应偿还贷款额}{当年可用于还款的收益额} \tag{11-23}$$

贷款还本付息计算表的格式如表 11-5 所示。

表 11-5　贷款还本付息简式计算表　　　　　　　　　单位：万元

序号	项　　目	第 1 年	第 2 年	第 3 年	……	第 n 年
1	贷款额或上年本息结转					
2	本年应计利息					
3	本息合计					
4	本年还本付息					
5	年末本息欠款					

在财务评价中，贷款按年计息，为了计算方便，假定贷款发生在年初，则每年应计利息为：年应计利息＝（年初贷款本息和＋本年贷款额）×年利率

例如，某企业一项固定资产投资 500 万元，资金来源全部为贷款，贷款利率 8%，第 1 年年初付款，建设期为 2 年，第 3 年年初投产，达到设计能力的 40%，第 4 年达到设计能力的 80%，第 5 年达到设计能力的 100%，在正常情况下，国内销售收入为 500 万元，销售税金为销售收入的 6%，正常年份的营业成本为 200 万元，其中，固定成本为 150 万元，变动成本为 50 万元。该项目的使用寿命为 20 年，期末无残值。采用平均年限法计提折旧。计算贷款的偿还期（不考虑所得税费用的影响）。

解：每年的折旧额 $= \dfrac{总投资额}{使用年限} = \dfrac{建设起投资+建设起利息}{使用年限}$

$$= \frac{500 \times (1+8\%)^2}{20} = 29.16（万元）$$

利润＝主营业务收入－主营业务成本－主营业务税金及附加－累计折旧（这里所指利润只涉及与该项投资有关的收入、成本、税金和折旧）。

投产第一年的利润＝500×40%－(150＋50×40%)－500×40%×6%－29.16
　　　　　　　　＝200－170－12－29.16

$$= -11.16 \text{（万元）}$$

投产第一年的还款来源为：利润＋年折旧额＝－11.16＋29.16＝18（万元）

投产第二年的利润＝500×80％－(150＋50×80％)－500×80％×6％－29.16
＝400－190－24－29.16
＝156.84（万元）

投产第二年的还款来源为：利润＋年折旧额＝156.84＋29.16＝186（万元）；用同样的方法算得，投产第三年、第四年的还款来源均为270万元。如表11-6所示。

表11-6 贷款还款期计算表　　　　　　　　　　　　　　单位：万元

序号	项目	第1年 0%	第2年 0%	第3年 40%	第4年 80%	第5年 100%	第6年 100%
1	贷款额或上年本息结转	500	540	583.20	611.86	474.81	242.79
2	本年应计利息	40	43.20	46.66	48.95	37.98	19.42
3	本息合计	540	583.20	629.86	660.81	512.79	262.21
4	本年还本付息	0	0	18	186	270	262.21
5	年末本息欠款	540	583.20	611.86	474.81	242.79	0

注：引自郭庆海．农业经济管理．中国农业出版社，2002。

贷款的还款期为：$(6-1) + \dfrac{262.21}{270} = 5 + 0.9711 = 5.98$（年）

（2）动态评价指标

① 财务净现值（FNPV）。财务净现值是指项目按部门或行业的基准收益率或设定的折现率，将项目经济寿命周期内各年的净现金流量折算到项目建设初期的时点上，所得到的现值合计数。其计算公式：

$$\text{FNPV} = \sum_{t=1}^{n} \frac{(\text{CI} - \text{CO})_t}{(1+i_c)^t} = \sum_{t=1}^{n} \frac{\text{CF}_t}{(1+i_c)^t} \qquad (11\text{-}24)$$

式中，CI为项目的现金流入量；CO为项目的现金流出量；$\text{CF}_t = (\text{CI} - \text{CO})_t$为第$t$年的净现金流量；$t$为项目的经济寿命；$i_c$为部门或行业的基准收益率。

该指标是反映项目在计算期内获利能力的指标。如果FNPV≥0，表明项目的获利能力超过或达到基准收益率或设定收益率的获利水平，项目可行；如果FNPV＜0，表明项目的获利能力达不到基准收益率或设定收益率水平，应该断定为该项目不可行。

净现值的计算和运用如表11-7所示。

表11-7 财务净现值计算表（$i=20\%$）　　　　　　　　单位：万元

项目	第1年	第2年	第3年	第4年	第5年	合计
现金流入量	—	—	17500	22300	25325	65125
现金流出量	6000	10500	12200	12500	13765	54965
净现金流量	－6000	－10500	5300	9800	11560	10160
折现系数	0.83	0.69	0.58	0.48	0.40	—
财务净现值	－4980	－7245	3074	4704	4624	177

由表11-7可见，财务净现值（FNPV）＝177＞0，可判定该项目可行。

② 财务净现值率（FNPVR）。财务净现值率是项目净现值与全部投资现值的比值。是衡量不同投资方案获利能力的指标。常用于投资额不同的项目之间的比较。其计算公式为：

$$FNPVR = \frac{FNPV}{I_p} \times 100\% \tag{11-25}$$

式中，I_p 为项目总投资的现值。

例如，某投资项目有两个可行方案：甲方案的净现值为 1535 万元，其总投资现值为 8500 万元；乙方案的净现值为 1000 万元，其总投资现值为 5000 万元。试评价选择最佳投资方案。

计算过程如下。

$$\text{甲方案的财务净现值率 } FNPVR_{甲} = \frac{1535}{8500} \times 100\% = 18\%$$

$$\text{乙方案的财务净现值率 } FNPVR_{乙} = \frac{1000}{5000} \times 100\% = 20\%$$

由于 $FNPVR_{甲} < FNPVR_{乙}$，可据此判定乙方案为最佳方案。

③ 财务内部收益率。财务内部收益率是项目在整个寿命期内，各年净现金流量的累计折现值等于零时的折现率。则财务净现值等于零的计算公式为：

$$FNPV = \sum_{t=1}^{n} \frac{(CI-CO)_t}{(1+FIRR)^t} = 0 \tag{11-26}$$

财务内部收益率（FIRR）则表示项目总投资支出所能获得的实际最大利润率，也是项目接受贷款利率的最高临界点。可见，要考虑接受某项目，必须 $FIRR > i$（i 为贷款利率）且 $FIRR \geq i_c$（i_c 为基准收益率）。在多个方案比较时，应选 FIRR 高的方案。

上述方程为高次方程，求解较难，通常采用"内插值法"求 FIRR 的近似值。其计算过程如下。

a. 计算各年的净现金流量。

b. 选取试算的折现率 i_1，计算相应的 $FNPV_1$，若 $FNPV_1 > 0$，说明未知的 $FIRR > i_1$；反之，说明欲求的 $FIRR < i_1$。

c. 选取 i_2 再试算，在 $FNPV_2 > 0$ 时，若取 $i_2 > i_1$，$FNPV_2$ 仍大于零，则 i_2 应继续取大，直到 $FNPV_2$ 成一个小于零的值。

d. 由两个折现率计算的净现值 $FNPV_1$、$FNPV_2$，一个大于按财务内部收益率计算的财务净现值，一个小于按财务内部收益率计算的财务净现值。

e. 近似计算内部收益率的公式是：

$$FIRR = i_1 + \frac{FNPV_1}{FNPV_1 + |FNPV_2|} \times (i_2 - i_1) \tag{11-27}$$

式中，i_1 为试算时较低的折现率；i_2 为试算时较高的折现率；$FNPV_1$ 为按低折现率计算的财务净现值；$FNPV_2$ 为按高折现率计算的财务净现值。

例如，假设某项目的财务净现值与折现率的关系如下：当折现率 $i_1 = 14\%$ 时，$FNPV_1 = 655$ 万元，当折现率 $i_2 = 20\%$ 时，$FNPV_2 = -499$ 万元，求该项目的财务内部收益率。

根据 FIRR 的计算公式计算如下：

$$\begin{aligned} FIRR &= i_1 + \frac{FNPV_1}{FNPV_1 + |FNPV_2.|} \times (i_2 - i_1) \\ &= 14\% + \frac{655}{655 + 499} \times (20\% - 14\%) \\ &= 0.14 + 0.06 \times \frac{655}{1154} \\ &= 17.41\% \end{aligned}$$

④ 动态投资回收期（P'_t）。动态投资回收期是指按给定基准折现率或设定折现率，用项目折现后的净现金收入偿还全部投资的时间。计算公式为：

$$\sum_{t=1}^{P'_t}(CI-CO)_t(1+i_c)^{-t}=0 \tag{11-28}$$

式中，P'_t 为动态投资回收期；i_c 为基准折现率或设定折现率；其它符号同前。

若动态投资回收期 P'_t 小于或等于基准动态投资回收期，项目可行，反之，项目不可行。

动态投资回收期可直接根据财务现金流量（全部投资）表求得。其计算公式为：

$$P'_t = \begin{pmatrix}累计财务净现值\\出现正值年份数\end{pmatrix} - 1 + \frac{|上年累计财务净现值|}{当年财务净现值} \tag{11-29}$$

动态投资回收期的计算考虑了现金收支的时间因素，能较好地反映资金收回的时间。但因计算较麻烦，且在投资回收期不长或折现率不大的情况下，两种投资回收期的差别不大，不影响项目或方案的选择，因此，在投资回收期不长或折现率不大的情况下，一般不用动态投资回收期法。

3. 农业投资项目的国民经济评价

国民经济评价是按照资源合理配置的原则，从国家整体或全社会的角度考察项目的费用与效益，用一整套经济参数分析、计算项目对国民经济的净贡献，评价项目的经济合理性。进行国民经济评价是为了把国家有限的各种资源（包括资金、外汇、劳动力、土地和自然资源等）投入到国家最需要的项目上，并使这些可用于投资的社会有限资源能够合理配置和有效利用，以取得最大的经济效益。

(1) 国民经济评价的对象　一般情况下，项目经济评价都要进行财务评价和国民经济评价，根据它们的结果综合评价项目的可行性。但由于国民经济评价是一项比较复杂的分析评价工作，目前我国只对以下类型的投资项目才进行国民经济评价。

① 对国民经济有较大影响的项目；
② 有关稀缺资源开发和利用的项目；
③ 投入、产出物的价格明显不合理的项目；
④ 国际金融组织贷款项目和某些外国政府贷款项目。

(2) 国民经济评价的指标　对投资项目进行国民经济评价有两类指标：一类是国民经济盈利能力评价指标；另一类是外汇效果评价指标。此外，还应对难以价值量化的外部效果作定性分析评价。

① 国民经济盈利能力评价指标。

a. 经济净现值（ENPV）。经济净现值是反映项目对国民经济净贡献的指标，是按社会折现率将项目计算期内各年的净效益流量折算到建设期初的现值之和。其计算公式为：

$$ENPV = \sum_{t=1}^{n}\frac{(CI-CO)_t}{(1+i_s)^t} \tag{11-30}$$

式中，i_s 为社会折现率；其它符号的含义同前。

经济净现值表明计算期内项目投资对国民经济的净贡献数额。经济净现值 $ENPV \geq 0$，表明国家为拟建项目付出代价后，可以得到符合社会折现率的社会盈余或超额的社会盈余，项目可行；经济净现值 $ENPV < 0$，表明项目投资的净贡献达不到社会折现率的要求，项目不可行。

b. 经济内部收益率（EIRR）。经济内部收益率是项目在计算期内累计经济净现值等于零时的折现率。其计算公式为：

$$\sum_{t=1}^{n}\frac{(CI-CO)_t}{(1+EIRR)^t}=0 \tag{11-31}$$

式中，符号含义同前。

经济内部收益率大于或等于社会折现率，表明项目对国民经济的净贡献超过或达到了要求的水平，项目可行；反之，项目不可行。

② 效果评价指标。

a. 经济外汇净现值（$ENPV_F$）。是指项目的外汇流入和外汇流出的差额，按照合理的计算参数，折算到建设期初的现值之和。该指标用以衡量项目对国家外汇收支真正的净贡献。其计算公式为：

$$ENPV_F = \sum_{t=1}^{n} \frac{(FI-FO)_t}{(1+i_s)^t} \quad (11-32)$$

式中，FI 为外汇流入量；FO 为外汇流出量；$(FI-FO)_t$ 为第 t 年的净外汇流量；其它符号含义同前。

经济外汇净现值 $ENPV_F \geqslant 0$，表明以创汇为目的的项目可行；反之，项目不可行。如果项目以创收为目的，则可以允许经济外汇净现值 $ENPV_F < 0$，只要全部投资的净现值大于或等于零即可。

b. 经济换汇成本。经济换汇成本是指产品直接出口换取单位外汇需要消耗的国内资源。从数量上看，它是用影子价格计算的为生产出口产品而投入的国内资源现值与生产出口产品的经济外汇净现值之比。经济换汇成本实质就是换取 1 美元的外汇所需的人民币金额。其计算公式为：

$$经济换汇成本 = \frac{\sum_{t=1}^{n} DR_t(1+i_s)^{-t}}{ENPV_F} \quad (11-33)$$

式中，DR_t 为项目在第 t 年为出口产品生产投入的国内资源（包括投资和经营成本）。

经济换汇成本是分析项目产品出口的国际竞争能力，判断项目产品是否应选择出口的重要指标。

当项目的产品按替代进口对待时，应计算节汇成本。节汇成本是指产品替代进口节省单位外汇所需要投入的国内资源。从数量上看，它等于项目计算期内生产替代进口产品所投入的国内资源的现值与生产替代进口产品的经济外汇净现值之比，实质上计算的是节约 1 美元所需投入的国内资源。

4. 农业投资项目的社会评价

任何一个投资项目都处于一定的自然环境和社会环境之中，环境条件对项目建设的费用与效益，以及项目的生存与发展都会产生影响；反过来，项目的建设与实施又对社会与环境产生影响，因此，对农业项目评价必须对这些方面进行考核分析，这种分析即为社会评价。

(1) 农业投资项目社会评价的含义　农业投资项目的社会评价，是对因项目的建设与实施而产生的，对社会经济环境、自然资源利用、自然与生态环境等方面影响的分析。

农业投资项目的评价既包括经济活动本身，也包括与经济活动相关的社会活动、自然资源开发利用活动、生态环境保护活动等。社会评价指标有的可用货币计量，有的用实物计量，有的既不能用货币计量，也不能用实物计量，不能也不可能找到一个可统一的量度。

(2) 农业投资项目社会评价的内容　农业投资项目的社会评价主要包括以下两方面的内容。

① 评价项目对社会经济环境的影响。主要是通过对农业生产，农村经济结构变化，土壤改良、农民生活、就业、收入分配，社会福利，文化教育，卫生保健，社会安定，科技进步，风俗习惯以及宗教信仰等方面进行分析，掌握项目实施对这些方面的影响。

② 评价项目对自然生态环境的影响。主要评价项目实施是否能改善项目区乃至更大范

围的生态环境，是否使项目区的农业自然资源得到了合理的利用，是否最大限度地提高了土地生产力和土地利用率等。

(3) 农业投资项目社会评价的方法　农业投资项目社会评价的方法可以分为两大类，一类是定量分析，一类是定性分析。

定量分析可用以下指标。

① 百元投资农产品增量。百元投资农产品增量就是单位投资提供目标农产品的增量。其计算公式为：

$$百元投资农产品增量 = \frac{项目计算期内年平均新增农产品的折粮数量}{项目总投资额} \times 100 \quad (11\text{-}34)$$

对于以提高农产品产量为主要目标的农业投资项目，该指标值低于规定的参考值，项目不可行。在方案优选时，该指标值大者为优。

② 单位投资就业人数。单位投资就业人数是指项目建成后新增农村劳动力就业机会。一般用单位投资就业人数表示，或用每个就业机会所需投资表示。其计算公式为：

$$单位投资就业人数 = \frac{新增总就业人数}{项目总投资额} \quad (11\text{-}35)$$

$$或每个就业机会所需投资 = \frac{项目总投资额}{新增总就业人数} \quad (11\text{-}36)$$

单位投资就业人数大于或等于定额指标，项目可行；反之，项目不可行。该指标越大越好，对经济效益相同的多个投资项目方案，指标值大者为优。

每个就业机会所需投资小于或等于定额指标，项目可行；反之，项目不可行。该指标越小越好，对经济效益相同的多个投资项目方案，指标值小者为优。

③ 农业劳动生产率增量。农业劳动生产率增量是有项目后的农业劳动生产率与此前的农业劳动生产率之差。其计算公式为：

$$农业劳动生产率增量 = 有项目后的农业劳动生产率 - 无项目时的农业劳动生产率$$

其中：

$$农业劳动生产率 = \frac{年均农业总产值}{年均总有效农业劳动力数} \quad (11\text{-}37)$$

该指标越大越好，如果该指标等于或小于零，说明有项目后劳动生产率没有提高或有所降低，项目不可行。

④ 项目区前后某年覆盖率增量。项目区前后某年覆盖率增量是项目后某年覆盖率与项目前覆盖率之间的差额。其计算公式为：

$$项目区前后某年覆盖率增量 = 项目后某年覆盖率 - 项目前覆盖率$$

$$项目区前后某年绿色植物覆盖率增量 = 项目后某年绿色植物覆盖率 - 项目前绿色植物覆盖率$$

$$某年绿色植物覆盖率 = \frac{项目区的森林面积 + 项目区的草地面积 + 项目区的农作物种植面积}{项目区土地总面积}$$

$$\times 100\% \quad (11\text{-}38)$$

a. 项目水土流失面积指数减量。

$$项目水土流失面积指数减量 = 无项目指数 - 有项目指数$$

$$项目区水土流失面积指数 = \frac{项目区水土流失面积}{项目区土地总面积} \times 100\% \quad (11\text{-}39)$$

b. 项目区土地某种恶化面积比率。

$$项目区土地某种恶化面积比率 = \frac{项目区土地某种恶化面积}{项目区土地总面积} \times 100\% \quad (11\text{-}40)$$

如果项目后该比率比项目前该比率小，项目可行，反之，项目不可行。在其它方面相同的情况下,项目前后该比率减量大的应优先考虑。

c. 环境质量系数。

$$\text{环境质量系数} = \frac{1}{n}\sum_{i=1}^{n}\frac{Q_i}{Q_{io}} \tag{11-41}$$

式中,n 为项目排出的污染环境的有害物质(如噪声、废水、放射物等)的数量;Q_i 为第 i 种污染物质排放量;Q_{io} 为国家或地方规定的第 i 种污染物质的最大允许排放量。

该指标是反映大气、水、土壤受污染程度的指标。如果指标值≤1,则项目可行;反之,项目不可行。

在农业投资项目的社会评价中,有些效果和影响无法定量分析,只能进行定性分析。定性分析时,应主要考虑以下几方面内容:

① 项目建设和投产后,对环保和生态平衡的影响;
② 项目建设和投产后,对提高资源综合利用的影响;
③ 项目建设和投产后,产品质量提高对产品用户的影响;
④ 项目建设和投产后,对提高人民物质文化生活水平及社会福利的影响;
⑤ 项目建设和投产后,对地区和部门科学技术水平的影响;
⑥ 项目建设和投产后,对项目区的远景经济和社会安定团结的影响;
⑦ 项目建设和投产后,对项目区人民的风俗习惯、宗教信仰的影响等。

本 章 小 结

农业资金是农业再生产过程中,生产、流通、分配及社会消费等环节中财产的货币形态。农业资金运动有四大特点:一是生产过程复杂、资金占用量大;二是生产周期长、资金周转慢;三是资金利用率低;四是农业投资风险大。

农业资金的主要来源渠道有国家投拨资金、农业自身积累、借入资金(包括从银行、信用社贷款、发行债券和外资贷款)、商业信用和引进外资五个方面。目前,我国农业资金的利用存在较为突出的问题,一是农业投资立项实际运作中的科学规划性不够;二是农业投资管理缺乏有效的协调机制;三是农业资金使用不按计划进行,部分项目之间存在资金挪用的现象;四是农业资金投入总体不足,无法满足农业基础设施建设的需要。因此,农业资金的管理要从大资金的管理入手,在抓好农业流动资金管理的同时还要抓好农业固定资金的管理。农业流动资金由储备资金、生产资金、成品资金、货币资金和结算资金所组成。由此决定了农业流动资金的管理重点应是提高其周转速度和利用效率。而农业固定资金的管理,则首先要搞好固定资产的计量计价,掌握好历史成本计量、重置成本计量、现值计量和公允价值计量的运用标准;其次,要做好固定资产折旧的计提,包括折旧范围的确定、折旧方法(平均年限法、工作量法、双倍余额递减法和年数总和法)的选用和折旧金额的计算;最后,应从合理购置固定资产、科学计提折旧费用和加强固定资产管理三个方面来着力提高农业固定资金的使用效益。

农业投资项目对自然环境条件的依赖性强、风险大、见效慢,投资效果具有综合性、多样性和社会性的特点,因此,对农业投资项目要从背景和投资必要性、项目的建设条件、项目产品的市场情况、项目目标、项目建设方案、项目资金、项目评价、项目的组织管理等方面分阶段进行科学周密的论证。同时,还要对农业投资项目进行全方位评价,包括农业投资项目的财务评价、国民经济评价和社会评价。农业投资项目的财务评价既可运用投资利润率、投资利税率、资本金利润率、资产负债率、流动比率、投资回收期、贷款偿还期等静态评价指标进行评价,也可运用财务净现值、财务净现值率、财务内部收益率和动态投资回收期等动态评价指标进行评价。农业投资项目的国民经济评价一般采用经济净现值、经济内部收益率等国民经济盈利能力指标,也可采用经济外汇净现值和经济换汇成本等指标进行评价。农业投资项目的社会评价主要是考察投资项目对自然生态环境和社会经济环境的影响,常用百元投资农产品增量、单位投资就业人数、农业劳动生产率增量和项目区前后某年绿色植物覆盖率增量等指标来进行评价。

复习思考题

1. 基本概念
   资金盈利率　双倍余额递减法　投资回收期　经济净现值　经济内部收益率
2. 简述农业资金的概念、分类及其特点。
3. 农业企业在选择确定固定资产的折旧方法时应考虑哪些因素?
4. 农业投资项目可行性论证和农业投资项目评价的含义是什么?
5. 为什么要进行农业投资项目的可行性论证?
6. 现实生产中应从哪些方面对农业投资项目进行评价?
7. 在进行农业投资项目评价时应注意哪些问题?

实训练习

1. 某农业企业有一项固定资产,其原始价值为 300000 元,预计净残值为 2000 元,预计使用年限为 5 年,按双倍余额递减法计算该项固定资产的年折旧额,并编制计提折旧计算表。

2. 某农业企业 2007 年实现净利润 76.04 万元,资金占用情况如下表所示,请根据表中资料对该企业的资金利用状况进行评价。

资金占用情况表　　　　　　　　　　　　　　单位:万元

资　产	年　初　数	年　末　数
流动资产	2450	2229
固定资产	5600	6072
其中:固定资产(在用)	5600	4886
固定资产(未用)	0	1186
合　计	8050	8301

3. 某农业企业取得了一项矿产资源的开发权,这种矿产品的价格呈上升趋势,据预测,2 年后价格将上升 15%,现在企业要作出判断:现在开发好还是 2 年后开发好。现在开发和 2 年后开发,初始投资都一样,建设期均为 1 年,从第 2 年起开始投产,投产后 4 年内把矿产品全部开采完。假设投资第 1 年的初始投资为 500000 元,项目在 5 年后的残值为 50000 元,需在第 1 年垫支营运资金 100000 元,投产后每年可开采矿产品 1000 吨,现在每吨的价格为 500 元,每年的付现成本为 250000 元,设企业的资金成本为 10%,所得税率为 33%。试根据所学本章知识分析何时开发为最好?

第十二章　农业科技推广与管理

学习目标
1. 理解农业科技推广的概念；
2. 理解农业科技管理的涵义；
3. 了解现阶段我国农业科技推广中存在的问题；
4. 掌握农业科技推广经济效益评价的方法技术；
5. 深刻理解农业科技推广体系的建立与完善；
6. 了解农业科技管理的内容与方法。

关键词
农业科技推广　农业技术推广体系　科技管理　科技创新

第一节　农业科技推广

一、农业科技推广的概念

推广是事物的适用范围或其作用范围的扩大。农业科技推广是指农业科技推广人员采取适当的方式，将某些经过艰苦科研劳动所取得的成熟的具有直接应用价值的农业新技术、新品种、新工艺、新产品等技术成果，传播到更为广泛的适宜应用的地区，引导、敦促生产者采用，使其发挥更大作用的过程。《中华人民共和国农业技术推广法》将农业科技推广定义为"通过试验、示范、培训、指导以及咨询服务等，把农业技术普及应用于农业生产产前、产中、产后全过程的活动"。该法同时还将农业技术定义为"种植业、林业、畜牧业、渔业的科研成果和实用技术，包括良种繁育，施用肥料，病虫害防治，栽培和养殖技术，农副产品加工、保鲜、储运技术，农业机械技术和农用航空技术，农田水利，土壤改良与水土保持技术，农村供水，农村能源利用和农业环境保护技术，农业气象技术以及经营管理技术等"。

推广和应用二者之间既有联系又有区别，应用是在研究人员的指导下，将实验条件下的某项成果在较为优越的实际生产条件下所作的生产性试验，应用不但规模小，而且属于后续的实验阶段，介于研究与推广之间。推广要以应用为基础，又是应用的扩大和延伸。

二、农业科技推广的原则

1. 农业科技成果的性能要先进可靠

农业科技推广是发展农村商品经济的物质催化剂，农业科技成果在技术上应该是成熟的，能够满足稳定可靠和技术配套的要求。为了确定农业科技成果的可靠性和可行性，要经过有关科技管理机构进行全面鉴定，对合格的成果进行登记并颁发成果证书，确定推广范围和区域。对于经过鉴定不合格的成果不能列入推广范围。对于经过鉴定合格的科技成果,但还是实验室或小区试验的成果,尚不具备全面推广应用的条件,必须结合当地的具体条件进行中间试验。如果试验证明在当地确实具有推广价值,才具备进行推广扩散使其转换为现实生产力的条件。对于确定推广的科技成果,要经过示范,取得农民的信任后,由点到面,进行扩散推广。

2. 农业科技成果推广要因地制宜,适合当地需要

农业科技成果与当地农业生产的正确结合,就是要适合当地的需要与可能,因地制宜地进行普及推广。由于我国是发展中国家,人多地少,资金不足,广大农民进行科技投资的经济基础比较薄弱,不可能走高投资、高效能的道路,而只能走劳动密集型和技术密集型相结合的低耗能的道路,即循环经济的发展道路。因此,在农业科技推广中,既要保持精耕细作的优良传统,又要有利于维护生态环境,又能吸收现代科技成果,这样才能受到广大农民的欢迎。在农业科技推广过程中,要因地制宜地制定和组织实施不同地区不同层次的推广计划,对科技成果要按照当地的自然条件、经济条件和技术条件,有选择、有重点地加以推广。在经济比较发达的地区,在选择推广项目时,可以选择资金投入和占用较多的技术进行推广;而在经济落后或者贫困地区,则应该选择资金投入与占用较少的技术进行推广,并要考虑当地农村的人文环境和农民的承受能力,以使推广的农业科技成果能够真正满足当地农业生产发展的需要。

3. 提高农业经济效益与保护农业生态环境相结合

节约劳动消耗,发展循环经济,增加经济效益是农业科技推广的基本着眼点。也唯有讲究经济效益,农业科技成果才可能得到推广利用。因而,在农业科技推广中,要对农业技术推广方案,结合当地条件,进行综合性的经济分析和评价,从中进行择优,做到以尽可能少的投入,获得尽可能多的产出。同时要注意经济效益和社会效益相结合,微观效益和宏观效益相结合,当前效益和长远效益相结合,力争做到在提高经济效益的同时,维护生态平衡。

4. 农业科技推广要做到领导、技术人员与群众三结合,把推广科技成果、普及科技知识与提高农业劳动者素质有机结合起来

农业科技成果推广不同于科学试验,不能由少数人在实验室中进行,如果离开了各级领导的支持,科技人员和劳动者的积极参加,就不能取得预期的效果。必须使科技人员、领导和群众正确结合,充分调动各个方面的积极性才能使农业科技推广工作扎扎实实地健康发展。广大农民采用农业科学技术的积极性,是先进技术变为现实生产力,技术增产的可能性变为现实性的基本条件之一。为此,除了依靠政策调动农民学科学、用科学的积极性之外,推广农业科学技术,一要经过试验、示范,取得农民的信任;二要科技人员细心辅导,努力在技术推广人员和农民之间,建立起相互合作的关系,通过团结战斗,群策群力,最大限度地提高农业科技推广的实效。

三、农业科技推广的形式

目前我国农业科技推广的形式按照技术转让过程有无价值补偿,可分为有偿推广和无偿推广两种基本形式。

1. 有偿推广

有偿推广是指农业科技转移到采用者手中,采用者要付给所有者一定的价值补偿金。具体形式有以下几种。

(1) 技术转让 是指采用者一次或分次付给技术所有者一定的资金,技术成果就属于采用者所有。

(2) 销售物化技术成果 是指技术研制者或经营者直接销售物化技术,如种子、种苗、

农药、化肥、地膜、农业机械设备等。

（3）自办技术经济实体 是指科研教学单位或政府推广机构利用自己的试验场，直接利用自己的技术生产出产品，并进行销售，既取得了一定的经济效益，也向社会提供了农业技术成果。

（4）科研生产联合体 就是科研、教学单位同生产单位合作，科研、教学单位提供技术，生产单位提供生产场所、资金等，共同进行生产经营活动，并按一定比例分配利润。

（5）技术承包咨询服务 技术承包咨询服务是农业技术提供者与使用者签订技术承包、咨询服务合同，对单项或综合性农业技术进行承包或咨询，按超产或承包效益收取承包、咨询服务费。

2. 无偿推广

无偿推广是指农业技术成果转移到采用者手中时，不考虑技术的价值补偿，采用者可以无偿取得和应用生产技术。无偿推广是我国目前农业技术推广的重要形式，它主要是由国家农业技术推广机构和科研教学单位依靠政府提供的推广经费进行推广，或者是由农业技术专业协会、村级农业技术推广服务组织进行无偿性的技术服务。

四、农业科技推广组织

1. 政府型农业推广组织

这类组织包括各级政府所属的农技推广站、各级农业科研院所及农业院校、农业事业单位和非盈利性组织，其主要职能是将各级科研院所和高等院校的农业科研成果和先进技术普及到农民中去。这类组织的投资主体是中央政府和各级地方政府，所推广的农业技术在一定程度上体现了政府的意志。它的推广成本大部分由财政拨款支付，小部分由技术承包和低价的技术咨询服务费来弥补。其中，基层农业技术推广站起着非常重要的作用，它一方面作为政府农业技术政策的终极实施者，具有一定的政府职能；另一方面，它联结着农业生产者与科研机构，在一定程度上扮演着中介组织的角色。基层农业技术推广站所推广的大多为有关种植业的技术，具有较为明显的外部性。

2. 企业型的农业技术推广组织

这类组织包括企业化的农业科研机构以及农业产业化龙头企业，其基本形式可以简化为"公司＋农户"。即农业技术推广过程的一端是企业化的科研机构和农业产业化龙头企业，另一端是农业生产者，连接他们的纽带是"契约"。这种契约化的农业推广形式，通过市场机制把农业企业、科研机构与分散的个体农户联合起来，共同抵御技术推广过程中的风险，分享农业科技成果产业化的利益。农业龙头企业和企业型科研机构是农业技术的供给方，它通过向农户转让实用农业新技术来保证合同的实现。

这类推广组织以追求利润为目标，推广农业技术只是为了保证其企业经营目标的实现，因此所推广的农业技术主要是用于附加值高和需求弹性较大的农产品，如养殖业和园艺类产品。这类技术在应用时不易被旁人"观察"到，具有相当程度的私人物品特性，因此保密性较好，不存在明显外部性问题的困扰，因而能够保证技术购买方所预期的技术收益。

3. 农村专业技术协会（自发的农业技术推广组织）

自我国农村实行家庭承包责任制以来，原有政府型农业技术推广机构的功能出现了弱化的趋势，企业化的推广组织又因技术市场不完善而发育滞后，这两类推广组织都无法满足农户多样化的需求，因而出现了农业技术推广的供给缺位和供给不足。与此同时，农村中涌现出了一批推广良种良法的科学种田示范户、多种经营的专业户及技术能手，他们自发组织起来成立了农民专业技术协会，如棉花协会、养鸡协会、果品协会等。农村专业技术协会作为前两种农业技术推广组织功能的重要补充，是市场经济条件下，普及推广农业新技术的重要组织形式。

五、农业科技推广方法

农业科技推广不论采取有偿推广还是无偿推广的形式，都要在推广过程中恰当应用合适的方法。常用农业科技推广的方法有以下几种。

1. 技术培训和巡回指导

技术培训是通过举办培训班等方式，对农民或技术人员进行农业技术知识的宣传、教育的推广方式，或者针对某项推广技术进行技术操作规程和技能方面的培训。巡回指导则是农业技术推广人员深入生产一线，面对面地同生产经营者进行技术交流，解决技术应用中出现的问题。

2. 技术宣传和示范观摩

技术宣传是通过发放技术资料，召开技术宣传会议，播放广播电视和电影技术节目，进行报刊宣传、个人宣讲等方式，向农民宣传农业技术。示范观摩则是通过技术示范、组织参观、操作表演等方式进行技术推广。

3. 技术市场

农业技术市场是农业技术商品交换的场所。常见的形式有技术门市，技术赶集，技术交易会、展销会等。技术门市是指有固定场所，进行以销售物化技术为主的商品交换活动。技术赶集是指有组织、有计划地在预定的时间和地点，组织技术人员设摊摆位，提供技术咨询服务，发放销售技术资料、物化技术成果等。技术交易会、展销会则是指供需双方在一定的场所，通过直接面谈、现场成交、签订技术转让合同等形式推广农业技术的方法，随着商品经济和要素市场的不断完善，农业技术市场将更加繁荣。

第二节 农业科技推广体系

一、现行农业科技推广中存在的问题

农业科技成果能否实现由潜在生产力向现实生产力的转化，关键在于农业科技成果能否及时顺畅地传播扩散到成果采用者（农业企业、农户、农民）手中，使其应用于农业生产实践并发挥应有效能。完成这一传递任务并起桥梁作用的中间环节便是农业科技推广。农业科技推广是促进农业科技成果转化的关键环节，它涵盖的内容丰富，涉及面广泛并且相互关联紧密。如农业科技推广体制、运行机制、推广机构和推广人员以及工作条件等诸方面都要一起行动，同时发挥应有的作用，才能使农业技术推广充满活力，体现其功能，产生良好的经济效益。多年来，党和政府非常重视农业推广工作，使得农业科学技术在农业发展中发挥了很大的作用。但是，从总体上来讲，我国的农业科技推广还存在一些问题。

1. 政府农业科技推广体制相对滞后，运行机制与市场要求不适应

我国在传统计划经济体制下建立起来的农技推广体系，其运行机制都是按计划的模式建立起来的。这种推广体系是一种自上而下的纵向直线模式，选择什么项目推广，推广范围多大，常常由政府统一组织安排，在运行中存在诸多弊端。主要表现为农业技术推广部门与行政以及相关单位之间的不协调和农业技术推广体系内部上下关系的不通顺。目前中央一级农业推广机构已经合并为一个综合的农业推广服务中心，县级建立县推广中心，乡镇建立综合性推广站，可是省、地（市）两级的农业推广机构还没有合并成立综合的推广机构，农、林、牧、渔各有其推广机构，这样就造成垂直指挥不畅。另外，这种农技推广体系和运作机

制在一定程度上影响着农业科技人员与农民之间的直接沟通和联系，容易造成农业科技人员与农业生产和农民需求的脱节，造成农业科技成果转化的困难和农技推广效率的低下。

2. 农民对农业技术的现实需求疲软，农业科技进步及其成果转化缺乏动力

社会需要是科技进步的根本动力。农业生产者对技术需求的广度和深度直接影响着农业科技的进步。现代农业高新技术的推广应用，要求采用者必须具备一定的现代农业科学文化知识和标准化生产的操作规程，而我国现阶段仅有少量科技带头户具备这种能力，多数农民尚不具备。另外，农业创新技术的采用需要一定的经济实力，使得农民对一些经济效益显著、见效快的物化类生产技术，如优良新品种、地膜种植、病虫害防治技术、配合饲料等需求旺盛，而对一些见效慢或投资大的高新农业技术，仅有采纳的欲望，缺乏购买使用的能力。再者，农户怕担风险的思想意识也阻碍着对农业高新技术的采纳。致使一些先进农业生产技术处于悬浮状态被长时间搁置，未能及时转变为现实生产力。

3. 推广主体间缺乏有效的协调与沟通，弱化了农户应用科技的积极性

由于科技供给系统与应用系统之间缺乏足够的信息交流，农业科研成果与农业生产者实际经济利益脱节问题突出，影响了农业科技研究、推广和应用主体的积极性。其表现有以下两个方面。一是农业科研、推广部门联系松散，未能形成强大合力。科研单位的选题、立项、科研、试验、鉴定、申报成果，与推广部门的联系不够，使许多科研项目不能及时得到推广普及，影响了其功能效用的发挥。而农业技术推广部门又不了解农业科研的最新进展，不能及时将急需解决的生产技术难题提供给农业科研部门，造成科研与推广的相互脱节。最终使作为生产主体的农户得不到急需的技术，导致比较突出的技术供求矛盾。二是目前农民专业合作经济组织及一些农业产业化龙头企业已经成为农业技术推广的主力军，但由于缺乏有效的技术指导服务，在档次、规模上无法满足农户的需求。

4. 推广经费相对不足，缺少有效的激励机制，致使政府所属的推广机构工作效率较低

农业科技推广是一项公益性事业，法律上规定推广经费须由政府财政划拨。乡镇政府资金有限，投入到农技推广中的费用也就相对不足，另外由于农技推广人员还要承担一些乡镇政府的其它工作，使得基层农技推广部门职能弱化，工作效率降低。

5. 农业技术推广模式单一，重科研、轻推广的现象比较严重

纵观建国以来我国农业科技推广的发展历史，政府主导型的农业科技推广模式一直占主导地位，而以农业科研部门、教育部门为主体的推广模式；以农村合作经济、农民技术协会为中心的推广模式；以公司或企业为主体的推广模式等发展滞后。加上在实际工作中，对农业技术推广重视不够，尽管农业科研硕果累累，但却没有形成科研促生产，生产带科研的良性互动局面。改革开放后，国家虽多次发出通知要求稳定农业技术推广体系建设，但"线断、网破、人散"的局面未能从根本上改变。目前我国农业科技成果的转化率仅为40%左右，成果转化的普及率也只有30%。农业技术推广体系的运转机制僵化，严重阻碍了农业科技成果的推广应用。

6. 农技推广队伍不稳定，农技推广人员整体素质不高

农业技术推广工作的成败在很大程度上取决于农技推广队伍的素质，即农业技术推广人员的数量和质量。当前我国农业技术推广人员数量不足，知识水平不高，整个农业技术推广队伍不稳定。据有关资料显示，我国农技推广人员占农民总数的0.053%，这个比例与发达国家相比差距很大，远远不能满足现代农业发展的要求。由于在聘用农业技术推广人员的制度上，我国还没有建立起完整科学的考试、培训和职务评定制度，因此我国的农技推广队伍总体水平低，农技推广人员知识老化，结构不合理的问题较突出。加上基层农技推广人员的工作环境条件艰苦，使得农业技术推广队伍很不稳定，一定程度上影响了农技推广的质量效益。

二、农业科技推广体系的建立与完善措施

20世纪80年代初，我国农村普遍实行了家庭联产承包责任制。为适应这一新形势，农业部成立了全国农业技术推广总站，加强了对全国农业技术推广工作的管理和指导，同时，各地农业部门都恢复和整顿了农业技术推广机构。现在，全国范围内初步建立和形成了以国家农业技术推广为主体的专业技术推广机构与民间群众性科技推广组织紧密结合、上下相通、左右相连的农业技术推广服务体系和一支数量相当庞大的农业技术推广队伍。全国农业技术推广机构达22万多个，拥有农业技术推广人员92万多人。此外，还有百万余名农民技术员和近百万农业科技示范户，这对促进农业科技进步和成果转化发挥了巨大作用。

自1979年开始，县一级都建立了农业技术推广中心，把农业技术的试验、示范、培训、推广各个环节，以及栽培、植保、土肥、园艺等专业融为一体，成为一个功能健全、综合服务的业务实体。目前，各县都有农业技术推广中心，乡（镇）农业技术推广站是农业技术推广服务的前沿阵地，村级农业技术推广服务组织是农业技术推广服务体系的基础。这些机构对于综合推广农业技术、提高技术推广效益、加速农业科技成果转化、促进农业增长方式由劳动密集向技术密集的根本转变发挥着重要作用。

1992年以来，伴随着社会主义市场经济体制的建立和完善，农业的商品化、市场化程度不断提高，我国农民自发组织起各种形式的民间技术推广组织——专业技术研究会或农业技术协会。有些专业协会跨省、跨区，已发展成为全国性的组织。目前，我国农村的专业技术协会正由初级形态向产前、产中、产后一条龙服务的高级形态发展；由村级专业技术协会向乡（镇）级、县级、省级乃至全国联合，成为我国农技推广和社会化服务的一支重要力量。

1. 适应市场经济要求，建立完善多层次、多元化的农业技术推广体系

国家应制定相应政策，从制度上保障农业科技推广的正常运行。目前，适应市场要求的，以政府农技部门为主体，农业科研、教育、农协组织、公司或企业共同参与的农技推广体系已经形成，并初具规模，各地要因地制宜，选择适于不同地区、不同成果的推广方式，实行政府行为、科技行为与农民行为相结合，科学研究、技术推广与生产需求相结合。政府所属的农技推广体系，要转变观念，以科教兴农为己任，主动参与农技推广工作，以促进农业生产持续稳定发展。

2. 实行分类推广，建立分工明确、竞争有序的农技推广模式

鉴于农业技术的特殊性，必须进行明确的、系统的、科学的分类，对于不同类型的农业技术，有不同的推广组织进行承担。对于需求弹性较大的农产品，可由生产者或企业出资进行推广；对于弹性较小又涉及国计民生的农产品的生产技术，必须由政府负责，承担推广职能。乡镇农技推广组织，可通过技术承包服务、技术转让、技术入股的形式，参与农业产业化经营，加强与龙头企业、农民专业合作经济组织、农户的联合与合作，以多种形式开展农业技术推广服务。

3. 重视农业科技示范基地的建设，发挥带动辐射作用

在整个农业科技推广工作中，农业科技示范基地的建立与发展具有不可忽视的作用，这也是我国目前农业科技推广中比较薄弱的一个环节。建立农业科技示范基地，应当按照农业生态经济区域进行合理布局，使示范基地的经验具有代表性、超前性和示范性。在组织方法上要坚持技术与物资供应相结合，多学科、多专业、多种级别的科技人员相结合，以及试验、示范、推广相结合的原则。示范基地在进行技术普及时，要进行综合服务，并通过各种方式，促进农业科学技术进村进户，以达到推广农业科技的目的。

4. 建立完善农业科技特派员制度

由县政府统一抽调一批责任心强、经验丰富的农业技术干部，下派到农业龙头企业、农民专业合作经济组织、重点农产品基地，进行技术、管理和经营方面的指导服务。

5. 建立健全农业生产风险保障体系，减少农业新技术的应用风险

建立完善农业生产风险保障体系，解决农民独力承担技术应用风险的问题。通过开办农业生产和科技应用保险，转嫁农户在农业生产经营中的风险和科技应用风险。建立完善农业科研部门、农技推广部门和农户的互利合作制度，使科研部门、农业技术推广部门、农民形成利益共享、风险共担的机制。

第三节 农业科技管理

一、农业科技管理的内容与任务

1. 农业科技管理的内容

随着农业经济增长方式的转变和产业结构层次的提升，广大农民在全国范围内掀起了学科学、用科学的热潮，它推动着我国传统农业向现代农业，自然经济向商品经济的转变。为了加速这个转变，更好地使农业科学技术转化为生产力，必须加强对农业科技的管理。农业科技管理是管理学的一个重要分支，是农业经济管理的重要组成部分。它主要研究农业科学技术的特点和发展规律，合理组织农业科技活动，使其与社会、经济协调发展，促使科技成果迅速转化为生产力，以加快农业现代化的进程。农业科技管理的内容主要包括以下几个方面。

(1) 农业科技政策的制定　农业科技政策是指在一定历史时期和一定目标下，为发展农业科学技术和协调科技发展中的各项关系而制定的规划和措施。农业科技政策对农业科技进步起着决定性的作用，主要表现在：①农业科技政策确定和影响着农业科技发展的方向、目标、重点和途径；②农业科技政策将保证农业科技有计划地发展；③农业科技政策影响着农业科技由潜在生产力向现实生产力的转化。正确的农业科技政策有利于农业科技的发展，从而对经济、社会的进步起着促进作用；反之，则起阻碍作用。

(2) 农业科技发展战略的制定　农业科技发展战略是对农业科技活动中带有全局性与长远性的行为规定的规则。一般包括战略思想、目标、重点等基本内容。农业科技发展战略是制定农业科技发展规划的基础，同时也直接体现在科技发展规划中。

(3) 农业科技体制的改革与完善　农业科技体制是有关科技活动机构设置、运行机制及相应管理权限划分的制度框架。它是随着国家科技和经济的发展而产生和逐步改善的。农业科技体制的不断健全，促进了农业科技的迅猛发展，同时当代科技的不断发展，也呼唤着农业科技体制的深化改革。

(4) 农业科技法律法规的制定与完善　农业科技法律法规的制定与完善是国家科技工作中立法、执法、守法和监督法律实施等几个方面的完善和统一，是调整人们在农业科技活动中各种社会关系的法律规范的总和。《科技进步法》是我国科学技术的基本法，要求农业科技管理工作要按照《科技进步法》赋予的职能，围绕宏观管理和统筹协调，切实抓好相应的配套政策法规，结合实际制定行之有效、可操作性强的具体方法与措施，以加强农业科技管理的基础建设。

(5) 农业科技规划与计划的制定　农业科技规划与计划是两个既有区别又相互联系的概念。农业科技规划是较长期发展科技的纲领性总体计划。它体现了科技发展的战略思想、方向、目标和主要任务，是制定科技计划的依据，同时它只有通过计划才能实施自己的总体目

标。农业科技计划是农业科技规划的具体实施，包括目标、手段以及实现目标所需要的资源和其它保证条件。从农业科技规划到农业计划是科技战略目标的一个实施过程。由于农业科技活动是探索未知的创造性劳动，许多不确定因素难以预见，因此，农业科技规划与计划应当根据实际需要和执行情况的变化及时进行调整。

（6）农业科技人才的管理 农业科技人才管理是对科技人员这一宝贵资源进行开发、调整和控制，以充分调动科技人员的积极性、创造性和最大限制地发挥其团体效应。加强和改善农业科技人才的管理工作，是农业科技管理工作中的一个重要环节。应采取多种形式和途径培养各种专业人才，造就和选拔一批高层次农业科技人才，同时，要加强和规范农业科技人才市场的建设，利用市场机制，加快人才的合理流动，使人才资源的分布、配置和专业结构等方面得到进一步优化。

（7）农业科技成果的管理 农业科技成果管理是对农业科技人员通过辛勤劳动取得的、经过鉴定具有一定学术意义或实用价值的创造性结果进行的管理。农业科技成果的数量和质量，既是衡量农业科技人才质量的一个重要指标，也是评价一个农业科技工作成就的主要依据。农业科技成果向现实生产力转化的深度、广度和力度及其推广和应用，是实现农业科技成果自身价值的必由之路。

（8）农业科技转移 农业科技转移是指农业科技在国家间、地区间、行业间以及农业科技自身的系统内输出与输入的活动过程，包括科学知识、技术成果、科技信息以及科技能力的转让、移植、引进、交流和推广普及。一方面要转移国外的先进管理思想和理论，另一方面要转移国外的先进管理技术，但要注意结合本国特点加以吸收。

以上管理内容包括宏观与微观两个方面。如果与农业生产实践结合起来，其具体内容包括以下几个方面。①农业科研机构与人员的管理。具体是指农业科技管理机构与科技队伍的组织建设。主要管理工作有：规划农业技术推广网点的布局、层次和规模；合理划分科技管理的权限和职责；确定科技队伍的编制、职权与奖惩办法等。②制定农业科技研发、引进、推广规划，技术管理条例、管理方法和措施。③结合本地区、本单位的实际，确定农业技术发展战略、主攻方向、重点项目和技术结构，引进推广适宜的农业新技术。④组织技术实施，做好农业技术示范与推广工作，开展技术咨询和技术服务，制定技术规程和技术规范。⑤组织农户进行农业科技培训，提高农民的科技意识和运用技术的能力。⑥组织群众性的农业技术革新活动。⑦管理农业科研经费、物资和设备等。

2. 农业科技管理的任务

农业科技管理的基本任务是根据农业生产的实际需要和农业科技工作的特点，充分把握农业科学技术的发展方向，确定科技目标，选择科研项目，制定本地区、本企业的技术发展战略和计划，健全科技体制，组织进行农业新技术的研发和推广，进行农业技术经济效益的核算和评价等。具体包括以下几点。

（1）选择推广实用农业新技术 农业科学研究成果要转变为现实生产力，是依靠应用技术来连接的。正确选择和推广农业实用新技术，是先进农业科学技术转变为现实生产力的有效途径，也是农业科技管理的主要任务之一。

所谓实用技术，简单地讲就是指适合本地区、本单位发展农业生产的技术。农业生产的特点决定了并不是任何一种先进技术在任何单位、任何条件下都是适用的，所以在选择农业技术项目时，不能只看其先进性。先进技术与实用技术既有联系又有区别，虽然先进技术对当代农业生产起着主导作用，但是在一定条件下不一定是实用技术，因此，在现实农业生产中应强调选用实用的农业技术。实用农业新技术一般应具备以下条件：①有良好的经济效益，这种技术不仅在技术上是先进的、有效的，而且必须增产增收效益好；②有较好的适应性，即与当地的自然环境、资源条件和经济条件相适应，有利于发挥本地资源优势；③符合农业技术的战略目标和要求，使农业技术体系协调发展。

（2）开展农业科技示范、推广和普及工作　农业科技管理的首要任务是抓实用农业技术的引进、推广，搞好现有技术的转化工作，加快推广速度，缩短推广周期，提高科技成果的利用率，这是一项潜力很大的任务。具体包括：建立健全推广机构，决定本地区、本单位农业技术推广的方向、任务、项目和要求，制定推广计划，落实推广责任，搞好技术咨询、服务，采用适宜的、灵活的推广方式等。

（3）搞好农村智力开发和农民科技培训工作　任何一项先进的农业技术，最终都要靠农民的生产实践，才能变成生产力。目前，我国广大农村农业科技人员的数量和质量都不能适应现代高科技农业发展的需要。广大农民的科技意识、科技水平及推广应用农业新技术的积极性、主动性还不高，加上现行的农业科技推广体系机制不活、市场化程度低，一定程度上影响到了农业科技的推广应用。这是我国农业科技推广的一大障碍，因此，搞好农村智力开发和农民的科技培训工作是农业科技管理的一项长期的任务。

二、加强农业科技管理的措施

1. 支持农业科技进步，加大对农业科技的财政支持力度

世界各国经济发展的历史表明，局限于纯经济领域中寻求发展经济的动力是十分狭隘的，只有大力发展文教、科技，才能达到事半功倍的效果。科学技术是经济发展的重要推动力，这一点已经被几个世纪以来各国经济发展的实践所证实。由于科技进步是推动经济发展的公共基础，具有共用性、外部性、风险性与不确定性以及信息不对称性的特点，所以，促进技术进步和成果转化理应成为政府的一项重要职能。目前，随着政府对经济干预出现全新的特征，政府越来越成为技术进步的主要组织者和经费的主要提供者，国家财政已成为政府对科技领域进行宏观调控的一个重要方面。我国早已明确提出"科教兴国"、"科教兴农"战略。要实现这一战略，一方面要有一个有效的、与现代科技进步和市场经济发展要求相适应的科技体制；另一方面要有稳定的、与经济发展相匹配的科技教育投入，特别是稳定的国家财政资金投入。目前我国社会经济发展水平、技术进步水平和资本市场化程度较低，在财政对科技投资起主导作用的情况下，各级政府必须树立"科学技术是第一生产力"、"技术创新是经济增长的源动力"的观念，加大对科技进步和成果转化的财政支持力度，保持财政科研经费支出与经济发展之间的适应性增长格局，力争使财政资金中科技投入所占比重，由现在的5%逐步提高到10%。要按照《农业法》、《农业技术推广法》的有关规定，确保财政支农资金增幅高于财政支出增幅，要按照WTO"绿箱政策"的规定，使新增财政支农资金重点用于农业科技投入，科技三项经费的30%要确保用于农业科技，农业综合开发资金等各项政府专项资金也要向科教兴农倾斜，以此加强财政对农业科研和技术推广的扶持，尤其要加强对区域性支柱产业、主导产品有明显增产、增效作用的技术开发及推广的财政扶持力度。这是迅速增加农业科技含量、促进农业科技进步、提高农业科技成果转化率的有效手段。

2. 创新农业科技投入机制，建立、完善以政府投入为引导，企业和农户投入为主体的多元投入机制

科学技术具有"混合产品"的性质，所以必须改变传统的由政府"包揽一切"的科技投入结构，通过创新投入机制，建立、完善全社会、多渠道、多层次的科技投入体系。应做到以下几点。①科学界定财政对科技事业发展的供给范围，财政投入的重点应是以满足公共需要为目的的科研活动，如基础性、战略性、全局性的技术进步与技术创新活动。②进一步优化科技投入结构，逐步提高科研活动中应用研究和试验发展的比重，适当加大对高等院校科研的支持力度，积极促成并支持高等院校与政府及企业进行合作研究。③进一步完善科研机构自我投资和发展的运行机制，支持技术开发型和其它有条件的科研单位由纯科研型向科研

经营型转变。④进一步加大对企业科研工作的支持力度，要运用经济杠杆和政策手段，特别是要重视发挥税收优惠对科技投入的导向作用，鼓励和引导企业成为技术进步的主体。⑤深化农村金融体制改革，建立农业科技创新贷款担保机制，拓宽金融科技贷款渠道，扩大商业性科技贷款的规模，政策性银行应该设立支持重大科技成果转化的专项贷款，主管部门应该制定科技贷款贴息政策，使科研机构能及时争取到科技贷款的支持，以便为重大农业科研项目提供融资保障。

3. 改革农业科技体制，尽快建立与市场经济接轨的符合农民需要的农技推广体系

先进实用的农业科研成果能否顺利转化为现实生产力，与农业技术推广体系密切相关。为此，要大力推进农业科技成果转化，必须深化农业科技体制改革，尽快建立与市场经济接轨的符合农民需要的多层次、多形式、多功能的农业技术推广体系。具体应做到以下几点。①大力加强政府办的国家农业技术推广机构的改革和建设。尽快将省、地（市）两级迄今还处于按专业设置划分的农技、植保、土肥、畜牧、水产、农机等农业推广机构合并，像县、乡两级一样建立农技推广中心，以进行综合整体的农技推广；要根据"巩固县级、加强乡级、健全村级"的指导思想，进一步抓紧县中心、乡（村）站的农技推广机构建设，补充人员，增加经费，完善运行机制，发挥应有功能。②要结合乡镇机构改革，探索建立符合农民需要的基层农业技术推广体系。财政应逐渐提高农业科技推广费用的比重，支持乡镇农技推广部门兴办农业科技示范场，转换服务机制，创新推广方法，对乡、镇一级农技推广部门开展经营性技术服务的收入制定财税优惠政策，简化办证手续，减免经营税，促其健康发展。③大力培育和发展各种民办的农业技术推广机构。各地先后产生的企业加农户、协会加农户等民间农业技术推广组织，因为他们把农业生产和市场紧密结合起来，其运行机制灵活、精简高效、适应性强，具有强大的生命力，应通过扶持使其发展壮大。④健全、完善以农业科技、农产品市场、质量安全和重大动植物病虫害防控为重点的农业发展支撑体系，大力推进农业标准化建设。⑤培育和发展农业高科技企业，推进农业科技成果的产业化。建立农业科技企业，实现农业科技成果产业化是农业科技成果转化的有效形式，它不但可以使农业科技成果研制机构和农业科技成果推广部门所进行的活动与自身利益挂钩，激发他们进行农业科研和技术推广的积极性，而且可以使农业科技成果直接通过市场进入农业生产经营环节，把科学技术与农业经济紧密结合起来，是农业科技成果转化最直接、最有效的方式。因此，要通过各种途径，大力培育发展运行良好、机制灵活，市场前景好的农业高科技企业。

4. 强化农业科技管理，注重应用技术的开发研究，不断提高农业科技成果的质量

①应从科研的立项、申报抓起，对那些技术先进、应用性强、有明显经济效益、并能自创条件尽快完成研究任务的选题应优先批准立项。②在项目研究进程中，要加强管理，进行定期的检查督促，确保项目按期完成。③在成果鉴定时，应充分发挥科研管理部门的管理职能，严格按程序执行成果鉴定、核查、审批手续，保证鉴定质量。④要鼓励农业科研人员在选题时深入实际进行调查研究，要把当前需要与长远发展结合起来，在对国内外市场进行充分调查和精心预测的基础上，摸清实际需要和现存问题，因地制宜地选准选好研究项目，同时在实际研究过程中还要根据农业生产实际的变化特点，科技发展的新动向，不断完善、修改课题。⑤依托农业科研单位和高等院校，开展重大农业科研项目的攻关和开发研究，对已取得突破性进展，有望在短时期内运用于生产实践的农业科技攻关项目给予重点支持。⑥注重应用技术的开发研究，努力解决严重制约农业可持续发展的关键性、战略性技术难题，做好超前研究、基础研究和农业技术的储备。特别要抓好基因工程、光合作用机理、杂交优势机理和生物固氮等方面的工作，着力提高农业科技成果的质量与价值。

5. 重视农民的科技培训，增强农民的科技意识，继续加强"三教"统筹，促进"农科教"结合

农民是农业生产的主体和农业科技的最终使用者,其文化程度和科技水平的高低,决定着农业科技成果被农民接受和应用的程度。很好的农业科技成果,如果农民不接受、不采用,就不能转化为生产力。这样看来,实现农业科技成果转化,农民是内因,是关键。因此,要加快农业科技成果转化,提高成果转化率,就必须加强农民的科技培训,提高农民的科技文化水平。农民的素质不提高,农业的现代化就难以实现,农村贫困落后的面貌就很难改变。只有加大农民的科技培训力度,帮助他们提高素质,增强农民的现代意识和对科技的吸纳能力,才能把人口负担转化为人力资源优势。因此,应通过实施绿色证书培训工程、农村实用人才培训工程和农村劳动力转移培训工程,强化农村"三教"统筹,促进"农科教"结合,努力提高农民的科学文化素质和应用科技的能力,提高进城农民工的职业技能和技术水平。当前应着力提高农民的三大能力,即适应农业产业结构调整的要求,不断加快农民知识和技术更新的速度,提高农民科学种田和运用新技术的能力;适应农业产业化经营的要求,不断增强农民对信息的捕捉能力和适应市场的能力;适应农村劳动力就业结构调整的要求,不断加强对农民的转岗培训,提高农民的从业能力,拓展就业空间,促进农村剩余劳动力健康有序转移,使他们率先成为能够接受和运用农业新技术的知识型农民,成为农业产业化发展的龙头和核心组织者。

6. 稳定农技推广队伍,提高农业推广人员的业务素质

为搞好农技推广,建立一支高素质的农业技术推广队伍是十分必要的。①充实人员,稳定队伍,确保农业技术推广有足够的人员保证。②通过教育培训,提高农技推广人员的综合素质。③继续抓好农技推广机构的"三定"(定性、定编、定员)工作,加强农业推广机构的内部建设,特别要搞好乡镇推广站的建设。④调整农业推广体系内人才配置的倒金字塔结构。据有关统计表明,在县级以上农业推广机构工作的人员在60%以上,而在乡镇及乡镇以下农业技术推广部门工作的人员却在40%以下,为此应鼓励农技推广人员到基层去工作,通过机制转化,充分调动农技人员的工作积极性,将县级以上农技推广部门精简下来的人员充实到基层,充实到乡、村工作站,以满足从事实际农业技术推广的需要。⑤增加农技推广投入,提高农技推广人员的待遇,改善农技推广人员的工作条件,解决农技推广人员的实际困难和后顾之忧,使农技推广人员能安心本职工作,愿意为农技推广多做贡献。⑥加强农业推广人员的思想政治工作,宣传"献身农业、服务农民"的奉献精神和团结协作、艰苦奋斗的工作作风。重视农技推广人员脱产学习和在职进修,提高他们的业务能力,开阔视野,拓宽知识面,丰富推广经验,提高推广技能,为加快农业科技成果转化努力工作。

三、农业科技进步的经济效益评价

1. 农业科技进步的经济效益

农业科技进步的具体体现是各种农业科技成果。农业科技成果具有使用价值和价值,是一种宝贵的资源,它用于农业生产可产生明显的经济效果。农业科技成果有绝对经济效果和相对经济效果之分;绝对经济效果是指科技成果在使用中新增加的有用效果与该成果在研制、推广和使用中产生的劳动耗费的数量对比。其临界公式为:

$$农业科技成果的绝对经济效果 = \frac{农业新增总产值(总收入)}{科研费用 + 推广费用 + 新增生产费用} \geq 1 \quad (12-1)$$

或: $$农业新增总产值 - (科研费用 + 推广费用 + 新增生产费用) \geq 0 \quad (12-2)$$

相对经济效果是指新项目或新成果的经济效益与对照或其它同类技术项目的经济效益的比较。其临界公式为:

$$农业科技成果的相对经济效果 = \frac{新科技成果的经济效益}{对照成果的经济效益} \geq 1 \quad (12-3)$$

或　　　　　　　新科技成果的经济效益－对照成果的经济效益≥0　　　　(12-4)

绝对经济效果是相对经济效果的基础，绝对经济效果大，相对经济效果才有可能大。一项农业科技成果有无推广价值，主要决定于相对经济效果的大小。只有相对经济效果大，也就是说，只有新科技成果的经济效益大于原科技成果的经济效益，才能为社会带来更多的经济效益。所以，农业科技成果的经济评价主要是分析论证科技成果应用的相对经济效果，即新科技成果的经济效益与对照成果经济效益的比较。

在几项农业科技成果中，具有最大经济效益的科技成果为最佳科技成果。其公式为：

$$\text{最佳农业科技成果} = \frac{\text{新科技成果的经济效益}}{\text{对照成果的经济效益}} = \text{最大值} \qquad (12\text{-}5)$$

农业科技成果的经济效益大小和实现程度，与推广规模、应用范围有密切的关系。由于新科技成果在研制、推广过程中所耗费的费用，以及生产应用中新增加的生产费用，都应从推广应用新成果得到的新增收益中扣回。所以，新成果的应用必须达到一定的规模（面积、头数等），其新增收益才能足以补偿已耗费的各种费用。推广范围必须超过这一规模起始点，才开始实现新科技成果的新增经济效益。因此，农业技术推广工作客观上也存在一个推广经济效益的临界公式：

$$\text{农业科技成果推广规模的经济临界} \geq \frac{\text{科研费用} + \text{推广费用} + \text{新增生产费用}}{\text{每亩（头）的新增收益}} \qquad (12\text{-}6)$$

2. 农业科技进步的微观经济效益评价

农业科技进步的微观经济效益评价是指从个体上对某个科研单位、单项科研成果和某个科研项目（或课题）在一定时期和一定范围内可能产生的经济效益所做的分析评价。农业科技进步的微观经济效益评价，是农业科学研究决策和技术推广决策的基础，它一般包括预测评价和总结评价两个方面的内容。预测评价是利用实验资料、计划数据、有关定额系数，对拟开题的科研项目和新科研成果在预定适用范围和预定有效使用期限内可能达到的经济效益进行的估测评价，为课题论证和技术推广决策提供经济依据，因而较事后总结评价更为重要。总结评价则是在科研成果推广使用后，对其在实际有效推广范围和效益计算期内带来的实际经济效益进行的事后评价，目的是为总结经验、改善管理和制定有关科技政策提供依据。

（1）农业科技进步微观经济效益的评价对象与范围

① 农业科技进步微观经济效益的评价对象。

a. 计划项目的经济评价。它是对计划开发研究的项目可能取得的成果进行预测性的评价，为科研选题的确定提供科学依据。

b. 研究成果的经济效益评价。它是对研究项目的成果进行技术经济的评价和论证，从而为推广应用决策提供科学依据。

c. 农业科研单位科研工作的经济效益评价。就是对农业科研单位应用一定数量的科研资源，完成科研任务和取得科研成果的经济效益进行的评价。

d. 分别评价科学研究、技术推广和技术应用各阶段的经济效益。即科研成果应用取得的社会经济效益在各阶段上的分配份额。

e. 引进技术的经济效益评价。即对引进技术所取得的社会经济效益从引进单位和生产单位两个方面所进行的全面评价。

② 农业科技进步微观经济效益的评价范围。

农业科技进步微观经济效益评价的范围是由评价对象决定的，无论是物质的，还是方法的科技成果，它只要具有实用价值，在投入使用后引起劳动成果和劳动消耗的变化具有量的规定性均列入评价范围。凡不能直接在生产过程应用的基础研究成果，特别是纯理论的研究成果，由于不具有这种量的规定性，因此，暂不列为其评价范围。同时对其评价仅限于单项科研成果在农业领域内实现的一次性直接经济效益，不包括其它领域内实现的间接经济效益，不做跨领域的复杂计算。

(2) 农业科技进步微观经济效益的评价指标

① 新增总产量指标。它是指在有效计算期限内累计推广面积上采用农业新科技成果所带来的农产品产量的增加。其计算公式为：

$$新增总产量=(新科技成果的单产-对照单产)\times 单产增量缩值系数\times 累计有效推广面积=缩值后的单产增量\times 累计有效推广面积 \quad (12-7)$$

② 新增纯收益指标。纯收益是指主副产品产值扣除生产成本、科研费用和推广费用后的余额。新增纯收益是指在经济效益累计推广范围内，采用农业新科技成果比原科技成果为社会新增加的纯收益总额或节约的资源数额。计算公式为：

$$新增纯收益=[(新科技单位面积产值-新科技单位面积成本)-\\(原科技单位面积产值-原科技单位面积成本)]\times \\ 累计有效推广面积-(新科技的研制费用+新科技的推广费用) \quad (12-8)$$

式中，新科技单位面积产值=(原科技单产+缩值后单产增值)×产品价格

新增纯收益也可以按下列公式进行计算：

$$新增纯收益=(新成果单位面积纯收益-对照成果单位面积纯收益)\times \\ 累计有效推广面积-(科研费用+推广费用) \quad (12-9)$$

新科技新增纯收益分别乘以科研单位、推广单位和使用单位的经济效益分摊系数，就可得出各自的新增纯收益。

③ 科技费用新增收益率指标。科技费用包括科研费、推广费和新增生产费。科技费用新增收益率指标表示耗费每元科技费用，在其有效使用期间和累计推广范围内为社会新增加了多少纯收益。它是新科研成果的新增纯收益与其总耗费之比。其计算公式为：

$$科技费用新增收益率=\frac{新增纯收益}{科研费用+推广费用+新增生产费用}\times 100\% \quad (12-10)$$

而科技费用新增收益率可以分解为科研费用新增收益率、推广费用新增收益率及新增生产费用收益率三个分指标，可通过各部分的经济效益分摊系数和相应部分的科技费用计算出来。科技费用应按复利值计算。其计算公式分别为：

$$科研费用新增收益率=\frac{新增纯收益\times 科研单位应分摊的份额系数}{科研费用}\times 100\% \quad (12-11)$$

$$推广费用新增收益率=\frac{新增纯收益\times 推广单位应分摊的份额系数}{推广费用}\times 100\% \quad (12-12)$$

$$新增生产费用新增收益率=\frac{新增纯收益\times 使用单位应分摊的份额系数}{新增生产费用}\times 100\% \quad (12-13)$$

④ 推广项目直接效益评价指标。推广项目的价值主要在于能给用户带来效益，从而促进用户提高采用该项技术的积极性。因此，对推广项目需增设土地生产率增长率、单位产品成本降低率、劳动生产率提高率等评价指标，以便确定推广技术项目的有效性。

(3) 农业科技进步微观经济效益评价的数据取值方法

① 对照的选择。一般选择当地当前农业生产中最具代表性的同类原用科技成果或当家技术为对照。

② 原始数据的收集。农业科技进步的经济评价需要搜集、整理新成果与对照成果投入产出的原始数据。原始数据必须真实可靠，具有代表性和可比性，这是正确计算科技进步经济效益的基础和前提。原始数据的来源，主要有以下几种渠道。a. 科学试验。与农业技术

推广部门结合进行，在技术档案基础上增设经济档案，或单独进行技术经济科学试验，详细记录。b. 定点调查。与农业科技示范户、农业统计调查点结合进行，每一项目一般要设 5 个以上的点，每点至少 10 户，按事先设计的统一表格详细登记。c. 统计报表。对推广应用的重大科技项目，设专门科技成果应用项目统计报表，按农业科技成果经济效益评价方法和条例统一测算并汇总。d. 会计核算资料。建立科研、推广项目的经济核算制度，按科研课题和技术项目单独记载全部劳动耗费。

原始数据一般取多点、多年的平均值，即新科研成果与对照成果均可取可比条件下的多点、多年试验的平均数。如有现成的大面积实际统计资料，新成果可取效益计算期间内多年的平均值，对照成果取效益计算年度前一年的数据。科研成果的各项直接费用，一律按实际记录和会计账簿上的记录取值；各项间接费用，一律按国家规定标准进行分摊，无规定标准的，可依照同类或相近费用的标准处理，或由专家评估。

③ 经济效益的计算年度和计算年限。一般取新科技成果推广后比对照增加新的经济效益的年份为效益计算的起始年度。效益计算年限一般包括经济效益最佳期和较高期，不包括示范期和衰退期，效益计算年限，可依据不同科技成果的特点和经济寿命与技术更新周期来确定。科研成果的经济寿命是由示范、推广、稳定发展到衰老淘汰而进行技术更新的过程。效益计算年限便是从推广开始到稳定发展这一期间。

由于农业科技成果的经济寿命和技术更新周期各不相同，它们的效益计算年限也不同。一般短效益的为 5～10 年，如玉米、甘蓝等为 4～5 年；小麦、水稻、谷子、高粱为 6～8 年；棉花为 8～10 年。长效益的，如多年生林木、果树、茶树等，一般以其有经济收益年限的一半为计算期，其经验数据约为 20～25 年。特长效益的，一般取 30 年，最多不超过 50 年。

④ 单产增量缩值系数的取值。由于小面积区域试验条件与大面积生产条件存在差异，大规模推广的单产增加量一般都低于小规模区域试验的单产增量。为使增产效益的测算结果接近实际，需以新科技成果多点区域试验的单产增量的平均数为基数再进行缩值。一般情况下，缩值系数的变幅范围在 0.4～0.9 之间，平均为 0.6～0.7。当试验条件与大田条件差异比较小时，取值可大于此，当差异比较大时，取值可适当小些。

⑤ 有效推广面积即规模的确定。是指在有效计算期间内确实发挥了增产增收作用的累计生产面积或养殖头数。不包括因灾等不可控制因素造成的绝产和大幅度减产的面积或头数等。其计算公式为：

$$\text{有效推广面积}=\text{推广面积}-\text{受灾失收的减产面积} \qquad (12\text{-}14)$$

$$\text{保收系数}=\frac{\text{常年播种面积}+\text{因灾失收面积}\times\text{实际灾害发生的概率}}{\text{常年播种面积}} \qquad (12\text{-}15)$$

保收系数的取值范围一般为 0.8～0.95。

⑥ 经济效益分摊系数。是指新科技成果的新增纯收益在科研、推广和用户之间的分摊比例，它是反映三者在新增经济效益中贡献大小的尺度。根据科研成果的性质、作用和研制的难易，可将应用研究成果分为三大类。a. 遗传育种、新技术和新设施。b. 栽培、饲养新工艺和新方法。c. 综合研究、农业区划、科技情报、经济管理。每类又分为创造发明、改进提高和技术引进三个等级。其分摊系数如表 12-1 所示。

各类、各等级农业科技成果经济效益的分摊系数，可根据典型调查和统计资料，采用专家估测法和生产函数相结合的办法确定，在三者之间进行合理分摊，使科研、推广和用户都能得到鼓励，以有利于推动农业科技进步。

（4）农业科技进步微观经济效益的评价步骤

① 技术评价。这是经济评价的基础。科技成果的先进性,技术性能的稳定性、可靠性、

表 12-1　农业科技进步或科技成果新增经济效益参考分摊系数表

成果类别	一级:创造发明			二级:改进提高			三级:技术引进	
	科研	推广	生产	科研	推广	生产	推广	生产
遗传育种、新技术、新设施	0.50~0.60	0.15~0.20	0.25~0.30	0.40~0.50	0.15~0.20	0.35~0.40	0.20~0.25	0.35~0.40
栽培、饲养新工艺与新方法	0.45~0.55	0.15~0.20	0.30~0.35	0.35~0.45	0.15~0.20	0.40~0.45	0.20~0.25	0.40~0.45
综合农业区划、科研情报等	0.50~0.60	0.15~0.20	0.25~0.30	0.40~0.50	0.15~0.20	0.35~0.40		

适用性,是进行经济可行性研究的前提条件。而且,只有可靠准确的技术评价指标和数据,经济评价的结果才是可靠的。所以,必须首先做好技术鉴定,为经济评价打好基础。

② 直接经济效果评价。这是农业领域中一次性应用的效果,不包括二次、多次性的应用,也不包括对消费者带来的较大利益等。直接经济效果评价的主要步骤是:a. 确定简明适用的评价指标;b. 进行细致的调查研究,搜集必要的数据资料;c. 整理数据并计算指标值;d. 比较技术经济效果。

③ 间接经济效果评价。有的科技成果不仅能产生重大的直接经济效果,同时,也有明显的间接经济效果,这就需要对间接效果作进一步的估测。这种估测是一种分析性数据,目的在于明确科技成果的总价值。间接效果包括科技成果的二次、多次性应用的效果、给消费者带来的效益以及产生的生态效果和社会效果等。一般根据典型调查数据或参数,由专家组作出估测和评价。

④ 综合比较选优。经济评价以价值指标为主,采用效益增量法,以列表方式对科技成果与对照成果之间的效益优劣进行对比。在多课题、多项成果、多指标条件下,可采用综合评分法选优,并和学术价值、生态效果、社会效果联系起来,选择整体效果最好的。

3. 农业科技进步的宏观经济效益评价

农业科技进步的宏观经济效益评价,是从总体上就一个地区或一个部门的农业科技进步效率和对农业经济综合发展的贡献所进行的评价分析。因此,它对于实现科技转换与经济增长的协调、制定中长期经济发展战略和经济发展规划以寻求科技兴农的政策和措施、制定推动农业科技进步的运行机制等,都具有十分重要的意义。

(1) 农业科技进步宏观经济效益评价指标

① 农业科技进步的效率指标。

a. 农业科研效率。科研发展是为了增加知识储备,包括人类文化和社会的知识并探索其新的应用领域而进行的系统的创造性工作。科学研究是农业科技进步的主导因素、基础和轴心。因此,科研效率是农业科技进步持续稳定发展的基础。农业科研效率可以用在一定时期内取得的科研成果数目,和具有重大突破的科研成果的平均间隔年限来衡量。

b. 农业技术创新效率。为了给科技进步提供充足的技术储备,具有重大突破的创新技术的生成,需要一定的周期。所以,农业技术创新效率可以用平均每年创新技术成果数目和具有重大突破的创新技术生成的平均间隔年限来衡量。

c. 农业技术扩散效率。扩散效率高,则创新技术在空间的传播范围广,技术推广率高。因此,农业技术扩散效率可用农业技术成果推广率来衡量。其计算公式为:

$$农业技术扩散效率 = \frac{已推广的新技术成果数}{新技术成果总数} \times 100\% \quad (12\text{-}16)$$

或 $$\text{农业技术扩散效率} = \frac{\text{新技术实际推广的空间范围}}{\text{新技术应该推广的空间范围}} \times 100\% \qquad (12-17)$$

以上三方面的指标值只有同时达到最优，农业科技进步效率才能达到最高。

② 农业科技的年进步速度指标。这是一项反映在一定时期内，农业科技年进步速度快慢的综合指标。体现的是每年农业科技水平变化的大小。其计算公式为：

$$a = y - (\alpha k + \beta l + \lambda c) \qquad (12-18)$$

式中，a 为年科技进步速度；y 为年社会生产成果增长速度；k 为年资金增长速度；l 为年劳动力增长速度；c 为年土地播种面积增长速度；α，β，λ 分别表示资金、劳动力和土地的弹性系数。

$$\alpha = \frac{\partial y}{\partial k} \times \frac{k}{y} \qquad \beta = \frac{\partial y}{\partial l} \times \frac{l}{y} \qquad \lambda = \frac{\partial y}{\partial c} \times \frac{c}{y}$$

这个指标适合于对不同部门、不同地区一定时期内的科技进步速度进行对比。从公式可以看出，年农业科技进步速度就是年社会生产成果增长速度减去经过加权的年资金增长速度、年劳动力增长速度和年土地播种面积增长速度后的余额。所以，该指标反映了科技进步速度与资金、劳动力和土地播种面积的关系。

③ 农业科技进步对农业经济增长的贡献指标。这是直接衡量农业科技进步对农业经济增长作用的一项综合指标。它可以表明农业科技进步在农业经济增长中的贡献大小或所占比重。其计算公式为：

$$\text{农业科技进步对农业经济增长的贡献} = \frac{\text{年科技进步速度}}{\text{年农业经济增长速度}} \times 100\% \qquad (12-19)$$

这项指标值越大，表明农业科技进步的经济效益越好。

(2) 农业综合要素生产率 这是一项测定全部劳动效率的指标，反映的是科技进步水平的高低，是评价农业科技进步经济效益的重要指标。其计算公式为：

$$\text{农业综合要素生产率}(V) = \frac{\text{社会生产成果}(\overline{Y})}{m \times \text{生产资金}(\overline{K}) + \text{劳动力}(\overline{L}) + n \times \text{土地播种面积}(\overline{C})} \qquad (12-20)$$

式中，$m = \frac{\alpha}{\beta} \times \frac{\overline{L}}{\overline{K}}$；$n = \frac{\lambda}{\beta} \times \frac{\overline{L}}{\overline{C}}$；$\alpha$，$\beta$，$\lambda$ 分别表示资金、劳动力和土地的生产弹性，$\overline{K}$、$\overline{L}$、$\overline{C}$ 分别为一定时期内资金、劳动力、土地投入量的平均值。

这项指标是把劳动力、资金、土地三个方面的利用效率通过可比系数统一起来考虑。所以，它与劳动生产率指标是有区别的。

(3) 农业综合效率 这是把农业劳动生产率、资金生产率和土地生产率指标通过几何平均数综合起来，用来反映农业科技水平高低的一项综合指标。可从另一个角度反映全部劳动效率的科技水平，并用来进行部门或地区间的对比。其计算公式为：

$$\text{农业综合效率}(G) = \sqrt[3]{\text{农业劳动生产率} \times \text{资金生产率} \times \text{土地生产率}} \qquad (12-21)$$

本 章 小 结

发展现代商品农业，离不开农业科学技术的进步和实用生产技术的推广应用。农业科学技术是推动现代农业生产力发展的内在驱动力，其它生产因素功能作用的发挥也依赖于农业科技的进步，因此，加强农业科技管理就具有十分重要的现实意义。由于农业生产自身的特点,同一项农业技术在不同的地区会有不同的效果。一定地区适宜采用一定的技术,一定技术又适用于一定地区。因此,农业技术的推广应用必须考虑适用性,有所选择,只有采用适用技术才能真正解决农业生产中的实际问题,进而取得显著的经济效益。在具体选择时要做到,科技成果要先进可靠,要符合当地需要,要能获得理想的技术经济效果;要适合农业生产的特点,根据动植物的生长发育规律,尽可能满足它们的生长条件,要注意因地制宜,保持生态系统的平衡;要注意继承引进和创造相结合,把推广科技成果、普及科技知识与提高农业劳动者素质有机结合起来。

目前我国农业技术推广工作中存在着整个农业科技推广体系机制不活,功能不全,市场化程度低,农民对农业技术的现实需求疲软,推广主体间缺乏协调与沟通,农业技术推广模式单一,推广队伍不稳定等诸多问题,已在一定程度上影响到农业科技的推广应用。因此,加快建立完善的、与市场经济接轨的、农民需要的现代农业科技推广体系就显得尤为迫切和必要。应做到以下几点。①创新农业科技投入机制,建立、完善以政府投入为引导,企业和农户投入为主体的多元投入机制。②适应市场经济要求,建立完善多层次、多元化、分工明确、竞争有序的农业科技推广模式。③加强各推广主体之间的协作与联系,提高农民应用科技的积极性。④重视农民科技培训,增强农民的科技意识,继续强化农村"三教"统筹,促进"农科教"结合。⑤增加农业推广投入,提高农业推广人员的待遇,稳定农技推广队伍,提高农技推广人员的业务素质。

农业科技管理包括宏观与微观两个方面。具体内容包括:农业科研机构与人员的管理;农业科技研发、引进、推广规划的制定;农业技术管理条例、管理方法和措施的确定;农业技术发展战略、主攻方向、重点项目和技术结构的决策;农业技术示范、技术咨询和技术服务的指导以及农业技术规程、技术规范的制定;农民科技培训、群众性农业技术革新活动的组织;农业科研经费、物资和设备的管理等。农业科技管理的任务是根据农业生产的实际需要和农业科技工作的特点,充分把握农业科学技术的发展方向,确定科技目标,选择科研项目,制定本地区、本单位的技术发展战略和计划,健全科技体制,组织进行农业新技术的研发和推广,进行农业技术经济效益的核算和评价等。

复习思考题

1. 基本概念

   农业科技推广　农业技术推广体系　农业技术扩散效率　农业科技进步贡献率
2. 简述农业科技推广的原则。
3. 简述农业科技推广的形式与方法。
4. 简述提高农业科技推广效率的基本途径。
5. 简述农业科技管理的内容。

实训练习

1. 从目前我国的现状来看,从事农业科技推广的机构和组织主要有政府各级农业技术推广部门、各类专业科研机构、农业院校、各类学会及农业技术信息、咨询服务机构和中介机构。由于没有"系统机制",导致"系统失效",丧失整体功能,农业技术创新与农业技术应用之间出现非一体化格局(引自《农业科技管理》)。根据上述材料,分析农业科技推广体系中存在的问题，提出我国农业科技推广体系创新的对策与思路。

2. 河南省科技攻关课题，"高产小麦营养施肥机制及栽培技术体系研究与应用"，1995~1999 年累计推广 $6.45\times10^5 hm^2$，因灾影响 10% 面积增产不显著，保收系数为 0.9，有效推广面积则为 $5.8\times10^5 hm^2$，平均亩产 456kg，比对照增产 42.3kg，缩值系数按 0.7 计，每 $667m^2$ 增产：$42.3kg\times0.7=29.61kg$，小麦单价为 1.0 元/kg，小麦单位效益值为 29.61 元，按小麦籽粒与麦草比例为 1:1，麦草单价 0.05 元/kg 计，则副产物的单位价值为 1.48 元，以上主副产物两项合计每 $667m^2$ 新增产值为 31.09 元。推广费 6.45×10^5 (hm^2)$\times0.1$（每 $667m^2$ 平均 0.1 元）$=96.7$（万元），科研费和推广费按 3:7 计，则科研费为（$96.7\times0.3\div0.7$）$=41.44$（万元），技术推广每 $667m^2$ 多耗生产资料费 0.2 元，$6.45\times10^5 hm^2$ 需新增生产费为 6.45×10^5 (hm^2)$\times0.2=193.4$（万元），推广:科研:生产份额系数按 0.3:0.35:0.35 计。试计算新增小麦产量，新增纯收益，科技投资收益率，科研、推广费收益率。

第十三章　农产品市场与流通管理

学习目标
1. 了解农产品市场的含义及特点；
2. 了解并掌握我国农产品市场体系的现状及面临的问题；
3. 了解我国农产品流通体制的改革与完善；
4. 理解农业物流的概念；
5. 了解我国农业物流的基本现状。

关键词
市场体系　农产品市场　期货市场　农产品流通体制　农业物流

第一节　农产品市场与市场体系

一、农产品市场

1. 农产品市场的概念

农产品市场有狭义和广义之分。狭义农产品市场是农产品交换的场所，是指买卖双方购买和出售农产品，进行交易活动的地点或地区，如农贸市场、粮食市场、水产品市场等。广义的农产品市场是指农产品交换关系（交换活动）的总和。交换关系主要是指买方、卖方、中间商之间，在农产品流通过程中进行交换时发生的各种关系，同时还包括农产品流通过程中发挥作用的一切机构、部门（如银行、保险公司、运输部门、海关等）与农产品买卖双方之间的关系。

农产品市场具有交换功能、价值实现功能、调节资源配置的功能、信息传导的反馈功能、经济利益分配功能。

2. 农产品市场的特点

与工业产品市场相比较，农产品市场具有自己的特点，这是由农产品的生产及其本身的特点决定的，具体介绍如下。

① 农产品市场具有供给的季节性和周期性。农业生产受生物机理和自然条件的影响，具有很强的季节性和周期性，这就决定了农产品有不同的季节性和周期性。农产品只有在其生长成熟后或生长到一定阶段才能收获上市，因此在农产品上市旺季，一方面应抓住时机，及时收购和销售；同时另一方面要做好农产品的储存、保管和加工工作，以解决农产品生产的季节性和消费的均衡性之间的矛盾，保证在农产品上市淡季时，能够做到正常供应。

② 农产品经营具有明显的地域性。我国幅员辽阔，自然条件复杂，各地的农业生产有很大的差异，形成了不同的农业区域，如粮食作物区、经济作物区、林区、牧区和水产区

等。即使是粮食作物区，由于地理环境不同，种植的品种也不同。如北方适宜种植小麦，而南方则适宜种植水稻。又因不同地域的人们长期形成了适应性的消费习惯，所以各地对农产品的需求是有差异的。比如，北方人习惯面食，而南方人偏爱谷类食品；牧区和少数民族地区以牛、羊等肉食为主；而农区和汉族地区对猪肉的消费则较多。以上这些因素决定了农产品经营具有明显的地域性，农业营销部门要根据不同地域，因地制宜地做好农产品的经营工作，兼顾产区与销售区、生产者与消费者的经济利益。

③ 农产品市场多为小型分散的市场。一方面，农业生产遍及全国各地，分散到全国数亿个规模较小的生产单位（包括农户）经营。另一方面，农产品基本上是人们的日常消费品，农产品消费的相当份额集中在城镇和城市。因此，农产品的流通过程是从分散的生产者手中集中起来，再运输分散到城镇人口集中的区域，最后再分散到千家万户中去，这是一个非常复杂的过程，必须有一个庞大的渠道顺畅的市场营销网络才能完成这个任务。

④ 农产品市场具有较强的政府干预性。农业是国民经济的基础，农产品是关乎国计民生的重要产品，农产品的供应状况和农产品的价格水平直接影响人民群众的生活质量。另外农产品大多是食用物品，对化肥、农药、转基因技术等有极其严格的要求，必须进行质量安全检验。因此，为了保证人们的生活和健康，更好地促进农产品市场的繁荣，政府一般都要对农产品的生产销售进行指导与干预，如保护价格政策、农产品市场准入制度等。

二、农产品市场体系

1. 农产品市场体系及其构成

（1）农产品市场体系的概念　所谓农产品市场体系，是指流通领域内农产品经营、交易、管理、服务等组织系统与结构形式的总和，是沟通农产品生产与消费的桥梁与纽带，是现代农业的重要支撑体系之一。

（2）农产品市场体系的构成　农产品市场体系由农产品市场主体、市场客体、市场机制、市场组织和市场类型等构成。

① 农产品市场主体。农产品市场主体是具有自身利益，并自主参与市场交易活动的一切组织和个人。包括农产品生产者、经营者、消费者和农产品市场调节者（包括中介机构、政府部门等）。

② 农产品市场客体。农产品市场客体是指当事人之间发生交换关系的媒介物，即市场交易的对象。市场客体包括实物形态的商品、知识形态的商品、以等价物形态出现的资金商品和以活劳动形态出现的劳动力商品等。

③ 市场机制。市场机制是指市场经济中各市场要素互相适应、互相制约，共同发挥作用而形成的市场自组织、自调节的综合机能。市场机制包括价格机制、供求机制、竞争机制、激励机制、风险机制等。这些机制的相互联系和作用构成市场机制系统，由它们共同调节社会生产与流通。

④ 市场组织。市场组织是为保证商品交换顺利进行而建立的协调、监督、管理和服务农产品市场的各种机构、手段和法规。包括流通组织、中介组织、管理组织、技术组织、民间组织等。

⑤ 市场类型。按不同的划分标准可将农产品市场划分为不同的类型。按农产品销售方式的不同将农产品市场划分为农产品批发市场和农产品零售市场。按农产品用途的不同将农产品市场划分为农产品生活消费市场和农产品生产消费市场。按农产品交易方式的不同将农产品市场划分为农产品现货交易市场和农产品期货交易市场。按农产品种类的不同又将农产品市场划分为粮油市场、蔬菜水果市场、肉禽蛋市场、水产品市场和农副产品综合市场等。

2. 农产品零售市场

农产品零售市场又称农产品消费市场，是通过零售方式直接为消费者提供农产品服务的最终交易场所（流通的最终环节），反映农产品生产者、加工者、经营者和消费者之间多方面的经济关系。农产品零售市场主要包括：各种农贸市场、露天农产品摊商、副食商店、社区便民菜店和不同规模的连锁经营超市等。

农产品连锁超市和综合超市是农产品零售市场未来发展的趋势。连锁超市能够充分利用连锁企业的营销网络，组织各类农产品进入超市销售，不仅使农产品进入市场的通路更加通畅、快捷，同时还有利于促进农产品质量的提高，有利于农产品商品价值的提升。目前，在农业发达国家，农产品超市经营是农产品零售的主要形式。如美国和德国，居民从连锁超市和食品商店购买的农产品占整体农产品流通量的95％，日本的销售比例也达到70％。2005年我国商务部、财政部、国家税务总局决定，用三年的时间开展农产品连锁经营的试点工作。到目前为止，我国农产品超市、连锁店、便利店经营的份额在大城市的农产品销售中已占到30％以上，传统农贸市场不断萎缩，这种趋势在许多大中城市越来越明显。

农产品零售市场具有价值实现、服务、协调和信息职能。

3. 农产品批发市场

农产品批发市场又称中心集散市场，它是指将来自各产地市场的农产品集中起来，经过加工、贮藏与包装，通过批发交易的方式分散销往全国各地的场所及其组织。多设在交通便利的地方，如公路、铁路交会处。农产品批发市场是我国城市鲜活农产品流通的主要形式，也是进行大宗产品交易的场所。相对于农产品零售而言，其每笔农产品交易的数量和金额都较大。

农产品批发市场具备商品集散、信息公示、结算、价格形成、调节供求等综合配套服务功能。农产品批发市场的一般交易过程为：先由生产者（或产地贩运商）把商品运到批发市场；经过买卖双方议价或拍卖，确定批发价格，将商品出售给零批商或零售商，再把商品运出批发市场，分散到各个销售网点出售给消费者。

我国第一个国家级规范化的粮食批发市场——郑州粮食批发市场于1990年10月正式开业。2004年，国家发改委安排国债资金4亿元，主要用于支持全国81个重点农产品批发市场检验检测系统和信息系统的建设，主要是大中城市、主要产区及集散地的粮食、蔬菜、水果、畜禽、水产品等批发市场。2006年，全国交易额亿元以上农产品批发市场达到772家，其中，农产品综合市场223家，专业批发市场549家。2006年，中国农产品批发交易总额约为1.1万亿元，约占中国国民生产总值的6％，占农业生产总值的44％。全国经由农产品批发市场交易的农产品比重高达70％以上，且这一比例仍在继续升高。

农产品批发市场按其地域特点的不同一般分为产地批发市场、中转地批发市场、销地批发市场。按其形成方式可分为自发形成的批发市场和政府开办的批发市场。自发形成的批发市场交易种类多而范围广，各种农产品均可上市交易，既有鲜活品，又有干制品，还有农产品的加工制成品。如山东寿光蔬菜批发市场、北京大钟寺蔬菜批发市场等。政府开办的批发市场是由政府有关部门建立的农产品批发市场，称为规范化的农产品批发市场。建立这类批发市场的主要目的是对原有的国营供销体制进行转变。因此，这类批发市场的交易主体大多是国有经销公司或国有加工企业。其交易的农产品主要是粮食、油料、食糖和猪肉。如郑州小麦批发市场、芜湖大米批发市场、长春玉米批发市场等。

4. 农产品期货市场

（1）农产品期货市场的概念　　所谓期货一般指期货合约，是由期货交易所统一制定的，规定了某一特定的时间和地点交割一定数量和质量商品的标准化合约。即为在将来某一时刻买卖特定数量和质量商品的"协议"。期货合约中的商品品种、数量、质量、等级、交货时间、交货地点等条款都是既定的，是标准化的，唯一的变量是价格。期货具体的含义是：交易双方不必在买卖发生的初期就交收实货,而是共同约定在未来的某一时候交收实货,因此称其为"期货"。

期货交易则是按照一定的条件和程序,由买卖双方在交易所内预先签订产品买卖合同,而货款的支付与货物的交割则要在约定远期进行的一种贸易形式。期货交易属于信用交易范畴。期货交易的买卖对象或标的物是期货合约,由于期货合约的买进和卖出是在期货交易所的交易场内进行的,所以,人们也把期货交易所称为期货市场。

农产品期货市场,从广义上讲是农产品期货交易交换关系的总和,是在市场经济发展过程中围绕农产品期货合约交易而形成的一种特殊的经济关系。从狭义上讲仅指农产品期货交易所,包括农产品期货交易所、农产品期货交易结算所、农产品期货经纪行(公司)。目前我国有郑州交易所、大连交易所和上海交易所三家期货交易所。其中郑州交易所以硬冬麦、强筋麦、棉花等农产品为主,大连交易所以大豆、豆粕、玉米、豆油等农产品为主,上海交易所以铜、铝、锌、天然橡胶、燃料油等产品为主。农产品期货市场具有回避风险、发现价格、风险投资和资源配置等功能。

(2) 农产品期货市场与农产品现货市场的区别 农产品期货市场是按照"公开、公平、公正"原则,在农产品现货市场基础上发展起来的高度组织化和高度规范化的市场形式。既是现货市场的延伸,同时又是市场的又一个高级发展阶段。农产品期货市场与农产品现货市场的区别在于以下几点。

① 买卖的直接对象不同。农产品现货交易买卖的直接对象是商品本身,有样品、有实物,看货定价。而农产品期货交易买卖的直接对象是期货合约,并不是直观的商品货币交换,是买进或卖出多少手或多少张期货合约。一般情况下,大多数合约都在到期前以对冲方式了结,只有极少数要进行实货交割。

② 交易的目的不同。现货交易是一手钱、一手货的交易,马上或一定时期内进行实物交收和货款结算,从而实现商品所有权的转移。期货交易的目的不是到期获得实物商品,不是实现商品所有权的转移,而是通过期货交易转嫁与这种所有权有关的由于商品价格变动而带来的风险(套期保值回避价格风险),或者风险投资获得风险利润。

③ 交易程序和交易方式不同。现货交易中卖方要有商品才可以出卖,买方须支付现金才可购买(实买实卖),这是现货买卖的交易程序。而期货交易可以把现货买卖的程序颠倒过来,即没有商品也可以先卖,不需要商品也可以买(买空卖空)。现货交易一般是一对一谈判签订合同,具体内容由双方商定,签订合同之后不能兑现,就要诉诸法律。期货交易是都要集中在交易所以公开、公平竞争的方式进行交易。

④ 交易的场所不同。现货交易大部分都是分散进行的,如粮油、日用工业品、生产资料都是由一些贸易公司、生产厂商、经商分散进行销售的,只有一些生鲜和个别农副产品是以批发市场的形式来进行集中交易。但是,期货交易必须在交易所内依照法规进行公开、集中交易,不能进行场外交易。投资者只能通过期货经纪公司参与、完成期货交易。

⑤ 保障制度不同。现货交易有《合同法》等法律保护,合同不兑现即毁约时要用法律或仲裁的方式解决。期货交易除了国家的法律和行业、交易所的规则外,主要是以保证金制度为保障,每日价差结算,以保证到期兑现。通过保证金制度和每日结算来保证期货市场的正常运行。

⑥ 商品范围不同。农产品现货交易的品种是一切进入流通的商品农产品,而期货交易品种是有限的,并不是任何农产品都可以上市交易,农产品期货市场上交易的商品农产品是一种代表性的特殊性农产品。目前我国农产品期货的品种有大豆、小麦、玉米、棉花、白糖、豆粕、豆油、棕榈油、菜籽油等。

⑦ 结算方式不同。现货交易是货到款清,无论时间多长,都是一次或数次结清。期货

交易由于实行保证金制度，必须每日结算盈亏，实行逐日盯市结算制度。结算价格是以成交价为依据计算的，CZCE 结算价是为当日同品种所有成交期货合约价格的加权平均价。

三、农产品市场体系建设

1. 我国农产品市场体系的现状及问题

近年来我国农产品市场体系建设取得了重大进展，农产品市场体系逐步完善，市场服务体系全面加强，农产品市场对外开放程度不断提高，与世界农产品市场逐步接轨。但在农民进入市场的组织化程度、市场布局、地区结构等方面还存在许多不足，影响了农产品的正常流通，制约了我国现代农业的发展和农产品竞争力的提高。

（1）农民进入市场的组织化程度较低　我国农民进入市场的组织化程度还比较低，农民专业合作经济组织起点低、规模小，对农民的引导带动能力弱，农民参与市场交易谈判的竞争能力弱，人们对农民的信任度不高。农民大多是单枪匹马进入市场交易，行为不规范，竞争无序，一定程度上制约了农产品市场体系的完善与农产品市场竞争力的提高。

（2）市场布局不合理，尚未形成覆盖全国的市场网络　①城市与乡村农产品市场之间布局不合理。城市农产品市场分布合理、设施完备，经营的农产品品种齐全。而农村农产品市场一般比较简陋、经营品种单一、且大多都分布在乡镇，据测算，农村平均每个乡镇的市场数仅为 1.6 个。2004 年，全国共有 816 个亿元以上农产品综合市场，全部分布在城市，其中大城市 281 个、中型城市 243 个、小城市 292 个。从而使农村居民获得农产品的便利性、多样性大打折扣。②农产品产地市场和销地市场之间布局不合理。这一现象不仅表现在农产品市场数量方面，而且还体现在质量方面。以全国 2861 个县、660 个市来计算，平均每个县仅有 0.8 个农产品批发市场，而每个城市平均有 2.8 个农产品批发市场，即便考虑城乡人口聚集和消费因素，这种农村产地和城市销地之间的布局不合理特征依然很明显。而且，城市销地市场的基础设施条件、公共服务水平、经营额与经营业绩等也都普遍优于农村产地市场。

（3）地区之间布局不合理，经济欠发达地区和农产品主产区相对滞后　从全国来看，农产品市场地区间分布极不平衡，东部地区与中西部地区之间差异明显。东部地区农产品市场体系相对发达，而中西部经济欠发达地区和农产品主产区则相对落后。东部地区的农产品市场，无论是在市场数量、分布密度、市场规模，还是场内设施、交易手段、服务功能等方面都远远超过中西部地区。以亿元以上农产品市场为例，根据 2006 年《中国商品交易市场统计年鉴》的有关资料进行统计，2005 年全国年交易额亿元以上的大型农产品市场共有 1256 个，其中，东部地区 941 个，中部地区 213 个，西部地区只有 102 个，分别约占总数的 74.9%、17% 和 8.1%。2004 年，在前 100 家亿元以上的农产品综合市场中，东部地区占到 78 个席位，其中 21 个在浙江、19 个在江苏，而西部地区仅占 7 个席位，平均分布于宁夏、新疆、四川、重庆、云南、贵州、广西七个省区市中，其余 15 个分布在中部地区。

（4）农产品交易方式落后，农产品流通现代化水平低　虽然农产品流通配送、连锁经营、期货交易、拍卖交易和网上交易等新型农产品交易方式在我国已有一定程度的发展，但这些现代化的农产品交易方式仍处于起步阶段。作为农产品流通体系核心的农产品批发市场，目前，仍主要采用的是面对面的现货交易方式，交易规模小、分散性大，参加的人员众多、结构复杂、社会组织化程度低，其中个体农户占了绝大多数。批发和零售功能在空间上混为一体，常常导致人流、物流混杂和环境污染。农产品连锁销售方式只是在一些大城市有较好的发展，而在多数中小城市和乡村地区，这种新型的农产品经营方式还处于萌芽阶段。农产品物流业的管理和运作方式都还比较传统，存在管理落后、运作效率低、流通成本高等问题，还达不到现代物流的水平。

（5）市场基础设施建设滞后，影响了市场综合功能的发挥　农产品市场基础设施建设滞后主要体现在农产品市场规划建设不合理，农产品市场水电系统、道路、场地、污染处理等基础性硬件设施严重滞后；零售市场（尤其是乡村零售市场）"以街为市、以路为集"的特征明显；农产品市场信息化程度低，农产品流通中的信息服务条件较差，信息的采集、传播、共享机制不健全；农产品质量安全标准体系和检验检测体系的建设工作刚刚起步，许多地区及其农产品市场都尚未建立真正可以发挥作用的农产品质量安全标准体系和检验检测体系；农产品低温仓储、冷链运输系统还不发达，远未达到农产品流通快捷、安全的需求。

（6）地区封锁现象时有发生，全国统一市场尚未真正形成　许多地区仍然存在地区封锁的地方性法规、手段和行为，影响农产品的有效流通和农产品市场的健康发展，人为设置的关卡和障碍不仅降低了农产品流通的经济效率，造成物流资源的浪费，而且严重制约着全国统一农产品市场的形成。地区封锁行为对于当地政府和地区来说可能会有一时一事之利，但是对于资源的合理利用、竞争的公平有序、经济的总体发展和全国统一开放的农产品市场的形成来讲，则是弊多利少。

（7）市场法规不健全，交易秩序混乱　为适应我国市场经济体制建设的需要，近年来，我国已陆续出台了《反不正当竞争法》、《拍卖法》、《商品市场登记管理办法》、《连锁店经营管理规范》、《零售业态分类规范意见》等一系列完善市场机制、规范市场秩序的法律法规。同时，其它一些关于市场中农产品质量安全的法规，如《食品卫生法》、《产品质量法》、《农业法》等也已颁布实施。我国农产品市场法规体系的基本框架已见雏形，但我国市场法律法规体系仍不健全，且现有法律法规体系的配套措施和贯彻执行情况不理想，农产品市场交易秩序比较混乱。

2. 我国农产品市场体系的建设与完善

（1）深化农产品流通企业改革，增强农产品流通主体参与市场竞争的能力　进一步深化农产品流通企业改革，实现投资主体多元化，加快建立现代企业制度，支持有实力的流通企业在市场竞争中做大做强；进一步放开、搞活中小流通企业，鼓励民营、私营流通企业发展，积极推进中小流通企业体制创新，促进其发展"专、精、特、新"经营；稳步推进农业产业化，鼓励农民专业合作经济组织的发展，要注重培育和发展"公司＋农户"型、农民合作型以及专业产销协会型等多种形式的专业化农产品流通组织，逐步实现有组织的、规模化的农产品流通模式，提高农民进入市场的组织化程度。

（2）整体布局，逐步推进，构建全国统一、功能明确、层次分明的市场体系　综合协调、科学规划，优化农产品市场布局，对中西部主要农产品市场进行积极扶持，改造升级农产品市场，完善农产品市场企业制度并充分发挥其公益性职能；完善期货品种上市机制，进一步规范完善农产品期货市场，充分发挥其导向作用；政府相关部门应逐步加强对农产品拍卖制的规范管理和支持引导，建立农产品拍卖中心，完善农产品价格形成机制，健全农产品批发市场的服务功能，为农产品市场体系及农产品市场经营主体提供合理的价格导向。

（3）增加投入，完善市场基础设施　国家和地方财政都继续支持农产品市场基础设施建设，加大政府的直接投入和扶持力度，重点支持农产品市场的水电路系统、农产品市场信息收集发布系统、农产品质量安全检测系统、电子统一结算系统、农产品低温仓储、冷链系统、环保卫生等公益性基础设施。同时，要积极协调金融机构，为市场建设创造良好的融资环境，争取更多的信贷支持。各级农业部门要逐步调整现有农业资金的投入结构和支持重点，向农产品市场体系建设倾斜，扶持市场发展。通过政策引导，吸引企业、个人等各种社会力量投入农产品市场流通设施建设，并积极利用外资，形成多元化的投入机制，扩展农产品市场基础设施建设的投资渠道，鼓励社会资本、企业等多种渠道的社会资金投入农产品市场体系建设，促进市场建设与发展。

（4）部门协调，全面加强农产品服务体系建设　尽快制定和完善农产品进入市场的质量安全标准体系和检验检测体系；推行标准化农产品市场准入制度，严格实施农产品质量安全标准体系，实现农产品包装、流通、供应环节标准化管理；农业、物价、统计等部门应提高农产品供求、价格监测预警能力，充分利用现有技术力量，准确、及时地发布农产品供求及价格信息，提供农产品市场分析和预测报告。

（5）综合管理，健全农产品储备体系，加强农产品市场的宏观调控能力　进一步健全大宗农产品储备体系，鼓励农产品加工和流通企业、民营商业企业参与农产品储备体系；加强政府对农产品市场的宏观调控能力，提高应对突发事件及市场异常波动的能力和水平；中央及地方商务部门、农业部门要完善农产品市场信息收集、处理系统，加强对重要农产品、重点农业产业化生产及流通企业、重点农产品批发市场的监测分析，建立数据翔实可靠、预测准确的农产品信息模拟系统，为农产品宏观调控提供科学依据。

（6）依法行政，完善市场监管机制　加强市场法规和农产品质量安全方面的法律法规建设，为健全市场管理创造良好的制度环境，为加强农产品质量安全管理提供法律依据、制度保障和操作规范；依靠行政力量，整顿市场秩序，加强消费者、新闻媒体及其它社会各界的舆论监督，建立健全农产品质量安全监管体系，加强对农产品不法经营活动的惩处力度；加强部门协调，建立政府管理部门之间的信息、技术资源共享机制；加强地区协调，突破地区封锁，建立全国统一开放、竞争有序的农产品市场。

第二节　农产品流通体制及其改革

一、农产品流通

1. 农产品流通的含义

所谓农产品流通是指以货币为媒介的商品农产品的交换过程，也就是指商品农产品从生产领域运动到消费领域全过程的总和。它包括商品农产品流通（商流）和货物农产品流通（物流）两大部分。前者是指在商品农产品买卖过程中发生的商品农产品价值形式的变化和所有权的转移。后者则是指在商品农产品买卖过程中使用价值的转移，是商品农产品实体形态在空间上的转移。两者可以是统一的，也可以是分离的。

农产品流通是连接农业生产与农产品消费不可缺少的环节，农产品流通对于扩大市场供给，保障人们的基本生活需要，实现农产品价值，增加农民收入，保持社会稳定和国民经济持续协调发展都具有十分重要的意义。

2. 农产品流通的特点

（1）农业生产季节性和农产品消费常年性的矛盾，使农产品在流通领域停留的时间较长　农业生产是自然再生产与经济再生产相互交织的生产过程。由此决定了农业生产不仅生产周期长，而且具有很强的季节性。农业生产的季节性决定了农产品的上市供应也具有一定的季节性。而农产品的消费却具有常年性，不可能因为农产品生产和供应的季节性而在旺季多消费，在淡季少消费，更不可能不消费。这就导致农产品生产和消费在时间上产生矛盾。这种矛盾客观上要求必须建立必要的农产品储备，以平衡农产品的常年消费。

（2）农业生产的地域性和农产品需求的普遍性的矛盾，要求农产品具有合理的流向　农业生产不仅受农时季节的制约，而且受地理环境条件的影响极大。不同地区的不同生产特点，形成了不同的生产优势，使农产品的生产呈现出明显的地域特性。而农产品的需求却是普遍的。某一地区并不因为自身没有生产某种农产品的优势而放弃对这种农产品的需求，有时甚至会对该种农产品的消费产生更强烈的欲望。这就要求在主产区和非主产区之间合理组织农产品的流向，以满足不同地区的消费需求，促进各地生产优势的发挥。

（3）农产品的生物学特点使农产品流通具有较强的技术性　农产品是生物产品，由于温度、湿度、病虫危害等原因，农产品易腐败变质。同时，农产品体积大、水分含量高，给收购、包装、贮藏、运输、销售带来相当大的困难。农产品的生物学特性，要求农产品在流通过程中，必须采用一定的贮藏保质技术，并注意尽量降低流通费用，以避免由此带来的营销风险。

（4）农业中小生产与大市场的矛盾使农产品流通的社会化程度较低　商品农产品的生产主要由亿万分散农户完成。但随着农业商品化程度的提高，农产品的市场范围不断扩大，农产品需要集中运输和销售。而农业小生产与大市场的矛盾将严重影响农产品的流通，进而影响农业的规模化、专业化生产。

二、我国农产品流通体制改革

1. 农产品流通体制的概念

农产品流通体制是指商品农产品流通体系、结构、制度的总和。农产品流通体制主要包括农产品经营体制和农产品管理体制两大类。农产品经营体制包括商品流通渠道体系、所有制结构、购销形式、经营形式和经营方法等。农产品管理体制是国家在商业经济领域组织、领导和调节中央、地方、企业和劳动者之间经济关系的管理制度及其与此相对应的管理形式。

2. 我国农产品流通体制的变革

新中国成立以来，我国农产品流通体制的变革经历了四个不同的阶段。

（1）农产品自由购销体制阶段（1949～1952年）　新中国成立之初，我国国民经济处于恢复时期，国营商业和合作商业正在建立和发展之中，农产品的消费处在较低水平。此时，农产品购销主要采取自由购销的形式。同时，国家通过打击投机倒把，调整公私商业的经营范围，增强国营商业对农产品的购销能力，加大了对农产品市场进行调节，尤其是对粮食市场的管理，一方面，中央政府自上而下成立了国有粮食经营系统和组织管理体系，逐步收紧对粮食的集中统一管理；另一方面，私营粮食企业的合法经营仍然被认可，但已经对它们施行了"利用、限制、改造"的政策。

（2）农产品统购统销体制阶段（1953～1984年）　随着我国大规模经济建设的开始，人口的增长和人民生活水平的提高，农产品供求矛盾日渐突出。为了保证人们的基本生活需求和国民经济发展的需要，从1953年起，我国实行了集权管理的计划经济管理方式，对各种重要的农副产品先后实行统购统销或派购限销的办法，农产品流通直接纳入国民经济计划，实质上否定了农产品的商品交换性质，农产品基本上也就不存在随行就市的自由交易。1953年10月16日、11月19日，中共中央、国务院分别公布了《关于粮食统购统销的决议》、《关于实行粮食计划收购和计划供应的命令》，标志着粮食流通体制从此进入长达31年的统购统销时期。

1979年之后，政府逐步减少统购统销和派购限销的品种和数量，缩小国家收购农产品范围。到1984年底，我国把统派购的农产品的种类由21种减少为12种，对主要农产品量和播种面积下达的25种指令性计划指标已基本取消，大幅度地减少了计划收购的数量。从而扩大了议购和农民自由销售的比重。此外，政府还开放并大力扶持农产品贸易市场，在这一时期曾被取缔、合并的农村集贸市场和传统农副产品专业市场得到了初步恢复和发展。农贸市场的成交量和成交金额迅速增加，1979～1983年间，农贸市场成交金额约增加了一倍。

(3) 农产品合同定购、国家定购和价格双轨体制阶段（1985～1997 年） 在农村家庭承包制与先行放开的农产品收购价格和集市贸易的配合下，农村经济出现超常规发展势头，从而改变了长期存在的农产品供应匮乏的状况。在这样的背景下，1985 年元旦，中共中央、国务院发布了《关于进一步活跃农村经济的十项政策》，即中央 1985 年 1 号文件。文件的核心内容是改革计划经济时期的统购派购任务，按照不同情况分别实行合同定购和市场收购。形成了所谓农产品购销的"双轨制"，至此，中国实行了 31 年的农产品统购派购制度被打破。这是真正意义上的中国第一次粮食流通体制改革。1991 年底，国务院发出《关于进一步搞活农产品流通的通知》，要求在保证完成国家定购任务的情况下，对粮食实行长年放开经营政策。

在对农产品收购制度进行改革的同时，我国对农产品的销售制度特别是粮食的销售也作了相应的改革。1990 年以后，郑州中央粮食批发市场和地方粮食批发市场相继建立。1990 年 9 月，国务院决定筹建国家粮食储备局，对粮食收购实行最低保护价制度，并建立用于调节供求和市场价格的粮食专项储备制度。这标志着农产品流通体制改革进入了市场取向的大跨步推进阶段。"八五"初国务院提出了粮食购销体制实行"分区决策、分省推进"的改革思路。自 1992 年春广东省首先作出放开粮食销售的决定开始，到 1993 年底，在不到两年的时间中，全国绝大多数县（市）都相继放开了对城镇居民的粮食销售。至此，全国的粮食销售价格基本全部放开，实行了 40 年的城镇居民粮食供应制度（即统销制度）被取消。应当说，粮食销售体制上的这一重大改革，不仅对于粮食购销，而且对于整个经济向市场经济体制转轨，都具有十分重要的作用。1994 年 5 月国务院发布了《关于深化粮食购销体制改革的通知》，规定继续坚持政府定购，并适当增加收购数量。除定购 5000 万吨粮食落实到户外，还下达了 4000 万吨议购计划，落实到县级政府。1995 年，粮食购销政策仍是实行"双轨制"，即在保证政府能够稳定地掌握一定数量的粮食，以稳定粮食供给的前提下，放开粮食市场购销。但政府重申了议购粮食应随行就市，不允许搞"二定购"。1995 年 2 月，中央农村工作会议更明确提出"米袋子"省长负责制，要求各省一把手亲自抓粮食问题。1997 年 7 月，国务院明确规定，国家定购粮仍按 1996 年确定的定购价收购，而议购粮按保护价敞开收购，保护价就是国务院确定的定购基准价。政府要求全国粮食部门敞开收购、常年收购、不拒收、不限收、不停收，不压级压价，不打"白条"。

(4) 农产品购销体制的市场化改革阶段（1998 年至今） 由于农产品流通双轨制的实施，使国有粮食企业严重亏损，从 1992 年 4 月～1998 年 5 月 31 日整个粮食财务挂账中亏损挂账高达 1200 亿余元，挤占挪用约 800 亿元，严重超出了国家财政的承受能力。于是，中央在 1998 年初提出了实行农业战略性结构调整的决策，并对粮食流通体制的进一步改革进行了试点。1998 年初，中共中央、国务院在中发 2 号文件中提出"四分开"。即实行粮食系统政企分开、储备与经营分开、中央与地方责任分开、新老粮食财务挂账分开。1998 年 5 月 19 日，国务院下发了《关于进一步深化粮食流通体制改革的决定》，发起了新一轮粮食流通体制改革。此次粮改的原则是"四分开一完善"，并指出改革的重点是国有粮食企业，近期主要是落实按保护价敞开收购农民余粮、粮食收储企业实行顺价销售、粮食收购资金封闭运行三项政策。2000 年春天，经国务院批准，浙江成为全国第一个实行粮食购销市场化改革的省份。2001 年 8 月 20 日，国务院召开全国粮食工作会议，正式出台了《关于进一步深化粮食流通体制改革的意见》，将改革范围扩大至全国，重点是浙江、上海、广东、福建、海南、江苏、北京、天津八省（直辖市）。意见将改革浓缩为 16 个字，即"放开销区、保护产区、省长负责、加强调控"，第三次粮改由此启动。2004 年 5 月 26 日《粮食流通管理条例》正式对外颁布，赋予了粮食行政管理部门管理全社会粮食流通和对市场主体准入资格审查的职能。2004 年 5 月 31 日国务院召开全国粮食流通体制改革工作会议，发布的《国务院关于进一步深化粮食流通体制改革的意见》明确宣布，全面放开粮食收购市场，实现粮食购销市场化和市场主体多元化。2006年5月13日国务院发布《国务院关于完善粮食流通体制改革政策措施的意见》，以科学发展观为统领，坚持中央确定的粮食流通体制改革总体目标和基本思路，进一步完善政策措施，把粮食流通体制改革不断推向深入。2007年8月28日，为加强对全国粮食市场体系建设的指导，加快建设统一开放、竞争有序的粮食市场体系，国家粮食局编制了《全国粮食市场体系建设"十一五"规划》。

第三节 农业物流

一、农业物流的概念与特征

1. 农业物流的概念

农业物流是以满足顾客需求为目标，对农业生产资料与产出物（农产品）及其相关服务和信息，从生产地到消费地所形成的物质产品流动进行计划、执行、控制和管理的全过程。它包含两个物流流体对象，即农业生产资料和农产品。它是由农业生产资料和农产品的采购、生产、流通加工、包装、运输、储存、装卸、配送、分销、信息沟通等一系列运作环节组成，并在整个过程中实现了农业生产资料和农产品的保值、增值和经营单位的组织管理目标。

2. 农业物流的分类

（1）根据农业物流的流体对象分类　将农业物流分为农业生产资料物流和农产品物流。

农业生产资料物流是农业生产过程所必需的农业生产资料的生产、储运、配送、分销和信息活动中所形成的物流。它是以农业生产投入物为对象的物流，它涉及种苗、饲料、肥料、地膜、农药、农业机械等农用物资和农机具的生产与物流规划，农业生产资料使用和市场的信息服务等。

农产品物流是以农业产出物为对象形成的物流，根据农产品的分类农产品物流又分为：粮食产品物流、经济产品物流、畜产品物流、水产品物流和林产品物流等。

农产品物流和农产品流通两者相辅相成，互相补充，密不可分。其联系在于：农产品流通过程中，物的物理性位移常伴随交换而发生，这种物的物理性位移是最终实现流通不可缺少的物的转移过程，没有物的物理性流动的农产品流通是毫无意义的。但是农产品物流又不等同于农产品流通。①从性质上，农产品物流是一种服务产业的名称，是农产品物质实体的物理性流动，而农产品流通是农产品商品化过程中的一个重要环节，是以货币为媒介的商品农产品的经营销售交换过程，是实现农产品的价值和使用价值的过程；②从涵盖的范围上看，现代农产品物流包括生产、流通和消费活动，不但涵盖流通领域也涵盖生产、生活消费等领域，而农产品流通仅仅是连接农业生产与农产品消费的必不可少的中间流通环节，流通中的货物农产品流通（物流）从范畴来看只是全部物流的一个局部，是物流过程中最主要的部分；③农产品流通并不以其整体作为农产品物流的一部分，而是以其实体运动构成农产品物流的一部分。流通领域中商业活动中的交易、谈判、契约、分配、结算等所谓"商流"活动都不能纳入到物理性运动之中。

（2）根据农业生产过程的主要阶段和物质转化分类　将农业物流分为农业供应物流、农业生产物流、农产品流通物流和农业废弃物物流。

① 农业供应物流也称农业产前物流，是指为保证农业生产不间断地进行，保障农村经济发展，供给和补充农村生产所需的各种生产资料而产生的物流。主要包括农业生产资料的

采购、运输、储存、装卸、搬运等。

② 农业生产物流是在农产品种植、养殖活动直到农产品产出过程中，因生产要素配置和运用而形成的物流。具体包括：一是种（植）养（殖）物流，包括整地、播种、育苗、移栽、化肥、地膜等的调运和使用，农业机械设备及工具的调配和运作等；二是管理物流，即农作物生长过程中的物流活动，包括除草、用药、施肥、浇水、整枝等，或动物的喂养、微生物培养等过程中所形成的物流；三是收获物流，即为了回收生产所得而形成的物流，包括农产品采收、脱粒、晾晒、整理、包装、堆放或动物捕捉等所形成的物流。

③ 农产品流通物流又称农业销售物流，是指农产品的加工和销售行为所产生的一系列物流活动，包括收购、加工、保鲜、包装、运输、储存、配送、销售等环节。它是以农业产出物（农产品）为对象，通过农产品产后加工、包装、储存、运输和配送等物流环节，做到农产品保值增值，最终送到消费者手中。由于农产品本身特质，以及产销地域广阔分散的特点，所以对农产品流通物流规划、方式和手段提出了比较高的要求，这一物流过程是目前农产品实现市场价值的关键环节。

④ 农业废弃物物流。在农业生产和农产品流通直到消费过程中，会有废弃物、无用物和可回收物生成，对它们的处理过程中形成的物流活动就是农业废弃物物流。比如农作物秸秆回收利用，废金属、废纸、废塑料的回收利用，生活垃圾和污水的综合治理和转化利用等。农业废弃物物流的流量大小、处理成本取决于农产品的加工程度和物流规划水平。由于农业生产资料和农产品的特性，有必要从绿色环保的角度出发，建立农业生产、农产品流通和消费的废弃物回收利用系统。目前农业废弃物生成数量较大，但重视不够。

3. 农业物流的特征

（1）农业物流涉及面广，物流量大　农业物流的流体包括农业生产资料和农业的产出物，基本涵盖了种苗、饲料、肥料、地膜等农用物资和农机具，以及种植业，养殖业，畜牧业和林业等，物流节点多，结构复杂，产销供需量庞大。以 2006 年农产品产量为例：粮食 49746 万吨，棉花 763 万吨，油料 3062 万吨，糖料 10987 万吨，蔬菜 58233 万吨，水果 17050 万吨，肉类 8100 万吨，奶类 3290 万吨。又如为保证全国 15010 万公顷农作物总播种面积的需要，仅化肥物流量 2006 年就达到 3504.8 万吨（折纯）。农产品进出口物流总值 2006 年接近 600 亿美元。

（2）农业物流质量要求高，物流难度大　与工业品不同，农产品是有生命的动物性与植物性产品，所以农业物流系统及储运条件、技术手段、流通加工和包装方式都具有独特性，农业物流的设施、设备和运输工具也具有专属性。在农业物流过程中包装难、装卸难、运输难、仓储难。有相当一部分农产品需要特种物流方式，比如粮食的散装运输，水产品的冷冻运输，分割肉的冷藏运输，牛奶等制品的恒温运输等。比如在发达国家，畜产品、水产品、蔬菜、水果从屠宰、捕捞、采摘到消费者手中，都要经过以下过程：预冷—冷库—冷藏车运输—批发站冷库—自选商场冷柜—消费者冰箱等。

（3）农业物流对时间与空间的要求高　①农产品季节性生产，全年消费；地域性生产，全国消费。②为保证安全必须实施农产品绿色物流。③为调剂余缺，形成农产品进出口物流，2006 年，我国农产品进出口 634.8 亿美元，同比增长 12.8%。其中，出口 314.1 亿美元，同比增长 13.9%；进口 320.7 亿美元，同比增长 11.7%。且农产品的进出口物流必须达到国际标准。

二、我国农业物流的现状与问题

改革开放以来，我国农业物流伴随着市场经济体制的建立完善呈现出强势发展的势头，特别是最近几年来，我国已初步建立了农业物流的市场化流通体系，农业物流的规模不断扩大，农业物流主体向多元化发展，基础设施建设初见成效，农产品交易模式、营销方式不断创新，农业物流的信息化水平显著提高，为建立适应现代商品农业发展的物流体系奠定了坚实的基础，但同时也应该看到，我国农业物流的发展仍面临许多问题。与发达国家相比，特别是与主要农业强国相比，仍有不小的差距。具体表现在以下几个方面。

1. 对农业物流重要性的认识不足

在我国农业的发展过程中，"重生产、轻流通"的思想意识影响广泛，且对农业生产资料、农产品流通和物流配送等相关产业的协同作用认识不足，对农业物流的理论研究重视不够，更没有形成农业物流完整的行业体系框架。目前，全社会的现代物流观念尚未完全树立起来，很多人把现代农业物流理解为农产品的仓储、运输和装卸等，没有认识到现代农业物流是蕴涵农业生产布局、结构调整、品种流向、农资和农产品实体运动所必需的装卸、储运、加工增值及相关服务与信息的环节链系统；没有认识到现代农业物流在降低流通成本、交易费用，提高农产品附加值，增强农业竞争力方面的独特作用。认识上的片面性导致农业物流因环节链的脱节无法实现资源的优化配置。

2. 农业物流基础投入不足，技术装备水平低

农业物流缺乏专用运输工具、存储、保鲜技术、物流加工和冷链建设等发展滞后，加工处理水平低。农业物流在基础投入方面的长期不足使得高额物流损耗一时难以根本扭转，目前，我国90%的肉类、80%的水产品、大量的牛奶与豆制品是在自然状态下进行运销的，损耗浪费现象十分严重。据统计，常温流通中果蔬约损失20%～30%，粮油15%、蛋15%、肉干耗3%。如能挽回我国粮食流通中损失的50%，可供2000万人口消费4年，相当于开发数百万公顷的"无形粮田"。我国每年有8000万吨果蔬腐烂，损失总值近800亿元，可以满足2亿人口的基本营养需求。这与发达国家5%以下的果蔬损失率相比，差距很大。

3. 农业物流分散采购与销售，导致物流成本居高不下

我国农业生产大多是单户经营的形式，很难达到经济规模。农业生产资料的分散采购和农产品的分散销售方式也具有自发的盲目性，容易导致利用率低，生产要素的供应时间长，物流成本高。如我国农产品物流成本占总成本的30%～40%，鲜活农产品达到60%以上，而发达国家的物流成本一般控制在10%左右。再以粮食物流为例，2005年全国粮食物流量为2亿吨，其中1.2亿吨为跨省流动。国际上粮食物流一般以散粮为主，但中国90%仍以包粮为主，这使粮食的物流成本高出发达国家10个百分点，且速度慢、损耗大。

4. 农业物流的信息化水平低

尽管涉农部门建立了一些农业信息网络，但网络在乡、村一级断层，农业物流资源信息不集中，发布与更新不及时，导致农业物流信息共享度低，信息流通不畅。从全国看，农业物流缺乏经过统一规划设计的信息系统，信息技术还没有在农业物流中普遍应用，企业内部与企业之间信息化差距大，电子商务发展不足。

5. 农业物流的社会化程度低，缺少专业物流服务商

无论是农资生产企业还是农产品生产企业，仍然热衷于自营物流，物流公司基本上都在运作工业物流，农业物流都靠自己的力量运作，没有形成良性发展的机制。农民虽然向运输企业或仓储企业寻求服务，但这些都仅限于一次性和临时、分散的物流服务，本质上仍然追求自己内部生产与物流的结合，制约了第三方农业物流的发展。同时由于缺少足够的用户，数量有限的第三方农业物流的规模和实力都较小，只能简单地提供运输、仓储和初加工服务。缺乏需求预测、精深加工、物流信息服务、成本控制和物流设施网络设计等增值服务，尤其是物流方案设计以及全程物流服务等更高层次的物流服务还没有开展。

6. 农业物流的标准化水平低

目前，我国仍未建立起适应现代农业物流发展的技术标准体系和标准工作规范，农业物流非标准化装备、设施、行为相当普遍。比如，各种运输方式之间装备标准不统一；包装标准与运输实施标准不配套；不少农产品的分类、分级、分等大多凭人工感觉，误差较大。这种状况给农产品的储存、运输和加工造成一定困难，严重影响了农业物流的质量效益以及跨国界农业物流活动的开展。

三、推动现代农业物流发展的措施

1. 增强现代农业物流意识

现代农业物流涉及整个国民经济的运行效率与运行质量，涉及农业的现代化与农民的根本利益。因此，要充分认识到现代农业"供应链"管理作为一种先进的管理模式，在提高农业的市场反应速度、降低成本、增加附加值、提高效率、增强农业产业链整体效益、提升竞争力等方面的重要作用。只有这样，才能跳出农业、加工业、流通业相互分离的传统产业思维模式，从而促进现代农业、农产品加工、贮藏、运输的相互衔接，协调发展。

2. 努力提高农业物流的科技水平

技术问题始终是制约中国农业物流发展的重要因素。物流技术是物流各项功能实现和完善的手段，可以借鉴国外在物流研究方面的经验，在研究院所、高校以及物流企业配备专门人员，加强农业物流技术、物流系统的应用研究，引进国外先进技术，结合我国实际进行不断创新和推广应用。大力开发和应用先进的信息技术，不断完善市场信息服务体系，对物流各环节进行适时跟踪、有效控制与全程管理，以增强农业物流供应链的透明度和控制力，努力提高农业物流的信息化水平。

3. 加强农业物流基础设施建设，提高农业物流的专业技术装备水平

农业物流基础设施和技术装备涉及的内容广泛，具体包括：交通、通讯设施建设与农村道路建设；农产品仓储设施建设；农业物流基地、物流园区、物流中心、农产品批发市场、集贸市场、配送中心、连锁超市的规划与建设；农产品储运工具的研发与生产；农业物流专业设施、设备装备水平及利用率的提高；农业物流信息体系与标准体系建设；冷链物流；农业物流技术的研发推广；农产品加工增值与检测系统建设等。

4. 积极培育和发展第三方农业物流，大力培育农业物流的市场主体

培育和发展专门为农业产前、产中、产后提供物流服务的社会化、专业化的第三方企业和组织，使之成为中国农业物流发展的示范者和中小物流企业资源的整合者。应采取多渠道、多形式、多元化的方法，打破地域、行业界限，尽快培育和发展一批第三方农业物流。鼓励农业产业化龙头企业之间，龙头企业与商业、运输业、仓储业企业间的联合，着力打造一批优势农业物流企业；推进传统储运企业、粮食系统企业、供销系统企业、农业系统农资经销单位向第三方农业物流企业转变；大力扶持营销大户、农村专业合作经济组织；积极吸引国外优秀的物流企业，加快农业物流信息企业的发展；在培育农产品物流企业等农产品物流主体的同时，大力扶持农产品行业协会发展，鼓励倡导多种形式的代表农民利益的农民合作运销组织以及农村运销户、农民经纪人、代理商、中间批发商等中介组织，采用"公司＋农户"、"协会＋农户"、"大户＋农户"、"经纪人＋农户"等多种形式。

5. 强化政府对农业物流的管理和服务职能

①理顺农业物流管理体制，明确主管部门在全社会范围内进行整体统筹，制定现代农业物流发展的总体规划，统一协调全国农业物流的组织和运行；②制定相应的法律法规与政策，约束农业物流组织者、参与者的行为，规范和监督运作过程，协调和处理所发生的农业物流纠纷；③加大对农业物流基础设施建设的投入；④为农业物流提供信息服务和政策指

导,以减少和避免实际工作中的盲目性;⑤大力推进现代农业物流的标准化体系建设,加紧对农业物流用语、技术标准、计量标准、数据传输标准、作业和服务标准的研究,尽快形成统一的农业物流国家或行业标准与国际市场接轨。

6. 大力加强现代农产品物流的高素质人才培养

现代农业物流是一个涉及多学科、多领域的行业,科学研究的水平和从业人员的能力对其发展有着直接影响。政府应大力支持、鼓励对农产品物流基础理论的研究,建立农产品物流人才培养体系。一方面要在高校拓展设置物流管理专业,资助扶持高校和科研机构在物流领域的研究和创新活动,为中国尽快培养一批熟悉农产品物流供应链管理(SCM)以及农产品物流各个环节运作,懂得物流技术、策划以及物流信息系统开发,适应时代发展特别是适应加入WTO对农产品物流要求的高素质的管理和专业技术人才;另一方面要支持和鼓励企业和行业协会及民办教育机构举办从业培训,建立物流行业的职业终身教育系统;同时,加强农业物流的国际交流与合作,聘请国外物流专家参与国内农业物流的经营与管理,借鉴国际先进经验,实行现代物流产业从业人员执业资格制度。

本章小结

农产品市场是农产品交换关系(交换活动)的总和。具有季节性、周期性、地域性和政府干预性的特点。农产品市场体系是由农产品市场主体、市场客体、市场机制、市场组织和市场类型等构成的综合体。农产品市场范围包括:农产品产地集散市场、消费地一、二级农产品批发市场、从事批零兼营的农贸市场和销售农产品的各种零售业。其中,农产品批发市场是我国城市鲜活农产品流通的主要形式。

农产品流通是指以货币为媒介的商品农产品的交换过程。它一般包括农产品收购、农产品批发、农产品零售、农产品分级、农产品加工、农产品包装、农产品贮藏以及农产品运输等农产品的流通环节,其中农产品收购、农产品批发、农产品零售是三大基本环节。

农业物流是以满足顾客需求为目标,对农业生产资料、农业产出物(农产品)及其相关服务和信息,从生产地到消费地所形成的物质产品流动进行计划、执行、控制和管理的全过程。它是由农业生产资料和农产品的采购、生产、流通加工、包装、运输、储存、装卸、配送、分销、信息沟通、订单处理等一系列运作环节组成,并在整个过程中实现了农业生产资料和农产品保值、增值和经营者的组织管理目标。我国是一个农业大国,农业物流涉及面广,物流量大,目前我国农产品物流尚处于起步阶段,发展相对滞后,建设现代商品农业必须发展与此相适应的农业物流。

复习思考题

1. 基本概念
农产品市场　农产品期货市场　农产品流通　农产品流通体制　农业物流
2. 简述农产品市场的特点。
3. 简述农产品市场体系的基本构成。
4. 分析我国农产品市场体系的现状,提出相应的发展对策。
5. 查找有关资料分析我国农产品流通体制的现阶段改革重点。
6. 论述发展我国现代农业物流的措施。

实 训 练 习

1. 王强认为 11 月份的大豆价格将要上涨,于是以 2900 元/吨买进 5 手期货合约(每手大豆是 10 吨,保证金比例为 9%),到 11 月份价格果然涨到 3000 元/吨,王强卖了 5 手平仓了结,完成一次交易,交易费用是 15 元/吨。试计算王强投入了多少资金?盈利是多少?

2. 据中国物流信息中心统计测算,2004 年我国社会物流总值情况如下表:

2004 年我国社会物流总值情况　　　　　　　　单位:亿元人民币

项　目	物流总值	同比增长	增幅	物流总值所占比重
全国社会物流总值	383000	29.9%	2.9%	
其中:工业品物流总值	325000	30.2%	3.4%	84.86%
进口货物物流总值	46000	35.9%	−4.1%	12.01%
农产品物流总值	12000	6.3%	3.8%	3.13%
再生资源物流总值	325	16.8%	−1.5%	0.08%
单位与居民物品物流总值	190	2.1%		0.05%

试根据以上数据分析 2004 年我国农产品的物流情况。

第十四章　农产品营销管理

学习目标
1. 理解农产品营销的概念与特点；
2. 了解农产品市场调查的步骤与方法；
3. 理解掌握农产品市场细分与目标市场确定的原则与方法；
4. 理解掌握农产品市场营销组合。

关键词
　　农产品营销　市场细分　目标市场　市场营销组合　国际市场营销

第一节　农产品营销的概念与特点

　　农产品营销在我国尚处于起步阶段。长期以来，我国农业受计划经济体制的影响，产品短缺的市场环境和强大的政府资源调配行为一定程度上阻碍了市场营销的发展。改革开放以来，伴随着商品农业的发展和农业劳动生产率的迅速提高，我国农业从生产型、数量型、自给型逐渐向质量型、效益型、商品型农业过渡。但相对于农业发达的国家而言，我国农业仍然处在由传统农业向现代农业的转型时期，农产品营销滞后的问题比较突出，其主要表现是农民的营销观念淡漠，营销体系不健全，营销主体缺位，营销模式单一，市场信息不对称、不畅通。这种现象对我国农业发展非常不利。因此，加强农产品营销理论的研究，培育农民的现代营销意识，规范农民的营销行为对扩大农产品交换，促进农业增效、农民增收意义重大。

一、农产品营销的概念

　　农产品营销就是通过市场扩大农产品交换，在最大限度满足消费者需求的前提下，实现企业既定经营目标的活动或过程。农产品营销的核心是交换，是通过发展和培育农业经营主体的忠实客户和消费群体，不断拓展农产品销售市场的过程。
　　要全面理解这一概念，必须准确把握以下要点。
　　① 农产品营销的主体应是农产品生产和经营的个人和组织。正是这些从事农产品创造和交易活动的行动者构成了农产品营销的主体。
　　② 农产品营销活动贯穿于农产品生产、流通和交易的全过程。营销不仅仅是推销、销售，其内容要广泛得多，即农产品营销不局限于农产品从农户到消费者手中的流通领域活动，还包括农产品市场调研、确定产品方向、农业企业经营计划、产品结构的确定、农业新产品的培育和开发、农业生产资料的供应、农产品定价、促销及售后服务等一系列过程。
　　③ 农产品营销概念体现了一定的社会价值和社会属性，其最终目标是满足社会和人们

的需求和欲望。农产品营销中的产品创造和交易活动就是要通过市场去满足人们的需求，满足社会的需求。在满足了人们和社会对农产品效用需求的同时，农产品生产者也从农产品的交易过程中获得了价值实现。

二、农产品营销的特点

1. 农产品生产的季节性和社会需求的经常性之间的矛盾比较突出

农产品大多是集中收获的，有的一年只有一次，而且受自然条件的影响较大。生产周期内还有淡季和旺季、大年和小年、丰年和歉年之分；而农产品又大多是人们的基本生活资料，每天都需要，不能中断。因此，农产品的经营销售业务，就不能单纯地从经商的观点出发，而必须特别注意与生产计划控制、储存、调运、加工组织各方面工作的密切配合，这样才能统筹调剂产销，保证市场的充足供应。

2. 农产品的时效性强，易坏难存，风险大，从而销售工作组织的难度也较大

这一特点决定了在组织农产品销售时，特别是对一些新鲜、青嫩、易腐难储的农产品应尽量减少流通环节，拓宽流通渠道，搞活流通方式等，并尽可能组织就近销售，以便最大限制地减少损耗、节约开支、降低运输成本、增加企业的经济效益。

3. 农产品的生产弹性大，消费弹性小，且容易腐烂变质

因此，在农产品的市场销售上，特别是在价格的掌握上，应有较大的灵活性。一般来讲，农产品的销售不仅在节令前后与平时价格可以相差数倍；就连晴天和雨雪甚至同一天的上市和落市，价格也有显著差别；至于地区差价、质量差价，在农产品销售中就更是普遍。

4. 农产品的体积、质量、价值以及生理生化性能等特点错综复杂

这一特点给农产品销售、调运组织工作带来了一定的难度。一般来讲，农产品价值与体积比率越低，产品销售的调运费用占销售额的比重就越大，在这种情况下，组织农产品的运销应尽量避免远销；而对价值与体积比率高的，则可以组织远销并注重包装。

5. 联产承包的农户有很大的发展商品生产的积极性和潜力，同时也迫切要求在生产和流通领域有更多的自主权

这一特点决定了从宏观经济管理看，应该迅速改变过去那种统得过严、过死，购销渠道单一的做法，在流通体制、组织机构、购销业务、价格政策和经营方式等各个方面，必须进行相应地变革，有计划、有步骤地建立起多成分、多形式、多层次、多渠道、少环节、开放式的购销体制。从微观经济管理看，应该彻底改变过去那种"重生产、轻营销"和"重管理、轻经营"的错误倾向，把组织农产品销售的工作放在重要位置。

第二节　农产品市场调查与预测

现代市场营销观念认为经营者应当把市场看作全部生产经营活动的起点，根据市场需求安排产品的开发、生产和销售。有效的市场营销活动必须建立在市场分析的基础之上，而市场分析的首要工作就是市场调查与预测。

一、农产品市场调查的概念

农产品市场调查就是运用科学的调查方法，对与农产品市场营销有关的供求信息、价格信息和竞争信息进行有目的、有计划、有步骤地搜集、记录、整理与分析，进而为市场参与者（包括政府部门、生产者、消费者等）制定政策，进行生产经营决策，制定市场营销策划方案提供依据的活动与过程。

二、农产品市场调查的内容

1. 宏观环境状况

宏观环境调查主要包括政治环境,如政府的有关方针、政策、法令及税收、金融、外贸、商标、广告、保险、环境保护等方面的政策和法规;经济环境如国民生产总值、人口数量、家庭收入、个人收入、能源、资源、交通状况等;社会文化环境如教育制度、文化水平、职业构成、民族分布、宗教信仰、风俗习惯、审美观念等;自然地理环境如土壤、地貌、植被、矿产、气候等。经营者通过宏观市场环境调查,及时掌握最新的政治、经济、社会、文化等宏观环境发展动态,寻找自身新的发展机会,并及早发现可能存在的威胁,未雨绸缪。

2. 市场需求状况

某种产品的市场需求是指在特定的地理区域、特定的时间、特定的营销环境中,特定的顾客愿意购买的总量,包括现实的需求量和潜在的需求量。因此市场需求调查包括对用户的特点进行调查,用户不同,其需要的特点也不相同。另外,还包括对影响用户需要的各种因素的调查等,经营者只有在了解了顾客的需求之后,才有可能采取恰当的营销策略,满足顾客需求,实现经营目标。

3. 产品销售状况

商品价值的实现是通过交换实现的,只有把产品顺利销售出去,才能获得利润,才能够有足够资金进行再生产。因此对农产品的销售调查是非常重要的。具体包括农产品销售量调查、市场占有率调查、销售渠道与营销模式调查等。

4. 竞争状况

竞争状况包括竞争对手的数量、名称、经济实力、生产能力、产品特点、营销策略、市场占有率以及竞争发展战略等。

三、农产品市场调查的步骤与方法

市场调查是一项复杂而艰巨的工作,调查人员必须在大量的、杂乱的信息中收集、整理和加工有用的信息。严密的调查步骤和科学的调查方法可以帮助调查人员提高工作效率,实现调查目标。

1. 农产品市场调查的基本步骤

农产品市场调查是一项复杂而细致的工作,为了提高调查工作的效率和质量,达到既定的调查目的,在进行农产品市场调查时,必须制定完善的调查计划,并加强组织领导,以保证农产品市场调查有目的、有计划、有步骤地进行,避免安排不周使调查流于形式。调查的基本步骤如图 14-1 所示。

2. 农产品市场调查方法

(1) 资料分析法 也称为间接调查法,是指调查者通过研究分析各种历史的和现实的资料,从中搜集与市场调查项目有关的信息资料。主要有书面问卷法、资料查阅法和统计综合法。通过间接调查法所获取的资料称为二手资料。资料分析法的资料主要来源于国家统计部门定期发布的统计公报和各类统计年鉴,各级各类经济信息部门、行业协会提供的信息公报等,国内外有关报刊、杂志、电视等大众传媒提供的各种形式的信息,国内外的各种博览会、洽谈会、展销会等发放的文件资料,工商企业的各项财务年报、销售记录、企业简报、影像资料等。

(2) 询问法 此调查法是调查人员利用询问的方式向被调查者了解市场信息资料的一种直接调查方法。具体形式有面谈调查、电话调查、邮寄调查、互联网调查和座谈会调查。

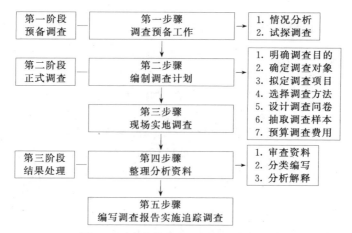

图 14-1 农产品市场调查过程示意图

① 面谈调查。即调查人员与被调查对象面对面地询问有关问题，从而取得第一手资料的调查方法。面谈调查方法的优点是回收率高、信息真实性强、资料搜集全面，但所需经费较高，对调查人员的素质要求较高。

② 电话调查。即由调查人员根据事先确定的原则抽取样本，用电话向被调查者提出问题以获取资料的方法。这种调查方法使用起来速度快、省时、经济，但由于采取不见面的方式，通话时间又不宜过长，因此所获取的信息不够深入。

③ 邮寄调查。即调查人员预先设计、印制好调查问卷，然后邮寄给被调查者，被调查对象按照要求填好后再邮回的调查方法。这种方法调查范围广泛、成本较低，但是回收率低、回收时间长，且调查人员难以控制调查过程。

④ 互联网调查。即把问卷的设计、样本的抽取及调查数据的处理等整个调查过程各环节都通过电脑程序和互联网来完成的一种调查方法。这种调查方法的优点是便利、快捷，能大大缩短调查时间，并可即时修正操作上的错误，调查成本低。但是互联网调查的范围受到网络覆盖率和上网用户数量的限制，容易受到电脑病毒的干扰和破坏，从而影响调查结果。

⑤ 座谈会调查。也称集体访谈法，即邀请参加座谈（调查）的人员就调查主题进行研究讨论、发表意见来获取资料的方法。这种方法的优点是调查成本较低，通过与会人员集中讨论可较快地确定调查结果。不足之处在于调查意见容易集中在专家、领导等少数人身上，由于座谈会选择的人员较少，其代表性较低，会影响调查结果。

（3）观察法　观察法是由调查人员通过观察被调查对象的行为并对其进行记录来搜集市场信息资料的调查方法。观察法有以下几种基本形式。① 直接观察法，即派调查人员到现场直接察看以收集市场营销信息的方法。② 亲自经历法，即调查人员亲自参与某项活动，收集有关资料的方法。③ 痕迹观察法，即不直接观察被调查对象的行为，而是观察被调查对象留下的实际痕迹来获得有关信息资料的方法。④ 行为记录法，即不直接向被调查者提出问题，而是通过录音机、录像机、照相机及其它一些监听、监视设备来进行记录，以收集有关市场营销信息的方法。观察法的优点是由于调查过程是在被调查者不知情的情况下进行，被调查者处于自然状态，搜集到的资料较为客观、可靠。这种方法的缺点主要表现在观察不够具体、深入，只能说明事实的发生，而不能说明发生的原因和动机。

（4）实验法　实验法是在特定的实验场所、特定的时间、特定的状态下，对调查对象进行试验来获取营销信息资料的调查方法。实验法是研究因果关系的一种重要方法，具有独特的使用价值。试销是一种重要的实验方法，如一项新产品或服务在推向市场之前，先在局部市场推广或测试，从影响调查对象的若干因素中选出几个因素作为实验因素，在其它因素处于不变的条件下,了解实验因素变化对被调查者的影响。对实验结果进行整理分析后,再研究决定是否需要进行大规模市场推广。在一些展销会、试销会、订货会等场合,经常使用这种方法。

四、农产品市场预测及方法

预测是根据历史和现在的已知情况,估计和推测某一事物未来可能出现的趋势。企业不仅要对市场进行各种定性分析,还要从量的角度将定性分析准确地转换成以产品、区域、顾客等分类来表示的特定需求的定量估计。这是企业营销管理不可缺少的重要环节,对于企业准确把握市场前景,不断寻求发展机会,具有重要意义。

市场预测的方法很多,每种方法都有自己的优缺点,要根据预测目标的要求,灵活选择适用的预测方法。

1. 定性预测方法

定性预测方法又称为经验判断预测法或主观、直观判断预测法,是主要依靠和运用预测者的经验、知识及综合判断能力,以定性分析技术为主的预测方法。其特点是简便、通用、灵活、经济,有利于调动人的积极性;但缺乏严格论证,受主观因素的影响较大,容易形成片面的预测结果。它适用于对影响因素极为复杂多变、综合抽象程度高、涉及社会心理因素多、难以量化,具有新颖性、长期性、战略性的事物的预测;在缺乏定量数据资料,缺乏数学、统计知识和计算手段的情况下进行的预测;在对预测精度要求不高时进行的预测。

(1) 顾客意见法 顾客意见法也称市场调查法,是直接了解顾客需求、购买意向和对未来的看法,并加以汇总整理得出结论的方法。此法比较实际、准确、可靠,但相当费时、费力。

(2) 企业人员意见法 企业人员意见法包括个人判断法和集体判断法;经理人员意见法、业务人员意见法和各类人员意见综合法。对每个人提出的预测数据进行综合时,可采用算术平均法,也可给予一定的权重进行加权计算。对不同情况的预测数据进行综合时,可采用三点估计法和主观概率法。三点估计法的计算公式是:

$$y=\frac{a+4b+c}{6} \tag{14-1}$$

式中,y 为三点估计值,a 为乐观估计值,b 为中等估计值,c 为悲观估计值。

主观概率法的计算公式是:

$$y=\sum x_i p_i = x_1 p_1 + x_2 p_2 + \cdots + x_n p_n \tag{14-2}$$

式中,y 为期望值,x_i 为某种情况下的估计值,p_i 为某种情况发生的主观概率。

(3) 专家意见法 专家意见法包括个人判断法和集体判断法,后者又包括专家会议法和德尔菲法。

① 专家会议法是邀请企业外有关各方面的专家进行面对面的交流,互相启发补充,集思广益,求得预测结果的方法。其局限性是与会人数和开会时间都有限;易受个别权威人物或多数人的意见影响;由于个别专家自尊心强,有时即使认识到自己的错误,也往往碍于面子不愿当众承认,修正自己的意见。

② 德尔菲法是为了克服专家会议法的缺点,由美国兰德公司在 20 世纪 40 年代末提出的一种以希腊的阿波罗神殿所在地命名、寓意"神谕灵验"的方法,是最常用、最有效的一种定性预测方法,其特点是匿名性、反馈性和统计性。

a. 匿名性。即向被选定的适当数量的有广泛代表性和权威性的专家分别邮寄调查表及有关背景资料,"背靠背"地个别征询意见。各专家在预测过程中不发生横向联系,互不知情。每个专家都能无所顾忌、大胆思考、自由发表意见,并有机会改变、发展自己的意见。

b. 反馈性。组织二至四轮的意见征询，让专家们从每一次反馈回的征询表中，了解集体的意见及持不同意见者的理由，通过比较分析，或修正自己意见，做出新的判断，或坚持自己意见，做进一步论证。在这样多次有控制的信息反馈过程中，使专家们的意见逐步收敛、集中，最终取得统一或比较成熟的意见。

c. 统计性。对每一次征询结果进行汇总、量化归纳、统计处理，如以中位数（即将数据顺序排列后处于中点位置的数据）表示专家们的意见的集中程度（即最有代表性的意见）。以上、下四分点（即数列中点前后各1/4处）的数据或极差（即最大值与最小值之间的差距）反映专家们意见的分散程度等。最后，用中位数法和平均法得出较准确、可靠的量化结果。

2. 定量预测方法

定量预测方法又称为数学模型预测法或客观、统计分析预测法，是以定量分析技术为主的预测方法。其特点是较精确、可靠、稳定、科学，但较复杂、机械，往往费时、费力，成本较高，适用范围有限。一般适用于对变化较有规则、可量化的和具有短期性、战术性的事物的预测，以及在数据资料充足，并具有必要的数学、统计知识和计算手段的情况下进行精度要求较高的预测。运用定量预测方法仍须结合定性分析法，对计算结果进行调整和修正。定量预测方法包括时间序列分析法、因果分析法、概率预测法等。

（1）时间序列分析法　时间序列分析法也称为趋势外推法或历史引申法，是应用预测的连贯性原理，假定预测的事物会沿着它从过去到现在的发展变化轨迹继续延伸到未来一定时间，直接从关于该变量的按时间顺序排列的历史统计数据即时间序列中寻找变化的规律性，来推算该变量在未来一定时间可能达到的数量水平的方法。此法比较简单易行，是常用的预测方法，但因忽略了对预测变量随时间变化的实际影响因素与原因的分析，理论上不严密，一般适用于对变化连续、稳定、非跳跃性、非突变性的事物的预测和较短期的预测，或对某些复杂事物的粗略预测。

运用这种方法的要求是历史数据不少于 5 个，以 10 个以上为好；数据的统计范围、口径及计算方法一致；数据的时间间隔一致，长短适宜，尽量避开不正常发展时间；根据数据变化的不同特点，如持续上升或下降的长期趋势变动、季节变动、周期循环变动、不规则和偶然的随机变动等，选用适当的预测方法。

① 简单算术平均数预测法。当各期数据成稳定的水平型波动时，可计算全部数据的简单算术平均值作为下一期的预测值。

$$\overline{X} = \frac{\sum x_i}{n} = \frac{x_1 + x_2 + \cdots + x_n}{n} \tag{14-3}$$

② 加权平均数预测法。对重要性不同的各期数据给予不同的权数 f，一般原则是"近大远小"，然后求得全部数据的加权算术平均值作为下一期的预测值。

$$\overline{X} = \frac{\sum x_i f_i}{\sum f_i} = \frac{x_1 f_1 + x_2 f_2 + \cdots + x_n f_n}{f_1 + f_2 + \cdots + f_n} \tag{14-4}$$

③ 移动平均数预测法。当数据有变动趋势时，远期数据对于预测的影响不大，可以忽略不计，只要选定近期若干期数（如三期或五期）为观察期逐期移动，将其中最远一期的数据舍去，而补充最新一期的数据，进行其平均数的计算。选择的观察期越短，预测结果越灵敏，也越能反映预测对象的变动趋势。

④ 几何平均数预测法。根据各期的环比（本期与上期相比）发展速度来计算平均发展速度，从而做出预测。计算公式为：

$$\overline{X} = \sqrt[n]{\frac{a_n}{a_0}} = \sqrt[n]{\frac{a_1}{a_0} \times \frac{a_2}{a_1} \times \frac{a_3}{a_2} \times \cdots \times \frac{a_n}{a_{n-1}}} \tag{14-5}$$

(2) **因果分析法** 因果分析法也称为相关分析法，是应用预测的关联性原理，通过分析某事物同具体的自然或社会经济因素之间较稳定的因果关系，找出其变化的内在规律，据以对该事物作"解释性"而非单纯"描述性"预测的方法。此法比时间序列分析法严密、可靠，可用于对变化较大的事物的预测和较长期的预测。市场需求预测可用的具体方法很多，有的相当简单，有的相当复杂，如投入产出法、经济计量模型法等。这里只介绍回归分析预测法。

"回归"用于表明一种变量的变化会导致另一变量的变化，即有着"前因后果"的变量之间相关关系的预测。回归分析是在相关分析的基础上，确定自变量和因变量，建立回归方程，用以反映它们之间的数量依存关系并预测因变量的数值。回归方程可分为线性回归和非线性回归；一元回归和多元回归。其中最基本、最常用的是一元线性回归方程为：

$$\hat{y}=a+bx \tag{14-6}$$

这一方程与前述直线方程 $y=a+bt$ 的区别在于：x 并不是简单的时序数，而是一个有量变的自然或社会经济变量，$\sum x_i \neq 0$，回归系数 b 和参数 a 须用以下公式先后求得：

$$a=\bar{y}-b\bar{x}$$

$$b=\frac{\sum xy - \sum x \times \dfrac{\sum y}{n}}{\sum x^2 - \dfrac{(\sum x)^2}{n}} \tag{14-7}$$

得出回归方程后，须进行显著性检验以避免"失拟"。如果变量之间线性相关程度足够高，回归系数显然不接近于零。利用方程能较准确地解释统计数据的变化情况就表明该方程回归效果显著，可有效地用于预测，使预测较准确可靠。

(3) **概率预测法** 概率预测法又称为马尔柯夫链预测法，是根据某些事物未来的发展状态只与其现状、近期状态有关，而与其过去的任何状态无关，通过计算该事物在连续不断地从一种状态转变到另一种状态的随机过程中的"转移概率"，来预测其未来状态的方法。此法无需大量的历史统计资料，只需近期资料即可进行预测，且结果相当可靠，是预测农产品市场占有率和市场需求的重要方法。

第三节　农产品市场细分与目标市场的确定

一、农产品市场细分

1. 农产品市场细分的概念

在农产品销售市场上，由于受许多因素的影响，不同的消费者通常有不同的欲望和需要，因而有不同的购买习惯和购买行为。正因为如此，农业企业和经营组织的营销人员可以按照这些因素把整个农产品市场细分成若干个不同的子市场。每一个子市场都是一个有相似需求的消费群体。所以，农产品市场细分就是根据农产品总体市场中不同消费者在需求特点、购买行为和购买习惯等方面的差异性，按照一定的细分变数，即影响农产品市场上购买者欲望、需要、购买习惯和购买行为的诸因素（如地理变数、人口变数、心理变数、行为变数等），把整个农产品市场细分为若干个不同类型的消费者群体的过程。其中任何一个农产品细分市场或子市场都是一个有相似需求和欲望的购买者群体。农产品市场细分不是对产品的分类，更不是对企业的分类，而是对消费者不同需求或行为的分类。

2. 农产品市场细分的依据

农产品市场细分要依据一定的细分变量来进行。企业进行市场细分的主要依据是消费者需求的多样性和购买行为的差异性,而造成这些多样性和差异性的主要因素就是市场细分的标准或依据。农产品市场作为消费者市场的重要组成部分,其市场细分的依据有很多,但归纳起来主要有四类,即地理因素、人口因素、心理因素和行为因素。

(1) 地理因素 地理因素是消费者所处的地理位置和地理环境。根据地理因素细分市场就是要求把市场细分为不同的地理区域单位,如国家、地区、州、县、城市、农村等区域。企业可以选择在一个或几个地区经营,也可在整个地区经营,但要注意需要和欲望的地区差异。企业应努力使自己的产品、营销活动本土化,以适应个别地区、城市甚至居民的需要。地理因素一般包括地区、人口规模、人口密度、气候、地形、交通状况、区域性组织等。

(2) 人口因素 根据消费者的年龄、性别、职业、家庭、家庭生命周期、种族、宗教信仰、收入、教育、民族和国籍等因素,将市场分割成不同的群体。人口因素是细分消费者群体的最为流行的依据。因为消费者的需要、欲望及使用率经常随人口变量的变化而变化,人口因素比绝大多数其它因素更容易衡量。即便用其它基础因素定义了一些子市场,如以个性或行为为基础,也必须了解人口因素,以评估目标市场的规模,并高效率地开展市场营销活动。

(3) 心理因素 随着经济的发展以及人们生活水平的提高,消费者心理因素对购买行为的影响日益突显,尤其是购买非生活必需品。用社会阶层、个性、生活方式来进行的市场细分越来越受欢迎,它通常能比人口或地理因素细分产生更好的市场细分效果。这些细分因素让营销人员能真正理解潜在消费者的内心,有针对性地拟定市场营销组合方案。

(4) 行为因素 行为因素是指按照消费者的购买行为因素,如使用情况、购买习惯、追求的利益、使用状况和使用频率、品牌忠诚度等划分市场。按行为因素细分市场,要透彻理解行为因素的特点,采取措施安排产品的合理投放和布局,在消费者心目中确立企业产品的地位,抓住时机开展营销活动。

3. 农产品市场细分的方法

农业企业在进行农产品市场细分时必须注意三个方面的问题:①市场细分的依据是动态的,随着社会生产力与市场状况的变化而变化。如消费者的年龄、职业、收入、购买动机以及交通状况等。②由于企业之间的生产技术条件、营销资源状况和产品情况等存在差别,对同一市场进行细分时不同的企业应采用不同的标准。③企业进行市场细分时,可采用一项标准,即单一因素细分,也可采用多个细分因素组合或系列细分因素进行市场细分。

(1) 单一因素细分法 单一因素细分法就是根据影响消费者需求倾向的某一个重要因素进行市场细分,它适用于市场对某一产品需求的差异性主要是由某个因素影响所致的情况。如乳品市场,按消费者的年龄细分市场,可分为婴儿乳品市场、中老年乳品市场;按口味细分市场,可分为果汁系列、原味系列等。

(2) 综合因素细分法 综合因素细分法就是根据影响消费者需求倾向的两种或两种以上的因素进行农产品市场细分,它适用于市场对某一产品需求的差异性是由多个因素综合影响所致的情况。如生产者市场上的禽肉生产企业,可根据企业规模的大小、用户的地理位置、产品的最终用途及潜在市场规模四个因素来细分市场。

(3) 系列因素细分法 系列因素细分法是企业依据影响需求倾向的多种因素对某一产品市场由大到小、由粗到细地按一定顺序逐步进行市场细分,它适用于影响市场需求的因素较多,企业需要逐层逐级辨析来寻找适宜目标市场的情况。这种方法可使目标市场更加明确而具体,有利于企业更好地制定相应的市场营销策略。如乳品市场,可按地理位置、性别、年龄、收入、职业、购买动机等因素来细分市场。

二、农产品目标市场的确定

在对农产品市场进行细分的基础上，选择企业准备进入的目标市场，确定目标市场的定位策略与营销策略。

1. 农产品目标市场及其条件

目标市场是企业在市场细分的基础上，根据市场潜力、竞争对手状况及企业自身特点选择确定的既能发挥企业相对优势，又能给企业提供获利机会的值得进入的市场。选择和确定目标市场能够明确企业具体的服务对象，是企业制定营销策略的首要内容和基本出发点。但并不是所有的细分市场都能作为企业的目标市场。一般来说目标市场应具备以下条件。

（1）要有适当的规模和发展潜力　作为目标市场，首先要有一定的规模，即足够数量的顾客和购买力，能够保证企业有利可图。另一方面，目标市场是否具有开发价值，除了考察当前的规模，还要看其市场规模与未来的发展状况，一般应选择未来发展潜力大的细分市场作为企业的目标市场。

（2）竞争者未完全控制　企业应选择竞争对手较少或竞争对手较弱的细分市场作为自己的目标市场。需要注意有时可能会出现竞争企业遵循同一逻辑思维，争抢同一细分市场的现象，企业应竭力避免。

（3）符合企业经营目标和资源能力　在衡量和考虑前面两个因素的基础上，企业还须结合自身条件作进一步的分析。所选细分市场的经营应与企业总的经营目标相协调，并且是企业现有资源条件和能力所擅长的和所能胜任的。

2. 目标市场营销策略

通过市场细分后企业可以发现一些理想的市场机会，为选择目标市场准备条件。在许多可供选择的细分市场中，企业是选择一个还是多个细分市场作为目标市场，是企业营销的重要战略性决策。通常有三种策略类型可供选择。

（1）无差异性市场营销策略　无差异性市场营销策略就是企业不考虑各个细分市场间的差异性，而只注重细分市场需求的共性，决定只推出单一产品，运用单一的营销方案，力求在一定程度上满足更多的顾客需求。如可口可乐公司曾经在很长一段时间内，只推出一种口味、一种包装、一种销售方式，满足全世界所有消费者的需要。

无差异性营销的优点是由于产品单一，有利于标准化与大规模生产，从而有利于降低研究开发、生产、储存、运输、促销等成本费用，能以低成本取得市场竞争优势。

其缺点是忽视了各个细分市场需求的差异性，企业难以长期采用。一旦竞争者采取差异化或集中化的营销策略，企业必须放弃无差异营销，否则，顾客会大量流失。无差异性市场营销策略如图14-2所示。

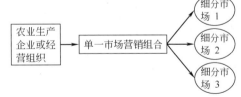

图14-2　无差异性市场营销策略

（2）差异性市场营销策略　差异性市场营销策略是指企业针对不同的细分市场，推出不同的产品，推行不同的营销方案，以最大限度地满足各个细分市场的需要。如蒙牛公司的常温液态奶系列产品多达百种，满足人们的不同需求。

差异性营销的优点是由于企业在产品设计、推销宣传等营销策略方面能针对不同的细分市场，有的放矢，从而有利于提高产品的竞争力，提高市场占有率；此外还有利于建立企业及品牌的知名度，有利于提高企业威望，树立良好的企业形象。

其缺点是多品种生产，势必增加生产及营销成本，增加管理的难度。因此，该策略多为实力雄厚的大公司所采用。差异性市场营销策略如图 14-3 所示。

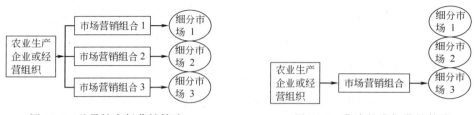

图 14-3　差异性市场营销策略　　　　图 14-4　集中性市场营销策略

（3）集中性市场营销策略　集中性市场营销策略是指企业将所有的资源力量集中，以一个或少数几个性质相似的细分市场作为目标市场，进行专业化经营，力图在较少的细分市场上获得较大的市场占有率。

集中性营销的优点是目标市场集中，企业资源集中，能快速开发适销对路的产品，树立和强化企业和产品形象，也有利于降低生产成本，节省营销费用，增加企业盈利。

其缺点是目标市场狭小，经营风险较大。一旦市场需求突然发生变化，或出现更强的竞争对手，企业就可能陷入困境。该策略适用于实力弱、资源少的小型企业。集中性市场营销策略如图 14-4 所示。

3. 市场定位

企业确定要进入的细分市场后，就必须决定在这些细分市场上如何进行定位，即企业产品将面向哪些顾客，计划给顾客留下什么印象，如何吸引顾客的注意力等。

（1）市场定位的含义　市场定位观念是在 20 世纪 70 年代由美国学者艾·里斯和杰克·特劳特提出的。市场定位实质上就是企业在目标市场上为自己的产品确立某种形象，使之在目标顾客心目中占有一定位置，便于顾客了解和理解公司与竞争者的差异。具体讲，市场定位就是根据竞争者现有产品在市场上所处的位置，针对消费者或用户对该种产品某种特征或属性的重视程度，强有力地塑造出本企业产品与众不同的、给人印象鲜明的个性或形象，并把这种形象生动地传递给顾客，从而使该产品在市场上确定适当的位置。企业产品定位准确，形象鲜明，就容易在市场上获得成功，否则往往招致失败。

市场定位以企业整体来考虑在市场上所处的位置，包括企业产品定位和企业形象定位。市场定位有利于树立企业及产品的鲜明特色，满足顾客的需求偏好，在市场竞争中处于优势地位，提高企业的竞争能力。市场定位是企业制定营销策略的基础，整合促销组合的前提，树立形象的手段。

（2）市场定位的步骤

① 确定潜在的竞争优势。营销人员通过营销调查，了解目标顾客对于农产品的需求及其欲望的满足程度，了解竞争对手的产品定位情况，分析顾客对本企业的期望，得出相应研究结果，从中把握和明确本企业的潜在竞争优势。

② 准确选择相对的竞争优势。从经营管理、技术开发、采购供应、营销能力、资本财务、产品属性等方面与竞争对手进行比较，准确地评价本企业的实力，找出优于对手的相对竞争优势。

③ 准确传播独特的竞争优势。企业通过一系列的营销工作，尤其是宣传促销活动，把其独特的竞争优势准确地传递给潜在顾客，并在顾客心目中形成独特的企业及产品形象。为此，企业应首先使目标顾客了解、认同、喜欢和偏爱本企业的市场定位；其次，要通过一切努力稳定和强化目标顾客的态度，以巩固市场定位；最后，还应密切关注目标顾客对市场定

位理解的偏差，及时矫正与市场定位不一致的形象。

（3）市场定位的方法　企业可通过价格、品质、标准、成本等体现其产品的特色和个性，进行市场定位。在营销实践中，企业常用的市场定位方式有对抗定位、避强定位、反向定位和重新定位等。

① 对抗定位。即企业把目标市场定在与竞争者相似的位置上，同竞争者争夺同一细分市场。实行这种定位方式时，企业必须比竞争者有更优质的产品、比竞争者有更多的资源和实力，企业的市场定位应与企业的优势和信誉相适应，同时市场容量足够吸纳两个或两个以上竞争者的产品。如可口可乐与百事可乐之间、肯德基与麦当劳之间不断的竞争等。在市场上已经有牢固地位的企业存在时，实行针锋相对式定位会有比较大的风险，因此，企业必须清醒地估计自己的实力。

② 避强定位。又称拾遗补缺式定位，是指采取迂回的方式，避开强有力竞争对手的市场定位。其优点是能够迅速地站稳脚跟，在消费者心目中迅速树立起一种形象。由于这种定位方式市场风险较低，成功率高，为多数企业所采用。采用这种定位方式时，企业必须能够生产较高质量的产品，拥有与之配备的技术和设备，当企业实行优质低价定位时仍能盈利且目标市场规模足够大，并使消费者相信企业的产品是价廉质优。如在20世纪60年代，美国正在热烈进行着反咖啡因运动，七喜公司借势将产品定位为"非可乐"，强调是不含咖啡因的饮料，从而成为可口可乐和百事可乐的替代产品。

③ 重新定位。也称为二次定位或再定位，是指企业采取特定的营销组合，改变目标顾客对其原有的印象，使目标顾客对其产品新形象进行重新认识和接受。当企业产品在市场上的定位出现偏差，产品在目标顾客心目中的位置和企业的定位期望发生偏离，消费者偏好发生变化时，企业往往需要考虑重新定位来摆脱困境。市场重新定位对于企业适应市场营销环境是必不可少的，但在进行重新定位时，必须考虑由此产生的成本及预期效益。

④ 反向定位。在竞争激烈的市场上，有时竞争对手的形象可能和自己差不多，也可能比自己卓越。在这种情况下，反向定位是一种比较理想的定位方式，能给人以新奇和与众不同的感觉，从而引起潜在顾客的注意，达到意想不到的效果。

第四节　农产品市场营销策略

一、农产品市场营销组合

1. 农产品市场营销组合的概念

农产品市场营销组合是指农业经营者为了扩大农产品销售，实现预期销售目标，对可控制的各种营销因素进行合理组合与运用。由于企业可控制的市场营销因素很多，人们出于不同目的从不同角度提出了各种分类方法，其中，目前最常用的一种分类方法是由美国营销大师麦卡锡提出的"4P"营销组合理论。即营销组合因素可概括为产品（product）、价格（price）、分销（place）、促销（promotion）四个组合因素。近年来，根据市场营销实践发展的需要，美国营销专家菲利普·科特勒教授又提出了政治权力（political power）和公共关系（public relations）两方面的策略。与前面的"4P"一起，构成"6P"理论。

（1）产品策略　是指农业企业或经营主体根据目标市场的需要作出的与农业新产品开发有关的计划和决策。它包括农产品的效用、质量、外观、式样、品牌包装、规格、服务和保证等。

(2) **价格策略** 是指农业企业或经营主体销售农产品和提供劳务服务所实施的定价策略。它包括农产品的基本价格、折扣、付款方式、信贷条件等。

(3) **分销策略** 又称渠道策略,是指农业企业或经营主体使其产品可进入和达到目标市场所进行的各种活动,包括农产品流通的途径、环节、场所、储存和运输等。

(4) **促销策略** 是指农业企业或经营主体为了实现农产品从生产者向消费者手中的转移,扩大农产品交换,提高农产品市场占有率所采取的各种促进销售的决策。具体包括:人员推销、广告促销、营业推广、公共关系等。

以上四方面策略彼此配合,形成一个有机组合,其间的关系如图 14-5 所示。

图 14-5 市场营销组合与目标市场关系示意图

产品、价格、分销、促销是企业市场营销可以控制的四个因素,它们不是彼此分离的,而是相互依存、相互影响、相互制约的。在开展营销活动时,不能孤立地考虑某一种策略,而要对各种策略进行综合考虑、整体规划、合理统配、优化组合,使它们密切配合,发挥出系统功能,实现最佳的市场营销效果。

在 4P 的基础上,增加的两个 P(政治权力和公共关系)是农业企业或经营组织在经济全球化背景下打开具有贸易保护、关税壁垒特征市场的两个法宝。

政治权力。在开展大市场营销时,为了进入特定的市场,必须找到有权打开市场之门的人,这些人可能是具有影响力的企业高级管理人员,也可能是立法部门、政府部门的官员等。企业营销人员要有高超的游说本领和谈判技巧,以便能使这些"守门人"采取积极合作的态度,达到预期的目的。

公共关系。权力是一个推的策略,而公共关系则是一个拉的策略。通过有效的公共关系活动,可以逐渐在社会公众中树立良好的企业形象和产品形象,并保持一种更持久、更广泛的影响力。

2. 农产品市场营销组合的特点

(1) **市场营销组合是企业可控因素的组合** 企业市场营销活动除受宏观环境影响外,还受企业本身可控因素的制约,这些可控因素又是市场营销的手段。市场营销组合就是对这些手段的应用。

(2) **市场营销组合是一个多层次的复合结构** 营销组合的每一个因素又各自包含若干子因素,形成各自的次组合。如产品因素包括质量、品牌、规格等;价格因素包括基本价格、折扣、信贷条件等;分销渠道包括渠道选择、实体分配等;促销包括广告、人员推销、营业推广等。所以营销组合有许多种组合形式,其组合数目相当可观。

(3) **市场营销组合是一个动态组合** 市场营销组合不是一成不变的静态组合,而是多变的动态组合。只要其中一个营销组合因素或其子因素发生变化,就会产生一个新的组合。如一家进行蔬菜生产加工的农业产业化企业,由原来生产加工普通蔬菜转向生产绿色无公害蔬菜,由于产品因素发生变化,其它组合因素也相应进行调整,价格由低调到高,地点由集贸市场销售改为在大型超市销售等。

二、农产品市场营销组合策略的制定

农业企业或经营组织将农产品营销组合中的各种因素有机结合起来,并根据不同的目标市场和市场营销环境，制定出全方位的市场营销组合策略，完成农产品的市场交换与销售，实现营销目标，取得经营利润。

1. 产品策略

产品是农产品市场营销组合中最重要的因素，任何企业的市场营销活动必须以产品为基础，离开产品就无法满足消费者的需要，其它营销活动就无从谈起了。

（1）开发优质农产品　目前我国农产品市场大众化的普通产品严重过剩，优质农产品相对不足，而且随着人们生活水平的提高，对优质农产品的需求将会越来越大，因此，开发生产特色优质农产品的前景广阔。以市场为导向，开发生产符合市场需要的优质农产品是做好农产品营销的首要前提。

（2）改进包装设计　大多数农业经营主体不重视农产品的包装工作。其实，包装对于农产品销售尤为重要。一方面，包装增加农产品的美观度，提高产品档次；另一方面，包装可以保质保鲜，延长农产品的储存时间，有利于扩大农产品销售，提升农产品的价值。因此，农业企业或经营组织必须高度重视农产品的包装工作，设计出体现本企业农产品特点属性的包装。

（3）创建农产品品牌　随着商品经济发展和人民生活质量的提高，消费者选购农产品也越来越注重品牌，他们喜欢购买具有较高知名度的品牌农产品。因此，农业企业或经营组织要有品牌意识，培育强势品牌，创造差异性，提高农产品的市场竞争力。

2. 定价策略

定价策略是营销组合因素中最活跃的因素，农业企业或经营组织给农产品定价既要考虑消费者的承受能力，又要考虑企业的成本补偿和平均利润。

我国农产品价格普遍偏低，同类产品的价格差别不大，再加上农产品自身的特殊性，农产品的定价策略要考虑各种因素，以成本为底线，遵循优质优价原则，以优质农产品、特色农产品实行高价，体现价格差异。由于农产品的消费弹性小且容易腐烂变质，因此，农产品的定价要有较大的灵活性。

3. 渠道策略

分销渠道是营销组合的重要因素，而且对农产品营销组合的其它因素有较大影响。

（1）专业市场　这是最常见的农产品销售渠道。通过影响力大、辐射力强的农产品专业批发市场集中销售农产品。一方面它具有销售集中、吞吐力强的优势，另一方面还具有集中处理信息和快速反应能力。

（2）贸易公司　通过各种区域性销售公司销售农产品。贸易公司作为农产品销售的中间商，有其自己的利益要求，农业经营者要重视渠道伙伴关系，充分关注中间商的利益，最大限度调动他们销售推广产品的积极性，实现合作共赢。

（3）大型超市　通过大型超市的农产品专柜销售农产品。随着经济发展，消费者的消费方式发生了很大变化，越来越多的消费者到大型超市购物，超市中的农产品专柜吸引了广大的消费者。这一销售渠道有利于提高优质农产品的档次。

（4）直接销售　农业生产者可以直接销售农产品。

4. 促销策略

促销策略是市场营销组合的重要组成部分，在企业的营销活动中具有十分重要的作用。农产品的营销对于促销策略的运用要慎重，最重要的是要围绕营销目标合理预算促销费用，在促销预算范围内有选择的运用人员推销、营销广告、营业推广和公共关系等促销手段。

三、农产品国际市场营销

中国入世，意味着我国农业将同国际市场和国际自由贸易体制逐步接轨，这就要求农业要以更加开放的姿态参与国际一体化经营。目前，我国农产品进入国际市场的时间不长，参与经营的农产品品种不多，进入的市场领域不宽，经验相对不足，在从事对外贸易的过程中面临着许多挑战，这些挑战主要表现在以下几个方面。①食品安全的挑战。我国用以出口的农产品，难以满足发达国家的品质标准。②缺乏国际营销经验的挑战。对国际农产品贸易市场的了解和知识还相当缺乏，更缺乏精通国际市场的营销人才。③产品层次差距的挑战。由于我国参与国际营销的农产品以劳动密集型农产品为主，产品结构层次低，附加含量不高。④贸易保护主义的挑战。入世以来，我国出口产品遭国外贸易壁垒重重围困。尤其是农产品，更成为国外贸易保护主义的牺牲品。

为应对上述挑战，农产品营销者应加强对农产品营销组合策略的研究和运用。其中突出特色经营是农产品国际营销应对挑战的必然选择，是在新的国际环境下求得发展的正确途径。所谓特色经营就是农产品国际营销企业在市场营销差异化战略思想的指导下，在经营的产品、品牌；提供的价格、服务；采取的分销、促销措施等方面扬长避短，在与国际农产品竞争中将整体劣势变为局部优势，赢得市场发展空间。以优化企业的资源配置，提高资源的使用效率，获得较好的经济效益；也有利于企业走出目标市场定位的误区，促进企业经营和管理水平的提高，最终形成在世界市场上独特的经营品牌和风格。农产品特色经营主要体现在以下几个方面。

1. 产品特色

产品特色是指向国际市场提供不同于其它国家和地区的差异产品，以适应不同国家或地区市场的特殊需求，并获得相应区域的市场优势。产品特色经营的优点是：能更好地满足消费者的个性需求，赢得国际消费者的喜爱；有利于开拓国际市场，增加产品销售量，也有利于树立良好的产品国际形象。因此，集中精力以区域性特色优势农产品产业带建设为突破口，大力发展特色农业，培育具有国际比较优势的农产品是农产品特色经营的基础。

(1) 结合资源条件，发展精细农业　我国地域辽阔，物种丰富，各地有不同的自然地理环境和独特的经济作物，因此，在参与市场竞争中，一定要围绕资源做文章，充分发挥各地的特色优势，切实把农业办精、办特、办宽。要站在国际国内统一大市场的高度，去寻求各地的最大比较优势，去定位农产品的最佳发展品种，切实把资源优势变为市场优势。

(2) 大力发展劳动密集型的特色种养业　我国的优势农产品目前主要是"劳动密集型的农产品"，如蔬菜、水果、花卉和畜产品等，这些农产品在出口方面具有明显的价格优势。特别是畜产品出口占农产品出口总量的40%，具有明显的竞争优势。要突出重点，培育具有明显出口竞争优势的名优茶、瘦肉型猪、蔬菜、花卉、畜禽、淡水产品等劳动密集型的特色种养业。

(3) 开发同一产品的不同用途，满足差异化的需求　目前我国的粮食生产（如玉米、小麦等）各具优势。针对各种用途而生产的农产品，经合理调配拥有广阔的市场。比如不同品种的柑橘，有专门用来榨果汁的，有专门供应水果市场的；不同的玉米品种，有的只能作饲料，有的则可以提取生物保健品。合理开发同一产品的不同用途，既可以相对分流一般品种，缓解品种单一的压力，又可以更好地满足国际市场的差异化需求。

2. 品牌特色

品牌特色就是农产品经营者在国际市场营销中建立的具有较高知名度、具有个性特征的品牌。突出民族品牌的经营是农产品国际营销者正确的选择。民族特色品牌的经营有助于促进产品销售，树立产品形象；有利于满足消费者品牌消费的心理和精神需求，培育顾客的忠诚度；有利于带动新产品的销售，扩大产品组合。农产品品牌特色的实施方式包括以下几点。

(1) 改善和提高农产品品质是建立品牌特色的基础 要坚持以优良的品种、优秀的品质去拓展市场，争创农产品的质量品牌。

(2) 发展农业龙头企业，培育知名品牌 要大力发展具有品牌效应、规模效益的农产品加工龙头企业，以农产品加工业的发展促进种养业的提高。要优先培育农产品精深加工特别是外向型深加工企业，提高农产品附加值，增强国际竞争力。

(3) 注重科技进步，发展绿色农业 要加快形成与农业产业链相适应的农业科技链，加强对农产品精深加工和现代流通技术的研究、开发和应用，促进农业产业层次的提升和知名品牌群的形成。要大力推行农产品全程的标准化生产，着力提高农产品的质量和安全水平。积极按国际惯例开展产品认证和质量管理认证。按照安全、优质、环保和高效的要求，发展无公害农产品、绿色农产品和有机农产品生产基地。

(4) 加大开放力度，拓展农业发展空间 要注意外引资源，积极与外商合资合作，引进国际先进的农产品生产技术和管理经验，同时可以鼓励有实力的企业、农民走出国门，到国外兴办种养业基地和初级加工项目，拓展进入国际市场的方式。

3. 价格特色

价格是国际市场营销中十分敏感而又难以控制的因素，它直接关系着市场对产品的接受程度，影响着市场需求和产品利润的多少，涉及到生产者、经营者、消费者等各方面的利益。农产品国际营销中，主要应注意差别定价策略的运用，形成自己的价格特色。

(1) 要对产品分级分等，实行产品差别定价 我国许多农产品缺乏细分，好坏一个价，不利于产品价值的实现。对同类产品实行分级分等，按照不同等级分别定价，能使消费者产生货真价实、按质论价的感觉，比较容易为消费者所接受，从而有利于扩大产品的销量。在对产品分级分等时，除考虑产品的内在品质，即提供给消费者的基本效用外，还应考虑产品的包装、装饰、附加服务等给消费者带来的延伸效用因素。国际农产品经销商应注重产品延伸效用的创造，为购买者提供比同类产品更多的购买利益，而从产品高位定价中获取更高的附加收益。

(2) 要进行国际市场细分，实行区域差别定价 农产品国际营销者应对全球市场进行细分，根据不同国家和地区的消费者的收入水平、消费习惯、消费心理等因素，实行区域差别定价。例如，西欧的消费者由于购买力高，消费心理特点是喜新厌旧、追求时髦，他们对食品和饮料的心理消费可以概括为营养化和方便化，要求消费品种类多、有营养、能开胃、健脾、强身，又不会使人发胖，同时要求食用方便、节省时间。所以，高热量产品和普通蔬菜的消费比重下降，而新鲜水果、肉、蛋、水产品、奶制品、植物油等产品则相对上升，方便食品、小包装产品和饮料、具有异国风味的菜肴和调味品颇受欢迎。根据这些特点，销往西欧的农产品就应采用高品质配以高价格的策略，相反，销往南亚、东欧等地的产品则只能采取适当的低价策略。

4. 渠道特色

渠道特色是指选择与企业自身经营条件相适应的销售渠道。选择有丰富国际营销经验的经销商与企业一起联手销售，或选择国际中间商委托其代理分销，可以弥补农产品经营者国际营销经验的不足，快速开拓国际市场。

由于我国农产品进入国际市场时间不长，农产品的国际市场占有率低，经营者缺乏国际营销经验，要迅速打开国际市场，可取的办法是与国际农产品经营企业开展联合分销，外联国际市场，内联国内生产基地。当前，跨国公司已成为推动全球经济增长的一种动力，跨国公司都在努力寻找合作伙伴。例如，设立在上海的沃尔玛、家乐福等，就通过采购、联销等手段，把我国大批农产品推向国际市场。在联合分销中，还可以通过联销伙伴引进国际先进技术改造和提高我国的农产品品质,像安徽种子公司与美国岱子棉公司、孟山都公司共同组建生产、加工销售棉种的合资公司引进的美国保铃棉、抗虫棉种,就是运用转基因生产工程技术培育而成的高科技产品。

另外,利用经纪人和代理商,也是开拓国际农产品市场的有效途径。国际农产品经纪人和代理商主要有产品经纪人、销售代理商、佣金商及拍卖行等。

5. 促销特色

促销是企业在买方市场条件下占领市场的"金钥匙"。农产品经营者在促销手段的运用上要避免雷同和缺乏特色,要采用灵活多样、针对性强的促销方式,使促销活动成为强有力的竞争武器。

传统的国际营销促销方式有人员推销、广告促销、公共关系和营业推广。在我国农产品的国际营销中,促销策略的重点应放在国际公共关系和广告宣传上。在国际公共关系方面,应利用中国加入WTO,中国与世界各国政治、经济关系日益密切的大好时机,充分利用WTO规则提供的有利条件,积极寻求与主要农产品进口国的贸易协定的签订,为农产品长期稳定地进入国际市场铺平道路。在广告宣传上,要突出宣传中国产品的特点,同时可配合宣传中国的民族文化和风俗习惯,激发消费者的购买欲望。由于我国农产品主要以农户经营为主,很难独立进行促销宣传,这就需要政府扶持和农户间的组织,政府可以官方或半官方的方式发起,由农产品经销商组团,向各国的政府官员、工商界和消费者宣传中国的产品及营销政策,扩大影响。

本 章 小 结

农产品营销就是通过市场扩大农产品交换,在最大限度满足消费者需求的前提下,实现企业既定经营目标的活动或过程。是作为卖方的农业生产企业或经营组织为促进农产品销售而围绕农产品市场调查、市场预测、市场细分、市场定位以及市场营销组合策略的制定和实施所进行的一系列营销活动的总称。从事现代商品农业生产,必须以市场为导向,以效益为中心,通过合理的营销策略,以适宜的产品、适宜的价格、适宜的分销渠道和适宜的促销方式扩大农产品在目标市场上的销售,并通过培育声誉产品,实施品牌战略,提高本企业产品在市场上的竞争力和知名度,以吸引更多的消费者购买自己的产品。农产品市场营销方案的制定必须以市场调查为前提,通过市场调查了解目标市场的需求变化和消费特点,进而制定有针对性的营销策略。农产品市场调查的内容包括:宏观环境调查、市场需求调查、市场销售调查、市场竞争调查等。

农产品市场细分则是根据农产品总体市场中不同消费者在需求特点、购买行为和购买习惯等方面的差异性,按照一定的细分变数,即影响农产品市场上购买者欲望、需要、购买习惯和购买行为的诸因素(如地理变数、人口变数、心理变数、行为变数等),把整个农产品市场细分为若干个不同类型的消费者群体的过程。每一个消费者群体就是一个细分市场,即子市场。在进行农产品市场细分的基础上,选择农业企业或经营组织准备进入的目标市场,并对所选择的目标市场进行评估和竞争态势分析,进而理性地确定目标市场的定位策略与营销策略。

农产品的市场营销策略是产品策略、价格策略、分销策略和促销策略的有机组合,是农业经营者为扩大农产品销售,实现其进入目标市场后的销售目标而对可控制的各种营销因素进行的合理组合与运用。所以,农产品的市场营销不是指哪一个方面的单一营销而是各种营销策略的有机组合和合理搭配。

复习思考题

1. 基本概念

农产品市场调查　农产品营销　市场细分　目标市场　市场定位　市场营销组合

2. 简述农产品市场调查的主要内容。
3. 简述农产品市场调查的基本步骤与常用方法。
4. 简述农产品营销的概念与特点。
5. 如何进行农产品市场细分并确定目标市场?
6. 简述农产品的市场营销策略。

实训练习

在附近的粮油市场、果品市场、蔬菜市场等进行一次农产品市场调查实训,对某种或某类农产品的品种、价格、包装、促销、服务等营销模式进行现场调研,分析存在的问题,写出调研报告,并对营销机构实施的营销组合方案提出具体改进意见。

第十五章 订单农业与合同管理

学习目标
1. 理解订单农业的概念与特点；
2. 明确订单农业的管理重点；
3. 了解合同管理的相关内容。

关键词
订单农业　农业合同　合同管理

第一节　订单农业

一、订单农业的概念及意义

订单农业也叫合同农业或契约农业。是指在农业的生产经营过程中，农民按照与农产品购销、加工等龙头企业签订的合同、契约来组织和安排农产品种植、养殖的一种生产经营方式。签约的一方为农产品加工企业或中介组织，也可能是农产品经纪人和运销户，另一方为农民。订单中明确规定了农产品的收购数量、质量、价格以及契约双方应享有的权利、义务与责任。

现阶段，我国农业生产正处在由传统农业向现代商品农业的转型时期，发展订单农业有利于帮助农户进入市场，提高农民的商品意识和农业的市场化程度；有利于促进农业产业结构的战略性调整；有利于降低农产品的生产、销售成本，促进农业增效、农民增收；有利于构建现代农业产业体系，实现农业的产加销一体化经营；有利于帮助农民按照市场需求变化组织生产，克服生产的盲目性，降低农业经营风险，解决农产品"卖难"问题。

二、订单农业的特点

订单农业的特点可以概括为四个方面：即契约性、市场性、期货性和风险性。契约性是指订单农业是一种契约农业，他通过利益双方共同签订合同来进行；市场性是指订单直接连接市场，所定的农产品的数量、质量都源于市场需求，农产品的价格必须体现订单所确定的权利及相应义务，订单对双方都具有约束性；期货性是指订单一般在农作物生长期或畜牧产品养殖期的开始前签订，在收获期或出栏期履约，属于一种期货贸易；风险性是指订单农业从签约到履约有一段较长的时间，在自然力、人力、市场等方面都存在许多不确定因素。

三、订单农业的组织形式

从目前我国各地的情况看，订单农业主要有以下几种组织形式。

1. 农户＋龙头企业

主要依托龙头企业，由公司牵头，与农户签订购销合同。

2. 农户＋中介组织或经纪人

依托中介组织与农户签订购销合同。

3. 农户＋专业批发市场

主要依托专业批发市场与农户签订购销合同。

4. 农户＋科研单位

主要依托科研技术服务部门与农户签订农作物制种合同，发展种业生产与营销。

5. 农户＋农技部门

主要是农技部门通过反租倒包耕地的方式，组织订单农产品的生产。

四、促进订单农业发展的措施

近年来，随着农村产业结构调整步伐的加快和农业产业化的不断推进，"订单农业"在各地农村迅速发展，受到了越来越多农民群众的青睐。发展"订单农业"，必须紧紧抓住市场、效益、技术、诚信四个要素。

1. 市场是生产的前提

围绕市场引品种，根据需求定规模。要根据市场需求，什么赚钱种什么、市场需要什么种什么，发展适销对路的品种。依托本地区的特色优势农产品，一是创造市场需求，加强对外宣传，通过互联网和举办各种形式的文化、经贸活动，吸引外地客商前来订购。二是开拓农产品市场，建立销售客户档案，组建一支综合素质高、活动能力强的营销流通队伍。各级政府要牢固树立生产、加工、流通一盘棋的思想，要从政策、信息、税收等各方面对农业龙头企业和流通大户给予倾斜，设立专项资金，扶持农产品加工龙头企业和营销大户的发展，共同创造有利于"订单农业"发展的良好环境。

2. 效益是发展的核心

在市场经济条件下，农户生产什么、生产多少、怎样生产的决策，主要取决于效益的高低。因此，应根据市场需求引进推广经济效益高的特色优势农产品，帮助农民做好生产计划，组织引导农户发展市场前景好的农业产业，使农民从事农产品生产的投入产出率不断提高。

3. 技术是壮大的关键

通过不断创新农技服务形式，提高为农民服务的水平，促进"订单农业"的发展。建立以农业技术部门为主的农民培训新机制。采取培训、参观、学习等多种形式提高农民的种养水平。农业部门还要成立农科服务技术小分队，根据当地"订单农业"的作物品种，不定期深入生产现场为群众排忧解难。设立农科服务热线专用电话，及时准确解答群众的疑难问题。加强对农科知识、农情信息、新品种、新技术推广、农业法律法规和农民致富典型的宣传，加强对农资经营门店的管理，确保种子、种苗、肥料、农药等优质农资产品的供应。

4. 诚信是成功的保证

在"订单农业"中，诚信是合同顺利履行的根本保证，只有合同顺利履行，才能使农民实现预期利益。农业是高风险的弱势产业，要尽最大可能规避风险，首先是农民要严格遵守合同，按照合同确定的时间安排种植、采收，按规定的质量和数量标准提供合格产品，不能因为市场价格上涨而只顾眼前利益，不顾长远利益将产品另卖他方，令订单企业蒙受损失。其次是企业要诚实守信，确保农民种植的产品能按合同要求及时保价收购，并在约定时间付清货款，不能因为市场行情的变化而压价收购、拒绝收购，甚至一走了之。再次是农业行政主管部门要加强对订单合同的监督管理，主动对双方的合同契约进行监管，认真核对合同条款,要求农产品定购企业主动出示营业执照,交付一定比例的定金,摸清定购方的经济实力和家底,确保订购企业有能力严格履行合同。

第二节 农业合同管理

一、合同的概念与法律特征

(一)合同的概念

合同是经营者与外界确定某种经济关系的主要手段,有广义和狭义之分。广义的合同是指两个以上的民事主体之间设立、变更、终止民事权利义务关系的协议,包括债权合同、物权合同、身份合同等。狭义的合同是指债权合同,即两个以上的民事主体之间设立、变更、终止债权债务关系的协议。

(二)合同的法律特征

1. 法律约束力

订立合同是种法律行为,合法合同一经订立,即具有法律效力。当事人的权力受到法律的保护,承担的义务要受法律监督。

2. 自愿平等

订立合同必须出于自愿,是当事人真实意思的表示。任何一方不能强迫另一方与之订立合同。即订立合同的各方处于平等的地位,订立合同各方当事人,不论是公民、国家机关还是其它组织或个人,在法律地位上是平等的。

3. 等价有偿

单务合同可以一方承担义务,而没有权利。双务合同中合同双方有对等的权利和义务,应贯彻等价互利原则。

4. 协商一致

合同的各项条款必须由合同各方共同协商,达成一致意见后确定下来。

二、农业合同的订立与履行

(一)农业合同的订立

农业合同的订立是指当事人依法就农业合同的主要条款经过协商达成一致协议的过程。其订立的过程一般分为两个阶段。

1. 要约

即订合同的提议,是当事人一方向另一方提出签订合同的建议和要求。在要约中,要约人除了表示希望订立合同的愿望外,还必须明确提出合同的主要条款,以供对方考虑是否同意签约,并要指明答复的期限。要约的方式多种多样,如书信要约、电报要约等。

2. 承诺

即接受订立合同的提议,也就是当事人一方对另一方所提出的要约表示完全同意。承诺生效必须同时具备两个条件,一是必须无条件地全部赞同要约中的各项条款;二是必须在要约的规定有效期限内答复要约人。如果乙方对甲方提出的要约只能部分同意,或附有条件,或应作部分修改等均视为乙方向甲方提出新的要约。签订合同的过程,就是双方当事人就合同条款反复协商、谈判直至达成一致协议,实现承诺的过程。承诺也是一种法律行为,一旦对要约表示承诺,合同即成立。

(二)农业合同的履行

合同的履行是指当事人双方对合同所规定的事项全部并适时地完成。合同的履行必须贯彻全面履行和实际履行的原则。所谓全面履行，是指合同当事人要按照合同约定的全部条款全面履行自己的义务。只有全面履行，才能满足对方，才能实现订立合同的目的。所谓实际履行，是指合同当事人只能按照合同所规定的标的来履行，不得用其它标的代替，也不能用违约金、赔偿金代替。

三、农业合同管理与纠纷处理

(一) 农业合同管理

在建设现代农业的过程中，发展订单农业是加快我国农业现代化进程的有效途径。但是，订单农业，这一被国际经验证明有效、并被定位为中国农业实现产业化和现代化的经典模式，进入中国十年后因其不到20%的订单履约率而显得似乎水土不服。同样，根据农业部公布的数字显示，订单农业合同兑现率也不足20%，有80%以上的合同最终未能兑现。

为了从整体上提高订单农业的合同履约率，必须对订单农业的合同要件进行法律分析。

1. 订单农业合同要件法律分析

订单农业合同是指农户（农产品生产者）与企业或其它组织（包括经销公司、贩销大户、粮食收购公司、专业批发市场、科研院所、各类经济合作组织等）之间以"订单"形式，在农产品产前签订农业生产、农产品购销等方面的合同，企业或其它组织在农产品产后再按照合同确定的时间、品种、数量、质量、价格收购农户的产品。其实质是一种特殊利益的远期交易合同。

(1) 合同关系的主体　从法律关系意义上说，订单农业的合同关系主体：一方是农户；另一方是企业或其它组织。但在实践中，订单农业合同主体较为复杂。如在一些订单农业合同中，除了农户、企业或其它组织外，还涉及第三方中介组织，其合同法律关系为：农户与中介组织签订合同；中介组织与企业或其它组织再签订合同。因此，不同的订单农业合同主体关系不尽相同。同时，订单农业合同是当事人自愿协商一致，意思表示真实的合意，而政府在发展订单农业中的职能是监督、服务，所以政府部门、县乡镇政府或行政村都不能充当订单农业合同主体，更不能擅自包办签订合同。

(2) 合同关系的客体　从法律关系意义上说，订单农业合同关系客体是指合同当事人享有的权利和承担的义务所指向的对象，即订单农业合同中涉及的物和行为。物是指订单农业合同关系中所涉及到的农产品。行为是指订单农业合同权利主体的权利和义务主体的义务所共同指向的作为和不作为。作为是积极履行订单农业合同的行为，不作为是消极或者不履行合同的行为。

(3) 合同关系的形式　依据《合同法》第十条规定，当事人订立的合同有书面形式、口头形式和其它形式。从法律意义上说，订单农业合同关系的形式是指订单农业合同当事人采取什么（书面、口头和其它）形式订立合同。由于订单农业合同的实质是一种特殊利益的远期交易合同，其交易又不能即时清结，所以为了双方明晰责任，减少纠纷，顺利履约，订单农业合同当事人订立合同应当采用书面形式，以便双方意思表达真实且有据可查。

(4) 合同关系的内容

① 题目和签约双方。合同题目和合同内容有关，如××农产品购销合同、委托加工合同等。签约双方一般以甲方、乙方标称，在合同条文中称甲方、乙方。

② 合同的条款。合同条款主要包括以下六个方面。

a. 标的。标的是合同当事人的权利和义务共同指向的对象。如联产承包合同中的土地与产品，农产品购销合同中的农副产品和物资，基建合同中的工程项目等。在合同的实际应用过程中标的规定应明确，使用符合国家规定的名称，尽量不使用俗称或其它地方性名称，避免因此产生纠纷。

b. 数量和质量。数量和质量是对标的具体规定，如农产品购销合同中的数量、规格、等级等内容。数量和质量要求应力求详细、明确、具体，数量应采用国家规定的计量单位，质量应符合国家规定的质量标准。当没有国家标准时可以采用行业标准、企业标准等。如果没有这些标准，必须制订协商标准。没有具体的数量和质量规定，双方的权利和义务不明确，往往导致合同履行中发生纠纷。如有必要，还应约定数量和质量的检验方法。例如某推销员到一个蔬菜生产基地推销农药，经营者看到推销员携带的农药样品瓶子很大，而价钱不高，觉得占了便宜，随即签订了购销合同，预付了部分货款。货到后经营者发现农药瓶子比样品小得多，根本不值这么多钱，双方因此产生了经济纠纷。质量是对标的内在品质、性能和外观形态的综合规定。如产品的品种、规格、含水量、杂质率、主要成分含量等。合同中对质量的规定，要符合国家对产品、服务质量标准的有关规定。订立合同时，质量标准应规定得具体、明确、可以衡量。在有些合同中，还应当写明产品的检验方法、检疫方法、验收办法等内容。

c. 价款和酬金。价款是取得货物的一方付给交货一方的代价，如农产品购销合同中的农产品价款，供电合同中的电费等。酬金是取得劳务服务的一方付给提供劳务服务一方的报酬，如农产品加工合同中的加工费，货物运输合同中的运输费等。价款或酬金的确定，有国家定价的，按国家定价执行；没有国家定价的，可按双方协议价格或市场价格执行。合同中价款或酬金一经确定，不管将来行情如何变动，合同中执行价款都不能变动。若一方违约，可进行价格制裁。逾期交货的遇价格上涨时，按原价格执行；价格下降时，按新价格执行。逾期提货或逾期付款遇价格上涨时，按新价执行；价格下降时，按原价格执行。因此，合同中对价格的规定应慎重、明确，尽量在充分预测市场价格变动趋势的基础上确定。除了具体数额外，还应对结算方式、支付方式和结算期限进行统一规定。

d. 合同履行的期限、地点和方式。合同履行期限指实现合同规定的权利和义务的时间范围。履行地点指合同当事人约定完成合同所规定义务的场所。即提货地点或交货地点。履行地点关系到当事人义务和相关运输、装卸费用的支付。当履行地点不同时，运输、装卸等有关费用应由哪一方承担应作明确规定。如在购销合同中，若为供方送货，则履行地点为需方接货点；若为自提，履行地点为提货点。另外，履行地点还涉及到出现合同纠纷时应由哪些法院进行管辖的问题。因此，履行地点在合同中应明确规定。履行方式则是指以什么方式履行合同，如交货方式、服务方式、价款或酬金的结算方式等。这些规定限定了履行合同的具体时间和空间要求，如果没有约定清楚，极易因此发生合同纠纷。

e. 违约责任。违约责任指当事人一方或双方由于自己的过错，造成合同不能履行或不能完全履行应负的经济责任。为了督促当事人履行合同，在订立的合同中，要明确违约责任。承担违约责任的主要方式有支付违约金、赔偿金等。违约金指由于当事人违约，按合同约定金额向对方支付金额。违约金以违约为条件，不论是否给对方当事人造成损失。赔偿金是违约方由于违约给对方当事人造成了相应经济损失，应向对方支付的赔偿经济损失的款项。违约金和赔偿金的支付要符合法律要求，违约金的数额当事人可以规定一个具体数额，但不能超出法律的规定，超出法律规定的部分无效。已经支付过违约金的，再支付赔偿金时，违约金与赔偿金之和不能超过对方当事人的实际损失。

f. 包装和验收。凡需要包装的产品，应在合同中写明包装类型、包装规格和包装质量，并应当明确包装责任人，包装费用承担者，出现包装问题谁承担责任等。验收是合同履行中的一个重要环节，也是衡量履行合同质量的重要标准。合同中应当明确规定数量、质量验收的办法，提出异议的期限。

③ 签约日期和双方当事人。合同中应写明签约日期和双方当事人的名称、地址、电话、邮政编码、法定代表人的姓名、委托代理人的姓名、开户银行等。

2. 订单农业的合同管理

(1) 合同内部管理 合同内部管理主要包括空白合同管理、已签合同管理、合同章证管理等内容。空白合同和已订立合同必须有专人进行管理。空白合同必须进行编号,业务人员领取空白合同必须办理相关手续,登记所领空白合同的份数及编号。合同管理人员必须对合同定期清理,业务人员手中的空白合同定期交回,防止部分业务人员利用空白合同进行和经营无关的业务。对已签合同应明确具体的经办人员,定期进行已签合同核对,防止不能按期完成合同规定而承担相应经济责任。合同章证管理指单位公章或合同专用章的管理,应有专人审批、专人保管,使用时应进行登记,经营者应对合同用章制定相应的使用程序。

(2) 合同订立管理 合同订立应由法定代表人(或企业负责人)订立,当业务量较大,负责人难以脱身订立合同时,常规性产品销售合同和物资采购合同往往由委托代理人负责订立。虽然合同是业务人员签订的,但代表的是企业,如果造成损失,完全由企业承担。因此,经营者应制定完善的合同签订管理制度,防止给经营带来损失。

(二) 农业合同的纠纷处理

合同纠纷,顾名思义,是指因合同的生效、解释、履行、变更、终止等行为而引起的合同当事人的所有争议。合同纠纷的范围广泛,涵盖了一项合同从成立到终止的整个过程。具体说来,合同的纠纷有:合同的效力,即合同是否有效之争议;合同是否已按约履行之争议;合同违约责任应当由何方承担及承担多少之争议;合同是否可以单方解除之争议等。合同当事人签订合同之后,理想的状态是当事人各自分别按照合同规定,完成各自应履行的义务,直到合同圆满终止。但是,在现实生活中,各种各样的原因,既有合同当事人主观的原因,也有情势变迁方面的客观原因,可能会导致合同不能履行而发生纠纷。对于合同纠纷,有些可由当事人协商解决,有些却协商不了,就可能会使一方当事人诉诸仲裁或诉讼。一旦纠纷得不到解决,就会影响合同的正常履行,甚至扰乱社会经济秩序。因此,当发生合同纠纷时,应根据合同纠纷的成因,采取相应措施予以解决。现实生活中合同纠纷的解决方式以下四种。

1. 协商

协商是当事人在互谅互让的基础上,依照国家法律和合同约定,在充分尊重事实的前提下,对合同纠纷达成和解协议,自行解决纠纷。协商是本着友好合作,放眼未来,建立长期合作关系的态度进行的,是合同当事人解决纠纷的首选方法。用协商的方法解决纠纷,简便易行,迅速及时,能使纠纷尽快得到解决,有利于长期合作。因此,双方能协商解决的纠纷,应尽量避免使用仲裁、诉讼方法解决问题。当事人协商解决合同纠纷,应当在平等互利、自愿的原则下进行,任何一方都不得威胁对方进行协商。

2. 调解

调解是指合同当事人自愿在第三方(调解人)的主持下,在充分尊重事实、分清是非的基础上,由调解人对纠纷双方当事人进行劝导,促使双方化解纠纷,达成谅解,从而解决合同纠纷的活动。调解在当事人一致同意的基础上由第三方出面协助解决,成功率较大,有利于以后合作。当事人可以不经过调解而直接到法院起诉,但诉讼到法院不利于双方团结,也不利于今后交往。所以,合同纠纷在双方协商不成时,请第三方从中劝解,分清利害关系,查明责任,解决纠纷,是一种很好的解决问题的方法。调解通常有三种类型:行政调解,仲裁调解,人民法院调解。行政调解是在当事人一致同意的前提下,请当事人的上级主管部门出面进行调解。无论是上级主管部门的业务部门还是行政领导部门,都有一定的权威性,容易说服双方达成和解。但主管部门不能以权压人,强迫合同当事人服从其调解。行政调解结果没有法律强制力,靠当事人自觉履行。仲裁调解是发生纠纷的当事人达成一致意见，同意向仲裁机构申请，在仲裁机构主持下，达成和解。法院调解是在诉讼过程中，在法院主持下双方协商达成和解，从而结束官司的活动。一般合同纠纷起诉到人民法院后，法院在审理时首先要进行调解，若调解成功，法院就下达调解书。仲裁调解书和法院的调解书在生效后具有法律效力，义务方不执行调解书时，权利方可以申请人民法院强制执行。

3. 仲裁

仲裁是按照合同事先的约定或纠纷发生后双方协商的意见，由仲裁机关对纠纷进行的裁决。其中一方可以在知道或应当知道权利被侵害之日起一年内向仲裁机关（合同仲裁委员会）提出申请。申请方应把申请书及其副本、合同书、当事人身份证明等相关材料一同递交仲裁机构。仲裁机构在查明事实的基础上，按照有关法律对合同纠纷进行裁决。仲裁机构裁决以后，将裁定书送达当事人。若当事人对仲裁结果不服，仲裁结果为终局裁决的不能再向法院起诉，在某些法律规定的情况下才可以向法院提起诉讼。如当事人认为仲裁程序违反规定，可能影响到仲裁结果，可以在收到仲裁决定书之日起 15 日内向人民法院提起诉讼，请求法院撤销仲裁。期满不起诉的，仲裁决定书依法生效，具有法律效力。纠纷双方当事人在裁定书生效后应当执行裁定所规定的义务。若一方拒绝执行，另一方可以申请人民法院强制执行。

4. 诉讼

诉讼是发生纠纷的一方当事人起诉到法院，由法院依法判决解决纠纷的方式，即常说的打官司。打官司程序复杂，牵涉大量人力、财力，而且审理期较长，所以不得已时才采用诉讼的方法解决合同纠纷。起诉的一方可以依照法律规定在被告所在地、合同履行地、合同签订地的法院选择一个法院起诉。合同当事人可以亲自打官司，也可以委托 1~2 人作为委托代理人代理自己打官司。起诉方应将诉状及其副本、合同、委托书等材料一并递交法院。法院经审查符合立案条件决定立案时，原告应预交案件受理费。案件受理费最终由败诉一方承担。法院在立案后 5 日内应将起诉状副本送达被告。被告在收到起诉状之日起 15 日内可以提出答辩状。与此同时，法院开始进行调查取证工作。法院开庭审理后依照法律做出判决。发生纠纷的双方当事人在接到判决书之后，若对判决不服，15 日内可以向上一级法院提出上诉。上一级法院对上诉的案件判决为终审判决，即"两审终审制"。

本 章 小 结

订单农业也叫合同农业或契约农业。签约的一方为企业或中介组织包括经纪人和运销户，另一方为农民或农民群体代表。订单中规定的农产品收购数量、质量和最低保护价，使双方享有相应的权利、义务和约束力，不能单方面毁约。因为订单是在农产品种养前签订，是一种期货贸易，所以也叫期货农业。订单农业具有契约性、市场性、期货性和风险性的特点。积极稳妥地发展"订单农业"，必须紧紧抓住市场、效益、技术、诚信四个要素。订单农业合同是指农户（农产品生产者）与企业或其它组织（包括经销公司、贩销大户、粮食收购公司、专业批发市场、科研院所、各类经济合作组织等）之间以"订单"形式，在农产品产前签订农业生产、农产品购销等方面的合同，企业或其它组织在农产品收获后再按照契约合同所规定的时间、品种、数量、质量、规格、标准、价格、付款方式等收购农户的农产品。其实质是一种特殊利益的远期交易合同。如果签约双方发生农产品合同纠纷，首先应通过协商的方式解决，如果协商不成，则可通过调解、仲裁、诉讼的方式解决。

复习思考题

1. 基本概念

   订单农业　农业合同　经济纠纷　合同管理
2. 简述订单农业的概念及特点。
3. 简述促进订单农业发展的措施。
4. 简述农业合同管理的主要内容。
5. 简述农业合同纠纷处理的方式方法。

实训练习

1. 对当地订单农业的发展现状进行实地调查,分析存在问题,提出解决方案。
2. 以每两个同学为一组,起草并签订一份农产品购销合同。

第十六章 农业经济核算与效益评价

学习目标
1. 理解农业生产成本、农业盈利及效益的概念;
2. 深入理解农业总产值、农业总成本与农业经济效益的关系;
3. 理解掌握农业成本的计算分析方法;
4. 理解掌握农业经济效益评价的方法技术。

关键词
农业经济核算　个别成本　社会成本　农业生产成本　农业经济效益

第一节 农业中的成本与效益

任何一个农业企业或生产单位,在进行农业生产时,都不能只关注生产的最终成果,还应当关注所得与所费的关系,即关注所取得的生产经营成果消耗了多少人力、物力和财力,同时,还应当更进一步地关注所消耗的人力、物力和财力中,有多少是直接用于产品生产和价值创造的必要投入,有多少是与价值创造无关的无效投入,以便合理配置农业资源,努力降低生产成本,以使农业生产建立在高产、高效、低耗的基础上。因此,农业成本管理与经济核算是农业经济管理的重要内容。

一、农业成本效益的基本范畴

1. 农业生产总成本

农业生产总成本是反映一个地区、一个部门或一个生产单位农业生产综合效益的重要指标,是农业企业或经营组织为生产一定量的农产品所发生的各项费用的总和。成本核算是经济核算的核心内容,搞好成本核算,对于加强成本管理,降低各种费用开支,节约人力、物力、财力等各种资源要素的消耗,提高农业的整体效益具有十分重要的现实意义。

2. 农产品单位成本

农产品单位成本是生产单位农产品所发生的各项直接或间接费用。是农业生产总成本与农产品产量的比值。其计算公式可表示为:

$$农产品单位成本 = \frac{农产品总成本}{农产品产量} \tag{16-1}$$

从上面公式可以看出,农产品单位成本的高低与农产品总成本和农产品总产量两个因素有关,在农产品数量一定的情况下,农产品总成本越高,农产品单位成本越高,反之,农产品单位成本越低;在农产品总成本不变的情况下,农产品产量越高,农产品单位成本越低,反之,农产品的单位成本就越高。单位农产品成本能反映增产与节约两方面的经济效果,是考核农产品成本水平的重要指标。

3. 个别成本

农产品的个别成本是指个别农业企业或基本核算单位的产品成本，反映的是个别企业或生产单位生产某种农产品所耗费的物化劳动和活劳动的总量。计算个别成本可以进行横向对比，找出不同企业或单位生产相同种类农产品所耗费的物化劳动和活劳动总量之间的差别，如果对个别成本及其构成进行动态分析，还可以找出成本变动的原因，有利于提高农业企业的经营管理水平。

4. 社会成本

农产品的社会成本是指一个经济区域社会的平均生产成本，反映的是该区域内生产某种农产品所耗费的物化劳动和活劳动的社会必要劳动时间。通过个别成本和社会成本的对比，可以找出个别农业企业或基本核算单位在成本管理方面存在的差距，促使个别农业企业或基本核算单位加强本企业的成本管理，提高其产品的区域竞争力。

5. 效益

效益是效果和利益的总称。它有不同的表述方式，如经济效益与社会效益、微观效益与宏观效益、技术经济效益与社会经济效益、生态效益与综合效益等。其中，经济效益是指一定量的成本费用所带来的经济利益，是劳动成果同劳动消耗与占用的比较。

二、农业生产成本分析

农业生产成本分析就是根据各种成本资料，运用专门的方法技术，对影响成本变动的各种因素及每种因素对成本的影响程度所作的计算分析。通过成本分析，可以了解农产品成本升降的原因，掌握成本变动的规律，以便为企业加强成本管理，编制成本计划提供依据。

农产品成本分析一般包括成本预测分析、成本控制分析和成本总结分析。由于这三种分析分别在不同的时段进行，因此，又称为事前分析、事中分析和事后分析。

1. 成本预测分析

成本预测分析是为编制成本计划所作的前期准备工作，在编制成本计划前，要先对成本的变动趋势进行预测，然后再根据预测的结果编制成本计划。成本预测最简单的方法是高低点法。

高低点法就是从企业的历史成本资料中，找出产量和总成本最高的年份（高点）以及总成本最低的年份（低点），计算产量和成本的差异数，然后运用直线公式进行预测。设总成本为：

$$y = a + bx$$

式中，y 为总成本，a 为固定成本，b 为单位变动成本，x 为总产量。

由于 $b = \dfrac{\Delta y}{\Delta x}$；$\Delta y$ 为总成本变化量，Δx 为总产量的变化量。

先将 b 值代入方程 $y = a + bx$，求出 a 值，再把 a、b 值代入 $y = a + bx$，即可预测出不同计划总产量所对应的总成本。

2. 成本控制分析

成本控制分析是指对生产过程中的物化劳动消耗和活劳动消耗加以控制，经常检查成本计划的执行情况，分析成本变动的原因，目的是使不同阶段或环节的成本都降到最低值。成本控制分析的主要分析方法是成本差异分析。成本差异分析所运用的主要公式如下：

$$价格差异 = (实际价格 - 标准价格) \times 实际数量 \tag{16-2}$$

或

$$价格差异 = 材料价格差异 + 单位报酬差异 + 单位间接费用差异 \tag{16-3}$$

$$数量差异 = (实际数量 - 标准数量) \times 标准价格 \tag{16-4}$$

或　　　　数量差异＝材料耗用数量差异＋人工效率差异＋间接费用效率差异　　　(16-5)
　　　　　　总成本差异＝价格差异＋数量差异　　　　　　　　　　　　　　　　(16-6)

通过运用上述公式计算，可以得知差异的有无，若有差异，分析是有利差异，还是不利差异，对有利差异要尽最大努力使其继续保持和发展；对不利差异应及时采取控制措施消除，使成本计划顺利完成。

3. 成本总结分析

成本总结分析是指对产品成本计划完成情况及有关经济效果的考核。这项工作是在计算出产品成本后进行的，因此，被称为总结性分析。成本总结分析主要包括：成本计划完成情况分析；影响产品成本升降因素的分析；成本水平分析和成本构成分析。

(1) 成本计划完成情况分析

① 全部产品总成本计划完成情况分析。主要分析指标及其计算公式为：

$$\text{全部产品总成本计划完成率} = \frac{\text{实际总成本}}{\text{计划总成本}} \times 100\% \qquad (16\text{-}7)$$

$$\text{全部产品总成本降低额} = \text{全部产品计划总成本} - \text{全部产品实际总成本} \qquad (16\text{-}8)$$

$$\text{全部产品总成本降低率} = \frac{\text{全部产品总成本降低额}}{\text{全部产品计划总成本}} \times 100\% \qquad (16\text{-}9)$$

② 可比产品成本降低任务完成情况分析。主要分析指标及其计算公式为：

$$\begin{aligned}\text{可比产品成本计划降低额} &= (\text{可比产品计划产量} \times \text{上年实际平均单位成本}) - \\ &\quad (\text{可比产品计划产量} \times \text{计划单位成本}) \\ &= \text{可比产品计划产量}(\text{上年实际平均单位成本} - \text{计划单位成本})\end{aligned}$$

$$(16\text{-}10)$$

$$\text{可比产品成本计划降低率} = \frac{\text{可比产品成本计划降低额}}{\text{可比产品计划产量} \times \text{上年实际平均单位成本}} \times 100\% \qquad (16\text{-}11)$$

$$\begin{aligned}\text{可比产品成本实际降低额} &= \text{可比产品实际产量} \times (\text{上年实际平均单位成本} - \\ &\quad \text{本年实际单位成本})\end{aligned} \qquad (16\text{-}12)$$

$$\text{可比产品成本实际降低率} = \frac{\text{可比产品成本实际降低额}}{\text{可比产品实际产量} \times \text{上年实际平均单位成本}} \times 100\%$$

$$(16\text{-}13)$$

③ 主要产品单位成本分析。常用主要产品成本计划完成率这一指标进行分析，该指标的计算公式为：

$$\text{主要产品成本计划完成率} = \frac{\text{实际单位成本}}{\text{计划单位成本}} \times 100\% \qquad (16\text{-}14)$$

(2) 产品成本影响因素分析　影响产品成本的因素很多，在分析时，通常假设其它因素不变，而只分析其中一个因素的变化对单位成本的影响。例如，农作物单位成本受亩成本和亩产量两个因素的影响。先假定亩产量不变，用实际亩产量和计划亩成本计算的单位成本与实际单位成本比较，分析亩成本变动对产品单位成本的影响程度；然后再假定亩成本不变，用实际亩产量和计划亩成本计算的单位成本与计划单位成本进行比较，分析亩产量变动对产品单位成本的影响程度。

(3) 成本水平分析　成本水平分析可分为成本水平的静态分析和动态分析。成本水平的静态分析是指同一时期不同单位或部门之间的成本水平的对比分析；成本水平的动态分析是指同一单位不同时期的成本水平的对比分析，如农产品成本指数就是通过报告期农产品成本与基期农产品成本对比而得到的比值。

(4) 成本构成分析　成本构成分析是通过计算成本中某一成本项目占总成本的比重来进

行的分析。它也可以分为成本构成的静态分析和动态分析。成本构成的静态分析是指同一时期不同单位或部门之间的成本构成因素变动情况的对比分析;成本构成的动态分析是指同一单位不同时期的成本构成因素变动情况的对比分析。通过对成本构成的分析,可以看出每一成本项目对总成本的影响程度,进而找到降低成本的关键所在。

三、农业经济效益

1. 农业经济效益的概念

农业经济效益是农业生产和再生产过程中劳动消耗和劳动占用与有用劳动成果之间的价值比较。也就是农业生产和再生产过程中投入与产出的价值比较。农业经济活动的最终目的是通过各种生产要素的合理配置和高效利用,以尽可能少的投入消耗获得尽可能多的经济效益。如果在农业生产过程中以等量投入获得了较以前更多的产出,或是取得等量产出较以前耗费了更少的要素投入,则意味着农业的经济效益提高了。农业经济效益可以用绝对数表示,也可以用相对数表示。其计算公式为:

$$经济效益 = 劳动成果的价值量 - 劳动消耗和占用的价值量$$
$$= 产出价值 - 投入价值 \tag{16-15}$$

$$经济效益 = \frac{劳动成果}{劳动消耗和占用} = \frac{产出价值}{投入价值} \tag{16-16}$$

从上面的公式可以看出,经济效益指标,无论是用绝对数表示,还是用相对数表示,都是指标值越大越好,如果指标值小,说明经济效益差。但这种指标值大或小都不是绝对的,而是相对的。只有同原来的基础相比较,或进行横向比较,才能判断出经济效益是否提高。指标值比原来大,是正效益,说明经济效益提高了;如果指标值比原来小,是负效益,说明经济效益下降了。在农业生产中,正效益和负效益可以相互转化。农业中有些新技术、新措施,在开始时可能是正效益,但经过一段时间后,它可能会出现负效益;有时则恰好相反,即在新技术、新措施被采用初期是负效益,但经过一段时间后可能出现正效益。

2. 农业经济效益的影响因素

现实中,影响农业经济效益的因素很多。但主要有自然环境条件,农业投入水平,农业科学技术与生产方式,农业区域布局与生产结构,农业生产的规模化、专业化水平等。

(1) 自然环境条件 农业生产过程是自然再生产过程和经济再生产过程相交织的过程。农业生产的对象是有生命的生物,生物的生长同自然环境条件有着极其密切的关系。如果自然环境条件适合生物的生长,农产品产量就高,农业经济效益就好;若是自然环境条件不适合生物生长,农产品产量就低,农业经济效益就差。

(2) 农业投入水平 农业投入是影响农业生产经济效益的主观因素。在农业生产中,增加任何一种投入都可以使产量得到提高,应该加大农业投入,但也应清醒地知道,并不是增加农业投入都能增加收益。在其它投入不变的情况下,连续追加某一种资源要素的投入数量会导致边际报酬递减。追加投入可以增加收益,也一定会增加成本,如果追加资源投入所增加的单位成本小于因追加资源投入而增加的单位收益,说明产生了正效益;反之,说明产生了负效益。实践中应根据边际收益递减规律,来控制投入的最佳数量,确保增加投入后能真正提高经济效益。

(3) 农业科学技术与生产方式 科学技术是第一生产力,这早已成为大家的普遍共识。农业科学技术的进步及推广应用直接决定着农业经济效益的高低。劳动者将农业科学技术应用于农业生产,作用于劳动资料和劳动对象,会使农业的生产方式发生变革,进而促进农产品产量和农业劳动生产率的提高,特别是农业劳动者科学知识的增长,技术水平的提高,生产经营能力的增强,对合理利用农业资源,创新农业生产方式,提高农业规模效益起着关键性的作用。

(4) 农业区域布局与生产结构　农业区域布局与农业生产结构对农业的整体效能和竞争实力影响巨大，合理的农业区域布局与生产结构能做到因地制宜，扬长避短，发挥优势，能合理地利用当地的自然资源和经济资源，能形成与区域特色优势相匹配的农业产业结构层次，能使农业生产的各部门相互依赖、良性循环、协调发展，进而促进农业增效、农民增收、农业生产力持续稳定发展。同时，还能使各种农产品的供求保持总量与结构的平衡，对稳定农产品市场供应，避免农产品价格波动，发挥市场对农业的导向作用意义重大。

(5) 农业的规模化、专业化水平　现代农业生产必须走规模化、专业化、集约化的发展道路。小农经济的分散经营模式是以丧失规模效益为代价的。经济学的规模经济理论告诉人们，在一定的生产技术条件下，农业的经营规模不同，投入要素所产生的经济效益就不同。劳动者、劳动资料与劳动对象的结合越紧密，各种生产要素的利用就越充分，经济效益就越好。

第二节　农业经济核算

任何物质资料的生产，都会在消耗一定量的物化劳动和活劳动的同时，取得一定的生产成果。但消耗的物化劳动和活劳动的价值与获得的生产成果的价值相比，是否对生产者有利，就需要进行相应的经济核算与分析。

一、概述

1. 农业经济核算的概念和作用

(1) 农业经济核算的概念　农业经济核算是对农业生产经营过程中的物化劳动和活劳动的消耗以及相应经营成果所做的记载、计算、分析和比较。其目的是以较少的劳动消耗取得较大的生产成果。

(2) 农业经济核算的作用

① 实行经济核算，可以明确生产单位和整个社会的生产消耗情况和最终成果，能够找出盈亏的原因，有利于寻找增产节约的途径。

② 实行经济核算，可以为国家制定宏观农业经济政策，确定投资方向、投资重点，调整产业结构和农作物区域布局提供可靠的经济技术依据。

③ 实行经济核算，可以正确地计算农业生产的经营成果，有利于明确经济责任，避免干多干少一个样、干好干坏一个样的情况发生。

④ 实行经济核算，可以更好地保护集体公有财产，防止公有财产的流失和浪费。

⑤ 实行经济核算，可以挖掘生产潜力，使有限的资源条件发挥更大的功能作用。

2. 农业经济核算的内容和方法

(1) 农业经济核算的内容　农业经济核算的内容一般包括农业资金核算、农业成本核算和农业盈利核算三个方面。

农业资金核算是对农业固定资金和流动资金的核算，固定资金的核算主要是反映固定资产的利用情况，为寻求提高固定资金利用率的途径奠定基础。流动资金核算主要是反映流动资金的周转情况，为寻求缩短资金在生产和流通领域的周转时间，提高周转速度奠定基础。

农业成本核算是对农产品生产过程中所消耗的活劳动和生产资料费用的核算，主要是通过计算各种农产品总成本和单位成本来反映农业生产经营过程中活劳动和物化劳动的消耗，分析农产品成本升降的原因，寻求降低农产品成本的途径。

农业盈利核算是对利润额和利润率的核算。盈利的多少是衡量农业生产经营成果的重要指标。通过盈利的核算,可以了解农业生产经营成果的增减变化,促使农业生产单位努力降低生产成本,减少资金占用,增加盈利总额。

(2) 农业经济核算的方法　农业经济核算的基本方法包括会计核算、统计核算和业务核算三种。会计核算是用货币形式对农业企业的生产经营过程进行全面系统的记载、计算、对比、分析和总结。统计核算是运用货币、实物和时间等量度指标,对企业的经济现象进行计算和分析,来反映企业和社会的经济活动。业务核算是对企业和个别作业环节进行的核算分析。对一个企业或单位来讲,最为重要的是会计核算,但因三种方法各有侧重,相互联系,所以,实际应用时,只有把三种方法结合起来,才能比较全面地反映农业企业的经营情况,更好地发挥经济核算的作用。

二、农业成本核算

1. 农产品成本核算的要求

(1) 做好成本核算的基础工作

① 制定和执行各项消耗定额。如种植业生产要确定每亩农作物的化肥耗用量、种子消耗定额、人工消耗定额等,各种定额制定后要严格执行。有条件的企业要编制成本计划,制定目标成本,加强成本控制。

② 严格计量工作。一切产品物资的收发都要经过严格的计量和验收,并办理必要的凭证手续,以便为核算生产耗费,计算产品成本提供准确的数据资料。

③ 建立健全各项原始记录。对于生产经营过程中消耗的材料、人工费用和其它各项费用,都必须做好原始记录,以便为农产品成本核算工作奠定基础。

④ 加强对各项费用支出的审核与控制。成本核算是一种事后核算,为了降低产品成本,应对各项费用支出进行严格的事前和事中审核,控制一切不合理的开支,划清各种成本费用的界限,以保证目标成本的实现和成本核算的准确性、真实性。

(2) 划清各种成本费用的界限

① 正确划分成本费用与非成本费用界限。农业企业发生的各项费用支出,有些构成资产,有些用于偿还债务,有些用于缴纳税金,有些用于对外投资,除此以外,还有很大一部分支出形成了企业的费用。但企业必须对各项支出认真进行审核,控制各项成本开支。一般来讲,下列费用支出不得列入产品成本。a. 购置固定资产、无形资产和其它资产的支出。b. 对外投资支出。c. 被没收的财物,支付滞纳金、违约金、赔偿金以及赞助、捐赠的支出。d. 国家法律、法规规定以外的各项付款。e. 国家规定不得列入成本的其它支出等。

② 正确划分生产成本与期间费用界限。生产成本与期间费用的划分如表16-1所示。

表16-1　农业生产经营费用表

生产成本	直接费用	直接材料:消耗的各种生产资料,如农药、化肥、种子、种苗、饲料等
		直接人工:生产工人工资、奖金、津贴、福利、补贴等
		其它直接费用:水电费、排灌费用等
	间接费用	房屋、设备折旧费、租赁费、修理费、包装物、低值易耗品摊销等
		间接人工费:辅助生产人员的工资、福利、补贴等
		生产中的保险费、设计制图费、试验检验费等
		其它直接费用
期间费用		管理费用:为管理生产发生的办公费、差旅费、房屋折旧费、租赁费、管理人员工资、奖金、福利等
		财务费用:企业为筹集资金发生的手续费、借款利息等
		销售费用:企业为销售产品而发生的广告费、展览费、运输费等

从表 16-1 可以看出，与农产品生产有关的直接费用和间接费用可作为生产成本。产品销售费用、管理费用、财务费用，不能计入生产成本，只记入当期损益。若以农户为单位进行生产，除有关的招待费、财务费用、销售费用外，经营人员既是管理者，又是生产者，因而管理人员工资费用也构成生产成本。若为大型农业企业集团，则厂（场）部管理人员及管理活动所发生的费用，依照国家企业财务通则和会计准则的规定应列入管理费用，而不得计入农产品成本。

③ 正确划分当期成本费用和非当期成本费用的界限。在农业企业的生产经营过程中，有些费用是在本期发生，而且只与本期相关，如企业支付本月生产工人的工资，则该项支出应全部作为本期费用计入产品成本；有些费用是在本期发生，但受益期却不仅仅涉及本期，如企业一次性向出租企业支付一年的房屋租赁费，若将该项支出全部计入当期成本费用，则势必会造成当期成本过高，而以后各期成本偏低，造成各月成本费用的不均衡，也不便于管理者通过各月相关数据观察企业成本、费用的变化趋势；而有些费用虽然当期不需要支付，但以后必须要支付，如企业每季度向银行支付的利息，如果将该项利息支出全部计入支付当月的费用，必将会造成支付当月成本费用的突然增大，同样不利于正确计算各月产品成本。现行财务会计制度规定，企业要按照权责发生制原则确定当期的收入和费用。

④ 正确划分直接费用与间接费用的界限。各项直接费用，可以直接计入农产品生产成本，如直接生产某农产品的种子、种苗、农药、化肥、水、电等费用。间接费用必须按一定分摊标准分摊后计入产品生产成本。如进行温室花卉生产，由于花卉有多个种类，温室的折旧费无法直接计入某类花卉生产成本，可以按各种花卉的生长期和占用温室面积进行分摊。直接费用和间接费用没有绝对的划分标准，主要看该费用是否能直接计入某产品的生产成本，可以直接计入农产品生产成本的为直接费用，不可计入农产品生产成本的为间接费用。如某农户对种植的所有农作物进行农田灌溉，若全部种植的是一种产品，如小麦，则灌溉费用可以直接计入小麦成本，此时灌溉费用为直接费用，若种植的农作物还有油菜、马铃薯等，则灌溉费用应按各种作物的种植面积进行分摊，此时的灌溉费用则为间接费用。

⑤ 正确划分当期完工产品和期末在产品的费用界限。本期归集到某种农产品上的生产费用总额，应该由当期完工产品和期末在产品共同负担，故需要采用适当的分配办法进行分配。现实中既可按完工产品和未完工产品的数量进行分配，也可按定额成本进行分配，对于生产工艺比较复杂的产品还可以按照约当产量法进行分配。由于生产费用在完工产品和期末在产品之间的分配有估计成分，所以在计算过程中要避免任意提高期末在产品成本，调剂完工产品成本的做法。

（3）做好人工费用的核算工作　做好人工费用的核算工作，就是要准确核算农产品生产过程中发生的人工费用。影响人工费用高低的因素有两个，一是活劳动的消耗量，二是活劳动的工值。因此要准确核算人工费用，一方面要正确计算活劳动的消耗量，另一方面又要正确核定活劳动的工值。

活劳动的消耗量一般按标准劳动日计算。通常把一个中等劳动力工作 8 小时定为一个标准劳动日。平时只登记每个劳动力从事农产品生产的实际劳动时间，期末再按一定的标准折算为标准劳动日，折算公式为：

标准劳动日＝劳动时间÷8×折算系数（注：折算系数根据劳动者的实际劳动能力确定。比如，一个中等劳动力的折算系数是 1，上等劳动力的折算系数定为 1.2 或 1.5 等，下等劳动力的折算系数定为 0.8 等。）

计入产品成本的活劳动消耗量包括直接用工和间接用工两大部分。

劳动工值的核定以劳动力再生产所必需的生活费用为计算标准。劳动力再生产所必需的

生活费是指在衣、食、住、燃料、各种用品、文教卫生及其它方面支出的总和。标准劳动日值的计算公式为:

$$标准劳动日值 = \frac{全年必需生活费用支出总计}{全年所做标准劳动日数总计} \qquad (16-17)$$

2. 农产品成本费用的项目构成

要正确核算农产品的成本,就应该明确农产品成本由哪些费用项目构成。不同的农产品其成本费用的项目构成是不同的,但都包括了以下基本内容。

(1) 直接生产资料费用　直接生产资料费用是指在农产品生产过程中直接消耗的各种农业生产资料,如种子、肥料、农药、燃料、动力、饲料、其它辅助材料等费用。

(2) 直接人工费用　直接人工费用是指直接参加农产品生产的人员工资、奖金、津贴等以及按规定计提的职工福利费等。

(3) 间接生产费用　间接生产费用是指为组织和管理农业生产活动而发生的各项费用支出,包括办公费,差旅费,管理人员工资薪酬,固定资产的折旧费、修理费,低值易耗品摊销,租赁费,土地开发费摊销,机械作业费,排灌费,水电费,保险费,季节性和修理期间的停工损失等。

3. 农产品成本核算的基本步骤

农产品成本核算的步骤,是指对农业企业生产经营过程中所发生的各项费用,按照各种不同的成本核算对象,进行归集和分配,据以确定各对象的总成本和单位成本的方法。

(1) 确定成本核算对象　所谓成本核算对象,就是各项费用归属的对象,它是计算产品成本的依据。农业企业应根据生产经营特点和管理要求确定成本核算对象,主要产品成本应单独核算,次要产品成本可适当合并按类核算。

(2) 按成本核算对象正确归集和分配各项直接费用　凡是为生产某种农产品所发生的各项直接费用,应直接计入其相应产品的成本,如果该项费用是为生产多种产品共同耗用的,则应按一定标准在各种产品之间先进行分配,然后再计入各相关产品。

(3) 分配制造费用　制造费用是企业内部各生产经营单位为组织和管理产品生产所发生的间接费用,应由受益对象负担。因此,应采取适当的标准在各成本计算对象之间进行分配后再计入产品成本。常用的分配标准有以下几种①按直接生产人员的劳动时间分摊。②按直接生产人员工资分摊。③按原材料成本分摊。④按直接成本分摊。⑤按产品产量分摊。⑥按生产占用农业设施的时间和面积分摊等。其计算的方法如下。

① 确定分配标准,即以什么进行分配,如面积、质量、价值等。

② 确定每一分配标准应分摊的金额。其计算公式为:

$$单位质量应分配的金额 = \frac{某一车间或部门发生的共耗费用总额}{全部产品质量(所占面积)之和} \qquad (16-18)$$

③ 计算某农产品应分摊的共耗费用。

　　某农产品应分摊的共耗费用=该种产品的重量或面积×单位重量应分摊的金额

$$\qquad (16-19)$$

(4) 计算产成品和在产品成本　经过以上步骤,企业本期发生的应计入生产成本的费用均已归集在各成本计算对象之下。最后还必须计算产成品成本。如果该项产品有期初、期末在产品,则应采取一定的方法先确定期末在产品成本,然后再计算产成品的总成本和单位成本。其计算公式为:

　　产品总成本=期初在产品成本+本期发生的成本费用-期末在产品成本　(16-20)

$$单位产品成本 = \frac{产品总成本}{产品产量} \qquad (16-21)$$

4. 农产品成本核算的方法

这里所指的农业是广义的农业，包括农林牧渔业，由于各业生产具有自身的特点，农产品成本项目构成不尽相同，因而各业成本核算的方法也有所不同。

(1) 农作物产品成本核算　核算农作物的产品成本，是在明确成本核算对象的前提下，首先进行费用的核算，然后再进行农产品成本计算。

① 成本费用的核算。构成农作物产品成本的费用主要有以下几种。

a. 种子费。通常用每种作物的实际用种量乘以种子的单价计算求得。外购种子的成本费用则按买价加上运杂费、途中的合理损耗、税金及入库前的挑选整理费等实际计价；自产自用种子按国家规定的价格计价。

b. 肥料费。外购的肥料按实际买价加上运杂费计价；自产自用的绿肥按市价计价；农家肥按有关部门统一规定的价格或估价计价。

c. 农药费。外购农药按采购价、途中的合理损耗和运杂费等计价；自产农药按市价计价。

d. 人工费用。用每种作物的用工量（即标准劳动日）乘以标准劳动日值，计算各农作物的人工费用。即某农作物的人工费用＝该作物的标准劳动日×标准劳动日值

e. 机械作业费。外单位代为耕作的，如果只是某一种农作物，按实际支付的作业报酬计算机械作业费；如果是多种作物，先按实际支付的作业报酬记录，然后再根据各种作物的实际作业量计算应分摊的机械作业费；自有机械进行耕作的，应按同类作业市价先计算出亩成本，然后按各种作物的实际机械作业量计算应摊的机械作业费。计算公式为：

$$机械作业亩成本 = \frac{机械作业费用总额}{全年机械作业完成标准亩} \tag{16-22}$$

某农作物应摊销的机械作业费＝该农作物机械作业标准亩×机械作业亩成本　(16-23)

f. 排灌作业费。支付给水电部门的生产水电费，按实际支付数计入各种作物的成本；自有排灌设备发生的费用，核算方法与机械作业费的类似，但作业量的单位变为亩次。

g. 畜力作业费。指各种农作物在成本核算期内使用役畜从事田间作业和运输的费用，如果是外雇畜力，按实际支出计算；如果是自有畜力，则按实际费用计算，包括饲草和饲料费、固定资产折旧费、修理费、役畜医药费和其它费用支出。畜力作业费的计算公式为：

$$畜力作业日成本 = \frac{畜力作业费成本总额}{畜标准工作日总数} \tag{16-24}$$

某农作物应摊畜力作业费＝该农作物畜力完成的标准工作日×畜力作业日成本

(16-25)

式中，畜标准工作日是以一种役畜为标准，再按照役畜的劳动效率折合，不同地区折合办法不一致，一般以当地主要役畜作为基准来折合。

h. 其它直接费。是指以上几项没有包括的直接费用。

i. 农业共同费。在农作物生产中，各种作物共同受益的费用支出，如生产用固定资产折旧费和修理费等。对于农业共同费用，核算出当年应计入成本的各项费用总额后，再按一定的标准在各受益作物之间进行分摊。

j. 管理费和其它支出。按实际开支金额和一定的分摊标准分别计入各种作物成本。

② 产品成本的计算。各项费用核算出来以后，就可以结合各种作物的种植面积和产量计算其产品成本了。每种作物一般都要计算总成本、单位面积成本和单位产品成本三个指标。各项成本指标的计算公式如下：

某农作物的总成本＝直接生产资料费用＋直接人工费用＋间接生产费用　(16-26)

$$某农作物单位面积(亩)成本 = \frac{某作物总成本}{某作物播种面积(亩)} \qquad (16\text{-}27)$$

$$某农作物主产品单位成本 = \frac{某作物总成本 - 副产品价值}{某作物主产品产量(kg)} \qquad (16\text{-}28)$$

在实际工作中,农产品成本的计算一般都通过成本计算单进行,成本计算单的具体格式如表 16-2 所示。

表 16-2　农作物产品成本计算单　　　　　　　　　××年度

项　目	作　物　种　类			
	棉　花	玉　米	小　麦	……
播种面积/亩				
总产量/kg				
人工费用/元				
种子费/元				
肥料费/元				
农药费/元				
机械作业费/元				
排灌作业费/元				
畜力作业费/元				
其它直接费/元				
农业共同费/元				
管理费及其它/元				
合计/元				
生产总成本/元				
单位面积(亩)成本/元				
副产品价值/元				
主产品成本/元				
主产品单位(kg)成本/元				

③ 农作物特殊情况成本计算。以上方法只适合一般情况,对特殊情况的农作物成本计算应分别按以下方法进行。

a. 间种、套种和混种作物产品成本的计算。农作物栽培在采用间种、套种方式时所发生的费用,凡能明确划分为某种作物的费用,应直接计入该作物的成本之中;对于不能明确确定属于哪种作物的共同费用,可按各种作物所占播种面积的比例进行分配,播种面积可按播种量折算。分配时可按下列公式计算。

$$某种作物的播种面积 = \frac{某种作物的实际播种总量}{该种作物单播时亩定额播种量} \qquad (16\text{-}29)$$

$$某作物主产品单位成本 = \frac{某种作物产品总成本 - 副产品价值}{某作物主产品总产量} \qquad (16\text{-}30)$$

b. 多年生作物产品成本的计算。一次收获的多年生作物,按各年累计的生产费用计算成本。其计算公式如下:

$$一次收获的多年生某种作物的主产品单位成本 = \frac{该作物截止收获月份累计费用 - 副产品价值}{该作物主产品总产量}$$

$$(16\text{-}31)$$

多次收获的多年生作物,在未提供产品以前的累计费用,作为待摊费用处理,按计划总产量的比例计入投产后各年产出产品的成本。本年产出产品的成本包括往年费用的本年摊销额和本年发生的全部费用。其计算公式如下:

$$\text{多次收获的多年生某作物主产品单位成本} = \frac{\text{往年费用本年摊销额} + \text{本年全部费用} - \text{副产品价值}}{\text{某作物主产品本年总产量}}$$
(16-32)

c. 农作物非常损失的处理。农作物遭受严重自然灾害而大面积死亡，死亡作物已发生的费用，按规定报批后，转作非常损失，不计入产品成本；参加保险的，应扣除保险赔款后计入非常损失。如果作物死亡后又重新补种，其灾害损失，只计算补种前发生的种子费和播种费，该作物从补种开始发生的费用，全部计入重播作物的成本。

d. 农作物成本费用时间范围的界定。农作物成本费用从时间上看，其界定标准是粮豆生产成本以入仓入库或场上能够销售为终止时间，在此之后发生的费用不计入农作物成本；不入库、入窖鲜产品的生产成本，以销售为终止时间，在此之后发生的费用不计入产品成本；入库入窖鲜产品的生产成本，以入库为终止时间，在此之后发生的费用不计入产品成本；棉花的生产成本以加工成皮棉为终止时间，在此之后发生的费用不计入产品成本；纤维作物、香料作物和人参等农产品的生产成本，以加工完成为终止时间，在此之后发生的费用不计入产品成本；年底尚未脱粒作物的生产成本，发生多少就记多少，再发生脱粒费用再计入产品成本。

(2) 畜禽产品成本核算

① 生产费用的核算。饲养畜禽的生产费用包括人工费、草料费、燃料动力费、固定资产折旧费及修理费、其它费用。各项费用的核算方法如下。

a. 人工费。饲养畜禽的人工费是在畜禽饲养过程中的人员薪酬。从数量上看，是总用工量（折合的标准工作日）乘以工日单价而得的乘积。其中，总用工量包括直接用工和间接用工两部分。直接用工包括饲养、放牧、挤奶、捡蛋、剪毛等用工。这些用工可以直接计入有关产品成本；间接用工包括饲料调制、用具修理以及管理用工。如果只饲养一种畜禽，间接用工可直接计入产品成本；若饲养多种畜禽，间接用工可按各畜群收入或直接用工的比例分摊。某种畜禽的直接用工加上分得的间接用工就是总用工量。工日单价仍可采用劳动力再生产必需生活费用调查的工值计算。

b. 草料费。是指在饲养畜禽过程中消耗的饲草饲料价值的总和。外购的按买价加上运杂费、途中的合理损耗和相关的税金计算；自产的按实际成本或国家定价计算。

c. 燃料动力费。指粉碎和蒸煮饲料、雏鸡孵化及畜禽舍内取暖等耗用的燃料和电的费用。应按实际支出金额计算。若生产多种畜禽应将该项费用进行分摊计入不同种类畜禽的成本。

d. 固定资产折旧及修理费。指畜舍、禽笼等饲养专用设备的折旧费和修理费。

e. 其它费用。指饲养工具的购置费、畜禽的医药费、管理费和其它支出。能直接计入某种畜禽（群）成本的费用，直接计入畜禽（群）成本；不能直接计入畜禽（群）成本的间接费用，应按各畜群用工比例分摊。

② 畜禽产品成本计算。反映畜禽产品成本的指标主要有以下五项。

$$\text{畜禽产品单位成本} = \frac{\text{生产总成本} - \text{副产品价值}}{\text{产品产量}}$$
(16-33)

$$\text{某畜禽（群）增重单位成本} = \frac{\text{该畜禽（群）饲养费用} - \text{副产品价值}}{\text{该畜禽（群）增重量}}$$
(16-34)

$$\text{该畜禽（群）增重量} = \text{期末存栏活重} + \text{本期离群活重（包括死畜禽重量）} - \text{期初结存及期内购入和转入的活重}$$
(16-35)

$$\text{某畜禽（群）活重单位成本} = \frac{\text{期初活重总成本} + \text{本期增重总成本} + \text{购入转入总成本} - \text{副产品价值} - \text{死畜禽残值}}{\text{该畜禽（群）活重量}}$$
(16-36)

$$\text{某畜禽(群)饲养(头日)成本} = \frac{\text{该畜禽(群)饲养费用}}{\text{该畜禽(群)饲养头日数}} \tag{16-37}$$

(3) 林产品成本核算

① 生产费用的核算。林业生产费用的核算参照农业生产费用的核算进行。

② 产品成本计算。桑、茶、果、胶等经济林是多年生长期作物，一般都要经过育苗、幼林抚育管理、投产提供产品三个阶段。各阶段的成本可通过以下公式进行计算。

a. 育苗阶段

$$\text{起苗前每亩苗圃成本} = \frac{\text{苗圃全部生产费用} - \text{副产品价值}}{\text{苗圃面积}} \tag{16-38}$$

$$\text{每株树苗成本} = \frac{(\text{起苗面积} \times \text{每亩苗圃成本}) + \text{起苗费用}}{\text{起苗总株数}} \tag{16-39}$$

b. 幼林抚育阶段

$$\text{每年每亩幼林成本} = \frac{\text{当年应负担的全部费用}}{\text{抚育管理面积}} \tag{16-40}$$

c. 成林提供产品阶段

$$\text{单位主产品成本} = \frac{\text{该产品当年应负担的生产费用} - \text{副产品价值}}{\text{主产品总量}} \tag{16-41}$$

(4) 渔业产品成本核算

① 生产费用的核算。渔业生产分为人工养殖和天然捕捞两种。其成本核算对象包括鱼苗和成鱼两种。鱼苗或幼鱼成本包括鱼苗或幼鱼培养过程中的全部费用。成鱼成本包括苗种费或幼鱼成本、饵料费、人工费、燃料动力费、折旧与摊销费、修理费和其它费用。

② 产品成本计算。对于人工养殖渔业生产，反映渔业产品成本的主要指标有鱼苗单位成本和成鱼单位成本。其成本计算公式如下。

$$\text{鱼苗单位成本} = \frac{\text{育苗期全部费用}}{\text{育成尾数(万尾)}} \tag{16-42}$$

$$\text{成鱼单位成本} = \frac{\text{上年结转鱼池的全部费用} + \text{全年转入鱼池的鱼苗或幼鱼的成本} + \text{全年成鱼池的全部费用}}{\text{成鱼总产量}} \tag{16-43}$$

对于天然捕捞渔业生产，其成本计算原则是，当年的捕捞费用全都计入当年捕捞产品的成本，如果要按计划成本或销售价格的比例在不同产品之间分摊。其分摊方法如下。

$$\text{产品成本占售价比例} = \frac{\text{全部产品成本总额}}{\sum(\text{某种产品产量} \times \text{该产品单位售价})} \times 100\% \tag{16-44}$$

$$\text{某种产品总成本} = \text{某种产品产量} \times \text{该产品单位售价} \times \text{产品成本占售价比例} \tag{16-45}$$

$$\text{某种产品单位成本} = \frac{\text{某种产品总成本}}{\text{某种产品总产量}} \tag{16-46}$$

三、农业资金核算

1. 农业资金概述

农业资金是农业生产建设过程中所占用的各种财产物资的价值以及货币价值的总和。

农业资金从其来源看，可能是自有的，如农业积累、农户非农兼业收入和乡镇企业以工补农、以工建农资金；也可能是外来的，如投资者投入，或从银行、信用社等金融机构或其它单位、个人借入，或者是结算中的应付暂收款，还可能是国家下拨的资金或其它单位援助的资金等。

农业资金从其占用形态上看，可能是固定资金，也可能是流动资金。固定资金是指垫支在主要劳动资料上的资金，其实物形态是固定资产，固定资金是农业资金构成的重要组成部分，农业生产能力的大小，通常由拥有的固定资产的多少以及它的技术状况和先进程度所决定。固定资产的单位价值较大，使用时间较长，能够多次在生产过程中使用而不改变其实物形态，其价值随着损耗逐步地转移到产品成本中去，并从产品销售收入中得到补偿。流动资金是垫支在劳动对象上的资金和用于支付人员薪酬及其它费用的资金。流动资金的形态可能是生产资料、种子、化肥等实物形态，也可能是货币形态，但流动资金只参加一个生产过程就被消耗掉，其价值是一次转移到成本中去，并从销售收入中得到补偿。

2. 农业资金的核算

(1) 固定资金核算　固定资金核算主要包括固定资产折旧的核算和固定资金利用效果的核算。

① 固定资产折旧的核算。固定资产在生产过程中，由于损耗而转移到成本费用中去的价值被称为折旧。通过折旧提取的货币资金，用于将来固定资产的更新改造，在未用之前就形成一种基金，这种基金称为折旧基金。折旧基金是农业自有资金的重要来源。加强折旧管理，可以正确计算产品成本，实现生产设备及时更新换代，提高农业生产的技术装备水平。

固定资产折旧的计算方法，主要有平均年限法、工作量法、双倍余额递减法和年数总和法。在第十一章已作介绍，这里不再赘述。

这里需要说明的是，固定资产折旧率根据计算对象所包括的范围不同，可分为个别折旧率、分类折旧率和综合折旧率。个别折旧率是按每项固定资产分别计算的折旧率；分类折旧率是按每类固定资产计算的折旧率；综合折旧率是按全部固定资产计算的折旧率。实际工作中，常常采用分类折旧率来计算固定资产折旧额。

② 固定资金利用效果的核算。反映固定资金利用效果的指标有两类：一类是单项的技术经济指标；另一类是综合性的价值指标。综合性价值指标能够全面反映固定资金的利用情况，具体包括固定资金产值率和固定资金利润率。

a. 固定资金产值率。固定资金产值率是指农业企业在一定时期内所完成的总产值同固定资产平均占用额的比率。通常以每百元固定资金所提供的产值表示。每百元固定资金提供的产值越多，表明固定资金的利用效果越好。

b. 固定资金利润率。固定资金利润率是指企业在一定时期内所实现的利润总额同固定资金平均占用额的比率。通常以每百元固定资金所提供的利润表示。每百元固定资金所提供的利润越多，表明固定资金的利用效果越好。

(2) 流动资金核算　流动资金核算主要计算流动资金周转率、流动资金产值率和流动资金利润率。

① 流动资金周转率。流动资金周转率反映流动资金的周转速度，通常用年周转次数或周转一次所用的天数来表示，其计算公式如下。

$$流动资金年周转次数 = \frac{年销售收入总额}{年流动资金平均占用额} \quad (16\text{-}47)$$

$$流动资金周转一次所用天数 = \frac{1}{流动资金年周转次数} \times 360 \quad (16\text{-}48)$$

或

$$流动资金周转一次所用天数 = \frac{年流动资金平均占用额}{年销售收入总额} \times 360 \quad (16\text{-}49)$$

在生产规模等因素确定的条件下，流动资金周转越快，需要的流动资金越少；流动资金周转越慢，需要的流动资金越多。加快流动资金周转，提高流动资金的利用率，可以使有限的流动资金为较大生产规模服务，促进农业生产向规模化发展。

② 流动资金产值率。流动资金产值率是反映流动资金使用效果的指标，通常用每百元流动资金提供的产值来表示。其计算公式为：

$$每百元流动资金产值 = \frac{年总产值}{年流动资金平均占用额} \times 100 \quad (16-50)$$

每百元流动资金提供的产值越多，说明流动资金利用的效果越好。

③ 流动资金利润率。流动资金利润率是指企业在一定时期内所实现的利润总额同流动资金平均占用额的比率。通常用每百元流动资金所实现的利润表示。其计算公式为：

$$每百元流动资金实现利润 = \frac{利润总额}{年流动资金平均占用额} \times 100 \quad (16-51)$$

流动资金的利润率越高，说明流动资金利用效果越好，反之，说明流动资金利用效果越差。企业应该采取有效措施，最大限度地加速流动资金的周转。

四、农业盈利核算

农业盈利是指农业收入扣除成本、费用和支出后的余额，是农业企业或经营组织实现的利润总额，因此，盈利的核算实质上就是利润的核算。利润的核算是农业经济核算的又一重要内容，它包括利润额的核算和利润率的核算两部分内容。

1. 农业企业利润额的计算

利润额是农业企业生产经营成果的集中反映，是企业在一定时期内的主营业务和副营业务总收入扣除所有成本费用后的差额，差额为正，即为利润，差额为负，则为亏损。其计算公式如下。

$$利润总额 = 营业利润 + 营业外收入 - 营业外支出 \quad (16-52)$$

利润总额只能说明利润数量的多少，不能反映利润水平的高低。因为利润额的多少，不仅取决于企业的生产经营成果，而且还取决于生产规模，所以在考核不同规模企业或单位的利润情况时，准确的考核应该是比较利润率的高低。

2. 农业企业利润率的计算

利润率指标有三种不同的表现形式，分别是成本利润率、产值利润率、资金利润率，这三个指标从不同角度反映了农业企业的利润水平。

（1）成本利润率　成本利润率是农业企业的利润总额与产品成本总额的比率。用公式表示为：

$$成本利润率 = \frac{利润总额}{产品成本总额} \times 100\% \quad (16-53)$$

该指标表明了投入一元成本所创造利润的数额。农业企业或生产经营单位应尽可能提高该指标，以便以最少的消耗，创造出尽可能多的利润。

（2）产值利润率　产值利润率是农业企业的年利润总额与年生产总值的比率。用公式表示为：

$$产值利润率 = \frac{年利润总额}{年总产值} \times 100\% \quad (16-54)$$

该指标表明了每一元产值所包含的利润数额。指标值越大对企业越有利。

（3）资金利润率　资金利润率是企业的年利润总额与年占用资金总额的比率。用公式表示为：

$$资金利润率 = \frac{年利润总额}{年占用资金总额} \times 100\% \quad (16-55)$$

该指标表明了企业占用一元资金，所创造的利润数额。能够全面反映企业资金利用的效果，有利于促使企业更加合理地使用所拥有或控制的资金。

第三节　农业经济效益评价

一、农业经济效益评价的概念与基本原则

1. 农业经济效益评价的概念

农业经济效益评价是指对同一技术方案在不同地区、不同生产单位和不同年份的技术经济效果，或不同技术方案在同一生产经营条件下的技术经济效果所作的计算、分析和比较。

2. 农业经济效益评价的原则

农业经济效益的评价应遵循以下基本原则。

（1）价值与使用价值相统一的原则　讲求价值与使用价值的统一，是在社会主义市场经济条件下评价经济效益的基本原则。社会主义生产的目的是满足人们不断增长的物质和文化生活的需要。农业生产的目的是为社会提供尽可能多的优质农产品，以满足社会对农产品的需要。同时，社会主义生产又是商品生产，需要讲求盈利性，盈利是维持和扩大农业再生产的保障，是改善和提高农民生活水平的源泉，因此，必须从增产和增收两方面来评价农业经济效益。只强调使用价值而忽视价值，就可能造成增产不增收，甚至增产减收的不正常现象；只强调价值而忽视使用价值，就会出现不顾社会需求，一味扩大利润高的农产品的生产，减少利润低的农产品的生产，使部分生活必需品的社会需求得不到很好的满足。因此，必须从价值与使用价值的结合上进行评价。

（2）经济效益、社会效益和生态效益相统一的原则　保持农业生态系统的良性循环和农业资源的永续利用，是农业实现高产稳产的重要基础。如果片面追求经济效益，不顾实际情况，掠夺经营，乱砍滥伐，就会造成水土流失，土壤肥力下降，自然资源减少，生态环境破坏等，就无法实现农业高产高效，长足发展的目的，因此，农业经济效益的评价必须把经济效益、社会效益和生态效益有机结合起来。

（3）技术效果和经济效益相统一的原则　农业的技术效果是指应用于农业生产的技术、措施、方案表现出来的解决生产实际问题的能力。如种子的发芽率、农药的杀虫率、农业机械应用的生产效率等，它是形成经济效益的基础。但并不是所有技术的运用都能带来经济效益，只有在自然条件和经济条件都能满足农业技术要求时，技术措施才能带来相应的经济效益，否则，不是生产上不可行就是经济上不合理。因此，评价农业经济效益，必须将技术效果和经济效益统一起来进行考虑。

（4）当前利益与长远利益相统一的原则　由于农业生产的特殊性，农业生产中的投入，一部分是当年见效，一部分是在若干年后才能见效。在评价农业经济效益时，既要考虑当前，又要兼顾长远，如果只顾眼前利益，就会使农业发展失去后劲，无法实现农业的可持续发展。

（5）局部利益与全局利益相统一的原则　局部利益是指一个地区、一个生产单位、一个部门的利益。全局利益是指国家整体的利益，是空间范围最大的主体利益。如果农业生产只顾局部利益，不考虑全局利益，如为了眼前利益而造成水土流失，破坏生态，或不注意水利工程设施的建设等，就会导致整体及长远利益受损，最终影响局部利益。因此，也必须将农业的局部利益与全局利益统一起来。

二、农业经济效益评价的指标体系

农业生产的特点和社会需要的复杂性，决定了农业经济效益评价的复杂性。农业经济效

益可以从不同角度进行全面评价，这就需要设置和运用一整套相互联系、相互补充的指标来具体反映农业经济效益的大小。这些相互联系、相互补充的指标构成了农业经济效益评价的指标体系。现实生产中常用的农业经济效益评价指标有农业土地生产率、农业劳动生产率、农业资金生产率、农业纯收益和农产品成本等。

1. 农业土地生产率

农业土地生产率是产量或产值与相应农业土地面积的比值，反映的是单位土地面积所创造的农产品产量或产值的高低。其计算公式如下。

$$\text{农业土地生产率} = \frac{\text{农产品产量（或产值）}}{\text{农业土地面积}} \tag{16-56}$$

在不考虑其它条件的情况下，该指标越大，经济效益越好。但如果考虑物化劳动和活劳动投入的因素，就不能说产量或产值高，经济效益就好。因此，在实际评价时，一般都同时采用单位土地面积净产值和单位土地面积盈利率两项指标。

$$\text{单位土地面积净产值} = \frac{\text{农产品产值} - \text{物质生产费用}}{\text{土地面积}} \tag{16-57}$$

$$\text{单位土地面积盈利率} = \frac{\text{农产品产值} - \text{生产成本}}{\text{农业土地面积}} \tag{16-58}$$

2. 农业劳动生产率

农业劳动生产率是农业活劳动消耗和农产品产量（或产值）的比例关系。反映单位劳动时间生产出的农产品数量，或者单位农产品所消耗的劳动时间。它表明农业劳动者生产农产品的经济效率，用公式表示如下。

$$\text{农业劳动生产率} = \frac{\text{农产品产量（或产值）}}{\text{农业活劳动时间}} \tag{16-59}$$

一般来讲，单位劳动时间生产出的农产品数量越多或者单位农产品所消耗的劳动时间越少，农业的经济效益越好；反之，农业经济效益越差。该指标反映的是时点指标，属于静态指标，要想掌握农业经济效益的动态情况，就要用农业劳动生产率增长率指标。

农业劳动生产率增长率指标是一定时期内农业劳动生产率增长量与基期农业劳动生产率的比率。用公式表示如下。

$$\text{农业劳动生产率增长率} = \frac{\text{报告期的农业劳动生产率} - \text{基期的农业劳动生产率}}{\text{基期的农业劳动生产率}} \tag{16-60}$$

该指标值越大，对生产经营者越有利。反之，农业的动态经济效益越差。

3. 农业资金生产率

农业资金生产率是指在一定时期内农业资金运用所取得的生产成果与资金投入（或消耗）的比率。在一定时期内，单位资金消耗所取得的农业生产成果越多，经济效益越好。反之，经济效益越差。由于农业资金投放的项目不同，所取得的成果各异。因此，评价时所用的指标也不一样。常用的指标有单位投资新增生产能力、单位资金农产品产量、农业资金产值率和农业资金利润率等指标。其计算公式如下。

$$\text{单位投资新增生产能力} = \frac{\text{某时期新增生产能力}}{\text{某时期的投资总额}} \tag{16-61}$$

$$\text{单位资金农产品产量} = \frac{\text{农产品总产量}}{\text{农业投资额}} \tag{16-62}$$

$$\text{农业资金产值率} = \frac{\text{农业总产值}}{\text{农业投资额}} \times 100\% \tag{16-63}$$

$$\text{农业资金利润率} = \frac{\text{年利润总额}}{\text{农业投资总额}} \times 100\% \tag{16-64}$$

4. 农业纯收益

农业纯收益是农业总产值扣除生产成本和税金后的余额,即农业净利润。它反映了农业企业或经营组织在一定时期内从事生产经营活动的最终效益。农业纯收益越多,经济效益就越好。反映农业纯收益的主要指标有以下几个。

$$单位面积纯收益=\frac{纯收益额}{耕地面积(或播种面积)} \quad (16\text{-}65)$$

$$单位资金纯收益率=\frac{单位面积纯收益额}{单位面积资金占用额} \quad (16\text{-}66)$$

$$农业产值纯收益率=\frac{纯收益额}{农业总产值} \quad (16\text{-}67)$$

$$单位成本纯收益率=\frac{农业纯收益额}{农业生产成本} \quad (16\text{-}68)$$

$$人均年产收益额=\frac{年农业纯收益额}{该年农业人口数} \quad (16\text{-}69)$$

人均年纯收益额是一个综合指标,考核人均年纯收益额,有利于促进农业企业加强经济核算,改善经营管理,有利于农业剩余劳动力的转移和控制农村人口增长。

5. 农产品成本

农产品成本是指生产农产品所消耗的活劳动和物化劳动的货币表现。它是反映资金消耗经济效果的主要指标,通常用单位农产品成本或成本产出率两个指标反映,计算公式为:

$$单位农产品成本=\frac{农产品总成本}{农产品总产量} \quad (16\text{-}70)$$

$$成本产出率=\frac{农产品产量(或产值)}{农产品成本} \quad (16\text{-}71)$$

单位农产品成本越低,产出率越高,农业的经济效益越好。

三、农业经济效益评价的方法

农业经济效益的评价方法有定性评价方法和定量评价方法。实际应用时应将定性分析与定量分析结合起来。常用的定量评价方法有平行比较分析法、因素分析法(连环替代法)和综合评价法。

1. 平行比较分析法

平行比较分析法是对不同方案,应用相同评价指标进行平行对比分析,以选择最佳生产技术措施方案的方法。这种方法常用于不同农业生产技术措施的投资、用工、成本、产量、效益等指标的对比分析;或对某一生产技术措施在不同作物、不同地区和不同年份之间的对比分析。

例如,某农业生产单位三种耕作制度方案的经济效益指标如表 16-3 所示。

表 16-3 某农业生产单位粮食作物不同轮作方案的比较分析

项 目	方 案 一	方 案 二	方 案 三
每亩产量/kg	800	600	700
每亩用种量/kg	60	40	50
每亩物质费用/元	105	50	70
每亩用工/工日	95	50	65
每亩纯收入/元	50	70	80

从表 16-3 可以看出：方案一的产量最高，但用种、用工、费用也最高，纯收入最低。方案二的用工、用种、费用最低，产量最低，但纯收入较高，从总体上看优于方案一。方案三的用工、用种、费用介于方案一和方案二之间，产量较高，而纯收入最高。如果以产量和纯收入为标准，方案三为最佳方案；如果受条件限制，方案二也可选，因纯收入只比方案三少 10 元，但用工、用种、费用的节省额都远远低于方案三。

2. 因素分析法

因素分析法是分析受两个或两个以上因素影响的经济总体，其经济效益增减变动的方法技术。其基本特点是：在假定其它影响因素不变的情况下，逐一分析其中一个因素的变动对总体的影响程度和影响方向，并通过比较找出影响总体的主要因素和次要因素，以便为经济决策服务。

例如，某农业生产单位 2006 年某农作物总收入比 2005 年增加 57000 元。收入增加是因播种面积增加、单产提高和该产品单价提高所致。具体资料如表 16-4 所示。

表 16-4 某农业生产单位不同年份某作物收入构成比较表

年份\指标	播种面积/hm²	每公顷产量/kg	单价/(元/kg)	总收入/元
2005	10(A)	4500(B)	3.00(C)	135000
2006	12(A_1)	5000(B_1)	3.20(C_1)	192000
2006 比 2005 增减	2	500	0.20	57000

根据上述资料，用因素分析法分析如表 16-5 所示。

表 16-5 因素分析计算表   单位：元

项目	因素分析法组合方式	影响值	变动原因及程度
TI(2005 年总收入)	10×4500×3.00＝135000		
TI_2(A_1 代替 A)	12×4500×3.00＝162000	27000	面积增加 主要
TI_3(B_1 代替 B)	12×5000×3.00＝180000	18000	单产提高 一般
TI_4(C_1 代替 C)	12×5000×3.20＝192000	12000	单价提高 次要
TI_1(2006 年总收入)	12×5000×3.20＝192000		
TI_1-TI	192000－135000＝57000	57000	

从表 16-5 的计算结果来看，该作物 2006 年比 2005 年总收入增加了 57000 元，是播种面积、单产和产品单价三个因素共同提高的结果。其中：播种面积增加，使总收入增加了 27000 元，是主要的影响因素；单产提高使总收入增加了 18000 元，影响程度一般；单价提高使总收入增加了 12000 元，是次要因素。因此，在土地面积增加可能性不大、产品价格较稳定的情况下，应采用新技术，提高单产，使总收入增加，这是农业生产的根本出路。

这里需要说明的是，因素分析法所得出的结论受替代顺序的影响，替代顺序不同，得出的结论可能不同。要消除不同替代顺序产生的误差，应用差额分配法或平均法解决。

3. 综合评分法

综合评分法是对各备选方案设置多项指标，对每项指标按照一定评分标准进行"打分"，然后计算每一备选方案的总得分，根据总分多少进行方案评价和选优的一种决策分析方法。其操作步骤如下。

(1) 确定评价指标 每个备选方案都有很多反映方案经济效益大小的评价指标，具体评分时应选择对整个方案的目标影响较大的指标参加评分。

(2) 确定各指标的评分标准　根据具体情况和历史资料对各指标进行分级，通常按五级评分制，即 5 分为最高，1 分为最低，中间状态的按 1 分的级差评分。

(3) 确定各项评分指标的权重　由于各评价指标在整个方案中所占的地位和重要程度不同，评分时应根据各个项目的不同情况确定其权重。每个项目的权重，用它在整个评分中所占的比重来表示，各个指标权重之和为 1 或 100%。

(4) 编制综合评分决策表　对各备选方案的得分进行汇总，得到每个方案的加权总分值，比较后选出最佳方案。

例如，某农业生产单位甲、乙、丙 3 个可行方案的有关指标数值如表 16-6 所示。

表 16-6　某地区不同农业生产方案的指标值

评价指标	甲方案	乙方案	丙方案
土地生产率/(元/公顷)	2300	1900	1800
劳均国民收入/[元/(人·年)]	300	350	380
资源利用率/%	90	75	80
生态平衡级别	8	10	5

按照五级评分制，5 个级差的分组情况及评分标准如表 16-7 所示。

表 16-7　各项指标评分标准表

分数 指标	土地生产率/(元/公顷)	劳均国民收入/[元/(人·年)]	资源利用率/%	生态平衡级别
5	2200～2300	364～380	87～90	9～10
4	2100～2200	348～364	84～87	8～9
3	2000～2100	332～348	81～84	7～8
2	1900～2000	316～332	78～81	6～7
1	1800～1900	300～316	75～78	5～6

根据各评价指标在当地的重要程度及其对各评价方案整体经济效益的影响，确定出各评价指标的权重分别为土地生产率 25%，劳均国民收入 30%，资源利用率 25%，生态平衡级别 20%。

这样，就可计算出甲、乙、丙三个可行方案的加权总分如表 16-8 所示。

表 16-8　甲、乙、丙三个可行方案的加权总分计算表

评定指标	权重/%	甲方案 得分	甲方案 加权分	乙方案 得分	乙方案 加权分	丙方案 得分	丙方案 加权分
土地生产率	25	5	1.25	2	0.50	1	0.25
劳均国民收入	30	1	0.30	4	1.20	5	1.50
资源利用率	25	5	1.25	1	0.25	2	0.50
生态平衡级别	20	4	0.80	5	1.00	1	0.20
合计	100	15	3.60	12	2.95	9	2.45

从表 16-8 可以看出，甲方案的加权总分为 3.60 分，高于乙方案的加权总分 2.95 分，也高于丙方案的加权总分 2.45 分，所以，按综合评分法确定出甲方案的经济效益最好，故为最佳方案。

本 章 小 结

农业生产成本是反映一个地区、一个部门或单位农业生产综合效益的指标，是农业企业或经营组织为生产一定种类和数量的农产品，或提供一定数量的劳务服务所发生的各项生产费用的总和。农业经济核算是对农业生产经营过程中所发生的物化劳动及活劳动消耗乃至生产经营成果所做的记载、计算、分析和比较。科学合理的农业经济核算有利于摸清农业生产单位和整个社会的生产消耗情况和最终成果，能够找出导致盈亏的原因，有利于寻找增产节约途径；有利于为国家制定宏观农业政策，确定投资方向、投资规模，调整农业产业结构和生产布局提供真实可靠的经济技术依据；有利于正确计算农业经营成果，有利于明确经济责任，避免干多干少一个样、干好干坏一个样的现象发生；有利于更好地保护公有财产，防止公有财产的流失和浪费。现实中农业经济核算的主要内容包括资金核算、成本核算和盈利核算三个方面。农业资金核算是对农业固定资金和流动资金的核算，固定资金的核算主要是反映固定资金的利用情况，为寻求提高固定资金利用率的途径奠定基础。流动资金核算主要是反映流动资金的周转情况，为寻求缩短资金在生产和流通领域的周转时间，提高流动资金的周转速度和利用效率奠定基础。农业成本核算是对农产品生产过程中所消耗的活劳动和生产资料费用的核算，主要是通过计算各种农产品的总成本、单位成本，通过分析农产品成本构成及其增减变化的原因，来寻求降低成本的途径。农业盈利核算是对利润额和利润率的核算，盈利的多少是衡量农业生产经营成果的重要指标。

农业经济核算的基本方法包括会计核算、统计核算和业务核算三种。会计核算是用货币形式对农业企业的生产经营过程进行全面系统的记载、计算、对比、分析和总结。统计核算是运用货币、实物和时间等量度指标，对农业企业的有关经济现象进行计算和分析。业务核算是对农业企业和个别作业环节进行的核算分析。农业经济效益评价强调经济效益、社会效益和生态效益的有机统一。农业土地生产率、劳动生产率、农业资金生产率、成本利润率、成本产值率、农业纯收益、农产品成本等经济指标是进行农业经济效益评价和方案选择的常用指标。平行比较分析法、因素分析法（连环替代法）、综合评价法则是进行农业经济效益评价的常用方法技术。

复习思考题

1. 基本概念
农业生产成本　农业经济核算　农业利润　劳动生产率　因素分析法　综合评分法
2. 简述农业经济核算和农业经济效益评价的功能作用。
3. 简述农业经济核算的主要内容。
4. 简述农业经济效益评价的基本原则。
5. 农业投资效益评价的静态方法和动态方法各有哪些？
6. 农业经济效益评价常用的方法技术有哪些？如何选用这些方法技术？

实训练习

1. 某农业区人多地少，收入水平低，土地贫瘠，肥力较低，单产的提高要以高费用为条件。经过商讨，设计了三种作物种植方案，其主要评价指标有：亩产值、亩用工量、亩物质费用、亩纯收入、对土壤肥力的影响程度5项指标，土地肥力分为显著提高、提高、保持、下降和显著下降5个等级。三个方案的5项指标预测值如下表所示。

某地区不同种植方案的指标数值

指标 方案	亩产值 /元	亩用工量 /工日	亩物质费用 /元	亩纯收入 /元	土壤肥力影响 /级
小麦-玉米	700	70	208	355	3(保持)
小麦-大豆	451	52	186	265	2(提高)
小麦-棉花	585	90	210	300	3(保持)

若采用5级评分制。亩产值最高为750元，最低为450元，亩用工最高为90工日，最低为50工日，亩物质费用最高为225元，最低为175元，对土壤肥力影响程度显著提高为1级，显著下降为5级，亩纯收入最高为400元，最低为250元。试用综合评分法从以上三个可行方案中选出经济效益最高的最优方案。

2. 某农业企业为适应扩大再生产的需要，在2007年建了3000平方米的厂房，在进行会计核算时，该企业的总经理要求财务人员把3000平方米厂房的建设费用全部计入当年产品的成本，请分析这种做法是否符合成本核算的要求？并分析说明具体理由。

第十七章 农业现代化

学习目标
1. 了解传统农业与现代农业的区别；
2. 理解农业现代化的内涵、内容及目标；
3. 理解世界现代农业的特点与发展趋势；
4. 明确我国农业现代化的发展目标及道路；
5. 深入理解我国农业现代化的战略措施。

关键词
传统农业　　现代农业　　世界农业　　农业现代化　　技术创新　　管理变革

第一节　农业发展与农业现代化

一、农业发展的三个不同阶段

农业是人类社会历史上最古老的一个生产部门。随着人类社会的发展，农业生产力经历了原始农业、传统农业和现代农业三个不同的历史发展阶段。农业的不同发展阶段有着不同的生产力水平，具体表现在生产工具、劳动者的生产技能和生产力要素的结合方式等方面。当今世界，发达国家已进入到现代农业阶段，一些发展中国家正处在由传统农业向现代农业转化的过程中，另一些发展中国家仍停滞在传统农业阶段。

1. 原始农业

原始农业是指以石器、棍棒等为生产工具，以传统的直观经验为生产技术，采用刀耕火种的耕作方法，主要依靠自然循环来恢复地力的农业。它是农业发展的初级阶段，始于新石器时代，到铁器工具出现为止，历时约 7000 年。原始农业是由"采掘农业"发展而来的，它的突出贡献是对野生植物的栽培种植和野生动物的驯化饲养，实现了由采集向种植业、由狩猎向畜牧业的转变。恩格斯指出：原始农业"是学会经营畜牧业和农业的时期，是学会靠人类的活动来增加天然生产物的方法的时期"。[1]

原始农业的特点主要有以下几点①原始农业的生产工具主要是简陋的石器、骨头和木棒，这一点是原始农业的主要特点。②原始农业的生产方法是刀耕火种，广种薄收。所进行的只是粗放的饲养和栽培，其生产力水平十分低下。③原始农业只能利用自然而不能改造自然，只会从土地上掠夺物质和能源，而不懂良性循环、自然生态。④原始农业实行以简单协作为主的集体劳动，缺少社会分工，自给自足，农业是当时唯一的社会生产部门。但是，

---

[1] 马克思恩格斯全集（第4卷）. 人民出版社，1995：23。

原始农业的发展扩大了原来的生活资料来源，是人类社会经济发展史上的第一次革命。

2. 传统农业

传统农业是以铁器农具为主要生产工具，以人力、畜力为农业动力，主要依靠手工操作的农业，它是农业的早期发展阶段。传统农业起源于新石器末期，止于19世纪中后期。传统农业的重大成果包括以下几个方面。①精耕细作，用地和养地结合，基本上维持了自然生态平衡，环境污染少，人力、畜力是农业生产的主要动力。②传统农业的物质和能量，主要是在狭小农业系统内部周而复始地转换，取之于农业，又返回农业。它通过施肥、灌溉、轮作休闲等技术措施，使物质和能量形成农业内部的"半封闭循环"，投入的物质和能量较少，产量较低。③生产规模狭小，社会分工有了一定程度的发展，但"万物俱全"的自给自足的自然经济仍处于主导地位。④人们所掌握的生产技巧，全凭世代积累下来的经验，依靠人的器官直接观察和操作。⑤传统农业中的经济平衡是与墨守成规的制度相联系的低效能的静态的经济平衡，在这种制度下，生产要素基本上只是数量上的变化，很少有质量的改进，生产方法长期不变，农业技术状态长期不变，农业生产只能维持简单再生产，很难进行扩大再生产。

3. 现代农业

现代农业是用工业技术装备的、广泛应用现代农业科学技术和先进管理方法、以商品生产为主的社会化、工业化、标准化的农业。它萌芽于资本主义工业化时期，主要是在第二次世界大战以后才形成的发达的农业。同传统农业相比，现代农业的生产力发生了深刻的变化，把农业推进到了一个崭新的阶段。其基本特征有以下几点。①以现代自然科学为基础，使农业生产技术由经验转向科学。现代育种学、栽培学、饲养学、土壤改良学、植物保护学等农业科学理论与技术迅速得到普及、推广和应用。②以现代化农业机械为依托，使农业生产由人、畜力劳动为主转变为机械操作。性能优良的拖拉机、耕耘机、联合收割机、农用汽车、农用飞机的广泛使用，已成为提高生产效率和农业劳动生产率的重要保证。③以现代化电子、激光及遥感技术为核心的生产手段广泛应用于农业生产。如电子测定土壤水分、辐射育种、射线示踪、人造地球卫星预报天气等技术普遍采用，大大提高了农业生产的主动性，避免了盲目性。④高效多功能的生态经济系统已逐步形成。通过对农作物生长发育规律及其与社会、经济、自然环境之间关系的研究，形成了高效多功能的农业生态经济系统，为农业经济的持续稳定发展奠定了坚实的基础。⑤农业生产社会化程度逐步提高。随着农业企业规模的扩大，地区分工和专业分工日益发达，"小而全"、"大而全"的自给自足的生产方式逐渐被高度专业化、区域化、商品化、产业化、工业化的生产方式所代替。⑥经济数学方法、生物统计方法、系统控制与科学决策及计算机等现代科学技术方法对农业生产的规模、性质、方向、任务和效益等进行科学的分析和指导，进一步促进了农业的发展。⑦逐渐形成了良性的农业生产系统和生态系统。

4. 现代农业与传统农业的区别

① 从生产目的来讲，传统农业是"自然农业"、"糊口农业"、产品农业；现代农业是商品农业、效益农业。处于传统农业中的生产者其生产经营的目的是为了满足自身和家人的消费需要。虽然其产品也有剩余，并拿到市场上去卖，但主要目的是为了交换其它产品，也就是为了自身生产和简单再生产的需要，而不是为了实现生产的交换价值和社会价值。因此，传统农业的商品率很低，农民收入也不高；而现代农业则相反，它是为了实现商品交换价值和社会价值而生产，是为出售给市场而生产，其交换所得不仅可以维持扩大再生产，还可以增加教育、健康和文化等方面的投入，提高自身素质和发展水平。由于现代农业是为市场而生产，所以商品率相对较高，从事农业生产经营活动的农民的收入水平也较高。

② 从生产手段来看，传统农业往往技术手段落后，物质装备落后，生产方式还是主要

以人力、畜力和各种手工工具为主，劳动生产率低下，尚未摆脱靠天吃饭的被动局面。而现代农业是用现代物质技术武装起来的农业。农业科技在生产领域的广泛应用，不仅提高了劳动生产率，而且改变了落后的生产经营方式。所以，人们评述现代农业的生产方式时，使用的是机械化、水利化、化学化、生物技术化等非常有现代气息的词语。

③ 从生产主体来看，从事传统农业的农民文化水平较低，或者没有文化，忽视人力资本投入，很少或基本没有专业分工，农民生产主要靠经验。而现代农业则对生产者提出了较高的要求，需要的是有文化、懂技术、会经营、会管理的新型农民。

5. 当前提出加快现代农业建设的背景

现代农业建设伴随整个国家的现代化进程，2007年中央1号文件提出加快现代农业建设。现将其背景简要介绍如下。

(1) 现代农业建设是社会主义新农村建设的重要基础

中央提出的建设社会主义新农村的五个方面，是一个内涵十分丰富的有机整体，但是生产发展是前提和基础。农业承担着提供粮食和食品安全的重要功能，而且在很多地方，它还是农民收入的重要来源。新农村建设的着眼点可以不同，但着力点必须一致，即必须把现代农业建设作为新农村建设的首要任务。

(2) 现代农业建设是粮食供给和食品安全的根本保证

我国的粮食市场虽然与国际市场联系越来越密切，但是粮食供给必须立足国内，而我国的基本国情是人多地少，保障已有人口的粮食供给和不断增加的饲料用粮和工业用粮，必须加快推进现代农业建设。

(3) 当前我国正处于由传统农业向现代农业转变的阶段，已经具备了加速推进传统农业向现代农业转变的条件

国际上，人均GDP超过1000美元是一个重要的分界线，社会转轨、经济转型都发生在这个阶段。我国"工业反哺农业、城市支持农村"的重要论断也是在这一背景下提出来的。国际经验表明，靠传统农业自然演进，很难进入到现代农业，国民经济发展到一定阶段，工业反哺农业，城市支持农业，对建设现代农业将起到至关重要的作用。

建设现代农业的过程，实质上就是推进农业现代化的过程。而农业现代化的本质，就是使一个国家或地区的农业，由传统农业转变为现代农业。

二、农业现代化的意义

所谓农业现代化，就是用现代科学技术和现代工业来装备农业，用现代经济管理科学来管理农业，把传统农业转化为具有世界先进水平的现代农业。农业现代化既是一个历史性的范畴，又是一个世界性的概念。作为历史性的范畴，它包括两层含义：第一，它是指生产力性质的根本转变，即农业现代化的过程是农业生产力由低级到高级、由量变到质变的逐步发展的过程；第二，是指随着科学技术水平的不断向前发展，农业现代化的内容和衡量标准是不断更新的。作为一个世界性的概念，它是通过对已实现了农业现代化的国家进行考察后所得出的一个具有共同性和可比性的概念。衡量一个国家是否实现了农业现代化，不能把本国已经达到的技术、经济水平同本国过去的情况相比较，而应当同当时已经现代化了的大多数国家相比较。只有在经济上和技术上赶上或者接近当时的世界先进水平，才算实现或基本实现了农业现代化。

实现传统农业向现代农业的转变，是世界农业发展的必然规律。实现农业现代化既是整个国民经济发展的客观要求，也是我国农业发展的必然趋势，对于促进我国国民经济的发展、提高人民的生活水平、巩固国防都具有极其重要的意义。

1. 实现农业现代化将促进国民经济又好又快发展

农业是国民经济的基础，是我国经济建设的战略重点之一。只有在农业中广泛采用现代生产手段、现代农业科技和现代管理方法，才能改变农业的生产技术条件，增强农业抵御自然灾害的能力，从而增强农业的综合生产能力，提高农业劳动生产率，使我国农业逐步达到世界先进水平。农业现代化水平的提高，不仅会直接促进轻工业的发展，而且还会提供更多的出口物资，换取更多的外汇，支援我国工业建设，进而促进我国国民经济的快速发展。

2. 实现农业现代化有利于提高农民的经济收入，改善农民的物质生活条件

实现农业现代化，有利于从根本上改变农业劳动者的生产劳动条件，减轻农民的劳动强度，并通过提高农民的经济收入水平，从根本上改善农民的物质生活条件。

3. 实现农业现代化，有利于缩小城乡差别，为实现共同富裕创造条件

社会主义的本质是消灭剥削，消灭两极分化，实现共同富裕。只有实现农业现代化，农业的整体效益和农民的经济收入才能显著提高，城乡差别、工农差别才能彻底消除，农业弱质、农民弱势、农村贫困落后的状况才能根本改变，也才能遏制两极分化最终实现共同富裕。

三、农业现代化的基本内容

虽然农业现代化的具体内容和要求将随着时代的进步和社会的发展而不断更新和发展，但根据现代农业的特征，农业现代化的基本内容应包括以下几个方面。

1. 农业生产手段的现代化

主要是在农业中采用机械技术，即用机械动力取代人力、畜力，用机械操作取代手工操作，凡是一切能够使用机器操作的地方，都使用机器操作。这是农业现代化必不可少的物质条件。生产工具是区别经济时代的根本标志，也是划分农业发展阶段的主要依据。在农业中使用机器操作，广泛运用电力，实现农业机械化、电气化，才能打破人类天然器官的限制，增强征服自然的能力，才能为现代科学技术在农业中的应用创造必要条件。农业机械化、电气化虽然同农业现代化不能划等号，但却可以肯定地说，没有农业机械化、电气化，就没有农业现代化。

2. 农业生产技术的现代化

即用现代科学技术武装农业，在农业上广泛采用现代生物技术、化学技术、耕作与栽培技术以及饲养技术等。由于农产品产量的高低归根到底取决于动植物的生产情况。因此，人们对自然力的利用与控制，对农作物和畜禽的性状和生长环境的改善、调整和控制，就成为农产品产量增加、农业劳动生产率提高的决定因素。农业机械、化肥、农药等生产资料的投入和人们的劳动，只有符合生物本身的生长发育规律，才能取得良好的经济效果。为此，用现代科学理论指导农业，用现代科学技术装备农业就成为农业现代化的关键。

3. 农业生产组织管理的现代化

即用科学方法管理农业。马克思早就指出："一切大生产都需要管理。"现代化农业采用机器操作和先进的农业生产技术，经营规模大，社会化程度高，因此，更需要建立高效协调的农业组织管理体系，以协调农业生产力诸因素之间、农业生产各部门之间、农业生产过程各环节之间的关系。如果没有科学的组织管理，社会化的大生产就不可能顺利进行，先进的生产手段和技术措施在农业中的应用就会受到阻碍，就不可能达到预期的效果。

上述农业现代化的内容是密切联系、相辅相成的。任何一个方面，都不能脱离其它两个方面而独立进行，否则就失去了意义。因此，在农业现代化过程中，切忌片面性、盲目性，必须统筹兼顾，全面安排，使之相互促进，共同发展。当然，在不同地区，不同时期，应根据具体条件，针对影响农业生产力的薄弱环节，确定实现农业现代化的重点和步骤。

四、衡量农业现代化的标准

农业现代化作为一个世界性、历史的概念,是有其特定内容和客观标准的。是否实现了农业现代化,要与世界农业发达国家的生产水平相比才能确定。衡量农业现代化的标志应当采取在国际间可以互相比较,又能反映农业生产力综合水平的指标。

1. 农业劳动生产率

农业劳动生产率是反映一定时期内人均生产农产品多少的重要指标。劳动生产率高是现代农业的基本特征。农业劳动生产率的高低直接取决于农业机械化水平、经营规模的大小,同时也与农业科技的应用状况、投入水平和经营管理的好坏等多种因素有关。因此,农业劳动生产率既是农业产出水平的直接反映,也是农业投入水平的间接反映。农业劳动生产率越高,农业就业人员就越少,就会有更多的农业劳动力转向其它产业,促进非农产业的发展。

2. 农业土地生产率

土地生产率是反映构成农业生产基本要素土地利用效率的指标。对土地进行物化劳动和活劳动的投放,实行集约经营,其最终成果将由单位土地面积产量、产值的多少反映出来。因此,土地生产率也是衡量农业现代化水平的重要指标。土地生产率的高低,取决于土壤肥力和肥料、农药、水利设施、种养技术等科技、物质的投入水平,也与人类对农业生产环境的调控能力有关,它与农业劳动生产率一样,既反映农业的产出水平,又反映农业投入水平的多个侧面,是一个综合性指标。土地生产率可以从单位面积产量和产值两方面进行量化。

3. 农产品商品率

农产品商品率反映农业同社会其它部门经济联系的密切程度,反映农业由自然经济向商品经济转变的状况,特别是农业生产与市场联系的紧密程度。同时,农产品商品率的高低与劳动生产率和土地生产率的高低有直接的关系。农产品商品率是衡量农业生产社会化、市场化程度的综合性指标。

4. 农业科技进步贡献率

农业现代化的关键是把农业的发展转移到主要依靠科技进步的轨道上来。农业增长方式的转变、农业生产效益和农产品质量的提高、农产品生产成本的降低应主要依靠科技的进步。农业科技进步贡献率是综合反映农业生产技术与教育发展水平的重要指标。

5. 农业资源与环境指标

农业资源与环境指标主要用来衡量土地潜在生产能力的稳定性与持久性程度。一般通过森林覆盖率、自然灾害成灾率、水土流失面积比重、旱涝保收面积比重、耕地污染面积比重、土壤养分含量、土壤酸碱度等具体指标来反映。

6. 农民人均纯收入

农民人均纯收入反映了农村经济发展的总体水平和农民生活质量的高低,也反映了农业投入产出的比率和农业生产的经济效益,是衡量农业现代化水平的重要指标。农业现代化要求农民生活质量科学化、生活方式现代化。随着农业现代化的实现,农民的收入应该接近或超过城市居民,使生活条件和消费水平得到显著改善和提高。

第二节 世界农业现代化的特点和发展趋势

一、世界农业现代化的特点

1. 农业法制化

发达国家农业现代化过程也是农业经济活动法制化的过程。美国经济学家布坎南曾经指出，没有适合的法律和制度，市场就不会产生任何体现价值最大化意义的效率。各国在农业现代化过程中都十分重视农业立法，走"以法治农"的道路。1933 年美国国会通过的《农业调整法》拉开了世界范围内现代农业立法的序幕。目前，发达国家都有比较完善的农业立法。自 1933 年美国颁布《农业调整法》至今，经过 70 多年的变迁，美国已形成以农业法为基础和中心、100 多部重要法律相配套的比较完善的农业法律体系，使美国农业真正实现了法治。日本的农业法也自成体系，仅 1980 年政府监修的《农业六法》一书就载有法律 200 余项，大约 100 万字。法国政府不仅通过实施《农业基本法》与《农业指导法》来推动实现农业现代化，而且在 1995 年还专门颁布了《农业现代化法》。虽然不能根据法律的多少或法律条文的长短来判断一个国家的农业现代化水平，但法律对农业的全面介入却是发达国家农业现代化的共同特征，它标志着国家对农业管理方式的深刻变革。各国借助于农业立法，依法加强对农业的干预和调控，推动农业现代化不断向前发展。发达国家的经验表明，没有农业的法制化，也就没有农业的现代化，法制化是农业现代化的基本体制特征。

2. 农业机械化

农业机械化是农业现代化的重要内容和主要标志之一，没有机械化，就没有现代化。农业机械化在现代农业建设中发挥着极其重要的作用，在传统农业生产方式下，农业劳动生产率极其低下，一般一个农业劳动力只能养活 3～5 人，而采用机械化、工业化的生产作业方式，一个农业劳动力可以养活数十人乃至上百人。现代农业机械设备的广泛采用，导致农业专业化、规模化、工业化水平的提高，进而导致农业劳动生产率、资源利用率和农产品竞争力的显著提高，转移出去的农业劳动力又从事其它创造价值的工作，推进非农产业发展和农民收入增加，也使现代生物技术由于有现代机械装备和工程技术手段的支持而得以实施和进一步发展。发达国家大多在 20 世纪 40～60 年代就基本实现了农业机械化，70 年代后先后实现了农业现代化。也就是说，发达国家都是在农业机械化的基础上向现代化迈进的。从某种意义上说，机械化是农业现代化不可逾越的阶段，是农业现代化的先行因素而不是同步因素，基本实现机械化的时间比基本实现现代化一般要早 20～30 年，农业现代化是在机械化基础上的更高级发展阶段。

3. 农业生产规模化、专业化

规模化经营是农业现代化的重要特征。发达国家农业发展的成功经验表明，从事农业生产的农户必须达到一定规模时，农业产业才具有较好的收益和较强的竞争力。规模化经营通过扩大生产规模，实现经营成本下降，收益上升，达到收益的最大化。美国农业的一个显著特点是农场数目的减少和经营规模的扩大。1935 年美国共有家庭农场 681.4 万个，到 1989 年减少到 214.3 万个，每个农场平均用地从 1920 年的 147 英亩[1]增至 1989 年的 457 英亩。从 20 世纪 60 年代起，在一系列国家干预政策的引导和鼓励下，法国的农场数量也逐渐减少，农场的土地规模不断扩大。农场从 1955 年的 228 万减少到 1997 年的 68 万个；农场平均规模从 1955 年的 16 公顷，增加到 1997 年的 41.7 公顷。42 年间农场数减少了 70%，平均土地规模增加了 150% 以上。

专业化生产是农业现代化的又一个重要特征。农业专业化包括农业企业专业化、农艺过程专业化和农业地区专业化三个方面。所谓农业企业专业化是指农业企业之间实行明显的社会分工，各企业逐步摆脱"小而全"的生产结构，主产项目由多到少，由分散到集中，由自给自足转变到专门为市场生产某种农产品，其它生产项目或者降为次要的地位，或者成为从属的、辅助的生产部门，甚至完全消失。农艺过程专业化又叫农业作业过程专业化，即把生

---

[1] 1 英亩=0.405hm²。

产某一种农产品的全部作业过程分解为若干个阶段，分别由不同的专业化企业来完成。如美国畜牧业生产，从育雏、饲养、蛋奶生产等工作都由专门的企业来完成。农业地区专业化又称农业生产区域化，是指农业生产在地区之间实行日益明显的分工，各地区逐步由"千篇一律"、"万物俱全"、"自给自足"的生产结构转变为比较集中地为市场生产某些农产品的专业化地区。例如，美国已形成9个专业化生产区域，即玉米带，牛奶带，小麦带，棉花带，山地放牧和灌溉农业区，太平洋沿岸北部小麦和林牧业区，太平洋南部水果、蔬菜和灌溉农区，冬小麦、玉米和烟草混合区，柑橘、甘蔗等热带作物和水稻区。

4. 农工商一体化

所谓农工商一体化是指农业生产单位同农业产前、产后相关企业联合成一个经营体系的过程。美国经济学家约翰·戴维斯于1955年最早提出这一概念。农工商一体化的经济实体于20世纪50年代首先出现于美国和西欧一些发达国家；60年代以后又在南斯拉夫、罗马尼亚以及前苏联和其它东欧国家逐步发展。

农工商一体化是一个长期的历史发展过程。随着农业商品化程度的提高和社会分工的不断深入，原来属于农业部门的许多职能，如育种，饲料生产，农药、化肥的配制和施用，农业技术设备的维修以及农产品的加工、包装、贮藏、运输、销售和有关的服务等，逐渐从农业中分离出去，成为独立的工业或商业企业，这样就大大加强了农业与农业产前、产后有关工、商企业之间的相互依赖。农业已不再是农民的事情而成了社会的事情，农业离开了这些企业就不能独立完成；同时，有关的工、商企业也只有与农业企业建立密切的联系才能使生产经营更为有利。农工商一体化正是在这样的背景下产生和发展起来的。

农工商一体化有两种基本形式：一是横向一体化，由农业中生产同类产品或从事同一工艺过程的单位联合组成，共同经营产前、产后的项目，如生产牛奶的单位共同经营挤奶设备、饲料等的供应和牛奶的加工运销等；二是纵向一体化，亦称垂直一体化，由农业生产单位与产前、产后的单位联合组成。如生产牛奶的单位与从事供应、运销的有关单位组成联合体，统一经营牛奶的产、供、销。

5. 农业服务社会化

农业社会化服务是农业生产力发展的结果，也是实现农业现代化的必要条件。19世纪70年代世界主要资本主义国家开始认识到农业社会化对农业及国民经济发展的影响，并开始主动参与、扶持和引导农业社会化服务体系建设。进入20世纪后，发达国家先后进入了农业社会化服务体系迅速发展的时期。到20世纪40年代，发达国家基本上形成了一个以农业为轴心，产前、产中、产后各部门相互依赖、相互制约的农业社会化服务体系。第二次世界大战以后，西欧、北美、日本等一些主要发达国家相继完成了农业现代化过程，完善的农业社会化服务体系已成为农业现代化的主要特征之一。

发达国家的农业社会化服务的范围十分广泛，无论是育种、选种、准备各种农具、购买化肥和农药等产前环节还是农产品收购、加工、分级、包装、运销等产后环节，以及病虫害防治、飞机播种和施肥、收割等产中环节，都在社会化服务范围之内。目前，美国几乎所有的农活都可以找到专门的公司代劳。发达的农业信贷服务体系和农业科研、教育、推广服务体系则适应了农业迅速机械化、专业化和商品化的信贷需求以及人力资本积累和农业技术进步的需要。此外，政府还提供储运设施建设、大规模的农田基本建设、农村电讯事业等公益性高、利润率低的社会服务，并义务提供法律指导、生产、科技、商品等方面的信息服务。

6. 农民的组织化

发达国家的农业现代化过程也是农民组织化程度不断提高的过程，其表现形式就是按国际农业合作社原则即"罗虚代尔"原则建立健全了农业合作社组织体系。

目前，美国现有各种农业合作社25000个，参加合作社的农民有440万，约占农业人口的90%，合作社销售的农产品占总销售量的1/3，为农场提供的各种投入物占近1/3。农场经营所需的农机作业、灌溉、信贷保险等服务项目一般都由合作社提供，各种农产品都有相应的全国性农业合作社组织负责管理，以便在全国乃至世界范围内协调农产品生产、加工、储运、销售和生产供应。欧洲是合作经济的发源地，有着悠久的历史。在法国73万个农场中，绝大多数农场参加了产前、产后流通领域的合作社；德国几乎所有农户都是合作社成员；绝大多数荷兰农民甚至是3~4个合作社的成员。日本农协的口号是"一人为万人，万人为一人"。农协主体是综合农协，另有专业农协。综合农协设有若干生产部会，不从事经营，是由农民自己组织的开展技术交流与合作的机构。农协的任务就是为农民服务，"农民需要什么就经营什么，农民需要什么服务就提供什么服务"。他们经办农产品收购、加工、销售和生产、生活资料的供应，同时开展信贷、技术指导、生活服务、文化娱乐等活动。农协和农民的关系，不是单纯的买卖关系，而是合作共赢的关系。农协对大宗生产、生活资料，有从基层到全国的逐级提报订货计划，统一向工厂订货，货到付款。统一订货的化肥占90%、农药占79%、农机具占78%、农用汽车占69%、燃料占80%、饲料占70%，要保证把进货价格压到最低。可以说合作社在今天发达国家的农业中，已成为其它组织无法取代的重要经济力量。

二、世界农业现代化的发展趋势

1. 实施可持续农业已成为世界各国的普遍共识

农业可持续发展是世人关注的议题。第二次世界大战以来，发达国家率先用现代科技和现代工业武装农业，主要是机械、化肥、农药的投入以及农作物杂交优势的应用，显著提高了劳动生产率和土地生产率。但是，现代农业的发展也带来一系列新问题：①随着人口急剧增长，食品供需矛盾增大。全世界有相当一部分人口生活在贫困线以下。②自然资源不足。例如森林面积减少，土地沙化，水土流失草原超载，土地质量下降等。人口和环境、生态和资源、经济和社会的不平衡发展，不仅影响当代人的生存，也影响子孙后代的延续和发展。这就促使人们重新考虑农业、人口、资源、环境的关系，努力排除农业可持续发展的不利因素，探索未来农业发展的方向和策略。

面对现代农业发展中出现的问题，农业可持续发展思想受到世人关注。20世纪80年代末，农业可持续发展思想反映在一些主要国际组织的文件和报告中。1987年，世界环境与发展委员会提出《2000年粮食：转向农业持续发展的全球政策》报告；1988年，联合国粮农组织制定《农业持续发展：对国际农业研究的要求》计划；1989年11月，联合国粮农组织第二十五届大会通过了有关持续性农业发展活动的决议，强调在推进经济与社会发展的同时，维护和提高农业生产能力；1991年4月，联合国粮农组织在荷兰召开农业与环境国际会议，发表了著名的"丹波（DENBOSCH）宣言"。拟定了关于农业和农村持续发展的要领和定义："采取某种使用和维护自然资源基础的方式，以及实行技术变革和体制改革，以确保当代人及其后代对农产品的需求不断得到满足。这种可持续的发展（包括农业、林业和渔业）旨在保护土地、水和动植物遗传资源，是一种优化环境、技术应用适当、经济上能维持下去以及社会能够接受的方式。"宣言首次把农业可持续发展与农村发展联系起来，并力图把各种农业的持续发展要素系统组合到一个网络中，使其更具有可操作性。丹波宣言提出，为过渡到更加持久的农业生产系统，农业和农村持续发展必须努力确保实现三个基本目标：①在自给自足原则下持续增加农作物产量，保证食物安全；②增加农村就业机会，增加农民收益，特别是消除贫困；③保护自然资源，保护环境。从总体看，农业可持续发展的目标是追求公平，追求和谐，追求效益，实现持久永续的世世代代发展。

2. 知识农业是21世纪现代农业发展的主流方向

21世纪,知识已经替代了资本和劳动,成为经济增长的决定性因素。知识经济将替代已占世界经济统治地位200多年的工业经济。美国著名未来学家阿尔温·托夫勒(Alvin Toffer)指出:21世纪农业将迎来大变革的时代,全球范围内将出现"第三次浪潮农业"。按照托夫勒的解释,第一次浪潮农业基本上是手工作业的小农经济形式;第二次浪潮农业是指进入蒸汽机和电气化时代后,人类大规模地采用机械化方式,实现了农业生产率的极大提高;而第三次浪潮农业,是指在人类从工业经济走向知识经济的大背景下,通过应用高科技手段,使工业经济下的农业变成一种崭新的知识产业。事实上,这种对农业发展的"三次浪潮"描述,正是相对应于人类社会发展的农业经济(或称劳动力经济)、工业经济(或称资源经济)和知识经济(或称智力经济)三个时代而言的。21世纪的农业是知识化产业。

"知识农业"的提出,不是对"知识经济"这一概念的简单肢解与拆换,而是具有其特定的涵义。与传统农业伴随着农业经济时代的到来而到来,现代农业伴随着工业经济时代的到来而到来一样,知识农业将伴随着知识经济时代的到来而到来,而且它们将会相辅相成,共同发展。与知识经济相对应,知识农业作为农业发展的更高阶段,它是以知识阶层为社会主体、以知识和信息为主要资源、以农业高新科技和服务体系为支撑、以农业科技创新为动力、以可持续发展为宏观特征的新型农业。换言之,知识农业即以智力资源的占有、配置和对以农业科学技术为主的知识进行生产、分配、消费(使用)的新型农业。也就是说,知识农业在资源配置上以智力资源、无形资产为第一要素,对自然资源通过知识和智力进行科学、合理、综合和集约配置;知识农业在生产中以农业高新科技为支柱;知识农业的消费,一般说来以农业高新科技成果和通过信息产生的新知识为主;知识农业对其劳动者的科技素质有着较高的要求,那时的农民将是知识分子的重要组成部分;农业科技创新是知识农业发展的根本动力。

3. 科学技术是推进农业现代化建设的强大动力

进入21世纪,人类已进入一个科学技术突飞猛进、革命性的重大科学突破不断涌现的新时代。农业作为一个最古老、最基础的产业,在以生物技术、信息技术等为主导的农业新技术革命推动下,也必将发生质的变革。其中信息技术和生物技术被认为是21世纪全球经济的两大支柱产业。

信息产业已经成为世界发展最迅速、科技含量最高、利润率最高的产业之一。发达国家50%以上产值来源于信息业,信息技术在农业上应用,不但可以使农业生产效率大幅度提高,而且利用农业信息本身就可以当作产业来发展。农业信息化主要包括以下内容:农业技术信息化,如精准农业信息;农业环境信息化,如气候预报、病虫害测报;农业经营信息化,如农产品交易信息等。农业信息化建设除了要解决信息网络建设,还可以带动农业信息硬件、软件建设;可以拉动农业信息服务,农业信息的收集、加工、处理、分析以及农业信息中介、网上农科教育、网上农产品交易、网上结算、订单农业、物流配送等一系列农业生产、流通活动,使农业发展逐步实现规模化、集约化、标准化、产业化;还可以创造一大批就业机会,并能真正通过信息化提高农业现代化水平,提高农业整体效益。

农业是现代生物技术应用最广阔、最活跃、最富有挑战性的领域。面向21世纪农业科学的交融、更新、拓展与创新,以研究和掌握植物、动物和微生物生长发育规律为主体的农业科学,通过与现代生物学尤其是生物技术的交融,在人工塑料造新物种、构建栽培与养殖环境、开辟食品和资源利用新领域等方面,将取得重大突破,并形成一批新的生物技术产业群,从而带来一场新的农业产品革命。生命科学的新发展表明,农业通过运用其新成就,定向设计构建具有特定性状的新物种,打破生物的种、属、科、目、纲,乃至不同生物之间不可交配的界限,已经不是人类的一种空想,按照人们意愿塑造更多的新物种和新品种将成为现实,导致人类生活方式和社会结构向更高、更合理的层次方向发展。

生物科学的发展与创新,将促进农业由传统的资源依附型向现代智能依附型的发达产业转变,将加速陆地农业和农业科学的发展,并在21世纪加速向海洋领域拓展,出现大规模的海洋农(牧)场,实现"海洋农牧化"。并相应发展海洋农业科学,使"绿色革命"与"蓝色革命"互相交融。同时,伴随着航天事业的发展,具有一定规模的太空农业和太空农业科学可望诞生。陆地、海洋、太空三大农业系统互相交融的促进,将构成21世纪农业和科技进步的系统格局。

第三节 我国农业现代化的目标、道路与战略措施

一般认为,世界范围的农业现代化进程是从20世纪初随着工业革命的演进和科学技术的进步而启动的。在推进农业现代化的过程中,各国由于自然资源禀赋和经济社会基础不同,在实现农业现代化的道路选择上也就存在着不同。但主要的类型有三种:一是如美国、加拿大等人少地多、劳动力短缺的国家,它们以提高劳动生产率为主要目标,凭借发达的现代工业优势,大力发展农用机械取代人力和畜力,通过扩大单位农场种植面积和经营规模,提高农产品产量。二是如日本、荷兰等人多地少、耕地资源短缺的国家,它们以提高土地生产率为主要目标,把科技进步放在重要位置,通过改良农作物品种、加强农田水利建设、增加化肥和农药使用量等措施,提高单位面积农产品产量。三是如法国、德国等土地、劳动力比较适中的国家,它们以提高劳动生产率和土地生产率为主要目标,既重视用现代工业装备农业,又重视科学技术的推广应用。

世界农业现代化道路的发展历史表明,发达国家在实现农业现代化过程中,都非常注重立足本国国情,积极探索各具特色的农业现代化道路。因此,实现农业现代化没有一成不变的固定模式,唯有从实际出发才是取得成功的正确选择。

一、我国的国情特点

1. 我国的自然条件较好,自然资源丰富,但人口多,人均占有资源数量较少

我国幅员辽阔,资源丰富,大部分国土位于亚热带和温带,为发展农业生产和提高农业综合生产能力提供了极为有利的条件。但是,由于我国人口众多,按人口计算的资源数量则较少。我国人均土地面积只有世界平均数的三分之一,耕地面积只有四分之一,草原面积只有二分之一,林地面积只有八分之一,水资源只有四分之一。因此,在实现农业现代化过程中,要十分重视提高土地利用率和土地生产率,提高资源利用效率,改变传统生产方式,促进资源、环境和现代生产要素的优化配置,走可持续发展之路。

2. 经济基础薄弱,工业化和城市化水平低

我国是一个发展中国家,国民经济尚处于相对落后的状态,国家的经济实力还不雄厚,经济发达国家的城市化水平已高达80%以上,世界城市化平均水平已达50%,而我国城市化水平仅有30%。从世界经验看,农业现代化过程也是一个用工业武装农业、农业人口逐渐向城市转移和积聚的过程,农业现代化进程客观上受到国家工业化和城市化水平的制约。这就要求我国在农业现代化过程中,打破城乡分隔的"二元"经济模式和就农业谈农业的传统思维模式,坚持走城乡统筹的新型工业化道路和中国特色的城镇化道路,以工业化和城镇化推动和促进农业现代化。

3. 我国幅员辽阔,各地自然资源条件禀赋不同,区域差异较大

据国家统计局测算,2005年中部和西部农村全面小康的实现程度分别比东部分别低23%和46.3%,西部农村全面小康的实现程度分别比东部、中部落后10年和5年左右。而

且各地区农业比较优势也存在很大差异，西部地区农业种植资源丰富，具有特色资源优势；中部地区耕地和劳动力资源丰富，具有耕地和劳动力资源优势；东部地区地处沿海，经济发达，具有资本、人才、技术和区位等优势。另外，不同地区、不同农业生产主体的农业生产力水平的多层次性和不平衡性十分明显。一些大型农场、大城市郊区、大型龙头企业种养基地的农业现代化水平明显高于其它地区。推进我国农业现代化，必须遵循自然规律和经济社会发展规律，因地制宜，积极探索农业现代化的多元化模式，鼓励创新，不搞一刀切。

4. 我国农业生产有精耕细作的优良传统，但农业生产力总体水平低

我国农业生产经过长期实践，不断积累和总结经验，形成了以"有机农业"为主要特征的农业生产技术体系和精耕细作的优良传统。但是我国农业生产力总体水平还比较低。从设施装备水平看，物质技术依然相对落后，防灾抗灾能力较低，机械化水平低，使用简单工具、靠手工劳动和畜力为主的小生产还大量存在。从科技水平来看，我国的农业科技进步贡献率依然有较大的提高空间。从生产者素质看，农业劳动者科技文化水平总体较低，而且随着农村劳动力转移加快，农业劳动者素质呈现结构性下降趋势。另外，从我国农业资源状况和现实发展水平看，农业的发展潜力在科技、根本出路在科技。推进我国农业现代化，必须提高农业物质装备水平，加快推进农业科技进步，大力培养有文化、懂技术、会经营的新型农民，着力转变农业发展方式，尽快把农业发展转变到依靠科技进步的轨道上来。

二、我国农业现代化的目标

所谓农业现代化的目标，就是要把我国农业建设成什么样的农业的问题。我国农业现代化要达到什么样的目标，目前还不能确切地用具体数字说明。一般表述是：使我国农业逐步变为农林牧渔布局合理、全面发展，能满足人民生活和工业发展需要的发达的农业，使我国农村逐步变为农工商综合经营的富庶的农村，具有良好的环境。

1. 发达的农业

就是要把当前农业产业结构不合理、低产低效的农业，改造成为能够广泛应用现代科学成就，自觉地控制生产过程，农林牧渔布局合理，全面发展的高产、优质、高效的农业。大幅度地提高按人口计算的主要农产品的数量和质量，能够充分满足整个社会对农产品的需要，为整个国民经济的现代化提供一个稳固的基础。

2. 富庶的农村

就是要把目前以农为主的农村，改造成为既有发达的农业，又是农工商紧密结合的，并具有现代交通、文化、卫生等设施的社会主义的新农村。并使我国农村居民的经济收入水平大幅提高，农民的生活方式更加文明现代，农民的生活质量显著提高。

3. 良好的人居环境

就是要在农业现代化过程中，重视生态平衡，做到既充分利用自然，又能有效地保护和改造自然，使我国的自然生态环境明显改善，使农村既成为高产稳产的农业生产基地，又具有人们向往的美好的工作、生活环境，还是人们休闲度假的理想去处。

三、我国农业现代化的道路

党的十七大报告在阐述如何统筹城乡发展、推进社会主义新农村建设时强调指出，要走中国特色农业现代化道路。中国特色的农业现代化道路应包括以下内容。

1. 精耕细作的优良传统与现代农业科学技术相结合

在我国农业现代化建设中，用现代农业科学技术全面武装农业是重要的任务和长期努力的目标，因此，必须放在十分突出的位置，但是决不可忽视对我国精耕细作的优良传统的继承。发扬精耕细作的优良传统，对于充分利用我国丰富的劳动力资源，最大限度地利用有限

的耕地，以最少的能量消耗取得最大的劳动成果，具有十分重要的现实意义。同时，也要大力借鉴新的农业技术。因为在科学技术突飞猛进的今天，传统技术的局限性是显而易见的。所以，要把我国传统的农艺生产技术用现代科学理论加以总结、改造、提高，使之系统化、理论化、科学化，以形成我国独特的农业生产技术体系。

2. 机械技术与生物技术相结合

实现农业现代化必须把机械技术与生物技术有机结合起来，才能产生 $1+1>2$ 的效果。现实生产中，农产品产量的增加和农业劳动生产率的提高是农业机械技术与生物技术共同作用的结果。但这并不意味着在农业现代化发展的任何阶段都必须齐头并进，而应根据我国农业发展的客观要求，在不同地区、不同发展阶段各有侧重，有主有辅。

3. 有机农业与无机农业相结合

有机农业是指主要或完全依靠生物有机物来提高农产品产量的生产制度。无机农业则是主要依靠无机物来提高农产品产量的生产制度。国内外农业发展的实践证明，片面使用机械、化肥、农药等无机技术，轻视有机技术，弊端甚多，往往会导致农业生产物质与能量转换效率的降低，阻碍农业生产的进一步发展；反之，轻视、排斥无机技术，忽略从农业外部向农业输入物质和能量的作用，必将影响农业劳动生产率、土地生产率和农业综合生产效率的提高，同样会阻碍农业生产的发展。有机技术同无机技术是相辅相成的，需彼此配合才能相得益彰，充分发挥各自的作用。

4. 农林牧渔并举，农工商综合发展

农林牧渔并举，农工商综合发展不仅有利于充分利用农业资源，生产出多种多样的农产品，而且有利于提高农业自身的积累水平，解决农业现代化建设的资金短缺，同时，也有利于扩大就业，为农村剩余劳动力寻求出路，有利于建立高效能的农业生态平衡，促进农业良性循环，为实现农业可持续发展奠定基础。

5. 在抓好物质文明建设的同时，加强精神文明建设

我国农业现代化建设不仅是一个物质生产的发展问题，也包括社会主义精神文明建设。在农村中加强社会主义精神文明建设，包括文化建设和思想建设两个方面。文化建设是提高农民的科技文化水平，使农民生活丰富多彩，身心健康，这是促进物质文明的重要条件。思想建设则是精神文明建设和物质文明建设按照社会主义方向发展的必要保证。没有社会主义精神文明建设，我国农业现代化就不能顺利进行。

农业现代化是一个循序渐进的发展过程。一些发达国家，在实现工业化之后，经过相当长的历史时期，才实现了由传统农业向现代农业的转变。而我国的工业现代化和农业现代化是同时进行的，建设资金缺乏，农民科学文化素质相对较低，各地区经济发展差异较大，因此，农业现代化必须有步骤、有重点地进行，不能一哄而起，齐头并进。应根据各地的需要和条件，因地制宜地确定农业现代化的步骤和重点。

四、我国农业现代化的战略措施

1. 坚定不移地贯彻农业是国民经济基础的战略方针，营造全社会重视农业的氛围

党的十七大报告明确指出："解决好农业、农村、农民问题，事关全面建设小康社会的大局，必须始终作为全党工作的重中之重。要加强农业基础地位，走中国特色农业现代化道路，建立以工促农、以城带乡长效机制，形成城乡经济社会发展一体化新格局。坚持把发展现代农业，繁荣农村经济作为着要任务，加强农村基础设施建设，健全农村市场和农业服务体系。加大支农惠农政策力度，严格保护耕地，增加农业投入，促进农业科技进步，增强农业综合生产能力，确保国家粮食安全。加强动植物疫病防控，提高农产品质量安全水平。以促进农民增收为核心，发展乡镇企业，壮大县域经济，多渠道转移农民就业。"这是立足于

我国国情和现阶段的主要社会矛盾做出的一项重大决策,也是促进社会公平,提升综合国力,实现城乡统筹发展的明智之举。我国是一个农业大国,全国13亿人口中的70%在农村,农业问题的解决程度直接关系到我国社会的稳定和经济现代化目标的实现。农业兴,则百业兴;农民富,则国家富;农村稳定,则天下稳定。因此,任何时候都必须把农业放在一切工作的首位,保持农业和国民经济的协调发展,这是顺利推进我国农业现代化的首要条件。

2. 进行农业自然资源和农业经济调查,搞好农业区划和农业现代化规划

进行农业现代化建设需要制定长远规划,而要做到长远规划的切实可行,就必须全面调查各地的自然条件和自然资源(包括土地、气候、水、生物等)的数量、质量和分布状况,查清农业经济条件(包括人口、劳力、畜力、机器、资金、农产品加工和交通运输等)。然后按照区域差异特色,进行科学的农业区划。每个农业区都应对其资源和条件进行系统分析,按照自然规律和经济规律的要求,确定该区农业区域布局、主导产业、产业结构和技术改造的步骤,找出增产节约的途径,在这个基础上,制定各农业区实现农业现代化的规划。农业区划是指导农业生产的一项重要基础工作,可为制定农业全面发展规划,实现农业现代化提供科学依据,而规划则是农业现代化的具体部署。所以,搞好农业区划和农业现代化规划,是实现农业现代化的两个重要环节。

3. 统筹城乡发展,加快农村城镇化进程

农村城镇化是农业现代化发展的重要外部环境。城镇化在促进农村工业化的同时,也推动了农村市场的发育与农业社会化服务体系的建设,并通过乡镇工业反哺支持农业。目前,土地的小规模种植与农户的分散经营是制约农民收入水平提高的最大障碍,走城镇化道路,转移农业剩余劳动力,促进土地流转,实现农业规模经营是提高农业劳动生产率,增加农民收入,加快农业现代化进程的重要前提。在我国,城镇化建设有两条途径:一条是农民在已有城镇就业迁徙到城镇定居;另一条是以一些有条件的乡村发展为城镇,农民就地就近转业从事非农产业进而实现身份转变。改革开放20多年来,我国城镇人口比例提高了18.2个百分点,平均每年增加0.83个百分点。这里所讲的统筹城乡发展,推进城镇化进程,主要是针对第二条途径而言的,即重点放在县城和部分基础条件好、发展潜力大的建制镇上,使之成为功能完善、人口聚集,能发挥农村区域性经济、文化中心作用的城镇,在区域逐步勾勒出一个城镇化体系。这是转移农村劳动力,增加农民收入,推动农业现代化的有效途径。

4. 建立健全农业的支持保障机制,为现代农业建设创造良好的政策环境

相对于工业来说,农业既是国民经济的基础产业和战略产业,又是比较效益低的弱质产业和风险产业,它对自然和市场环境的应变能力较弱。因此必须依据低效性、弱质性和风险性的特点,建立健全相应的支持保障机制,来保障农业免受意外损失。①要建立健全适应农业发展要求的以农户自身资金积累为主体,国家投资、集体投资、社会投资和引进外资为补充的多元化投融资机制,为农业的长足发展提供必要资金积累。②要建立健全农产品价格保护机制,促使农产品价格维持在能够使农民至少获得平均利润的合理水平上,并保持相对稳定,以保证农业持续、协调发展。③要加快建立完善的农业风险保障机制,以降低农户的经营风险。④要建立健全农业科技人才保障机制,从多方面解决农业科技人才短缺的问题。

5. 加强农业基础设施建设,努力改善农业生产条件,增强农业的抗风险能力

农业是弱质产业,受自然环境因素的影响较大,因此,必须加强农业基础设施建设,下大力气改善农业生产条件,增强农业抵御自然灾害的能力,确保农业高产稳产。当前农业基础设施建设的关键是搞好山、水、田、林、路综合治理,提高农业基础设施的综合配套能力。重点是加强水利设施建设、农田基本建设和农村能源建设。同时,要大力发展现代设施农业,提高农业的物质技术装备程度和农业的工业化生产水平。另外,应着力构建与区域特

色相适应的、农林牧渔各业良性循环、协调发展的高效农业生态系统,为农业的持续稳定发展提供现代物质技术基础。

6. 以建立特色优势农产品产业带为突破口,促进农业产业结构优化升级

以建立特色优势农产品产业带为突破口,推进农业产业结构调整有三层含义:①目前我国农业发展中存在的矛盾主要是结构性矛盾,只有大力发展具有区域优势的特色优势农产品产业带,才能优化农业区域布局,提升农业整体效益;②农业结构的优劣事关农业经济发展的全局,只有从结构调整入手才能够较好地解决其它问题;③当前农产品供求失衡主要是结构性失衡,只有从结构调整入手,才能够从根本上解决农产品供求失衡的矛盾。总体来说,目前我国的农业经济结构是不合理的,这正是造成许多地方"粮食包袱"的主要原因之一。所以在我国未来农业发展过程中,要始终把农业经济结构调整作为一项战略任务来抓。

7. 以建立现代农业产业体系为目标,大力推进农业产业化经营

农业产业化经营是实现农业现代化的基本途径,建立现代农业产业体系必须提升农民的组织化程度,在促进农业社会分工的前提下解决小生产与大市场的矛盾,这就需要大力推进农业产业化经营。近年来,各地在发展农业产业化经营方面取得了巨大成绩,但总体来讲,还存在着水平低、带动能力弱、市场化程度低、龙头企业与农户联结不紧密等问题。因此,必须采取有效措施,以建立现代农业产业体系为目标,大力提升农业产业化经营水平。①充分发挥政府在推动农业产业化发展中的作用;②通过商品农产品基地建设来推动农业产业化发展;③大力扶持和培育龙头企业;④实施项目带动,选择一批关联度大、牵引力强的农业开发项目;⑤通过集体经济组织、合作经济组织和农业社会化服务组织开展实体性的流通或加工方面的经营活动,以及供产销联合经营、城乡联合经营和内外联合经营等形式来推动农业产业化发展;⑥培育和完善农产品流通体系,加快农产品批发市场和专业化市场建设,加强农产品流通信息网络建设,健全农产品流通组织,强化农产品市场管理,充分发挥市场在农业产业化发展中的"龙头"作用。

8. 积极开展农业对外合作,大力推动外向型农业发展

积极开展农业对外合作,推动外向型农业发展,对于引进国外先进的农业技术、设备和管理经验,引进国外优良农业动植物品种,引进外资和项目,借鉴国外现代农业经营管理技术和经验,推动农业结构调整和农业技术进步,具有十分重要的作用。改革开放以来,我国在这方面做了大量的工作,也取得了不少成绩,但与现代化农业发展要求相比,还存在着较大的差距。因此必须积极地创造条件,大力开展内引外联、招商引资工作,积极引进外资和农业发展项目,积极开展国际间农业技术交流和农业生产合作,以此推动我国农业现代化的发展进程。

本 章 小 结

迄今为止在人类历史上,农业经历了原始农业、传统农业和现代农业三个发展阶段,它们之间由于生产力不同而具有质的区别。农业现代化,就是用现代科学技术和现代工业来装备农业,用现代经济管理科学来管理农业,把传统农业改造成为具有世界先进水平的现代农业,通过农业生产手段、农业生产技术的创新和农业生产组织管理的变革促进农业增长方式的转变,进而达到实现农业现代化的目的。

衡量一个国家是否实现了农业现代化,不能只从本国已经达到的技术、经济水平同本国过去的情况作历史的对比,而应当同世界上已经实现现代化的发达国家进行比较。只有在经济上和技术上赶上或者接近当代世界先进水平,才算实现或基本实现了农业现代化。世界农

业现代化的特征是农业法制化、农业机械化、农业专业化、规模化、农工商一体化、农业组织化和服务社会化。实现农业现代化没有一成不变的固定模式，唯有从实际出发，积极探索具有中国特色的农业现代化道路，制定适应国情和适应现代农业发展规律的发展战略，方能使中国农业尽早跨入世界先进农业国家的行列。中国实现农业现代化从战略上来讲，应采取以下基本措施：①坚定不移地贯彻农业是国民经济基础的战略方针，营造全社会重视农业的氛围；②进行农业自然资源和农业经济调查，搞好农业区划和农业现代化规划；③统筹城乡发展，加快农村城镇化进程；④建立健全农业的支持保障机制，为现代农业建设创造良好的政策环境；⑤加强农业基础设施建设，努力改善农业生产条件，增强农业的抗风险能力；⑥以建立特色优势农产品产业带为突破口，促进农业产业结构优化升级；⑦以建立现代农业产业体系为目标，大力推进农业产业化经营；⑧积极开展农业对外合作，大力推动外向型农业发展。

复习思考题

1. 基本概念
  农业现代化　有机农业　无机农业　可持续农业　农工商一体化
2. 简述传统农业与现代农业的区别。
3. 什么是农业现代化？农业现代化包括哪些内容？
4. 如何理解世界农业现代化的特点？我国农业现代化可以从中得到哪些启示？
5. 我国农业现代化的发展目标是什么？我国农业现代化应走什么样的道路？
6. 实现我国农业现代化应采取哪些战略措施？

实训练习

1. 查阅本省近三年的农业统计年鉴，计算有关反映农业现代化水平的指标？并作分析。
2. 分组讨论农业现代化与社会主义新农村建设的关系。

参 考 文 献

[1] 朱道华. 农业经济学. 第4版. 北京：中国农业出版社，2000.
[2] 赵冬媛. 农业宏观管理学. 北京：中国农业大学出版社，2001.
[3] 李秉龙，薛兴利. 农业经济学. 北京：中国农业大学出版社，2003.
[4] 王生林，蔡伟民. 农业市场经济与管理概论. 北京：中国农业出版社，2000.
[5] 顾焕章. 农业技术经济学. 北京：中国农业出版社，2002.
[6] 雷海章. 现代农业经济学. 北京：中国农业出版社，2003.
[7] 郭翔宇. 农业经济管理学. 北京：中国农业出版社，2006.
[8] 冯汝英. 农业经济管理概论. 北京：中国农业出版社，2001.
[9] 方天堃，陈仙林. 农业经济管理. 北京：中国农业大学出版社，2005.
[10] 于法稳，康爱荣. 新形式下我国农业现代化策略探讨. 甘肃社会科学，2005 (4)：216.
[11] 王国敏，郑晔. 我国农业现代化的现实水平及战略选择. 四川大学学报，2001 (6)：9.
[12] 郭庆海，农业经济管理学. 北京：中国农业出版社，2005.
[13] 洪名勇. 论马克思的土地产权制度及其变迁理论. 贵州财经学院学报，1996 (4)：16.
[14] 杨干忠. 社会主义市场经济概论. 第2版. 北京：中国人民大学出版社，2003.
[15] 兰培. 国外期货市场与农产品期货. 北京：中国社会出版社，2006.
[16] 刘桂斌，刘勤. 产权经济学新论. 北京：人民出版社，2007.
[17] 赵敏. 农产品物流. 北京：中国物资出版社，2007.
[18] 李富忠，张云华. 我国农产品市场体系建设研究. 中国流通经济，2007 (5)：13.
[19] 杜青林. 中国农业和农村经济结构战略性调整. 北京：中国农业出版社，2003.
[20] 欧阳旭初. 农业经济学. 北京：中国财政经济出版社，1995.
[21] 李敬一. 农业经济学. 第2版. 北京：中国农业出版社，1998.
[22] 钱东伟. 农业经济与管理. 北京：中国农业出版社，2000.
[23] 高启杰. 农业推广学. 北京：中国农业大学出版社，2003.
[24] 王福海. 农业推广. 北京：中国农业出版社，2006.
[25] 李崇光. 农产品营销学. 北京：高等教育出版社，2004.
[26] 王纪忠. 市场营销. 北京：北京大学出版社，2006.
[27] 杨名远. 农业企业经营管理学. 北京：中国农业出版社，2000.
[28] 姚长辉，金萍. 投资项目评估. 北京：企业管理出版社，1998.
[29] 杨华峰，贾增然，张勤. 投资项目经济评价. 北京：中国经济出版社，2000.